玉成其美

曹芳芳 著

龙山时代的
用玉制度与工艺美学

Making of
Beauty:

The Jade Using System
and Craft Aesthetics
in the Longshan Era

清華大学出版社
北京

本书封面贴有清华大学出版社的防伪标签，无标签者不得销售。
版权所有，侵权必究。举报：010-62782989，beiqinquan@tup.tsinghua.edu.cn。

图书在版编目（CIP）数据

玉成其美 : 龙山时代的用玉制度与工艺美学 / 曹芳芳著. -- 北京 : 清华大学出版社, 2025. 6. -- ISBN 978-7-302-68775-7

Ⅰ. K876.84

中国国家版本馆CIP数据核字第2025D8K337号

责任编辑：孙墨青
封面设计：傅瑞学
责任校对：王荣静
责任印制：丛怀宇

出版发行：清华大学出版社
网　　址：https://www.tup.com.cn, https://www.wqxuetang.com
地　　址：北京清华大学学研大厦A座　　邮　　编：100084
社 总 机：010-83470000　　邮　　购：010-62786544
投稿与读者服务：010-62776969, c-service@tup.tsinghua.edu.cn
质量反馈：010-62772015, zhiliang@tup.tsinghua.edu.cn
印 装 者：三河市少明印务有限公司
经　　销：全国新华书店
开　　本：170mm×230mm　　印　张：21.75　　字　数：288千字
版　　次：2025年6月第1版　　印　次：2025年6月第1次印刷
定　　价：128.00元

产品编号：105217-01

本书由2023年国家社科基金艺术学重点项目
"新中国工艺美术史学史(1949—2023)"资助出版

序

记得 2010 年春夏，我收到一位来自河南大学历史文化学院考古文博系，名叫曹芳芳的本科生的来信。她说她是我的郑州小老乡，学习成绩优异，非常仰慕北大考古，打算下半年报考北京大学考古文博学院的研究生。虽和我素不相识，但非常希望得到我的鼓励和支持。这是我这么多年第一次收到这样的信件，很欣赏这位小姑娘的勇气。于是就给她回信，支持她报考北京大学考古文博学院，并鼓励她，如果一年不行的话，可以再来一年。还让我的学生雷兴山给她寄些考古文博学院的课程资料，希望对她有所帮助。没想到，曹芳芳不仅一年就考上了，而且还是以专业成绩第一名考入的。之后，她跟随孙庆伟在北大读书。

2011 年 8 月底，开学以后曹芳芳便来办公室拜访我，记得当时我请这位小老乡和商周组的几位同学在北大西门外吃了一顿烤鱼，席间大家相谈甚欢，同学们对未来的学习充满期待。之后，曹芳芳在北大读研期间，有时也会参与我的课题，帮我做些学术辅助工作。硕士毕业后，她南下广东省博物馆工作，也经常跟我沟通交流。再到后来，她又返回北大读博士、做博士后。可以说，这十多年我见证了曹芳芳从一个本科生成长为一位优秀的青年学者。如今她的第一本专著出版在即，她的导师孙庆伟认为当年她与北大结缘由我开始，她的第一本专著也理应邀请我为之作序。

曹芳芳选择龙山时代的用玉制度为进入学术领域的研究重心，自然与她导师的研究特长密不可分。孙庆伟的博士论文以周代的用玉制度为中心，研究成果达到周代玉器前所未有的广度与深度。因此，选择龙山时代的用玉制度，自然也有极为深远的考量。一是，龙山时代处于早期王权国家诞生的前夕，是中国文明发展的加速阶段，这一时期的重要性怎么强调都不过。二是，在如此重要的阶段，玉器在文明加速发展和国家形成的过程中到底发挥了何种作用。三是，从用玉制度而言，能否窥探到夏商周三代文化与礼制发展的一些渊源。她所定义的龙山时代是指包括庙底沟二期文化在内的广义的龙山时代，前后长达千年。这也就决定了其研究资料多、时间长、涉及范围广的特点。之后，她以参加学术会议为契机，又相继对长江流域边缘和珠江流域的龙山时代玉器资料进行了系统的梳理与研究，其中有些报告我亲耳听过。

然而，当我再次看到她的书稿时，又一次深感意外。没想到她不仅将龙山时代的玉器研究补全，而且新增了关于工艺美学的研究，即纳入了艺术学与设计学的视角。这一部分内容在考古文博领域当中，长期以来被认为不那么重要。其实，前些年我也强调过文物研究，不管是玉器，还是青铜器、彩陶、陶瓷等文化遗存，不仅具有重要的历史价值，还充满了艺术价值，因而当然也需进行一些美术考古或艺术史角度的分析与研究。曹芳芳结合自己的学术训练，增加了艺术学视角分析，将用玉制度与工艺美学结合起来，探讨龙山时代的社会、礼制与美学思想，将玉器研究又往前推进了一步。

通读书稿，资料丰富翔实，分析有理有据，结构安排合理，不仅系统地构建了龙山时代的用玉体系，而且提出了许多富有新意的见解和认识。曹芳芳将长达千年的龙山时代分为早、晚两期，并注意到早、晚两阶段之间各个方面的较大差异。有几点印象深刻：

一、深化用玉制度研究。全书不仅在第二章和第三章进行了较为细致和全面的分区、分类分析，把握用玉的器类组合与造型特征、时间特征、等级特性、性别特征、使用特征、玉材特征、制玉技术特征、图案与审美特征，而且还善于从宏观方面进行对比分析和总结。提出了不少论断，如在用玉格局上，龙山时代早期虽然良渚用玉逐渐衰落，但东部沿海地带依然是当时的用玉中心，此时黄河中游的用玉势头才刚刚展露苗头。到龙山时代晚期用玉的中心已实现了从沿海到中原的空间转移，为之后夏、商、周三代文明在以中原为中心的地带展开奠定了基础。在玉器功能上，随着用玉格局在空间上的转移，龙山时代早晚的用玉组合也发生了较大的变化。玉琮和玉璧在龙山时代晚期及以后基本退出核心礼器范畴，反而新"瑞"，如多孔玉刀、玉圭、牙璧、牙璋等新型玉礼器群的兴起，导致玉器的神圣性进一步降低，使得其象征军权和王权的作用更加突出，从而实现了玉器功能从整体上由神权向王权的转化。

二、开拓玉器的工艺美学研究。曹芳芳博士后阶段在北大艺术学院进行学科交叉研究，学习了不少艺术学研究的视角、理论与方法。因而，她有能力增添以往考古学界所缺少的艺术学分析。像材质、技艺、图案与纹样等方面的研究，虽然也是考古学分析的内容，但是以往这些方面都是由不同的学者各自进行独立的研究。曹芳芳将这几方面结合起来，最终指向的是美学思想与审美观念，这是一个创新。根据玉器材质的变化与拓展、制玉技术革故与鼎新，同时结合造型与纹样分析，她认为在审美观念上，龙山时代早期是东部地带与华夏腹地的东、西二元对立。东部地带玉器崇尚良渚式纹样与突出神秘感的审美理念；而华夏腹地玉器则注重玉材本身的质美与珍贵，多素面无纹，倾向于质朴庄重的审美。龙山时代晚期玉器的审美观念转向了黄河与长江流域之间的南、北二元对立。黄河流域崇尚几何化、线条化的造型与纹样，审美继承了前期；而长江中游则偏爱仿生型的玉器和纹样，塑造了一次审美上的"复古"。

三、上升到社会与思想观念研究。龙山时代处于夏朝之前，当时的社会、礼制、审美等上层建筑方面的状况自然是学界关注的重要议题。作者没有止步于用玉制度与工艺美学的分析，而是大胆地往前迈出了一步，即从玉器层面来探讨当时九州的形成与社会状况。不管从文献还是考古证据来看，龙山时代已经形成了全面的玉文化交流网络与体系。由于玉器在跨区域的互动网络体系中是一个重要的活跃因子，因而它是维系不同区域之间的纽带，推动了九州的形成。最终，正是由于玉文化在龙山时代的发展、转变与特质，玉器和玉文化经过中原地区的内化，成为中原族群自身文化中不可分割的一部分，形成了一种稳定的文化心理结构，并上升为一种文化基因，不仅使得玉器和玉文化能够在华夏大地普及，而且能够继续向下复制和传承，成为中华文化中举足轻重的一部分。

可以说，这些具有分量感的论断、研究的全面性和创新性，使得本书在玉器研究方面开辟了新天地，也确立了一种考古、艺术与文明有机融合的研究范式，达到了作者在绪论中所说的"把玉器作为一种'器物史料'，将玉器置于层层考古背景与社会情景之中，探求制度、技术、艺术、流通与精神信仰层面的知识"之目的。考古学研究的难点之一就在于如何有效达到"透物见史"，本书的研究通过考古学与艺术学的交叉、微观分析与宏观总结并行、考古资料与历史文献相结合的方式，可以说很好地完成了这一课题。虽然个别观点仍值得商榷，一些局部仍可继续深入，但总体来说瑕不掩瑜。

这些成果的获得，与她的刻苦勤奋、执着坚韧和持之以恒的精神状态密不可分。我听商周组老师说起她最多的就是，不怕吃苦，十分努力，特别能写。除此之外，根据我所观察，曹芳芳也十分善于思考和总结，这也是她能够在本书中将不同学科的理论与知识融会贯通的重要原因。

随着早期中国玉器出土资料越来越多，玉器之于中华文明的独特作用也越来越清晰，本书就是在此方面的一个呈现，也交出了一份较为优秀的答卷。考古学研究内容丰富广泛，而且贵在恒久。在本书出版之际，一方面为曹芳芳感到欣慰，另一方面也希望她今后能够扩大学术视野，持之以恒，勇于突破和创新，继续多学科交叉，多领域融合，深入研究早期中国文化与文明，不断有新成果问世。是为序。

李伯谦

北京大学考古文博院原院长、教授

"夏商周断代工程"项目首席科学家

2024年9月于郑州

目录 CONTENTS

绪　论 / 001

第一章　良渚玉器的式微：龙山时代早期 / 027

　　第一节　黄河下游地区 …………………………………………… 027

　　第二节　黄河中游地区 …………………………………………… 054

　　第三节　长江下游地区 …………………………………………… 065

　　第四节　珠江流域地区 …………………………………………… 090

　　第五节　黄河上游和长江中游地区 ……………………………… 103

第二章　中原玉器的崛起：龙山时代晚期 / 111

　　第一节　黄河下游地区 …………………………………………… 111

　　第二节　黄河中游地区 …………………………………………… 149

　　第三节　黄河上游地区 …………………………………………… 192

　　第四节　长江中游地区 …………………………………………… 228

　　第五节　长江下游地区 …………………………………………… 252

第三章　历史嬗变：龙山时代的用玉传统 / 257
　　第一节　沿海到中原：龙山时代用玉格局的嬗变 …………… 257
　　第二节　神权到王权：龙山时代用玉功能的嬗变 …………… 264

第四章　阐幽明微：龙山玉器的工艺美学 / 273
　　第一节　乘风破浪：龙山时代玉材体系的深拓 ……………… 273
　　第二节　革故鼎新：龙山时代制玉技术的流变 ……………… 280
　　第三节　二元对立：龙山玉器的图案演化与审美观念 ……… 285

第五章　龙山玉器与九州初定 / 293
　　第一节　九州攸同：文献中的玉石朝贡体系 ………………… 294
　　第二节　以中原为中心：龙山玉器构建的交流体系 ………… 297

第六章　结　语 / 319

图片来源 / 329

后　记 / 331

绪论

跨学科视野下的龙山时代玉器研究

中国古代以"四大发明"而著称,像"四大发明"一样为世人所知的是,中国古代有"四大土特产"——玉器、丝绸、瓷器和漆器。如若从起源与传承时间、社会功能、精神信仰等层面来看,从"四大土特产"中选择一种物质和文化来概括中国文化特质的话,那便是玉器和玉文化。

从黑龙江小南山遗址发现成批玉器的年代来看,中国的玉器与玉文化已经绵延了9000余年,形成了独特的玉文化。距今5500年至4800年左右,在文明化进程中形成了中国历史上第一次用玉高峰,在东北地区有以动物造型为特征的红山玉器,在江浙地区开始形成以琮、璧、钺等为代表的良渚玉器,在中原地区出现了使用凸舌弧刃玉钺为传统的仰韶文化庙底沟期玉器。这些地区的考古遗存,尤其是墓葬材料,皆显示出巨大的贫富和阶层分化,玉器是其中一个最重要、最有力的标志物、象征物与"奢侈品",并被确定具备了礼制功能。同时,较多考古遗迹表明有相当一部分玉器参与祭祀活动或作为祭品,也充分体现了"玉亦神物也"[1]。

进入广义的龙山时代,玉器在前一阶段第一次用玉高峰的基础上,继续以高昂的姿态蓬勃发展。这一阶段是玉器使用与发展的一个

---

[1] (清)钱培名校.越绝书[M].上海:商务印书馆,1937:56.

十分重要的时期，用玉格局与用玉观念在此期间发生了较大转变，形成一系列连锁反应。玉器经过这一阶段的扩散与传播，在各个文化圈中确立了核心礼器的地位，而且用玉影响越过南岭，波及岭南，是岭南地区逐渐纳入中国版图的前奏。玉器作为史前最神圣、高贵和珍贵的物品，不是当时社会交流网络中的一般物品，而是象征着宗教和世俗权力与地位的特殊用品，还包括宇宙观、礼仪和巫术等各种当时最先进也最神秘、只有社会上层才能掌握的知识。[1]伴随着玉器的扩散，玉器所蕴含的礼制、思想与观念随之扩散，这一时期用玉观念普遍深入人心。

之后，经过龙山时代进入夏商周三代，玉器成为等级和礼制的核心表征物质之一，及至春秋战国时期，儒家思想融入玉器，君子比德于玉，成为高雅文化的代表。从红山文化和良渚文化，经过龙山时代，至夏商周时期，中国古代完成了从史前社会到原史时期的转变，具体来说就是完成了从文明形成到王权国家的诞生。龙山时代也是礼的发展和礼制形成的重要时期，当时的礼和礼制与早期中国[2]的礼和礼制又有不可分割的源流关系，它在华夏文明产生的过程中曾有过巨大的作用和辉煌的贡献。[3]而玉器的主要功能在这一阶段也完成了从"巫玉"到"权玉"的转变，玉器的玉料来源、制作技术、纹饰系统、审美情趣也都发生了相应的变化。因此，考察龙山时代的用玉制度可作为窥探中国文明形成的一个重要切入点，同时研究龙山时代的工艺美学则可以透视时人的技艺水准与艺术观念。通过考古、技术与艺术视角的结合，既达到"透物见人"的目的，也呈现出一种学科融合的趋势。

---

[1] 李新伟.重建中国的史前基础[M]//北京联合大学考古学研究中心.早期中国研究·第1辑.北京：文物出版社，2013：13.

[2] 这里的早期中国特指夏商西周时期。

[3] 杨群.从考古发现看礼和礼制的起源与发展[J].孔子研究，1990（3）：3-11.

一、龙山时代玉器研究的范式

（一）金石学范式

自北宋金石学开创以来，中国古玉研究已有千余年的历史。虽然聂崇义《新定三礼图》不是著录古玉的开始，也非专门的金石学著作，而且书中对古代玉器使用的方法和制度的认识也未必完全正确，但是其中对牙璋、玉钺的记载与使用说明，算是目前所见最早有关龙山时代玉器的论述，并有图可考。其后，北宋著名金石学家吕大临著《考古图》，其中第八卷著录玉器，虽然书中所录玉器没有确切的龙山时代玉器，但却是收集、著录中国古玉的肇始之作。在此之后的两宋时期，也陆续有几部收录古玉的书籍，如李公麟的《周鉴图》（可惜后来失传）、薛尚功的《历代钟鼎彝器款识法帖》等。至元代，出现了中国现存最早的一部著录玉器的专著——朱德润《古玉图》，并较为详细地论述了如何鉴赏玉器。元代陶宗仪的《南村辍耕录》一书中有相关用玉的记载等。这些书中均少量涉及龙山时代玉器。

至清代，金石学之风大为盛行，对古物研究的广度和深度都远超前朝各代，其中著录和研究古玉的代表作即为吴大澂的《古玉图考》。该书成书于光绪十五年（1889年），收录吴大澂自家及友人所藏古玉近200件，均有附图，图由吴大澂族弟吴大桢精心绘制。器物种类繁多，每一类玉器多少不等，其后按类附有器物尺寸、名称、用途、年代的文字说明及考释，字数亦有多寡，是一本文图并茂、对研究中国古代玉器有较高参考价值的著作。[1] 书中著录的相当一部分玉璧、牙璋（书中称之为璿玑和夷玉）、牙璧、玉琮、玉璜等，从器物形制来看，可以追溯至龙山时代，甚至更早。其中一些考释未必正确，但亦是有益的探索，且其中某些可能为龙山时期的玉器，成为了后来古玉研究的热门争论，如《古玉

---

[1] 安然. 略论吴大澂的传古之功 [D]. 长春：东北师范大学历史文化学院，2007.

图考》第五十页中著录的一件所谓的"璿玑",转卖到芝加哥费氏自然史博物馆(Field Museum of Natural History, Chicago),此器为20世纪"璇玑论战"的主角。[1] 此外,徐寿基的《玉谱类编》是一部较为系统的玉器专著,全书四卷二十八集,遍查古籍,分类编排。其中卷一:释名、出产、形质、色泽、精神、典故、符瑞、灵异、珍奇;卷二:天文、岁时、地理、人事、人品、身体;卷三:辑瑞、礼器、乐器、器用、文具、武备;卷四:闺阁、宫室、服饰、饮食、像生、草木、玩古。该书内容丰富,旁征博引,其中部分内容的考证和认识是与龙山时代玉器相联系的。

现代以来,以那志良所编《古玉图籍汇编》、书目文献出版社编《古玉考释鉴赏丛编》和桑行之编《说玉》等3本书最为重要,但大多属于资料汇编性质,且涉及玉器多为历史时期古玉,与龙山时代玉器没有太大关联。

综上所述,金石学传统之下的古玉研究主要集中在收藏玉器的著录,主要包括古玉的名称、尺寸、纹饰、线图描绘等。在此基础上,结合儒家经、史类文献,对这些玉器的功能、使用场合、社会意义进行阐发。至19世纪末,开始具有系统性思维,基于历史文献进行系统的玉器研究和相关文献与图谱的汇集。然而,这一时期缺少考古发掘品,更多地停留在对玉器的描述、文献的探讨和资料的汇编上,新解不多,难以超脱传统学术范式的桎梏。

(二)考古学范式

自20世纪20年代中国考古学诞生以来,考古发掘出土的玉器数量迅速增长。面对众多的精美古玉,传统的金石学方法已不能满足龙山时代玉器研究的需要,而考古学的方法和理论则为龙山时代的玉器研究注入了新鲜血液和力量,产生了大量考古学研究范式的研究。纵观已有研

---

[1] 邓淑苹.百年来古玉研究的回顾与展望[C]//载庆祝高去寻先生八秩荣庆论文集.台北:正中书局,1991:233-276;邓淑苹.《古玉图考》导读[M].台北:艺术图书公司,1992:41-49.

究，主要有以下几个方面。

1. 综论

自红山文化、良渚文化发现并确认后，大量的红山和良渚玉器涌现出来。红山文化中形象生动的动物造型玉器和良渚文化中数量丰富的琮、璧、钺及精美神秘的"神徽"图案，不仅让学界震惊，更让学者欣喜，让人们认识到中国远古文化的源远流长和发达。加之，史前其他不同时期、不同考古学文化也发现了或多或少的玉器，因此史前玉器的文化面貌成为学者考察和研究的对象之一，而龙山时代玉器自然便在其中之列。

在这方面着墨较早较多的是杨晶，1993年她发表了《中国史前玉器概述》[1]一文，将中国史前玉器分布区划分为六大区、两大系统，又将史前玉器以距今5500年为分界划分为两大阶段。该文是其后出版的《中国史前玉器的考古学探索》一书的浓缩版。在该文中重点对中国史前最具代表性的两个地区的玉器系统，即西辽河系统和环太湖系统，按照时间脉络作了较为详尽的梳理，总结出各自的用玉类别和特点。[2] 文章以玦、璜、钺、琮等4种史前最主要的玉器为中心，每类分地域进行详尽的梳理，指出其最早发生地，总结出每个区域的发展脉络及其使用情况、功能等，以及可能的传播或影响区域和路径。文章的最后对中国史前玉器格局和流源进行了综述，这也是概述最出彩的地方，作者根据苏秉琦先生的六大区系的划分，也将中国史前玉器划分为六大区，即以西辽河流域为中心的东北地区、黄河中上游地区、黄河下游地区、长江中游地区、长江下游地区和东南地区。关于此类对中国史前玉器进行分区或划分板块、起源类型、整体概况进行研究的还有杨伯达[3]、黄宣佩[4]、

---

[1] 杨晶. 中国史前玉器概述 [J]. 华夏考古，1993（3）：88-93.
[2] 杨晶. 中国史前玉器的考古学探索 [M]. 北京：社会科学文献出版社，2011.
[3] 杨伯达. 珣玗琪考 [J]. 北方文物，2002（2）：1-5；杨伯达. 中国史前玉文化板块论 [M]// 杨伯达. 巫玉之光：中国史前玉文化论考. 上海：上海古籍出版社，2005：71-86.
[4] 黄宣佩. 略论我国新石器时代玉器 [C]// 上海博物馆. 上海博物馆集刊（4）. 上海：上海古籍出版社，1987：150-170.

郭大顺[1]、邓淑苹[2]、黄翠梅[3]、牟永抗[4]、曲石[5]、孔德安[6]、任式楠[7]、张绪球[8]、邵望平和高广仁[9]、赵荦[10]等。

由于史前所涵盖的时间悠长，除了个别学者的论著对整个史前玉器梳理的相对较为全面和细致外，大部分研究多是整体性的描述和概括，并没有深入逐个时代、逐个地域梳理。即便是较为详细者，也是有所侧重。整体来讲，目前仍缺乏系统性的龙山时代玉器研究。

2. 区域性研究

由于龙山时代玉器集中出土在不同的考古学文化地域范围之内，因此，对不同地区、不同考古学文化玉器的研究成为龙山时代玉器研究的一个重要方面。

首先，是对某一考古学文化玉器的研究，如张绪球[11]、院文清[12]、杨建芳[13]、王劲[14]、林巳奈夫[15]、吴桂兵[16]、陈茜[17]等对石家河文化

---

[1] 郭大顺.史前玉器分区研究的启示[C]//陕西省文物考古研究所.中国史前考古学研究：祝贺石兴邦先生考古半世纪暨八秩华诞文集.西安：三秦出版社，2004：394-406.

[2] 邓淑苹.中国古代玉器文化三源论[J].中华文化学会，1995年刊.

[3] 黄翠梅.中国新石器时代玉器文化谱系初探[J].史评集刊，2002（1）：6-16.

[4] 牟永抗.中国史前古玉概论[C]//刘国祥，邓聪.玉根国脉：2011"岫岩玉与中国玉文化学术研讨会"文集.北京：科学出版社，2011：271-295.

[5] 曲石.古代玉器的起源和发展[J].文博，1987（3）：73-76.

[6] 孔德安.论我国新石器时代的玉器[C]//中国社会科学院考古研究所.考古学集刊·12.北京：科学出版社，1999：148-193.

[7] 任式楠.中国史前玉器类型初析[C]//中国社会科学院考古研究所.中国考古学论丛：中国社会科学院考古研究所建所40周年纪念.北京：科学出版社，1993：106-130.

[8] 张绪球.中国史前玉器文化的起源与发展[C]//费孝通.玉魄国魂：中国古代玉器与传统文化学术讨论会论文集.北京：燕山出版社，2002：58-65.

[9] 邵望平，高广仁.关于中国古代玉文化的几点思考[C]//费孝通.玉魄国魂：中国古代玉器与传统文化学术讨论会论文集.北京：燕山出版社，2002：45-57.

[10] 赵荦.新石器时代中国玉文化的区域差异与特征[D].郑州：郑州大学历史学院，2010.

[11] 张绪球.石家河文化的玉器[J].江汉考古，1992（1）：56-60.

[12] 院文清.石家河文化玉器概论[J].故宫文物月刊，1997（173）.

[13] 杨建芳.石家河文化玉器及其相关问题[J].故宫学术季刊，1991（4）.

[14] 王劲.石家河文化玉器与汉江文明[C]//湖南省文物考古研究所.长江中游史前文化暨第二届亚洲文明学术讨论会论文集.长沙：岳麓书社，1996：231-242.

[15] 林巳奈夫.关于石家河文化的玉器[C]//邓聪.东亚玉器·Ⅰ.香港：香港中文大学中国考古艺术研究中心，1998：287-297.

[16] 吴桂兵.石家河文化玉器的区域功能与普遍影响[J].中原文物，2002（5）：30-36.

[17] 陈茜.石家河文化玉器研究[D].长沙：湖南大学岳麓书院，2017.

玉器的研究，另有荆州博物馆编著《石家河文化玉器》的图录[1]；杨伯达[2]、黄宣佩[3]、叶茂林[4]、杨美莉[5]、谢晓燕[6]、王玉妹[7]、郭金钰[8]、王裕昌[9]等对齐家文化玉器的研究，另有《齐家古玉》[10]这类著录与介绍性质的编著；高炜、乔杨[11]对陶寺玉器的研究[12]等。

其次，是对某一地区或几个地区史前玉器的整体性研究，如赵春青[13]、曹桂岑[14]对中原地区史前玉器的梳理和分期；张敬国对安徽史前玉器的研究[15]；栾丰实[16]对晋南地区史前玉器的研究；周南泉[17]、杨晶[18]、

---

[1] 荆州博物馆.石家河文化玉器[M].北京：文物出版社，2008.

[2] 杨伯达.甘肃齐家文化玉器初探：记鉴定全国一级文物所见甘肃古玉[J].陇右文博.1997（1），又见《巫玉之光》，2005：170-181.

[3] 黄宣佩.齐家文化玉礼器[C]//邓聪.东亚玉器·Ⅰ.香港：香港中文大学中国考古艺术研究中心，1998：184-191.

[4] 叶茂林.齐家文化玉器的几个问题[C]//四川大学历史文化学院考古学系.四川大学考古专业创建四十周年暨冯汉骥教授百年诞辰纪念文集.成都：四川大学出版社，2001：190-194；叶茂林.齐家文化玉石器[C]//中国社会科学院考古研究所.考古求知集.北京：中国社会科学出版社，1997：251-261；叶茂林.从青海喇家遗址出土资料再论齐家文化玉器[C]//钱宪和.海峡两岸古玉学会议论文专辑.中国台北："国立台湾大学"理学院地质科学系印行，2001：397-404.

[5] 杨美莉.齐家文化玉器的性质与特色[J].淡江史学，2000（11）；杨美莉.齐家文化的玉围图[J].故宫文物月刊，2000（207）.

[6] 谢晓燕.齐家文化玉器的发展与演变[J].文物鉴定与鉴赏.2011（3）：104-109.

[7] 王玉妹.齐家文化玉器的考古学研究[D].长春：吉林大学文学院，2012.

[8] 郭金钰.齐家文化玉石器研究[D].西安：陕西师范大学历史文化学院，2012

[9] 王裕昌.齐家文化玉器散论[J].博物馆研究.2012（4）：63-78.

[10] 彭燕凝，仁厚.齐家古玉[M].成都：天地出版社，2005.

[11] 乔杨.陶寺文化玉器研究[D].长沙：湖南大学岳麓书院，2018.

[12] 高炜.陶寺文化玉器及相关问题[C]//邓聪.东亚玉器·Ⅰ.香港：香港中文大学中国考古艺术研究中心，1998：192-200.

[13] 赵春青.试论中原地区新石器时代玉器的分期[C]//杨伯达.中国玉学玉文化论丛三编·上.北京：紫禁城出版社，2005：279-319.

[14] 曹桂岑.河南史前玉器[C]//钱宪和.海峡两岸古玉学会议论文专辑.中国台北："国立台湾大学"理学院地质科学系印行，2001：115-128.

[15] 张敬国.安徽新石器时代出土玉器研究[C]//安徽省文物考古研究所，安徽省考古学会.文物研究（第11辑）.合肥：黄山书社，1998：2-18.

[16] 栾丰实.简论晋南地区龙山时代的玉器[J].文物，2010（3）：37-45；栾丰实.试论陕北和晋南的龙山时代玉器：以石峁、碧村和陶寺为例[J].中原文物，2021（2）：80-91.

[17] 周南泉.试论太湖地区新石器时代玉器[J].考古与文物，1985（5）：80.

[18] 杨晶.长江下游地区史前玉器研究[J].东南文化，1994（4）37：48.

肖梦龙[1]、殷志强[2]、田名利[3]等分别对长江下游地区史前玉器的研究，张绪球[4]、何介钧[5]等对长江中游地区史前玉器的研究，还有吴桂兵和季海群[6]对整个长江流域的龙山时代玉器进行概述；雍颖[7]、邵望平[8]、高广仁[9]、何德亮[10]、逄振镐[11]、孙妍[12]、张美玲[13]、张卫英[14]、杨凡[15]等对海岱地区（山东地区）史前玉器的研究；孙长庆、殷德明、干志耿[16]、于建华[17]、周晓晶[18]、赵宾福[19]、孙守道[20]、

---

[1] 肖梦龙.长江下游史前玉器概论[J].南方文物，2005（1）：35-53.

[2] 殷志强.太湖地区史前玉器述略[J].史前研究，1986（Z2）：143-154.

[3] 田名利.宁镇地区新石器时代玉器简论[C]//杨建芳师生古玉研究会.玉文化论丛2.北京：文物出版社，台北：众志美术出版社，2009：182-192.

[4] 张绪球.长江中游新石器时代玉器[C]//邓聪.东亚玉器·Ⅰ.香港：香港中文大学中国考古艺术研究中心，1998：216-221.

[5] 何介钧.湖南史前玉器[C]//邓聪.东亚玉器·Ⅰ.香港：香港中文大学中国考古艺术研究中心，1998：222-227.

[6] 吴桂兵，季海群.长江流域龙山时代玉器概述[C]//翁明礼，姚伟民.长江文化论丛第二辑，成都：四川大学出版社，2002.

[7] 雍颖.海岱地区出土新石器时代玉器研究[J].故宫学术季刊，1999，17（4）；雍颖.试探山东地区出土的新石器时代玉器分期与特征[J].辽海文物学刊，1996（2）：101-112.

[8] 邵望平.海岱系古玉略说[C]//中国社会科学院考古研究所.中国考古学论丛：中国社会科学院考古研究所建所40周年纪念.北京：科学出版社，1993：131-141.

[9] 邵望平，高广仁.海岱系玉文化的流变[C]//钱宪和.海峡两岸古玉学会议论文专辑.中国台北："国立台湾大学"理学院地质科学系印行，2001：313-320.

[10] 何德亮.山东史前玉器及相关问题探讨[J].东方博物，2007（1）：18-25.

[11] 逄振镐.史前东夷出土玉器分析与玉制业的发展[J].北方文物，1998（4）：18-24.

[12] 孙妍.大汶口文化玉器研究[D].长春：吉林大学文学院，2007.

[13] 张美玲.山东地区出土新石器时代玉器研究：以大汶口文化和龙山文化玉器为中心[D].烟台：烟台大学中国学术研究所，2013.

[14] 张卫英.山东地区新石器时代玉器综论[D].武汉：华中师范大学历史文化学院，2013.

[15] 杨凡.海岱地区史前玉器初探[D].济南：山东大学历史文化学院，2016.

[16] 孙长庆，殷德明，干志耿.黑龙江新石器时代玉器概论[C]//邓聪.东亚玉器·Ⅰ.香港：香港中文大学中国考古艺术研究中心，1998：120-127.

[17] 于建华.黑龙江省出土的新石器时代玉器及相关问题[J].北方文物，1992（4）：11-18.

[18] 周晓晶.吉黑地区新石器时代玉器探究[J].北方文物，2000（4）：1-6；周晓晶.辽东半岛地区新石器时代玉器的初步研究[J].北方文物，1999（1）：18-24.

[19] 赵宾福.吉林省出土的史前玉器及相关问题[C]//邓聪.东亚玉器·Ⅰ.香港：香港中文大学中国考古艺术研究中心，1998：164-170；赵宾福.关于辽西史前玉器的几个问题[C]//张忠培，徐光冀.玉魄国魂：中国古代玉器与传统文化学术讨论会论文集.北京：燕山出版社，2002：135-148.

[20] 孙守道.中国史前东北玉文化试论[C]//邓聪.东亚玉器·Ⅰ.香港：香港中文大学中国考古艺术研究中心，1998：102-119.

刘国祥[1]、王玉华[2]、康波[3]、吴丽丹[4]、李陈奇[5]、冈村秀典[6]、中山清隆[7]、任妮娜[8]、刘特特[9]、王玉华[10]等对燕辽及东北地区史前玉器的研究；闫亚林[11]、叶茂林[12]、杨晓明[13]等对西北地区史前玉器的研究；杨亚长[14]、权敏[15]、张锟[16]、张锋钧[17]对陕西史前玉器的研究；杨式挺[18]、李岩[19]对广东史前玉器的研究，肖一亭对岭南史前玉器的研究[20]，张宗亚对华南地区史前玉器的研究[21]；邓淑苹对华西系统玉器的探讨[22]等。

再者，是对某一龙山时代遗址或墓地出土玉器的研究，如马金花对

---

[1] 刘国祥.黑龙江史前玉器研究[J].中国历史博物馆馆刊，2000（1）：72-86；刘国祥.辽西古玉研究综述[J].故宫博物院院刊．2000（5）：6-20；刘国祥.吉林史前玉器试探[J].北方文物，2001（4）：6-16.

[2] 王玉华.东北地区史前玉器研究：以辽西地区为中心[D].沈阳：辽宁师范大学历史文化旅游学院，2008.

[3] 康波.黑龙江出土史前玉器初步研究[D].长春：吉林大学文学院，2005.

[4] 吴丽丹.论东北地区新石器时代玉器的四个发展阶段[D].长春：吉林大学文学院，2007.

[5] 李陈奇，赵评春.黑龙江古代玉器[M].北京：文物出版社，2008.

[6] 冈村秀典.辽东新石器时代的玉器[C]//钱宪和.海峡两岸古玉学会议论文专辑.中国台北："国立台湾大学"理学院地质科学系印行，2001：391-396.

[7] 中山清隆.中国东北地区的史前玉器：以黑龙江省的资料为中心[J].博物馆研究，2001（3）.

[8] 任妮娜.环渤海地区新石器时代玉器研究[D].沈阳：辽宁师范大学历史文化旅游学院，2013.

[9] 刘特特.辽西古文化区史前玉器研究[D].沈阳：辽宁师范大学历史文化旅游学院，2012.

[10] 王玉华.东北地区史前玉器研究：以辽西地区为中心[D].沈阳：辽宁师范大学历史文化旅游学院，2008.

[11] 闫亚林.西北地区史前玉器研究[D].北京：北京大学考古文博学院，2010.

[12] 叶茂林.黄河上游新石器时代玉器初步研究//邓聪.东亚玉器·Ⅰ.香港：香港中文大学中国考古艺术研究中心，1998：180-183.

[13] 杨晓明.甘青地区史前玉器研究[D].兰州：西北民族大学历史文化学院，2014.

[14] 杨亚长.陕西史前玉器的发现与初步研究[J].考古与文物，2001（6）：46-52.

[15] 权敏.陕西龙山时代至夏时期玉器的初步研究[D].西安：西北大学文化遗产学院，2010.

[16] 张锟.论陕北地区发现的玉器[J].文物世界，2012（2）：15-21.

[17] 张锋钧.西安地区出土玉器述要[J].中原文物，2011（3）：76-84.

[18] 杨式挺.广东史前玉石器初探[C]//邓聪.东亚玉器·Ⅰ.香港：香港中文大学中国考古艺术研究中心，1998：304-315.

[19] 李岩.广东地区文明进程的玉器传播与使用浅见[C]//杨伯达.中国玉文化学论丛四编·下.北京：紫禁城出版社，2007：329-334.

[20] 肖一亭.岭南史前玉石器的初步研究[J].南方文物，1998（4）：55-63.

[21] 张宗亚.华南地区史前玉器初探[D].桂林：广西师范大学历史文化与旅游学院，2013.

[22] 邓淑苹.也谈华西系统的玉器（一至六）.故宫文物月刊，1993（125-130）；邓淑苹."华西系统玉器"观点形成与研究展望[J].故宫学术季刊，2007，25（2）.

山西芮城清凉寺墓地出土玉器的研究；[1]戴应新[2]、王炜林[3]、孙周勇[4]、姬乃军[5]等对神木石峁、神木新华和延安芦山峁遗址出土玉器的研究；王劲对肖家屋脊遗址出土玉器的瓮棺葬的研究；[6]韩榕对临朐西朱封龙山大墓出土玉器及相关问题的探讨。[7]

区域性研究多为通过梳理一个考古学文化、一个区域或一个遗址的玉器后，进行分期或发展阶段划分，然后总结其器类特征、时代特征和使用特征，有些涉及不同区域或考古学文化的交流。这一方面的研究多为实际参与龙山时代田野考古发掘的各地考古工作者，因此带有较强的资料性。一方面可以看出，对某一考古学文化或某一地域的史前玉器研究较多，缺乏大范围内的整体性研究和对比研究，而且这些研究多侧重考古发现和时代分析。另一方面则是对玉器各个方面的研究都有所涉及，暂且称之为"通盘式"的研究，但正是由于兼顾各个方面，从而导致无法深入细致地分析。再者，缺乏在不同考古背景层次下的用玉传统研究，而这就凸显出另外一个问题，即用玉传统研究要求考察的主体除玉器外，还要兼顾考察其他与玉器功能相似而质地不同的器物，这样才能更加显现出玉器的特点和在器物群中的地位，更重要的是还可以窥探时人的用玉观念与喜好。然而，以往的研究大多只关注玉器本身，可被称为"器物本位"。

3. 玉器专题研究

龙山时代发现玉器的数量和使用规模虽然与红山和良渚文化玉器无法相比，但是一些特定器类因关系到文明发展、国家与礼制形成及某些

---

[1] 马金花.山西芮城清凉寺墓地出土玉器浅说[J].文物世界，2009（3）：3-7.

[2] 戴应新.我与石峁龙山文化玉器[C]// 杨伯达.中国玉文化玉学论丛续编.北京：紫禁城出版社，2004：228-239.

[3] 王炜林，孙周勇.石峁玉器的年代及相关问题[J].考古与文物，2011（4）：40-49.

[4] 孙周勇.神木新华遗址出土玉器的几个问题[J].中原文物，2002（4）：37-42.

[5] 姬乃军.延安市芦山峁出土玉器有关问题探讨[J].考古与文物，1995（1）：23-29.

[6] 王劲.肖家屋脊遗址玉器瓮棺葬者探讨[C]//陕西省文物局陕西省考古研究所.中国史前考古学研究：祝贺石兴邦先生考古半世纪暨八秩华诞文集.西安：三秦出版社，2003：407-416.

[7] 韩榕.临朐西朱封龙山文化墓葬出土玉器及相关问题[C]// 邓聪.东亚玉器·Ⅰ.香港：香港中文大学中国考古艺术研究中心，1998：201-207.

玉器本身的源流，因而成为学者关注的重点和焦点之一。这些器类主要有牙璋、牙璧、西朱封冠饰[1]、石家河人头像[2]、齐家文化的玉琮和玉璧[3]等。其中，由于牙璋出土范围大、时代跨越史前与国家产生，同时被认为承载着文化的交流与传播、礼制的传承与发展，因而成为学者讨论最多的器类，讨论内容涉及其起源与演变、分类与定命、用途与传播等，以试图廓清牙璋研究迷雾，然而由于文献记载寥寥，且具有明确出土背景的牙璋数量不多，所以这些讨论仍然歧见纷呈，没有定论。[4]对牙璧的关注与讨论虽不如牙璋多，但扑朔迷离的局面与牙璋所面临的处境相同，[5]栾丰实的《牙璧研究》收集资料全面，[6]论述涉及牙璧研究的各个方面，是一篇较有影响的文章。此外，尚有杨伯达[7]、安志敏[8]、周南泉[9]、王嗣洲[10]、刘俊勇[11]等对牙璧进行过相关研究。另外，近年来开始出现独立

---

[1] 杜金鹏.论临朐西朱封龙山文化玉冠饰及相关问题[J].考古，1994（1）：55-65.

[2] 杜金鹏.石家河文化玉雕神像浅说[J].江汉考古，1993（3）：51-59；袁士京，陈震.三星堆青铜头像和石家河玉面人像：从三星堆青铜头像看三星堆文化的来源[J].成都大学学报：社会科学版，2011（1）：41-43；常素霞.人物神灵玉器浅议[C]//杨伯达.中国玉文化玉学论丛.北京：紫禁城出版社，2004：320-331.

[3] 王裕昌.甘、青、宁博物馆藏齐家文化玉琮、玉璧研究[J].丝绸之路，2011（12）：5-11.

[4] 对考古出土资料收集较完备的有王永波的《耙形端刃器的分类与分期》；对流散在世界各地博物馆牙璋资料收集较为完备的有林巳奈夫的《中国古代的石刀形玉器和骨铲形玉器》，已收入林巳奈夫著、杨美莉译《中国古玉研究》一书。此外，中国香港中文大学考古艺术中心编《南中国及邻近地区古文化研究——庆祝郑德坤教授从事学术活动六十周年论文集》（香港中文大学出版社，1994年）则是以牙璋为主要论题的论文集，收录各家意见较为完备。2016年10月再次召开专门的牙璋学术研讨会，会后出版有牙璋图录和一部分会议论文。另有相当一部分研究牙璋的文章，但多与夏商文化交流及传播有关，在此不一一列举。

[5] 夏鼐.所谓玉璇玑不会是天文仪器[J].考古学报，1984（4）：403-412；陆思贤.新石器时代原始先民对"机械运动"的认识：论"璇玑"[J].内蒙古师大学报：汉文哲学社会科学版，1986（3）：36-41；曲石.为璇玑正名[J].文博，1988（5）：28-33；殷志强.略说齿牙形玉器[J].华夏考古，1990（3）：109-112；任妮娜.史前玉器牙璧之用途说[J].文史月刊，2013（3）：20-21.

[6] 栾丰实.牙璧研究[J].文物，2005（7）：69-81.

[7] 杨伯达.巫玉之光续集[M].北京：紫禁城出版社，2011：93-136，252-266，477-502.

[8] 安志敏.牙璧试析[C]//邓聪.东亚玉器·Ⅰ.香港：香港中文大学中国考古艺术研究中心，1998：37-44.

[9] 周南泉.神秘的玉旋涡形器：论所谓的"璇玑玉衡"及其用途[J].故宫文物月刊，1992（116）.

[10] 王嗣洲.璇玑·辽东半岛与山东半岛之比较[C]//旅顺博物馆.旅顺博物馆学苑.长春：吉林文史出版社，2008：31-38.

[11] 刘俊勇.辽东半岛牙璧初步研究[C]//杨伯达.中国玉文化玉学论丛三编·下.北京：紫禁城出版社，2005：364-371.

探讨非上述所提的玉礼器,而是装饰作用的环饰和其他装饰品。[1] 长期以来,装饰品往往被纳入服饰文化的分析,鲜有将其作为独立的文化来研究,这类研究的尝试也许可以说明装饰品本来具有的特殊性和独立研究的必要,[2] 将其从服装史研究中独立出来,也标志着对该领域的研究进入了一个新阶段。而其他器类的研究多与制玉工艺、文化交流有关,本文会多有引用,在此不再赘述。

4. 玉器所反映的精神内涵与礼制

虽然龙山时代所处的史前末期尚未形成成熟的文字体系,文献的记载也寥寥无几,但因玉器在夏商周三代礼制中所占据的重要而又特殊的地位和中国文明与文化的一脉传承性,学界一致认为史前玉器,尤其是红山文化、良渚文化和龙山时代的玉器便已蕴含一定的精神内涵与礼制。如同三代玉器多出自墓葬一样,龙山时代甚至是整个史前时期,玉器亦多出自墓葬之中,因而很多学者关注这些墓葬之中玉器的功能与其所蕴含的精神内涵与礼制。

首先,是史前玉器的功能,观点多样多彩,有神灵食品说[3]、巫师的通神工具[4]、灵物[5]、神物[6]、占卜工具[7]、财富等。其次,是史前玉器所蕴含的精神内涵与礼制。一是认为史前玉器与巫术关系密切,[8] 在琢制的过程中已赋予了巫术的含义,具有浓厚的宗教意味;二是认为史前玉器是象

---

[1] 秦小丽.中国古代装饰品研究:新石器时代—早期青铜时代[M].西安:陕西师范大学出版社,2010.

[2] 秦小丽.新石器时代环形饰品研究[J].考古学报,2011(2):151-182.

[3] 臧振.古玉功能摭辨:玉为神灵食品说[C]//杨伯达.中国玉文化玉学论丛续编.北京:紫禁城出版社,2004:1-22.

[4] 张得水.史前巫与玉关系之探讨[C]//杨伯达.中国玉文化玉学论丛.北京:紫禁城出版社,2004:308-331.

[5] 所谓"灵物",实质上是超自然力(灵性)及其载体(灵体、灵魂)观念的物化形态,也是人们与超自然力交往的必要物质媒介和实物手段,是概括的形象思维。

[6] 杨伯达先生在其《巫玉之光》一书中多有论述。

[7] 张得水,李丽娜.中国史前的骨卜、龟卜和玉卜[C]//杨伯达.中国玉文化玉学论丛三编·上.北京:紫禁城出版社,2005:31-48.

[8] 张得水.史前玉与巫关系之探讨[C]//杨伯达.中国玉文化玉学论丛续编.北京:紫禁城出版社,2004:308-319.

征等级和权力的礼器，被赋予了礼制的含义。[1] 再次，从文明化进程的视角来看待玉器的独特作用。史前玉器不仅是精神文明进程的标志，[2] 而且是中国文明起源与形成的一个不可忽视的因素。[3]

然而，上述研究多为单篇论述，因而也决定了其研究仅是从整体与宏观层面上的概述，没有具体微观考察和分析的支撑。不过，这些研究为今后龙山时代玉器社会功能的深入探索指明了方向。

5. 玉器的科技考古研究

龙山时代玉料的来源与产地是玉器研究中的一个重要环节，关系到先民对自然资源开发和利用的程度，以及不同区域之间物产资源的交流与互换。对整个史前时期玉器的来源与产地进行过探讨和研究的学者有栾秉璈[4]、谭力平与钱宪和[5]。还有些学者仅对某一地区、某一考古学文化、某一遗址、某一种类玉石的来源与产地进行过研究，如赵朝洪等对辽海地区新石器时代玉器原料产地的初步探讨；[6] 王强对海岱地区史前玉料的来源与琢玉工艺的考察；[7] 周述蓉、钱宪和对齐家文化玉器的玉质、次生变化及工艺制作技术的分析；[8] 吴小红、赵朝洪等对肖家屋脊遗址石家河

---

[1] 何宏波. 史前玉礼的形成和初步发展 [M]// 杨伯达. 中国玉文化玉学论丛续编. 北京：紫禁城出版社，2004：83-108.

[2] 王国道，崔兆年. 青海齐家文化玉器研究 [C]// 杨伯达. 中国玉文化玉学论丛续编. 北京：紫禁城出版社，2004：240-265；吴汝祚. 海峡两岸史前时期玉器中心地区的形成和其社会意义 [C]// 钱宪和. 海峡两岸古玉学会议论文专辑. 中国台北："国立台湾大学"理学院地质科学系印行，2001：10-53.

[3] 张得水. 史前玉礼器的起源与发展 [J]. 东南文化，2000（11）：93-99；孔德安. 试论玉器在中华文明形成中的作用 [C]// 杨伯达. 中国玉文化玉学论丛三编·下. 北京：紫禁城出版社，2005：559-567；郑光. 浅谈中国玉器文化与上古文明 [C]// 钱宪和. 海峡两岸古玉学会议论文专辑. 中国台北："国立台湾大学"理学院地质科学系印行，2001：1-10.

[4] 栾秉璈. 史前古玉玉质及玉料来源之探讨 [C]// 杨伯达. 中国玉文化玉学论丛三编·下. 北京：紫禁城出版社，2005：620-629.

[5] 谭力平，钱宪和. 中国新石器时代玉器的某些物理与化学特征初步研究 [C]// 钱宪和. 海峡两岸古玉学会议论文专辑. 中国台北："国立台湾大学"理学院地质科学系印行，2001：501-510.

[6] 赵朝洪，等. 辽海地区新石器时代玉器原料产地的初步探讨 [C]// 杨伯达. 中国玉文化玉学论丛三编·下. 北京：紫禁城出版社，2005：630-643.

[7] 王强. 海岱地区新石器时代玉料来源及琢玉工艺初探 [J]. 华夏考古，2008（2）：76-83.

[8] 周述蓉，钱宪和，等. 从齐家文化玉器的玉质、次生变化及工艺制作技术看齐家文化的玉文化与科学技术 [C]// 中国台北："国立台湾大学"理学院地质科学系印行，2001：405-420.

文化晚期玉器产地的初步分析;[1] 栾秉璈对史前绿松石出土的分布特征及原料来源问题的梳理。[2]

玉器产地的溯源需要借助科技手段,因而科技考古从业者和地质学者通过各种科技手段对古玉的硬度、化学成分进行分析,主要是全岩石分析、金属元素分析和稀土等元素分析三类,以考察史前不同遗址出土古玉的物理和化学特性,揭示其成因和判断古玉料的来源问题。[3] 在此方面所做工作较多的是地质学者,如中国台湾大学地质系1996年在钱宪和教授的主持下编纂了《古玉之矿物研究专辑》,中国科学院地质研究所闻广研究员也在此方面着力较多。与此同时,也可检验不同仪器在此方面的研究作用。[4] 目前,这一方面的研究虽然已经大有进展,特别是针对诸如红山[5]、良渚[6]、凌家滩[7] 等文化玉器在此方面的工作尤多,但是对于龙山时代玉器的这方面研究则为数寥寥。

古玉在时间的洗礼下,经过地下埋藏环境漫长的侵扰,会致使其发生一定的次生变化,如良渚反山与瑶山墓地出土的绝大部分玉器表面因受沁而白化,呈现鸡骨白色。在此方面,主要关注史前时代玉器的受沁与白化机理的研究,较为深入、系统的探索是王荣的博士论文《古玉器

---

[1] 吴小红,赵朝洪.肖家屋脊遗址石家河文化晚期玉器玉料产地初步分析[C]//钱宪和.海峡两岸古玉学会议论文专辑.中国台北:"国立台湾大学"理学院地质科学系印行,2001:557-562.

[2] 栾秉璈.古代绿松石释名、史前出土物分布特征及原料来源问题[C]//钱宪和.海峡两岸古玉学会议论文专辑.中国台北:"国立台湾大学"理学院地质科学系印行,2001:531-536.

[3] 张朱武,干福熹,承焕生.不同成矿机理和地质环境下形成的软玉的化学成分特征[J].矿物学报,2010(3):367-372;伏修峰,干福熹,马波,等.几种不同产地软玉的岩相结构和无破损成分分析[J].岩石学报,2007(5):1197-1202.

[4] 王荣,冯敏,吴卫红,等.拉曼光谱在薛家岗古玉测试分析中的应用[J].光谱学与光谱分析,2005(9):1422-1425;赵虹霞,干福熹.拉曼光谱技术在中国古玉、古玉器鉴定和研究中的应用[J].光谱学与光谱分析,2009(11):2989-2993;王时麒,员雪梅.论同位素方法在判别古玉器玉料产地来源中的应用[C]//北京中国地质大学.首届"地球科学与文化"学术研讨会暨地质学史专业委员会第17届学术年会论文集.北京:中国地质学会,2005:222-230;张朱武,承焕生,干福熹.玉石及中国古代玉器的PIXE分析[J].核技术,2009,32(11):833-839.

[5] 刘志勇,干福熹,承焕生,等.蛇纹石质古玉器的无损分析研究[J].自然科学史研究,2008(3):370-377;王时麒.岫岩软玉与红山文化[J].鞍山师范学院学报,2004(3):40-43.

[6] 程军,等.良渚文化玉器的稀土元素特征及其考古意义[J].稀土,2000,21(4):1-4.

[7] 朱勤文,张敬国.安徽凌家滩出土古玉器软玉的化学成分特征[J].宝石和宝石学杂志,2002,4(2):18-21.

受沁机理初探》，表明古玉的风化过程不仅仅是一个"失"的过程，同时也是一个"得"的过程。

相对于其他方面，龙山时代玉器制作工艺的研究相对较少。吴棠海是较早对龙山时代玉器工艺进行研究的学者之一，从20世纪90年代在北京大学上课的讲义开始，一直在不断完善，目前集大成于其《中国古代玉器》一书。[1] 钱宪和、方建能编有《史前琢玉工艺技术》，故宫博物院徐琳女士在此方面也致力较多，著有专著，[2] 不过他们并没有专辟一章讨论龙山时代的治玉工艺，而是将其置于整个史前玉器工艺之中。近年来，也有学位论文专注于中国古代治玉技术，讨论的年代和内容都较为全面。[3] 叶晓红女士则在个案研究方面投入较多。与其他研究者多从肉眼观察不同，叶晓红采用硅胶翻模、电子显微放大、特定软件分析等科技手段，在玉器制作工艺的定量研究方面具有一定的开拓性。玉器的材质与工艺不仅是玉器考古研究范式的内容，也是玉器工艺美术研究的重要构成。对于龙山时代玉器而言，材质和工艺研究需要借助科技手段，才能获取尽可能多的信息。

（三）艺术学范式

许慎在《说文解字》中对玉的定义就是"石之美者也"，因而"美"是玉的天然属性之一。中国玉器与玉文化自诞生以来，连绵不绝地传承至今。在晚清至20世纪初期，玉器开始被海外的收藏家所关注，并被视为古代中国的重要艺术品，这一传统被海外的博物馆收藏与学术研究所继承。早在1887年，曾担任法国驻华使馆秘书的莫里斯·巴雷欧娄格（Maurice Paléologue，1859—1944）出版了法国第一本关于中国美术的综合性著作《中国艺术》（L'Art Chinois），大致将中国艺术品分为9类，包括青铜器、建筑、石雕、竹木牙角雕刻、玉器、陶瓷、玻璃器、珐琅

---

[1] 吴棠海. 中国古代玉器 [M]. 北京：科学出版社，2012.
[2] 徐琳. 中国古代治玉工艺 [M]. 北京：紫禁城出版社，2011.
[3] 孔富安. 中国古代制玉技术研究 [D]. 太原：山西大学科技与社会研究所，2007.

器和漆器。后来，英国学者卜士礼（Stephen Wootton Bushell，1844—1908）在巴雷欧娄格的基础上将中国艺术品进一步细分为12类。虽然反响平平，但是卜士礼在 Chinese Art 一书的前言中仍然赞誉此书为法文世界的中国美术工艺类书籍中"最善本"[1]，同时，于20世纪初出版的 Chinese Art 是第一本英文中国艺术通论，书中不乏对中国工艺美术品类的著述，其中就包含玉器。这一艺术分类传统被西方学者所继承，并在此基础上进行了更多研究。比较有代表性的是1967年韩斯福（S. Howard Hansford，1899—1973）教授应邀整理欧特赞（Klaus D. Baron von Oertzen，1894—1991）藏玉，并出版图录《玉：精神见于山川》。韩斯福教授在书中对这批玉器作了恰如其分的描述："欧特赞藏玉是世界上最重要的藏玉之一，不仅在于藏玉的数量、质量和涉及的时代，更重要的是它所代表的玉器的造型和工艺，从新石器时代到19世纪中期，几千年来绵延不绝，尤其是距今2000多年的东周时期洛阳金村玉器，其优美的造型及高超的琢制工艺，可以与欧美所藏的任何玉器媲美"。[2] 另一个具有代表性的学者是杰西卡·罗森（Jessica Rawson，1943—），她从20世纪70年代就开始关注和从事中国艺术研究，1995年出版了关于中国玉器的专著 Chinese jade from the Neolithic to the Qing（London：British Museum Press），也是一本较为系统性的著录和研究。在之后的研究中，罗森也持续关注中国玉器及其研究。

当代中国，在学科与学术层面上，玉器仍被视为重要的工艺美术，其发展与传承的历史是工艺美术史的重要组成部分。因而，在20世纪80年代涌现出的第一部中国工艺美术通史著作——《中国工艺美术史》中，关于玉器的工艺美学研究贯穿了中国历史的各个阶段。在工艺美术的教学中，玉文化研究与玉器创作是其中的一个有机单元。同时，这一时期

---

[1] 汪燕翎. 汉学视阈中的中国美术：卜士礼与他的"Chinese Art"[J]. 南京艺术学院学报：美术与设计版，2015（5）：10-14.

[2] S. Howard Hansford. Jade：Essence of Hills and Streams[M]. New York：Elsevier Publishing Company，1968.

田自秉先生也系统地提出了工艺美学的概念，并希望由此建立一个工艺美学学科。[1]然而，由于传统工艺美术在20世纪90年代的式微，加之此时在高等教育的学科体系中，"艺术设计"取代了"工艺美术"，因而21世纪之前，并没有建立起玉器研究的艺术学范式。

　　进入21世纪后，国家逐渐重视传统文化与传统工艺的保护与传承，故而传统的工艺美术研究逐渐复兴。在创作与产业层面，玉器与玉雕也仍然被视为一类具有民族特质的工艺美术品和产业，备受重视。因而，艺术院校史论专业的学者与研究生开始关注玉器的艺术特征、设计原则与美学思想。这类研究以考古材料为出发点，从艺术史和设计史的视角，通过图像学方法、风格分析、制作工艺等对古代玉器加以专题或系统研究，建立其艺术特征谱系，构建其审美倾向，发掘其工艺美学。这种艺术学范式为玉器的研究注入了艺术性、审美性解读，增添了新的研究视角。目前，关于龙山时代玉器的艺术学范式的代表性研究有李艳红《中国史前装饰品的造型和分区分期研究》、李晶晶《长江中下游史前玉器的审美特征》、段敬译《玉器：神话、艺术之嬗变——以先秦时期玉器审美与功能特征为理路》、蔡青《后石家河文化玉器艺术的特征与源流考》与赫云《良渚玉器艺术的"介"字形冠研究》等。这些研究均为艺术院校的硕士或博士学位论文，代表了艺术史界对考古材料的回应与解读。然而，就目前来看，高质量且较为系统的玉器艺术与设计研究仍然较少。

　　考古学可以为艺术史、工艺美术史研究提供大量新材料，但它们之间的研究不可避免地也会有一定重合，如上文提到的玉器造型、材质与工艺研究。而且，越来越多的考古工作从材料和方法的层面为艺术史和设计史研究带来了较大的挑战和补充[2]。以往，考古与艺术两学科之间，对彼此的研究范式与成果仅有少数人关注。同时，研究艺术史和工艺美术史的学者对于科技考古手段获取的信息和研究则极少运用。缺乏材质

---

[1] 田自秉. 工艺美术和美学 [J]. 装饰，1987（2）：3-4.
[2] 郑岩. 多相之维：考古学与美术史的跨学科观察 [J]. 艺术学研究，2020（6）：15.

成分检测与分析、在高倍显微镜下观察工艺微痕的玉器工艺美术和美学研究，则是不完整的，也不够科学。因而，新时代的艺术史与工艺美术史研究已无法摆脱考古学的影响和补充，同时，一个全面完整的物质文化研究也应纳入艺术学的视角。

二、跨学科视角：从"器物本位"到"器物史料"

通过对几种不同玉器研究范式的回顾，可以清晰地发现不同范式已有研究的局限性。一方面，以往研究多只注重玉器本身，从"器物本位"出发，而从多个角度观察的用玉制度或用玉传统分析这一方面的研究仍有所欠缺。另一方面，以往的玉器研究多从某一学科角度出发，缺乏跨学科的综合性、交融性研究。故而，我们希望将玉器置于层层的考古背景下，将玉器还原成"器物史料"，也只有这样古玉研究才能上升到一个新境界。同时，需要跨学科的研究思维、视角与方法，往往能够碰撞、融合出新成果，也对本学科的发展提出新的问题与挑战，并最终实现其扩展和提升。因而，需要通过把玉器作为一种"器物史料"，将玉器置于层层考古背景与社会情景之中，探求制度、技术、艺术、流通与精神信仰层面的知识。

具体来讲，本书的研究对象是以考古发掘和采集的龙山时代的玉器为主，如有必要，兼辅以著录的传世玉器。这里又涉及一个非常重要的时间概念，即龙山时代。这是一个复杂、变化的概念，需要研究者根据研究需要与研究目的去界定与说明。"龙山时代"这一概念首次由严文明先生提出，是指与龙山文化同一时代并同龙山文化发生过不同程度联系的一些考古学文化，这些考古学文化主要有豫北冀南的后岗二期文化、豫东的造律台类型、郑洛地区的王湾三期文化、陕西的客省庄二期文化、湖北桂花树三期文化、齐家文化早期等，其年代大体上在公元前

2600年—前2100年。[1] 之后，严文明先生又将龙山时代的时间范围扩展至公元前3000年—前2000年。[2] 此后，关于龙山时代的概念就存在两种含义，广义的龙山时代包含庙底沟二期文化，时间跨度为1000年；狭义的龙山时代仅指与龙山文化大体同时的时期，时间跨度约为500年。然而，随着"中华文明探源工程"的推进，新的年代学研究表明，不管是广义的还是狭义的龙山时代，其绝对时间与严文明先生的定义并不相同。因而，本书主要采用"中华文明探源工程"年代学研究的新成果，广义的龙山时代年代在公元前2800年—前1800年，这一成果已反映于参与"中华文明探源工程"学者的相关论著中，如张海、陈建立关于史前青铜冶铸业与早期国家形成的研究。[3] 狭义的龙山时代的时间为公元前2300年—前1800年。

为了研究的连续性与广度，本研究采用的是广义的龙山时代概念，可分为早期和晚期两个阶段，二者的分界线约在公元前2300年。从相对年代来说，龙山时代早期包括的考古学文化有：黄河上、中、下游分别为马家窑文化半山和马厂类型、菜园文化、庙底沟二期文化和陶寺文化早期、大汶口文化晚期，长江中、下游分别为屈家岭文化晚期至石家河文化早期、良渚文化晚期；龙山时代晚期包含的考古学文化有：黄河上、中、下游分别为齐家文化、中原龙山文化（陶寺文化中晚期、王湾三期文化、后冈二期文化、客省庄文化、石峁文化）和龙山文化。其中需要说明的是，齐家文化的下限要晚于龙山时代的下限，但由于其主体部分仍处于龙山时代，因此本文仍将整个齐家文化纳入本文的讨论范围。

然而要界定龙山时代，还必然涉及夏文化探索的问题。目前，二里头文化为夏文化已为学术界普遍接受。但是根据最新的测年研究成果，

---

[1] 严文明. 龙山文化和龙山时代 [J]. 文物, 1981（6）：41–48.
[2] 严文明. 龙山时代考古新发现的思考 [C]// 张学海. 纪念城子崖遗址发掘60周年国际学术讨论会文集. 济南：齐鲁书社, 1993：39–45.
[3] 张海, 陈建立. 史前青铜冶铸业与中原早期国家形成的关系 [J]. 中原文物, 2013（1）：52–59.

由于二里头文化的绝对年代大约在公元前1750年—前1530年之间，存在时间仅200年，[1] 不能与文献记载的夏朝纪年完全符合，因此，有学者认为二里头文化充其量相当于夏代中晚期遗存[2]或晚期夏文化[3]。而在此之前何为夏文化，目前学术界也基本认同"新砦期"遗存为介于龙山时期与二里头文化之间的过渡阶段，[4] 李伯谦先生认为其为"太康失国"阶段的夏文化。[5] 然而"新砦期"遗存的年代约为公元前1830年—前1680年，[6] 即使加上"新砦期"遗存，考古学上的夏文化年代还是不能够完全涵盖文献中记载的夏代积年。新近比较系统的研究表明，夏王朝文化包含河南龙山文化晚期（包含"新砦期"在内）和二里头文化。[7] 因此，本书夏代的积年采用考古学上的研究成果，这样龙山时期的下限就已经进入到夏代的纪年范围。而根据龙山时期众多考古学文化年代的研究成果，不同地区进入国家进程的时间并非同步，尤其周边地区较中原地区有所滞后。本文研究的一些玉器，如牙璋、牙璧之类的延续时间显然超越了龙山时代这一范围，因此，相关研究可能并不局限于这一时期，而有所延展。

东亚大陆的地理单元最显著的特征是从西向东横贯的两大河流——长江与黄河。而龙山时代的主要考古学文化与文明也主要集中在这两个大江、大河流域，同时文明开始跨越南岭，进入珠江流域。本书的空间

---

[1] 张雪莲, 仇士华, 等. 新砦—二里头—二里冈文化考古年代序列的建立与完善[J]. 考古, 2007（8）: 74-89.

[2] 赵青春. 关于新砦期与二里头一期的若干问题[C]// 杜金鹏, 许宏. 二里头遗址与二里头文化研究: 中国·二里头遗址与二里头文化国际学术研讨会论文集. 北京: 科学出版社, 2006: 279-303.

[3] 韩建业. 良渚、陶寺与二里头: 早期中国文明的演进之路[J]. 考古, 2010（11）: 71-78.

[4] 凡是涉及早期夏文化探索的研究，基本都认为"新砦期"是一种河南龙山文化向二里头文化过渡的遗存，由于研究的学者众多，恕不一一列举，可参看许宏《"新砦"文化研究历程述评》和常怀颖《二里头文化一期研究初步》等文.

[5] 李伯谦. 文明探源与三代考古论集[M]. 北京: 文物出版社, 2011: 2.

[6] 赵青春. 关于新砦期与二里头一期的若干问题[C]// 杜金鹏, 许宏. 二里头遗址与二里头文化研究: 中国·二里头遗址与二里头文化国际学术研讨会论文集. 北京: 科学出版社, 2006: 279-303.

[7] 孙庆伟. 鼏宅禹迹: 夏代信史的考古学重建[M]. 北京: 生活·读书·新知三联书店, 2018: 485-489.

范围主要围绕这几条大江、大河而展开。

　　明确了研究的内容、时间与空间范围，接下来在研究方法的加持下，从器类、造型、时间、地域、等级、性别、材质、工艺、审美等关键词汇入手，分别阐述不同区域龙山时代玉器的特点与特征。具体来说，需要从不同的微观层面入手。首先，结合以往研究与其他考古学材料，运用考古学分期方法，将龙山时代的用玉分为早期和晚期两个阶段。其次，综合运用考古学和设计学视角，分析龙山时代不同区域玉器的器类组合与造型特征。再次，主要运用考古学视角对各个区域考古学文化所见玉器及其考古学背景进行梳理，进而在不同层次的考古学背景中考察其分布情况。为了进一步观察不同种类的玉器在不同地区的使用情况，在综合以上特征和观念的基础上，对龙山时代所见的礼仪用玉、装饰用玉、丧葬用玉、工具用玉等所表现出来的时代特征、等级特征、性别特征及地域特征进行分析与归纳。接下来，通过材质成分检测与工艺美学视角，分析各个区域玉器的材质、工艺、图案与美学特征。根据田自秉的工艺美学原则，玉器的工艺美学特征主要包括生活美、艺术美、科学美："所谓生活美，是研究人们生活方式所形成的美的观念，研究民族的审美特点，研究生活发展中流行心理对美的追求，它包括人们的生活、思想、心理、品质、意趣以及习俗等内容。生活美是工艺美学的基础，也是工艺美学的内涵。所谓艺术美，是研究工艺美术的表现形式，例如形式法则，形式感等，它反映人们的智慧创造，是工艺美学中的主要方面。所谓科学美，是指在制作中的物质美、结构美、技巧美等内容。"[1] 由此可知，关于玉器的用玉制度研究，其实暗含了较多玉器生活美的内容。

　　在具体研究的基础上，仍需从整体和宏观层面对龙山时代的用玉传统、工艺美术的嬗变进行把握。然而，这并不是研究的结束，本书希望通过对龙山时代各个地区和各相关考古学文化用玉情况的详尽梳理和分析，以及与其他器物和埋藏位置的比较，在获知各个区域和考古学文化

---

[1] 田自秉. 工艺美术和美学 [J]. 装饰，1987（2）: 4.

用玉特征、工艺传统的基础上，进而加以对比和进一步分析，以窥探龙山时代在国家整合形成过程中，玉器的流通与互动所反映出的族群和社会的变迁，以及玉器的礼制化所折射的龙山时代的社会体系。

总体而言，通过微观和宏观的考察与跨学科的融合分析，在理解和知晓龙山时代各用玉考古学文化的用玉特征与工艺美学特征之后，对一些重要的装饰用玉和玉礼器的变化、流通与使用进行剖析，从而达到透物见人、由物铸史之目的。

三、相关说明

由于相关概念与认识的分歧性，需对相关问题进行必要说明。

（一）玉器概念的说明

夏鼐先生曾指出，"玉在中国古代文献中，是指一切温润而有光泽的美石"，[1] 这一看法与东汉许慎之"玉，石之美者"的认识基本相同，长期以来这被认为是广义的玉概念。近现代根据矿物学的研究，把玉分为软玉（阳起石—透闪石）和硬玉（翡翠），而闻广先生又按照矿物学结构，把软玉和硬玉归为真玉，而其他美石则归为假玉，[2] 真玉则为狭义的玉的概念。现代矿物学赋予玉的定义固然有其科学的一面，然而毕竟中国古代对于玉的定义不是从这一认识出发的，因此中国古代玉石的涵盖范围也就绝不会仅是真玉。而在周代用玉与否、用玉与用石的多少本身就是一种等级差别的表现，[3] 在周代已经有了从事"相玉"的专业人士——玉人，[4] 积累了辨别玉石的某些标准，而龙山时期古人对玉的认识或许还不

---

[1] 夏鼐.有关安阳殷墟玉器的几个问题 [M]// 中国社会科学院考古研究所.殷墟玉器.北京：文物出版社，1982：1–7.

[2] 闻广，荆志淳.沣西西周玉器地质考古学研究 [J].考古学报，1993（2）：251–280.

[3] 孙庆伟.周代用玉制度研究 [M].上海：上海古籍出版社，2008：7.

[4] 孙庆伟.从《说文·玉部》看先秦两汉时期的相玉 [C]// 孙庆伟.礼以玉成：早期玉器与用玉制度研究.北京：北京大学出版社，2022：15–23.

如周人准确，这就更增加了玉的概念的模糊性和其涵盖玉与其他美石的多元性。据龙山时代考古发现，也确实如此，在古人眼中，玉不仅限于矿物学上的真玉（主要指软玉，硬玉在明清时期才多加利用），而是包含了绿松石、蛇纹石、玛瑙、玉髓、水晶、大理岩等其他美石。

本书以探讨龙山时代的用玉传统和工艺美学为目的，而墓葬和遗址中是否出土玉器，墓葬中玉器与石器的多少，以及与其他相关器物的关系，都有助于对这一时期用玉传统和用玉观念的研究，因此本文所讨论的对象除了广义上的玉，如有必要还包括相关的石器。

（二）玉器名称的说明

对于如何为出土玉器定名，夏鼐先生曾指出："充分利用现已由考古发掘所累积的大量资料。我们的出发点是发掘工作中出土的玉器，然后再参考传世品和文献。可以定名的，即用古名，如果古名找不到，可以取一个简明易懂的新名。用途不能确定的，可以暂且存疑，不作决定。"孙庆伟已经指出这种方法在实际运用中的局限性。因此，学界对玉器的命名依然较为混乱。[1] 由于史前并无相关文献记载，然而考古出土玉器的定名随着不同考古工作者的认识差别而带有很大的随意性，如玉钺，有些报告中就称为玉铲。因此，需要对一些名称不统一但又较为重要的玉器名称进行说明，如璧、瑗、环、钺与铲、牙璧等。否则，本文的统计将有失偏颇，而由此形成的认识与结论也未免有所偏差。对各类命名争议较大器类的定名既需要梳理以往称呼，又需要给出符合客观实际的名称，并说明原由，因此，对各类器物的定名将放置于本文的相关章节中。

（三）玉器种类的划分

玉器种类的划分更多侧重于其功能，虽然龙山时代没有文献记载，但是与之后的三代文明一脉相承、息息相关，一些器类从龙山时期一直

---

[1] 孙庆伟. 周代用玉制度研究 [M]. 上海：上海古籍出版社，2008：8.

流传至夏商周三代，在服饰用玉、瑞玉和丧葬用玉中依然发挥着作用。因此，一方面相关文献记载依然是本书对龙山时代玉器种类进行划分的依据，但是需要辩证地看待。然而某种玉器可能兼具多种功能，因此，另一方面本书更多地根据玉器出土时的位置与状态来判断其功能，进而将其归类。根据前期玉器资料的梳理，依据上述标准可将龙山时代玉器分为礼仪用玉、装饰用玉、丧葬用玉和工具用玉等四大类，需要说明的是那些出土数量少、没有使用制度与特点可循的玉器，不在相关章节的讨论之列。

（四）用玉制度的说明

虽然龙山时代处于中国国家诞生的前夕，但是此时黄河和长江流域上、中、下游的考古学文化面貌差异依然较大，即使是二里头文化时期，仍未实现文化面貌和政治版图的统一，甘青地区齐家文化依旧延续，下游地区岳石文化兴起。因此，这种状况就导致必然不存在统一的用玉规范。固然此时一些玉器已经被赋予礼制的含义，然而这种礼器的使用在当时而言仍未形成一套严格而有效的精准方法。因此，本文所谓的"用玉制度"是指龙山时代用玉的一般情况和特征，包括等级特征、性别特征、使用方式、器类构成、地域特征等方面。

（五）墓葬等级的划分

墓葬等级的划分历来都是一个比较棘手的问题，尤其是史前时期，更没有统一的划分标准，或者说被大部分学者认同或接受的精细方法。中国的学者对史前墓葬等级的划分大多没有具体标准，也就是没有"定量"，往往多是"定性"，但并没有经过论证。然而国外学者的划分虽然往往采用"定量"的方法，给出具体的数据，但是其划分也存在问题，秦岭[1]

---

[1] 秦岭.类型价值（TYPE VALUE）与墓葬价值（GRAVE VALUE）：介绍墓葬研究中的一种量化方法[J].华夏考古，2007（3）：133-137.

和彭鹏[1]两位学者专门对西方学者的一些方法进行了介绍、评介和相应的改进，但并没有实例操作与证明。"国内外很多学者普遍认为，墓葬是死者社会地位和社会势力范围的反映，因此墓葬可以被理解成是社会行为的扩充，是社会组织的一种表现形式。"[2]这就表明墓葬的规格肯定存在等级。由于本文的重点不是讨论如何划分墓葬等级并提出或改进一种新的、有效的方法，而西方学者的方法过于细琐与费时费力，故而本文依然采用分析墓葬规模和随葬品组合作为衡量墓葬等级和社会复杂化的主要标准，这也是大部分学者通常的做法。

但存在的另一个问题是，龙山时期并不是一个统一的社会与文化主体，采用单一方法可能并不能通行。如齐家文化墓葬中有较多合葬墓，其埋葬方式与龙山时期的其他地区差别很大，因此每个地区的划分标准还需要具体问题具体分析，在比较时只能大体上说某一考古学文化的某一等级墓葬相当于另一考古学文化某一等级的墓葬。由于龙山时期社会的不统一性，因此，关于墓葬等级具体的划分标准在讨论该地区或该考古学文化时，再作说明。

（六）关于地理名词的说明

本书在行文中有时会出现甘青地区、中原地区、海岱地区、江汉地区等地理名词，大体对应本书中的黄河上、中、下游和长江中游地区。其中中原地区有狭义和广义之分，狭义的中原主要指河南省大部及与晋、陕交界处。广义的中原地区则指黄河中游及其附近的广大地区，包括河南全境、关中东部、山西和河北南部地区。本文的中原地区指广义上的中原地区。

---

[1] 彭鹏. 墓葬等级分析中一种量化方法的思考：以大甸子墓地为例[C]// 吉林大学边疆考古研究中心. 边疆考古研究（第10辑），北京：科学出版社，2011：55-71.
[2] 秦岭. 类型价值（TYPE VALUE）与墓葬价值（GRAVE VALUE）：介绍墓葬研究中的一种量化方法[J]. 华夏考古，2007（3）：133.

第一章 良渚玉器的式微：龙山时代早期

龙山时代早期，史前中国的玉器主要集中出土于黄河下游地区的大汶口文化晚期和长江下游地区的良渚文化晚期。距今4500年左右，在黄河中游出现了陶寺文化，开启了这一地区大规模用玉的肇始。此时，在珠江支流北江的中上游一带的文化面貌巨变也即将拉开帷幕。

第一节 黄河下游地区

龙山时代早期，黄河下游地区的考古学遗存为大汶口文化晚期。由于大汶口文化从早期到晚期分布范围不断扩大，早期遗存主要分布于泰—沂山系以西及以南的汶、泗河流域和苏北地区，中期范围与早期基本吻合，同时越过泰—沂山系发展到潍、淄河流域，到了晚期其分布范围几乎涵盖了山东全省，并包括苏、豫、皖与山东相邻的部分地区，[1]因此，大汶口文化晚期的地方类型较多，有尚庄、三里河、杨家圈、大汶

---

[1] 中国社会科学院考古研究所.中国考古学·新石器时代卷[M].北京：中国社会科学出版社，2010：280-281.

口[1]、陵阳河、尉迟寺和赵庄 7 个类型。[2]

一、考古发现

（一）尚庄类型

尚庄类型位于泰山以北的济南、德州、聊城一带，目前出土玉器的遗址主要有尚庄、五村、傅家和焦家等。

尚庄遗址位于茌平县城西 2 公里处尚庄村东的一块土岗上，面积达 7.5 万平方米。两次发掘共发现大汶口墓葬 17 座，出土玉石器 8 件，其中涂朱石钺 1 件、玉镯 1 件、石臂环 2 件、绿松石饰 1 件、石锥形饰 2 件、石饰 1 件。另外，采集石环和石玦各 1 件、石镯 3 件。[3] 其中，玉镯出土时的状态是断为 3 截，分别盖在两眼窝及左耳孔上，具有周代玉覆面的一些特点。

五村遗址位于广饶县城东北约 0.5 公里处，南距齐国古城仅 10 公里，遗址总面积约 7.5 万平方米，所发现大汶口文化遗存年代多为大汶口文化中、晚期。在居址中发现残石环 2 件、白玉指环 1 件。清理墓葬 75 座，均为小型墓，只有 4 座墓葬出土了 4 件玉石器，分别为玉坠 1 件、指环 2 件、串珠 1 件（玉坠为蛇纹石，剩下 3 件为高龄石质）。其中 1 座墓为大汶口文化中期，其余 3 座为大汶口文化晚期。[4]

傅家遗址位于广饶县城北 1.5 公里处，现存面积 14 万平方米，整个遗址地势较高，呈台形。20 世纪 80 年代，发掘大汶口文化墓葬 200 余座，出土有玉璧、玉镯、玉石耳坠等，但具体情况不详。20 世纪 90 年

---

[1] 栾丰实将这一类型称为西夏侯类型，西夏侯类型与大汶口类型的分布地域是一致的。
[2] 栾丰实. 大汶口文化的分期和类型 [M]// 栾丰实. 海岱地区考古研究. 济南：山东大学出版社，1997：69-113.
[3] 山东省博物馆，等. 山东茌平县尚庄遗址第一次发掘简报 [J]. 文物，1978（4）：35-45；山东省文物考古研究所. 茌平尚庄新石器时代遗址 [J]. 考古学报，1985（4）：465-505.
[4] 山东省文物考古研究所，广饶县博物馆. 广饶县五村遗址发掘报告 [C]// 张学海：海岱考古（第一辑）. 济南：山东大学出版社，1989：61-123.

代，又发掘大汶口文化墓葬144座，出土石璧1件、玉璧1件、石环1件、石镯1件、石耳坠5件，具体情况亦不详。这批遗存为大汶口文化中、晚期，但是由于墓葬资料发表较少，不能判定出土玉器墓葬更具体的时代。[1]

焦家遗址位于章丘市西北约20公里处，遗址面积超过100万平方米。20世纪90年代，章丘市博物馆对该遗址进行了调查和清理，发现该遗址大汶口文化遗存的年代为大汶口文化中期偏晚至晚期阶段。采集玉器48件，其中钺6件、斧1件、锛1件、璧1件、环13件、管6件、璜2件、璇玑形饰1件、龙形饰1件、坠13件、指环3件。此外，还采集有石璧1件、石镯50件、石指环14件、石环55件、石坠43件。从2016年起，山东大学考古学与博物馆学系与城子崖遗址博物馆再次对该遗址展开了大规模的调查、勘探与发掘，发现大汶口文化中晚期墓葬215座，相当一部分大、中型墓葬出土有玉器。[2] 由于该墓地的考古报告尚未正式发表或出版，因此出土玉器墓葬的具体数量与墓葬具体分期年代尚不明晰。

（二）三里河类型

三里河遗址位于胶县城南约2公里北三里河村西的河旁高地上，面积约5万平方米。所发掘的大汶口文化遗存年代为大汶口文化晚期。在居址遗存中发现石钺6件（使用痕迹明显）、玉管1件。共发掘大汶口文化晚期墓葬66座，出土石钺20件（用石质较坚硬的辉绿岩制成），出土玉器35件，有镞形器20件、环2件、璇玑形饰3件、鞍形饰1件、三

---

[1] 刘桂芹．广饶县傅家遗址 [J]．管子学刊，1992（3）：96；山东省文物考古研究所，东营市博物馆．山东广饶县傅家遗址的发掘 [J]．考古，2002（9）：36-44．
[2] 山东大学考古学与博物馆学系，济南市章丘区城子崖遗址博物馆．济南市章丘区焦家新石器时代遗址 [J]．考古，2018（7）：28-43；山东大学考古学与博物馆学系，济南市章丘区城子崖遗址博物馆．济南市章丘区焦家遗址2016—2017年大型墓葬发掘简报 [J]．考古，2019（12）：20-48；山东大学考古学与博物馆学系，济南市章丘区城子崖遗址博物馆．济南市章丘区焦家遗址2016—2017年聚落调查与发掘简报 [J]．考古，2019（12）：3-19；章丘市博物馆．山东章丘市焦家遗址调查 [J]．考古，1998（6）：20-38．

角形饰 1 件、镯 1 件、马蹄形饰 1 件、耳坠 3 件、管 3 件。[1]

景芝镇位于安邱县（今安丘市）东南 24 公里处，1957 年发掘清理大汶口文化晚期墓葬 7 座，均为小型墓。出土玉器有镯 2 件、璧 1 件、玉坠 4 件、玉珠 3 件。[2]

（三）杨家圈类型（仅于家店一处遗址）

于家店遗址[3]发掘的大汶口文化遗存年代皆为晚期，有残房基 1 座、灰坑 2 个、墓葬 3 座，其中 M1 出土 1 件白玉镞形饰，M1 为小型墓，随葬品 6 件，其余 5 件均为陶器；其他两座墓葬更小。

（四）大汶口类型

大汶口遗址位于泰安市和宁阳县交界的地方，跨在大汶河两条支流的交汇处，现存面积 82.5 万平方米。第一次发掘大汶口文化墓葬 133 座，大汶口文化晚期墓葬 25 座，其中大型墓 6 座、中型墓 10 座、小型墓 9 座（二、三次发掘 46 座墓葬[4]，属大汶口早期和中期偏早，出土蛇纹石镯 5 件、璜形玉坠 1 件、绿松石坠 1 件、石钺 2 件）。[5]大汶口文化晚期出土玉器较多，包括玉石钺、玉镞形饰、玉臂环、玉指环、玉璜、头部玉串饰、颈部玉串饰、管珠坠饰等。

西夏侯遗址位于曲阜县城东南 9 公里西夏侯村西的一片微隆起的平地上，遗址面积约 1.2 万平方米。1962 年，在遗址西南部的墓地内清理大汶口文化晚期墓葬 11 座，均为竖穴土坑墓，随葬品丰富，但多为陶器，玉器较少。出土玉器有镞形饰 6 件、镯 1 件、指环 1 件、管 1 件、

---

[1] 中国社会科学院考古研究所.胶县三里河[M].北京：文物出版社，1988.

[2] 王思礼.山东安邱景芝镇新石器时代墓葬发掘[J].考古学报，1959（4）：17-29.

[3] 北京大学考古实习队，山东省文物考古研究所.莱阳于家店的小发掘[C]//北京大学考古系，烟台博物馆.胶东考古.北京：文物出版社，2000：207-219.

[4] 山东省文物与考古研究所.大汶口续集：大汶口遗址第二、三次发掘报告[M].北京：科学出版社，1997.

[5] 山东省文物管理处，济南市博物馆.大汶口：新石器时代墓葬发掘报告[M].北京：文物出版社，1974.

珠1件，这些玉器皆非透闪石软玉，而是广义的玉器。另外，还出土石钺7件，皆使用痕迹明显，为实用器。1963年又发掘21座墓葬，[1]没有玉器出土，有4件石钺，使用痕迹明显。[2]

野店遗址位于邹县城南6公里的野店村村南，现存面积约56万平方米，发掘墓葬90座，其中89座为大汶口文化时期。报告中将89座墓葬划分为5期，其中第五期的32座墓葬年代相当于大汶口文化晚期。出土玉器的墓葬只有4座，共出土玉器10件，其中玉镯2件、玉镞形饰6件、绿松石坠1件、石钺1件。[3]

建新遗址位于枣庄市西北约18公里处，现存面积约3万平方米，所发现的大汶口文化时期的遗存年代皆属于大汶口文化晚期。在居址遗存中发现残石环6件、蛋白石镯1件、镞形饰2件、管珠2件，皆非透闪石软玉。墓地中发掘墓葬92座，多为小型墓，少量中型墓。这些墓葬中多数没有玉器随葬，只有个别墓葬出土环、璜、小璧、镞形饰等，而这些饰品亦非透闪石软玉，属于广义的玉器，具体有臂环2件、璜1件、璧1件、镞形饰6件。[4]

岗上遗址位于山东省滕州市东沙河街道陈岗村东北部漷河两岸，总面积约80万平方米，时代以大汶口文化中晚期为主。早在20世纪70年代，就曾在此采集到1件大汶口文化人面玉饰。[5]2015年，滕州市公安局破获岗上遗址盗掘案，再次收缴大汶口文化玉器59件，年代均属大汶口文化中晚期。近年，开始对该遗址进行大规模的考古调查与发掘工作，在遗址北部偏西位置发现大汶口文化城址，城址面积约40万平方米。在

---

[1] 中国社会科学院考古研究所山东工作队.西夏侯遗址第二次发掘报告[J].考古学报，1986（3）：307-338.

[2] 中国社会科学院考古研究所山东队.山东曲阜西夏侯遗址第一次发掘报告[J].考古学报，1964（2）：57-106.

[3] 山东省博物馆，山东省文物考古研究所.邹县野店[M].北京：文物出版社，1985.

[4] 山东省文物考古研究所.枣庄建新：新石器时代遗址发掘报告[M].北京：科学出版社，1996.

[5] 中国社会科学院考古研究所，滕县博物馆.山东滕县古遗址调查简报[J].考古，1980（1）：32-44.

遗址南部发现一处大汶口文化晚期墓地，共发掘大汶口文化晚期墓葬16座。已发表简报的3座墓共出土玉器19件，其中玉钺7件、玉锥形器11件、绿松石珠1件。[1]

红土埠遗址位于枣庄市峄城区，面积约2.5万平方米。据调查，该遗址大汶口文化遗存时代为大汶口文化晚期。在遗址中采集到残玉环1件、绿松石耳坠1件。[2]

（五）陵阳河类型

陵阳河遗址位于莒县城东南25公里处，面积约2万平方米。发掘大汶口文化晚期墓葬45座，可分为大、中、小3个级别。有5座墓葬共出土玉器20件，其中玉石钺4件、玉石镞形饰10件、玉石臂环2件、方形玉石璧1件、玉石管饰3件。[3]

杭头遗址共清理大汶口文化墓葬4座，皆属大汶口文化晚期阶段。[4]4座墓葬共出土玉器3件，分别为玉石钺2件、方形玉石璧1件。

（六）尉迟寺类型（仅尉迟寺一处遗址）

尉迟寺遗址[5]位于蒙城县县城东北20公里处，遗址为高出地面2～3米的岗堆状堆积。现存面积约10万平方米。第一阶段的发掘在居址遗存中出土石钺23件（均具有使用痕迹）、石璜4件、玉坠2件、镞形饰1件。发掘大汶口文化晚期墓葬192座，竖穴土坑墓90座（成人墓66、儿童墓24座）、儿童瓮棺葬102座。墓葬中出土石钺6件（刃部多有崩

---

[1] 滕州市文物局.山东滕州岗上遗址出土大汶口文化玉器[C]//山东省文物考古研究院.海岱考古（第十二辑）.北京：科学出版社，2019：58-64；山东省文物考古研究院.山东滕州市岗上遗址南区大汶口文化墓地[J].考古，2023（5）：65-81.

[2] 枣庄市文物管理站.枣庄市南部地区考古调查纪要[J].考古，1984（4）：289-301.

[3] 山东省文物考古研究所等.山东莒县陵阳河大汶口文化墓葬发掘简报[J].史前研究，1987（3）：62-82.

[4] 山东省文物考古研究所，莒县博物馆.山东莒县杭头遗址[J].考古，1988（12）：1057-1071.

[5] 中国社会科学院考古研究所.蒙城尉迟寺：皖北新石器时代聚落遗存的发掘与研究[M].北京：科学出版社，2001；中国社会科学院考古研究所，安徽蒙城县文化局.蒙城尉迟寺[M].北京：科学出版社，2007.

疤）、玉镞形饰3件、玉坠1件。第二阶段（2003—2006年）的发掘过程中，在居址遗存中发现玉器5件，包括双联玉璧1件和玉坠4件。在发掘的大汶口文化晚期92座墓葬中没有发现玉器。

（七）赵庄类型（仅花厅一处遗址）

花厅遗址位于江苏省新沂市西南18公里、马陵山丘陵地南端海拔69米的高地上。数次发掘共清理墓葬87座，分为南、北两区。南区墓葬年代稍早于北区，为大汶口文化早期偏晚，北区大部分墓葬年代为大汶口文化中期，少量墓葬为大汶口文化晚期，晚期墓葬主要有M5、M18、M34和M50。这些墓葬共出土玉器69件（组），其中玉琮2件、玉钺1件、玉锛2件、玉锥形器25件、玉镯2件、玉环1件、项饰2组、绿松石片1组、管珠坠饰30件、玉片1件、柄饰1件、扁条形玉器1件。[1]

二、用玉组合与造型特征

（一）用玉组合

大汶口文化晚期的玉器器类有礼仪用玉、装饰用玉、丧葬用玉、工具用玉等4类。礼仪用玉中虽然琮、璧、钺这3类最重要的礼器皆有，但玉琮和玉璧数量较少。另外，多个遗址还出土有较多的石钺和少量的石璧，但基本无法充当真正的礼仪用器。首先，绝大多数石钺皆具有明显的使用痕迹，甚至章丘焦家遗址中的部分玉钺出土时为残断品，部分亦使用痕迹明显，显然为实用器，而与礼仪性质的玉钺有所差别；其次，所谓的玉璧并不是如良渚文化中的玉璧那样硕大而又规整，而是形制略小且为石质。因此，只有少数琮和玉钺可算得上真正的礼器，尤其是从近年新发掘的焦家和岗上遗址看，玉钺的使用较为突出，如图1-1所示。

---

[1] 南京博物院. 花厅：新石器时代墓地发掘报告[M]. 北京：文物出版社，2003.

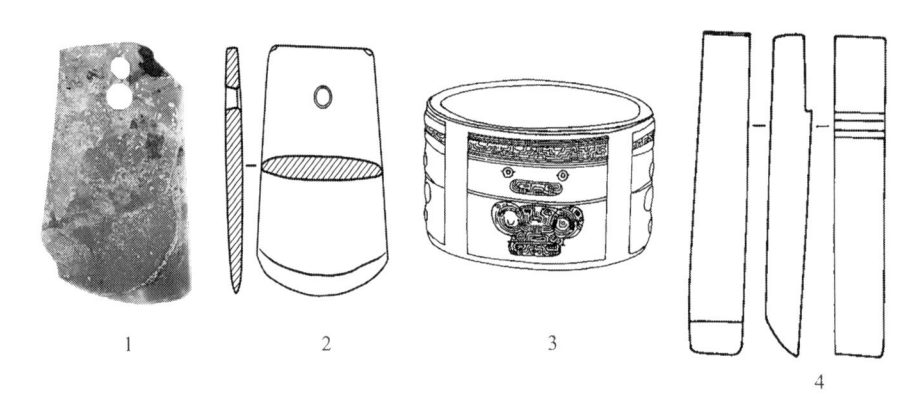

图 1-1　大汶口晚期的礼仪用玉
1、2. 焦家遗址出土　3、4. 花厅遗址出土

装饰用玉不但数量居多，而且种类丰富，有玉璜、玉璧环、玉镯、镞形饰（玉锥形器）、成组的项饰和头饰、镯、指环、牙璧、绿松石饰、管珠坠饰等。需要说明的是，大汶口晚期的相当一部分牙璧尺寸较小，与龙山文化中形体较大的牙璧区别较大，这部分牙璧的礼仪功能可能并不突出，因此被纳入装饰品范畴，如图 1-2 所示。

丧葬用玉有"覆面"、口琀和玉握 3 类。所谓"覆面"，是指覆盖在死者面部的丧葬用玉，虽然尚庄遗址中的"覆面"与周代典型的玉覆面形制差异较大，但是毕竟用于覆盖脸部的某些部位，因此依然借用周代玉覆面的概念来称呼大汶口文化晚期覆盖在眼窝和耳孔的玉器，但仅在尚庄遗址中发现 1 例，为残断的玉镯充用。口琀和玉握皆为镞形饰，器类较为统一。

工具用玉的种类有玉斧和有段玉锛，其中花厅遗址所见有段玉锛形体硕大、磨制精细、无使用痕迹。由于这两种玉器数量较少，因此不能构成鲜明的使用特点。

（二）造型特征

从造型美术的视角来看，大汶口文化晚期玉器的造型主要分为两类：一是仿动物和人面造型，这类造型可简称为仿生型，意为模仿生物界造

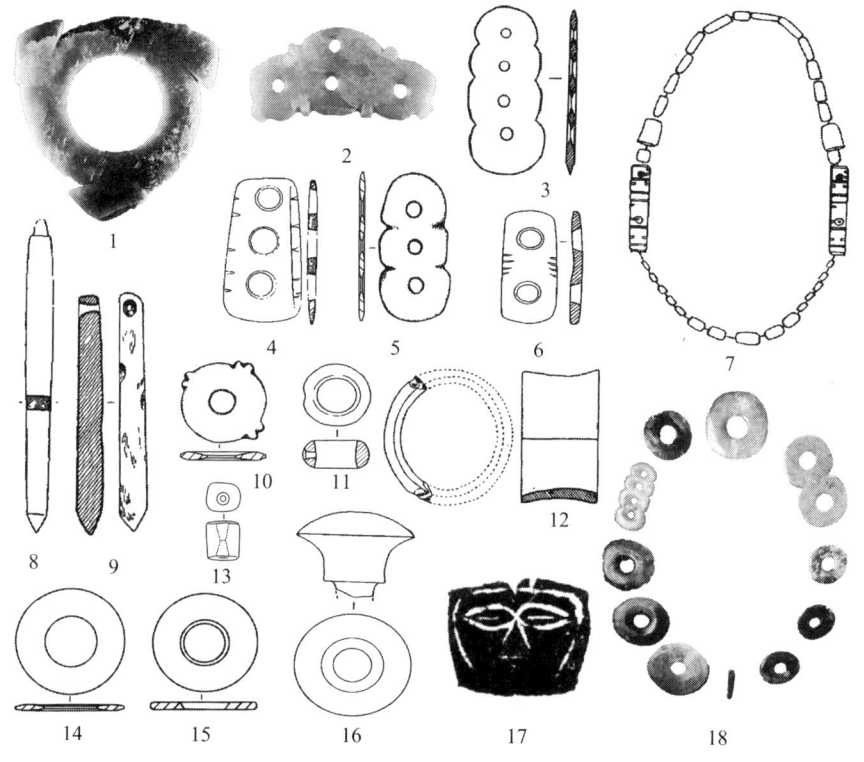

图 1-2 大汶口晚期装饰用玉组合

1. 牙璧（岗上 GS004） 2. 三联璧（岗上 GS057） 3~6. 联璧（野店 M22：4、大汶口 M47：11、周河 M4：17、花厅 M45：30） 7. 玉串饰（花厅 M18：20） 8、9. 玉镞形器（大汶口 M47：1、景芝镇 M2 出土） 10. 小牙璧（周河 M4：21） 11. 玉指环（焦家 M57：3） 12. 玉镯（景芝镇 M9 出土） 13. 玉管（焦家 M57：1） 14、15. 小玉环（周河 M14：16、20） 16. 玉柄饰（花厅 M18：23） 17. 人面玉饰（岗上采集） 18. 玉串饰（野店 M22 出土）

型；二是几何造型。与红山、良渚文化相比，仿动物造型的玉器在整个大汶口文化中都较为匮乏。在大汶口文化晚期，目前仅有焦家遗址采集有 1 件龙头形玉饰、景芝镇出土 1 件马蹄形玉饰，以及岗上遗址采集 1 件人面玉饰。焦家遗址的龙头形玉饰为一个立体造型的玉龙，头部窄高，利用棱角与正面的窄面设计对称的双眼与张着大嘴的吻部，在吻部的上半部还装饰着数道象征褶痕的细阴线纹。头部的这些设计特征明显与红山文化玉猪龙的面部造型特征相似。而岗上遗址的人面玉饰为平面造型。玉饰器体扁平，呈四边略外凸的近方形，背部中间有一个垂直的凸脊，脊上有一个横穿孔，可供穿系。在正面用阴线雕琢出人面，面部做正视状，橄榄形眼眶，眶内刻一横线作目，等腰三角形鼻，口为一阴刻短横线，脸庞周围用阴线勾勒。虽然五官比例不怎么协调，且较为简约，但轮廓俱现。与已知的红山与凌家滩玉人相比，在面部特征的设计上，三者有一定程度的相似性，即眼睛均做轮廓造型，并在中间用线条表示目，鼻子均为三角形，嘴巴用横线表示。不同之处在于，红山和凌家滩的玉人是立体造型，在五官的塑造上运用了圆雕，面庞看起来较为立体。然而，大汶口文化晚期的时间晚于红山文化晚期和凌家滩文化，经过几百年甚至千年的发展，史前造型艺术的发展也经历着从具象、圆雕向抽象、平面化发展的变化。因而，岗上遗址玉饰上的人面造型其实也是史前造型艺术发展的体现。

几何造型是大汶口文化晚期玉器造型的主体。具体来说，玉璧（臂）环为平面的圆形；玉镯、玉指环、少量的玉琮为圆筒造型；普遍流行的玉锥形器除去圆锥形的榫部，大多呈四棱锥形，少量呈圆锥或椭圆锥形；联璧是2个、3个或4个小璧环的组合；管、珠等玉饰分别为圆柱形和球形；玉石钺、玉斧此时已摆脱弧刃，基本均为平直刃，且四角棱角分明，因而整体呈近长方形或梯形；少量的有段玉锛顶部四角与周身线条均十分规整，棱角感突出，刃部平直，呈现出一种规整的长方体造型。仅有少量玉器是用残器或边角料制作，呈不规则形。因此，整体上来看，大汶口文化晚期的大部分玉器朝着几何化发展，除圆形、圆筒和圆柱形玉器，其他玉器在造型处理上倾向于去弯取直。

但是，仍然有一类非常特殊的玉器不能归属到上述两类造型，即牙璧。牙璧的造型是仿生形与几何形的结合体。它的造型基底是圆形的璧环，在圆形璧环的外缘再设计牙部，目前大汶口文化牙璧有两牙和三牙，以旋转同一方向的三牙为主。牙部的造型取像于何物，目前有不同的说法。早在晚清时期，吴大澂把这种玉器与古书里的天文仪器"璇玑"对应起来，认为是一种天文仪器。在20世纪80年代，夏鼐先生撰文否定了"璇玑"为天文仪器，在具体功能无法确定的情况下，应该按照器形特点命名。[1]因而，之后这类玉器普遍被称为牙璧。尤仁德认为牙璧造型为模拟日晕，周缘的旋齿像日晕。[2]李新伟认为牙璧的出现可能与史前的宇宙观念有关，表现了旋转的形态，是圆天绕极而转的象征物。[3]黄翠梅指出牙部取像于蝉的造型，并经过了抽象化处理。[4]闫烁认为牙璧的出现可能与辽东半岛沿海地区先民进行航海活动相关，他们将玉器制成旋涡状，象征大海风浪，祈求航海平安。[5]由此来看，不管牙璧牙部的造型为何，但总体来说是模仿自然界某种物质的形象。

三、用玉制度

根据大汶口文化晚期的墓葬材料，可以明显看出墓葬之间等级差别的存在。以往考古学者根据墓室大小和随葬品的多寡，多将大汶口文化晚期墓葬划分为大、中、小3个等级，而通过对比各个地方类型墓葬的资料，发现不同墓地的大、中、小3个等级的量化标准是不能简单对应起来的，如焦家、岗上、陵阳河和花厅等遗址的大型墓是其他任何墓地的大型墓都无法匹敌的，而这几个墓地的中型墓便与其他墓地的大型墓相当。因此，综合各个区域的墓葬材料，我们将大汶口文化晚期用玉墓葬划分为4个等级，即超大型墓、大型墓、中型墓和小型墓。

超大型墓：墓室长度皆在4米以上，宽度3米以上，除花厅外皆有葬具，随葬器物大多八九十件，多者达一百六七十件。

大型墓：墓室长度一般在3米左右，宽度2米以上，一般亦有葬具，

---

[1] 夏鼐.商代玉器的分类、定名和用途[J].考古，1983（5）：458.
[2] 尤仁德.璇玑新探[J].考古与文物，1991（6）：102.
[3] 李新伟.中国史前玉器反映的宇宙观：兼论中国东部史前复杂社会的上层交流网[J].东南文化，2004（3）：66-72.
[4] 黄翠梅.牙璧的起源与发展：从殷墟出土的牙璧谈起[C]//中国社会科学院考古研究所，广东省博物馆，广东省文物考古研究所，等.夏商玉器及玉文化学术研讨会论文集.广州：岭南美术出版社，2018：112.
[5] 闫烁.先秦时期牙璧研究[D].沈阳：辽宁大学考古文博学院，2022：48.

随葬器物多在 50 件左右，多者达七八十件。

中型墓：墓室长度多在 2 米及以上，宽度 2 米以下，有葬具且不多，随葬器物二三十件者为多，个别在 50 件以上。

小型墓：墓室长度皆在 2 米以下，宽度 1 米左右，鲜有葬具者，随葬器物几件至十几件不等。

（一）等级特征

通过梳理大汶口文化晚期玉器出土情况可知，除少数几个遗址的玉器为采集所得，其他玉器皆出自墓葬遗存，遍布大汶口文化晚期的 7 个地方类型。表 1-1 所示为大汶口文化晚期超大型用玉墓葬统计表。

表 1-1　大汶口文化晚期超大型用玉墓葬统计表

类型	遗址	墓号	性别	玉器	其他器物	备注
尚庄	焦家	M152	男	玉钺 1、玉刀 1、玉璧环 1、玉指环 1、绿松石耳饰 1	陶器 27、骨梳 1、骨雕筒 1、蚌片 2、龟甲器 2	
		M55	男	玉钺 2、玉镯 1、玉指环 1、绿松石坠 1	陶器 10、骨器 12、蚌器 7	
大汶口	大汶口	M10	女	玉钺 2、镞形饰 2、头饰 1、项饰 1、玉臂环 1、玉指环 1	陶器 93、石斧 1、骨角牙器 7、獐牙 3、猪头 2、鳄鱼鳞板 84、猪骨 15	
		M60	?	无	陶器 38、石器 2、猪骨半具	
		M126	?	无	陶器 71、石锤 1、骨角牙器 8、獐牙 1、猪下颌骨 2	
	岗上	M1	男	玉钺 6、玉锥形器 8、绿松石珠 1	陶器 317 件（套）、石器 3、骨器 11、猪骨 3、獐牙 3、獐下颌骨	4 人合葬
陵阳河	陵阳河	M6	男	石璧 1、石钺 1、石镞形饰 4	陶器 160、猪下颌骨 21、骨雕筒 1、石凿 1	

续表

类型	遗址	墓号	性别	玉器	其他器物	备注
陵阳河	陵阳河	M17	?	无	陶器157、猪下颌骨33、石凿2	有刻文大口尊
		M24	?	臂环1、玉石镞形饰3、石钺1	陶器35、猪下颌骨29、石器1、骨器3	
赵庄	花厅	M34	?	锥7、管珠9、玉片1	陶器38、陶纺轮2	殉葬少年2
		M50	男	琮1、钺1、锛2、锥7、管珠坠饰12、项饰1、绿松石片1组	陶器40、石镞2、角锥3	殉葬少年2

（"?"表示由于骨骼腐朽或破坏严重，已经判断不出来性别，下同）

　　这一时期有尚庄、大汶口、陵阳河、赵庄等4个类型拥有超大型墓葬，而除了尚庄类型外，其余3个类型皆分布于泰—沂山系以南地区。需要指出的是，在焦家遗址发掘前，泰山以北地区并没有发现超大型墓葬。早在10年前笔者曾推断说："这并不意味着泰—沂山系以北地区就不存在这样的墓葬，虽然章丘焦家遗址所出玉器皆系采集，数量和种类都十分丰富，其中不少应出自墓葬。这批玉器中有玉钺6件、大型玉璧1件，目前大汶口文化晚期所见其他玉钺除杭头遗址的1件外，皆出自超大型墓葬，如大汶口M10和花厅M50，而大型玉璧是大汶口文化晚期所见的唯一一件，还有数量丰富的玉石器装饰品，不难想象焦家遗址应当拥有高等级墓葬"[1]。后来的事实的确如此，焦家遗址发掘了215座墓葬，其中有一批高等级墓葬。然而即便如此，从目前的考古材料来看，泰—沂山系以北地区超大型墓葬还是不如以南地区数量丰富。

　　然而，这些超大型墓葬却并不像良渚文化的高等级墓葬那样以玉器为随葬品主体，这些墓葬的随葬品主体还是陶器，有些甚至并无玉器随葬。只有赵庄类型的花厅遗址的超大型墓葬皆有玉器随葬，而大汶口类型和陵阳河类型随葬玉器的超大型墓葬的比例却只有33.3%。由此可见，

---

[1] 曹芳芳.大汶口文化晚期玉器与用玉传统研究[C]//山东博物馆.山东博物馆辑刊（2015）.北京：文物出版社，2016.

龙山时代早期黄河下游地区，划分墓葬等级的主要因素还是墓室规模和随葬品的多寡，玉器只是起到一个锦上添花的作用。与此同时，不同的地方类型，玉器所占墓葬随葬品的比例也不同，比例最高的是赵庄类型，其超大型墓葬所出玉器占随葬品的比例可达30%左右，尚庄类型超大型墓葬玉器占随葬品的比例在10%～20%之间，而大汶口和陵阳河两个类型的这一比例皆在10%以下。由此可见，虽然花厅墓地在大汶口文化晚期的发展中已呈现"强弩之末"之势，但是在用玉方面依然大气。

由于花厅墓地绝大部分墓葬属大汶口文化中期，只有少量墓葬能延续至大汶口文化晚期。因此在大汶口文化晚期，用玉大型墓葬主要分布于尚庄、大汶口和陵阳河3个地方类型，同超大型墓葬一样主要分布于泰—沂山系以南地区。

除玉琮之外，在山东境内的大型墓随葬玉器的种类和数量与超大型墓葬相比基本一样，而且玉器所占随葬品的比例与这3个类型的超大型墓葬的这一比例也基本相同。换句话说，超大型墓葬并没有显示出无与伦比的气势。尤其是焦家遗址的大型墓与超大型墓葬相比，差别不大，只是墓坑规模稍小。这种情况更加说明了在大汶口文化晚期，玉器在墓葬中标志身份与等级的作用并不十分突出，陶器承担了一部分这样的功能。表1-2所示为大汶口文化晚期大型用玉墓葬统计表。

表1-2 大汶口文化晚期大型用玉墓葬统计表

类 型	遗 址	墓 号	性 别	玉器	其他器物	备 注
尚庄	焦家	M184	不明	玉钺2、玉镯1、玉指环1	陶器10、龟甲器等	
		M17	男	玉坠1（上方扰坑中出土玉环4、玉坠1、玉料1）	陶器22、石钺1、石环1、骨器2、牙器2、蚌饰1	
		M57	男	玉钺2、玉指环2、玉璧环1、玉管2、玉坠1、绿松石坠1	陶器36、骨指环1、蚌器1、石锛2、半月形石器1、猪骨1	

续表

类型	遗址	墓号	性别	玉器	其他器物	备注
大汶口	大汶口	M25	不明	玉镞形饰1、臂环1、指环2	陶器57、石钺6、砺石1、骨角牙器12、獐牙2、猪头1、猪下颌骨2	
		M47	不明	臂环2、头饰4串、项饰1串、镞形饰2	陶器57、石纺轮1、束发器2对、龟甲2、獐牙2、猪头1	
		M117	男	玉钺1、镞形饰1、臂环1	陶器54、骨角牙器17	
	野店	M51	?	玉镯1、玉镞形饰1	陶器43、石器3、骨镞3	
		M62	男	玉镯1、玉矛头4、玉镞形饰1	陶器66、石器7、象牙雕筒1	
	岗上	M7	不明	玉钺1、玉锥形器2	陶器34、石凿1、猪骨1	
陵阳河	陵阳河	M12	男	玉石镞形饰2	陶器37、石钺1、骨梳1、猪下颌骨3	
		M19	男	玉镞形饰1、石钺1	陶器66、猪下颌骨4、骨器3	有刻文大口尊
		M25	男	石臂环1、石管饰3	陶器73、猪下颌骨7、石器4	有刻文大口尊
	杭头	M8	男	玉钺1、石璧1	陶器61（高柄杯6）、石器3、鳄鱼鳞板7、猪下颌骨7	

表1-3所示为大汶口文化晚期中型用玉墓葬统计表。

表1-3 大汶口文化晚期中型用玉墓葬统计表

类型	遗址	墓号	性别	玉器	其他器物
尚庄	尚庄	M22	不明	石饰1、石坠1	陶器8、骨蚌角器6
		M127	不明	玉管2、玉坠1、玉珠1	陶器23、石锛1
		M186	不明	玉璧环2、玉坠1	陶器4、蚌器等

续表

类型	遗址	墓号	性别	玉器	其他器物
三里河	三里河	M103	男	耳坠1	陶器13、石器2、骨角器6、蚌器2、獐牙1
		M105	女	镞形饰1	陶器9、蚌器4、猪下颌骨8、鱼骨1
		M113	女	璇玑形玉饰1	陶器11、石器2、蚌器3
		M116	男	石钺1	陶器10、石器1、猪下颌骨6、鹿头骨1
		M125	男	玉管1	陶器7、石器1、蚌器1、猪下颌骨、动物角1、兽骨1、疣荔枝螺2
		M127	不明	石钺1	陶器11、石器2、骨角器3、蚌器4、兽头、兽牙床1、蛤壳2
		M215	女	镞形饰（玲）1、玉管1、石钺1	陶器13、石器1、骨角蚌器5、獐牙1、猪骨1、鱼骨1、疣荔枝螺1
		M229	女	镞形饰1（玲）、玉饰1	陶器10、蚌器2、猪下颌骨1
		M249	男	镞形饰2（玲）、石钺2	陶器14、石器4、骨角牙器6、蚌器4、动物骨骼3、文蛤壳1
		M250	男	镞形饰1、石钺1	陶器16、骨角牙器3、蚌器4
		M259	女	镞形饰1（玲）、璇玑形玉环1	陶器14、石纺轮1、蚌器3、中国耳螺2、疣荔枝螺3
		M267	男	镞形饰2（玉握）、玉管1、石钺1	陶器10、石器3、骨角牙器3、蚌器2，猪下颌骨、獐牙、鱼骨、疣荔枝螺各1
		M273	女	璇玑形玉饰1	陶器14、石器2、蚌器1
		M275	男	镞形饰1（玲）、石钺1	陶器16、石器1、骨角牙蚌器13、獐牙2、鱼骨1、文蛤2、毛蛤2
		M279	男	镞形饰1（玲）、镯1、马蹄形玉饰1、石钺1	陶器14、石器1、骨角牙器4、蚌器3、猪下颌骨1、獐牙2、鱼骨1、兽骨1、毛蛤壳1
		M288	男	镞形饰1（玲）、玉环1、石钺1	陶器11、石器2、骨角器2、蚌器2、兽骨1、疣荔枝螺1

续表

类型	遗址	墓号	性别	玉器	其他器物
三里河	三里河	M296	男	镞形饰1（琀）、石钺1	陶器12、骨角器2、蚌器2、猪下颌骨7、鱼骨1
		M297	男	石钺1	陶器10、石器2、骨角器4、蚌器3、獐牙1、疣荔枝螺1
		M2010	男	镞形饰1（琀）、石钺1	陶器13、石器2、骨角器2、蚌器2
		M2110	男	镞形饰1（琀）、石钺1	陶器32、石器14、骨角牙器17、蚌器4、蛤蜊壳5、蚌壳4
		M302	男	镞形饰2、石钺1	陶器14、石器2、骨蚌器2、猪下颌骨37、骨头2、疣荔枝螺2、蛤壳2
大汶口	大汶口	M1	合	镞形饰2、玉管1	陶器10、石器15、骨角牙器20、龟甲2、獐牙8
		M3	不明	臂环2、项饰1串	陶器21、石器1、牙料1、獐牙2、猪头1
		M17	不明	臂环1	陶器13、石器6、骨角牙器48、獐牙1、猪牙1、动物骨骼8
		M72	女	璜2、镞形饰1、项饰1（由2玉珠颗组成）	陶器20、骨板1、獐牙2、猪骨11
		M125	男	指环1、石钺1	陶器19、石器18、骨角牙器29、獐牙5、猪头1、鹿骨2
	野店	M85	女	绿松石坠1	陶器14、石坠3、獐牙1
	岗上	M4	男	玉锥形器1	陶器26、骨器1
陵阳河	杭头	M4	男	玉钺1	陶器13、猪下颌骨2、石珠3
尉迟寺	尉迟寺	M136	男	玉镞形饰1	陶器18、獐牙5、猪下颌骨1、猪骨和牙3、骨器1
		M147	男	玉镞形饰1	陶器11、蚌器2、獐牙1、鳖甲1、石铲1
赵庄	花厅	M5	不明	锥1、珠3	陶器9、猪颌骨6

大汶口文化晚期，除了杨家圈类型外，中型用玉墓葬遍布其他6个地方类型。虽然泰—沂山系以北地区此时也有用玉墓葬，但其数量仍无

法与泰—沂山系以南地区相较，数量依然较少。而处于山东南北交界处的三里河遗址此时兴起，但墓葬等级不高。

在器类构成方面，中型墓的玉器组合与超大型墓、大型墓差异较大，礼仪用玉极少，只有1件，而所见石钺多具有使用痕迹，并不能充当礼器。与超大、大型墓器类不同的是，该等级出现了丧葬用玉，但只限于三里河遗址。除此之外，装饰玉是该等级墓葬用玉的主体，除了管珠坠饰，镞形器依然是使用最多、最普遍的器类。

若不算石质装饰品，小型用玉墓葬的数量寥寥无几。泰—沂山系以南地区仍是小型用玉墓葬分布的主体，但是以北地区也有一定数量的小型用玉墓葬，而一直沉寂无闻的杨家圈类型也终于出现了1座用玉墓葬。在器类构成方面，小型墓主要是小型装饰品，且表1-4中所统计的有一部分为石质。

表1-4 大汶口文化晚期小型墓玉器统计表

类型	遗址	装 饰 用 玉								丧 葬 用 玉	
		璜	镞形饰	环	臂环	项饰	指环	镯	管珠坠饰	覆面	口琀
尚庄	尚庄							2（石）	2	1	
	五村						2		2		
三里河	三里河		1	2					2		2
	景芝镇		1					2	4		
杨家圈	于家店		1								
大汶口	大汶口		2		5	1					
	西夏侯										
	野店										
	建新	1	3	3							
尉迟寺	尉迟寺		1						1		
合计		38								3	
合计		41									

综上所述，在龙山时代早期的黄河下游地区，能够担当礼器功能的玉器并不多，只有少量的琮、璧、钺，而且这些少量的玉礼器并不是皆出自高等级墓葬。在泰—沂山脉以南地区，有一半的高等级墓葬中并没有礼仪用玉。换句话说，玉器在大汶口文化晚期的墓葬中标志身份和等级的作用并不突出，但也并不能完全抹杀。因为在不同等级的墓葬中用玉比例是大不相同的，经笔者统计，超大型和大型墓除去陵阳河、焦家、岗上等遗址[1]共11座，随葬玉器的墓葬为9座，用玉墓葬比例达80%以上，而中小型墓的用玉比例却低于10%。

高等级墓葬与中小型墓葬用玉的另一个差别是器类的构成。高等级墓葬玉器种类有礼仪用玉、装饰用玉和工具用玉，而无丧葬用玉；中小型墓葬玉器只有装饰用玉和丧葬用玉，礼仪和工具用玉与中小型墓葬无缘。在装饰用玉中，漂亮华丽的组合型头饰只见于高等级墓葬，虽然成串的项饰在4个等级墓葬中都有见到，但中小型墓葬的项饰远没有高等级墓葬的精美。

（二）性别特征

由表1-5和表1-6，可以归纳出女男两性用玉的特点如下。

表1-5　大汶口文化晚期女性墓葬用玉统计表

类型	遗址	礼仪	装饰									丧葬
		玉钺	镞形饰	臂环	指环	头饰	项饰	镯	璇玑形饰	环	璜	管珠坠饰	口琀
尚庄	尚庄							2					
	五村												
三里河	三里河		1						3	1		4	4
大汶口	大汶口	2	3	2	1	2	3			2			
	西夏侯		4				1				2		
	野店										1		
	建新		2										

---

[1] 由于这3处遗址资料发表不全，并不能知道各等级墓葬的数量。因此，在进行统计时将其墓葬排除在外。

表 1-6　大汶口文化晚期男性墓葬用玉统计表

类型	遗址	礼仪 琮	礼仪 璧	礼仪 钺	装饰 镞形饰	装饰 臂环	装饰 指环	装饰 项饰	装饰 镯	装饰 环	装饰 石璧	装饰 管珠坠饰	丧葬 覆面	丧葬 口琀	丧葬 玉握	工具 玉矛	工具 玉锛
尚庄	焦家			5		6	4		2			5					
尚庄	尚庄													1			
尚庄	五村						2										
三里河	三里河				4				1	1		4		9	2		
大汶口	大汶口		1		1	1	1										
大汶口	西夏侯				2		1										
大汶口	野店				1				1							4	
大汶口	岗上			6	9							1					
大汶口	建新				3												
陵阳河	陵阳河		1		7	1						3					
陵阳河	杭头				1					1							
尉迟寺	尉迟寺				2							1					
赵庄	花厅	1		1	7		1					13					2

礼仪用玉方面，虽然男女双方墓葬中所见礼仪用玉均较少，但是女性墓则更加少得可怜，不仅数量少而且器类也少，玉琮和玉璧还仅出现于男性墓葬之中。

装饰用玉方面，男性墓所见装饰品种类不如女性墓中的丰富。除了杭头M8所出石璧外，男性墓中所见装饰品种类亦皆见于女性墓中。严格来说，杭头M8所出石璧并不是所谓的璧，这件石璧为方形，佩戴在墓主右手腕部，而是货真价实的装饰品，称之为石镯也未尝不可。而女性墓中所见的头饰、璇玑形饰和玉璜却不见于男性墓中，由此可见，成组而又精美的头部玉串饰是女性特有的专享，同时也展现了女性独特的审美情趣。墓葬中所见的3件璇玑形饰皆出自于三里河的女性墓中，章丘焦家遗址中也采集1件这样的玉饰，岗上遗址收缴的被盗玉器中也有此类玉器，以往学者多把它们称为牙璧，然而这些牙璧形体较小，齿数与齿向也不固定，孔径较小，而三里河的3件镞玑形饰出土时皆位于墓主胸左侧上部，这样的形制和出土位置显示出这些小牙璧的功用为装饰品。由于小牙璧和玉璜数量较少，是否为女性的专用之物尚不能得出肯定的结论。除了这些差异外，镞形饰、臂环、指环、项饰、环、镯、管珠坠饰等男女通用，其中镞形饰是最普遍的装饰品，没有性别、等级和地域之别。

丧葬用玉方面，男性所用丧葬用玉不仅数量大大超越女性，而且种类较女性丧葬用玉也多样化。女性只有口琀一类丧葬用玉，而男性却同时使用口琀和玉握。

工具用玉方面，男性依然比女性拥有绝对的优势。女性墓中没有见到工具类玉器，花厅M50男性墓中出土2件有段玉锛。这两件锛形制完全相同，器形厚重规整，棱角分明，刃口锋利无损，通体光洁如新，无任何使用痕迹，而且形体较大，长23.8厘米，显然这并不是寻常的实用工具，很可能是珍贵的特殊仪式用玉。毛利玉器中便有这种仪式用锛，这种锛由酋长掌管，是声望和地位的象征，家族演讲者在演讲时常用锛做手势，当部落酋长殡殓供人瞻仰时也常将锛置于其身体之上，如图1-3所示。[1]

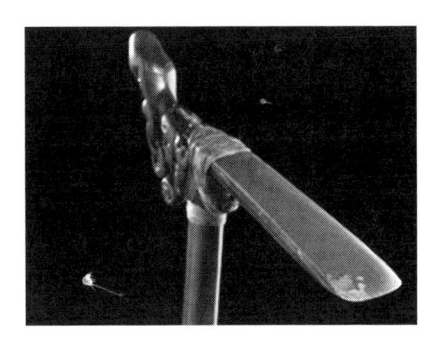

图1-3 毛利玉器的礼仪用锛，约制于1500—1820年

（三）地域特征

通过上文的介绍和分析，大汶口文化晚期玉器的地域分布特征是十分明显的，即大汶口文化晚期的用玉中心在泰—沂山脉以南地区，主要是大汶口类型、陵阳河类型和赵庄类型。花厅墓地在大汶口中期呈全盛势态，墓葬用玉十分发达，数量不下400件，超过整个大汶口文化晚期

---

[1] 中国国家博物馆. 毛利碧玉：新西兰传世珍宝展暨学术讲座[J]. 玉器考古通讯, 2013（1）: 10.

玉器出土数量的总和，虽然晚期的墓葬十分清少，但是出土的玉器数量依然较多，并且器类丰富。大汶口和陵阳河类型不仅遗址数量众多，而且墓葬等级丰富，目前所见的大汶口文化晚期高等级墓葬多分布于此。而这两个类型也是大汶口文化从早期到晚期发展得最充分、最典型的两个区域。

器类方面，由于整个黄河下游地区的重要遗址均发现了玉钺，因此，泰—沂山脉南北没有很大区别。而玉琮和玉璧都只发现1件，玉琮在南，玉璧在北。

装饰品方面，泰—沂山系北部地区玉器种类和数量不如南部地区丰富，大汶口文化晚期所有种类的装饰品都能在南部地区找到。其中项饰、头饰这两类复合型装饰品目前不见于泰—沂山系以北地区，北部地区的焦家遗址虽然发现有用玉的高等级墓葬，然而尚未见到这些串饰的资料。另外便是臂环，臂环是一种佩戴于手腕或手臂的装饰品，在泰—沂山系以南的各个等级用玉墓葬中都有发现，由此可见，其应是一种较为普通和普遍的装饰品。

丧葬用玉表现出了异乎寻常的地域性。目前大汶口文化晚期发现的丧葬用玉有口琀和玉握，其中数量最多的是口琀，这些丧葬用玉集中见于三里河一个遗址。三里河遗址的12座大汶口文化晚期墓葬中出土了13件口琀，这些口琀皆为镞形器，器类统一，只有1座墓发现的2件玉握亦皆为镞形器，而且出土丧葬用玉的这13座墓葬相对集中，皆分布于三里河遗址Ⅱ区南部的墓地中，可见丧葬用玉的选择是别具偏好的。另外，尚庄遗址M27所发现的一件断为3截的玉镯，分别覆盖在两眼窝及左耳孔之上，严格来说这3截玉件无法构成一组如后世完整的玉覆面，但这种独特的使用方法却是整个大汶口文化所仅见的。丧葬用玉皆出土于中小型用玉墓葬中，并没有显示出具有等级性，似乎只是个别地区用玉偏好和宗教信仰的选择。

工具用玉如同礼仪用玉一样，发现较少，暂无法归纳出典型特征。

四、工艺美学

（一）材质与工艺

从目前已披露的考古与鉴定材料看，大汶口文化晚期玉器的材质有透闪石、蛇纹石、绿松石、方解石大理岩、水晶、辉绿岩、伊利石、蛋白石、滑石、石英等。由于早年发掘考古资料的局限性与新材料披露的滞后性，很多遗址玉器材质的科学成分检测结果有限。从已经披露的玉器成分的科学检测与鉴定来看，在大汶口文化晚期玉器的材质仍然较为多元，表明该时期玉料的来源也较为多样化。以焦家遗址几座披露玉器材质的大型墓为例（见表1-7），可以发现透闪石质真玉的数量和比例仍然不占主流，甚至偏低。史前透闪石材质玉器的使用与比例，关乎着"玉石分野"这一重要概念。从焦家遗址占据社会等级上层的大型墓墓主随葬玉器来看，他们获取透闪石玉的渠道和资源仍不充分，玉材的主体为蛇纹石玉。根据研究，大汶口时期的蛇纹石质玉的成分特征大多与本地泰山玉一致[1]，其他可能的来源还有莱阳或莒南矿[2]，另有少量岫玉可能来源于辽东半岛。总体而言，大汶口文化晚期的玉材多为"就地取材"。

表1-7 焦家遗址3座大型墓玉器材质统计表

墓 号	透闪石	蛇纹石	方解石大理岩	绿松石	水 晶	辉绿岩	滑 石	石 英
M57	指环1	镯1、指环1、管2、坠1	钺2	坠1		锛2		
M55	钺2	镯1、指环1		坠1				
M17		坠1、璧环2	玉料1		璧环2	环1、钺1、斧1	坠1、料2	环2

根据观察，大汶口文化晚期玉器制作工艺与中期一脉相承，大汶口

---

[1] 杨炯等.基于p-FTIR和p-XRF测试组合的大汶口文化蛇纹石质玉器无损检测及产地溯源分析[J].光谱学与光谱分析，2022（2）：453.

[2] 王强.海岱地区新石器时代玉料来源及琢玉工艺初探[J].华夏考古，2008（2）：78.

文化中晚期出现了礼仪及祭祀类玉器，器形也较前期更为复杂。完整的玉器制作包括开料、成形、磨制（包括粗磨与细磨）、钻孔、镂空、镶嵌、刻纹等，有些流程有时会出现颠倒或缺失。在开料时出现了较为先进的片切割技术，主要见于大型片状类玉器之上，如玉石钺。然而，线切割技术在大汶口文化分布区的南部及东部较为流行，尤其是在大件玉器开料时更为常见。学界认为此种技术最大的可能是来自江淮下游的凌家滩文化或崧泽—良渚文化系统，从类型学角度也能明显看到这种文化交流的存在。此外，这一时期还出现了一些其他新型琢玉工艺，如镶嵌、复杂纹饰雕刻等。镶嵌主要是以绿松石镶嵌在玉钺、玉璧环之上。复杂纹饰雕琢虽然出现了，但是运用得不多，仍以阴刻线来构成和表达图案为主。

（二）图案与审美

大汶口文化晚期玉器有图案和装饰纹样的数量较少，表面以打磨光滑的素面为主，仅在花厅、焦家、岗上遗址中可见到。其中焦家和岗上仅各有1件，即龙纹玉饰和人面纹玉饰，其余有图案的玉器基本集中于花厅遗址。花厅遗址玉器的图案以两件玉琮为代表。花厅M50出土玉琮呈圆筒形，表面装饰4组神人兽面纹，神人羽冠与嘴巴和下方的兽面均以细阴刻卷云纹和线束纹填充。M18出土玉琮表面也有4组神人兽面纹，而其内部没有纹饰填充。这两件玉琮神人兽面图案的构图组合、方式、风格特征与良渚文化玉琮完全一致，如图1-4所示。花厅遗址的大量玉器都具有典型的良渚风格，自20世纪80年代发掘以来，学界就基本一致认为该遗址具有良渚、大汶口"文化两合现象"[1]，玉器主要来自于良渚文化。由于焦家遗址玉饰的龙纹与岗上遗址玉饰的人面纹，也具有一定的红山和凌家滩文化玉器造型与图案的特征（见图1-5），由此可见，大汶口晚期玉器的图案或为次生型或为直接的"舶来品"，其审美倾向明显

---

[1] 高广仁.花厅墓地"文化两合现象"的分析[J].东南文化，2000（9）：25-30.

受南、北方玉器美学的影响。同时，红山、凌家滩、良渚的龙纹、神人纹、神人兽面纹均具有浓厚的巫玉色彩，大汶口晚期玉器图案的祖型来源于它们，并且时间稍晚或同时，因而其可能也与宗教信仰有一定关联，具备一定的巫玉色彩。

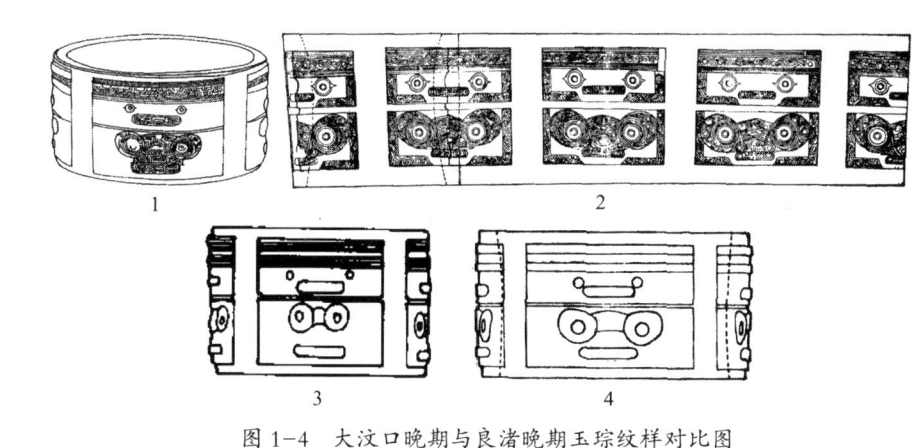

图1-4　大汶口晚期与良渚晚期玉琮纹样对比图
1、3.花厅遗址出土　2、4.寺墩遗址出土

图1-5　大汶口、红山、凌家滩玉人面对比图
1.岗上遗址采集　2.牛河梁遗址出土　3.凌家滩遗址出土

五、余论

大汶口文化早期玉器出土的地点主要有兖州王因、江苏邳县（今邳州市）刘林和大墩子，这3个地点出土玉器共发表16件，主要是环、佩、坠等小型装饰品。大汶口文化中期玉器出土的地点主要有大汶口、野店、岗上、大墩子、花厅、焦家等，玉器主要集中于花厅中期墓葬，

另有其他地点零星出土有小件玉器，这一阶段玉器器类大大丰富，包含了大汶口文化时期所有玉器器类。由此可见，大汶口文化早、中期玉器的出土地点也主要分布于泰—沂山脉以南地区，北部地区仅有焦家遗址开始见到像样的玉器。与大汶口文化中期相比，虽然晚期玉器出土的地点增多，跨过泰—沂山脉分布到鲁北、鲁西北和山东半岛等区域，但是数量和种类却不如中期丰富，只花厅一处中期墓葬出土玉器的总数便比整个大汶口文化晚期玉器的总和还要多，花厅中期墓葬所见的玉梳背、琮形管、宽体璜到晚期已不见。从大汶口文化早期至晚期玉器的出土地点分布来看，也体现出了"南重北轻"的格局。

出现这种局面的原因应该有两个：其一，与大汶口文化发展的趋势有关。大汶口文化早、中期阶段，以泗河流域发展水平较高，是大汶口文化的中心区；到晚期阶段，以陵阳河为代表的沂、沭河流域，可能还有鲁北地区，社会经济发展速度明显加快，呈现全面发展态势，但相比较而言，似乎仍以汶、泗河流域发展水平最高。[1] 其二，与大汶口文化玉器发展进程有关，大汶口文化中期玉器的大发展主要是受到良渚文化的影响和刺激而产生的结果。而良渚文化对大汶口文化的影响和刺激是从苏北和山东南部最先开始的。之所以得出这一判断，主要是基于以下几点理由。

第一，从大汶口文化玉器乃至整个史前山东地区用玉状况来看，山东地区的用玉传统不甚发达。后李、北辛文化时期，山东地区基本不见玉器，只有后李文化的前埠下和小荆山遗址出土和采集有3件小玉凿。至大汶口文化早期玉器才稍稍增多，但也只有16件，而且多是小型装饰品。到大汶口文化中期玉器突增，主要集中于花厅墓地，而花厅墓地的属性本身就颇具争议，[2] 其所表现出来的大汶口和良渚"文化两合"的

---

[1] 栾丰实. 大汶口文化的发现和研究 [M]// 栾丰实. 海岱地区考古研究. 济南：山东大学出版社，1997.
[2] 具体来说可分为两种意见：一种认为花厅墓地属于海岱系统的大汶口文化，主要代表学者为栾丰实；另一种认为花厅北区墓地是良渚文化族群战死他乡的墓葬，主要代表学者为严文明。

现象，以及所出土的玉器具有显著的良渚风格，表明其受良渚文化影响颇深。

第二，山东地区史前用玉观念并不十分突出。虽然大汶口文化晚期高等级墓葬出土玉器占整个晚期玉器的比重较大，但是并不是所有的高等级墓葬都使用玉器，有相当一部分高等级墓葬仍只按随葬品多寡，尤其是陶器的多少、墓室大小和复杂程度来区分等级。这一特点到龙山文化时期更加明显。

第三，从山东地区史前玉器分布格局来看，只有山东东南部地区的临沂和日照地区一直是用玉的发达和中心地区。这一地区在大汶口文化中晚期至龙山文化时期分别是大汶口文化花厅类型、陵阳河类型和龙山文化两城镇类型。而其他中心只是存在于某一时期，如大汶口类型在大汶口文化中晚期用玉较为发达，但至龙山文化时期这种优势已不复存在。与此相反的是，临朐及其周围在大汶口文化时期用玉默默无闻，然而至龙山文化时期突然崛起，成为另一个用玉中心。

第四，大汶口文化晚期玉器中镞形饰是一类使用最为普遍和流行的器类，占整个大汶口文化晚期玉器的比重可达 30%，其他任何器类都达不到这一比例。而且其使用方式多样，从大的方面来说，既可作为丧葬用玉也可作为装饰品，从装饰品来说，既可单独使用又可多支组合使用，也可与其他装饰品类组合使用。然而这种镞形饰与良渚文化的一种典型器类——玉锥形器可相类比，如图 1-6 所示。良渚文化的玉锥形器是一种见于各个等级墓葬玉器中最为普及、不分阶层的器类，在良渚文化中除了不被作为口琀和玉握等丧葬用玉，其使用方式呈现多样化。而且镞形饰的形态和锥形器如出一辙，因此，我们认为大汶口文化的镞形饰与良渚文化的锥形器是同一种器物，受良渚文化的影响而在山东地区流行。

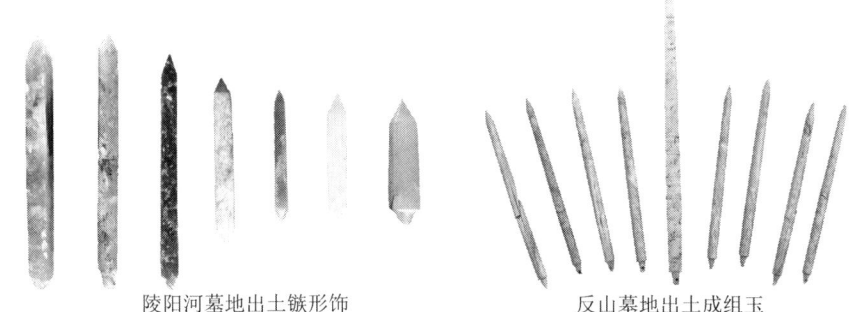

陵阳河墓地出土镞形饰　　　　反山墓地出土成组玉

图 1-6　大汶口文化晚期出土的镞形饰与良渚玉锥形器对比图

第二节　黄河中游地区

龙山时代早期的黄河中游地区的考古学文化为庙底沟二期文化和陶寺文化早期遗存。虽然 2015 年出版的陶寺考古报告，将陶寺文化整体的年代定位于公元前 2300 年—前 1900 年，然而根据实际的测年结果与考古学文化间同类或相近的文化因素分析，陶寺文化早期的年代可能早于公元前 2300 年，大约从公元前 2500 年或稍后陶寺文化开始兴起。[1]

一、考古发现

（一）庙底沟二期文化

庙底沟二期文化出土玉器的遗址较多，如表 1-8 所示。

表 1-8　庙底沟二期文化出土玉器地点统计表

地区	遗址	璧	钺	璜	环	耳环	管珠坠饰	刀	坯料
豫西、晋南	庙底沟[2]			4*	2*				
	龙王崖[3]						1		

---

[1] 张海，陈建立．史前青铜冶铸业与中原早期国家形成的关系 [J]．中原文物，2013（1）：52-59.

[2] 中国科学院考古研究所．庙底沟与三里桥 [M]．北京：科学出版社，1959.

[3] 中国社会科学院考古研究所山西工作队．山西垣曲龙王崖遗址的两次发掘 [J]．考古，1986（2）：97-111.

续表

地区	遗址	璧	钺	璜	环	耳环	管珠坠饰	刀	坯料
豫西、晋南	古城东关[1]			1	1				
	陶寺	11*		1/5*	34*				璧环类
郑洛地区	妯娌[2]	1*	1*		1*				
	西沃[3]						1		
	中州路[4]				1				
	西干沟[5]				3*				
	大河村[6]			11	10/8*	9*	1/2*	1	
	沟东[7]				2				
	坞罗[8]				1				
	谷水河[9]				1*		2		
	大张[10]				1?		1?		
	汤泉沟[11]			1					
	北刘庄[12]			2			4		
关中地区	案板[13]				1*				
	浒西庄[14]				4		5		

("数字/数字"表示斜杠之前的数字为玉质,斜杠之后的数字为石质;"*"表示石质)

---

[1] 张素琳,佟伟华.垣曲古城东关遗址庙底沟二期文化和龙山文化遗存[C]//山西省考古研究所,山西省考古学会.三晋考古(第二辑).太原:山西人民出版社,1996:141-191.

[2] 河南省文物管理局等.黄河小浪底水库文物考古报告集[M].郑州:黄河水利出版社,1998:23-25.

[3] 河南省文物管理局等.黄河小浪底水库考古报告(一)[M].郑州:中州古籍出版社,1999:391-422.

[4] 中国科学院考古研究所.洛阳中州路(西工段)[M].北京:科学出版社,1959.

[5] 中国社会科学院考古研究所.洛阳发掘报告:1955—1960年洛阳涧滨考古发掘资料[M].北京:北京燕山出版社,1989.

[6] 郑州市文物考古研究所.郑州大河村[M].北京:科学出版社,2001.

[7] 巩义市文管所.巩义市坞罗河流域仰韶文化遗址调查[J].中原文物,1992(4):26.

[8] 巩义市文管所.巩义市坞罗河流域仰韶文化遗址调查[J].中原文物,1992(4):12.

[9] 河南省博物馆.河南省禹县谷水河遗址发掘简报[J].中原文物,1977(2):44-56;河南省博物馆.河南禹县谷水河遗址发掘简报[J].考古,1979(4):300-307.

[10] 河南省文化局文物工作队.河南临汝大张新石器时代遗址发掘简报[J].考古,1960(6):1-5.

[11] 河南省文化局文物工作队.河南偃师汤泉沟新石器时代遗址的试掘[J].考古,1962(11):562-565.

[12] 河南省文物研究所.河南临汝北刘庄遗址发掘报告[J].华夏考古,1990(2):11-42.

[13] 西北大学文博学院考古专业.扶风案板遗址发掘报告[M].北京:科学出版社,2000.

[14] 中国社会科学院考古研究所.武功发掘报告:浒西庄与赵家来遗址[M].北京:文物出版社,1988.

（二）陶寺系统早期

至庙底沟二期文化期，在晋南地区以陶寺遗址为代表的几处遗址，在此地庙底沟二期文化的基础上，吸收、融合外来考古学文化因素，出现了大规模的用玉现象，主要包括陶寺文化早期墓葬、临汾下靳墓地和清凉寺墓地二期墓葬，由于它们在地理上相近、时间上大体同时，故统称为陶寺系统。

20世纪80年代，陶寺遗址发掘了6座早期大型墓葬和一部分中、小型墓葬，集中出土了一批玉石器。所见玉器主要有玉钺、玉石组合头饰、绿松石镶嵌腕饰、璧环类玉器（见图1-7），主要石器有特磬、厨刀。[1]

下靳墓地出土玉器有：钺29件，发掘品8件；玉璧13件，发掘品4件；牙璧1件；玉璜21件，发掘品5件；玉圭形器1件，个体较小；玉环共4件，发掘品3件，皆为组合环；白色大理石指环1件（M69：4），出土时套在墓主左手中指上；玉石杂饰21件，发掘品20件，形态各异；管珠27件，发掘品22件；玉石器中另有18件器类不明，报告中也没有。

清凉寺墓地二期墓葬共188座，用玉石器墓葬有47座，出土的玉器主要器类有多孔石刀、玉石璧环、石钺，以及与玉石钺配套的单孔或双孔石器。[2] 表1-9所示为陶寺系统早期出土玉器统计表。

表1-9 陶寺系统早期出土玉器统计表[3]

遗 址	礼 仪 用 玉	装 饰 用 玉	工 具 用 玉
陶寺遗址早期	玉钺、特磬	玉环、玉管、玉饰片、玉笄、玉骨绿松石组合头饰、绿松石腕饰、绿松石饰若干	厨刀
下靳墓地	玉钺29、玉璧13	玉璜21、圭形器1、玉环4、玉石杂饰21、管珠27、牙璧1、指环1	玉刀1、玉锛
清凉寺二期	多孔石刀、玉石钺	玉石璧环	

---

[1] 中国社会科学院考古研究所、山西省临汾市文物局.襄汾陶寺：1978—1985年发掘报告[M].北京：文物出版社，2015.

[2] 山西省考古研究所等.清凉寺史前墓地[M].北京：文物出版社，2016.

[3] 需要说明的是，本表陶寺和清凉寺遗址所统计玉器种类没有标明具体数据，下靳墓地统计数据不包括未发表的18件玉器。

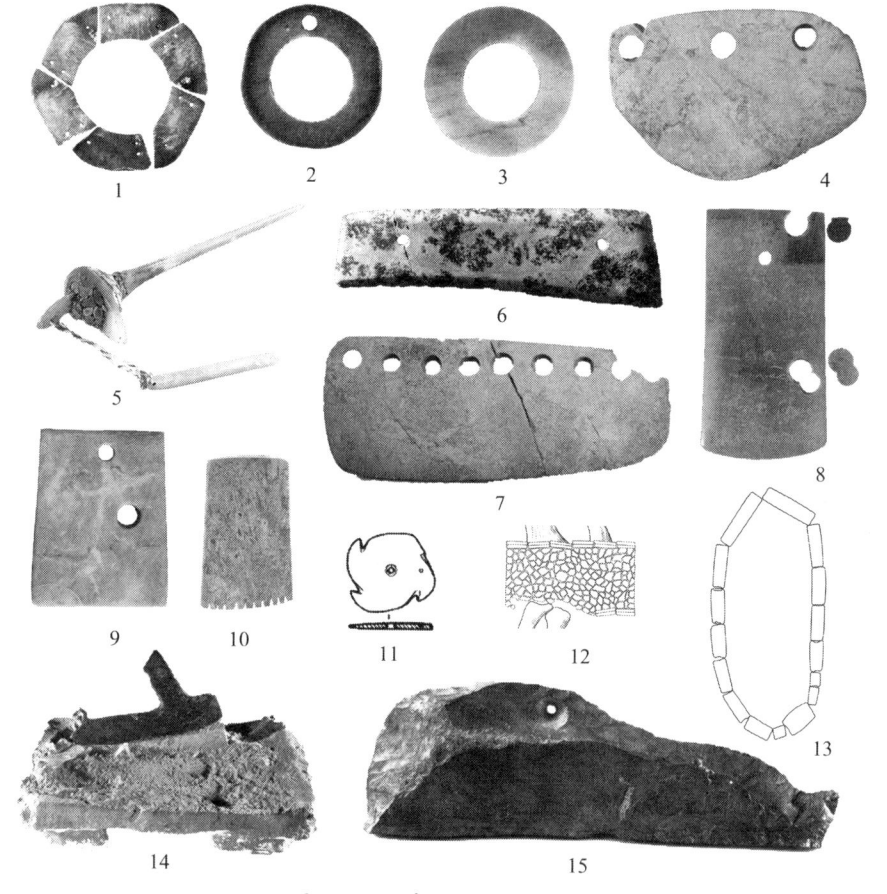

图 1-7 陶寺早期用玉组合

1. 下靳墓地玉璧环 2、3. 陶寺玉璧环 4、7. 清凉寺二期多孔石刀 5. 陶寺绿松石、玉组合头簪
6. 下靳墓地双孔石刀 8、9. 陶寺墓地玉钺 10. 陶寺墓地玉梳形器 11. 下靳遗址牙璧
12. 陶寺墓地绿松石腕饰 13. 陶寺墓地玉串饰 14. 陶寺早期大墓石刀与组 15. 陶寺早期大墓特磬

二、用玉组合与造型特征

（一）用玉组合

根据统计，虽然庙底沟二期文化出土玉器的遗址较多，但是所见玉器多为环、璜、管珠坠饰等小型装饰品，而且一部分为石质。这些细小玉器绝大部分出土于地层和灰坑中，在墓葬中很少见到，这些玉器不仅细小而且多数残破。由此，可以看出庙底沟二期文化用玉十分简单，用

玉观念十分寡淡。同时，除了玉石质装饰品，本地还出土了数量众多的陶质和骨质装饰品，显示出较为朴素的生活面貌。

与此不同的是，陶寺文化早期阶段在用玉方面却表现出了另外一番景象。与庙底沟二期文化玉器出土背景不同的是，陶寺文化早期的玉器基本皆出土于墓葬中，居址遗存中只偶尔见到有残玉器出土。20世纪80年代，陶寺遗址已发掘了6座陶寺早期大型墓和一部分中、小型墓葬。大型墓规模之大、随葬品之丰富，一反本地此前朴实无华的风气，显现出奢华之风。此外，临汾下靳墓地和清凉寺二期墓葬也呈现出了与之类似的用玉之风。

根据发掘品及其在墓中的位置，可以将陶寺早期所见玉器分为礼仪用玉、装饰用玉和工具用玉。礼仪用玉只有玉钺一类（见图1-8），数量较多。装饰用玉不仅数量较多而且器类丰富，有玉璧、牙璧、玉璜、玉环、指环、玉饰组合头饰、绿松石镶嵌腕饰、杂饰及管珠等，包含了陶寺早期绝大部分器类。工具用玉数量较少，只有玉刀和玉锛。这一时期还新出现了一种重要的礼乐器——特磬，以及一种宴饮石器——厨刀，这两种器物虽然材质均为石质，但是在标志身份与等级方面也发挥一定的作用。总体来说，除去那些杂饰、管珠等小型装饰品，陶寺早期数量最多、最突出的玉器便是玉钺和环璧类玉器，同时发展出具有礼制性质的乐器，并开始加入用玉体系，进一步完善了礼乐文明。

（二）造型特征

由于陶寺早期的玉器以玉钺和璧环为主，其他如玉璜、管、珠、玉刀、玉锛等玉器也造型简单，因而其整体造型多为几何规整形，已不见两牙造型，以三牙为主，且牙部呈三等分距离分布。总体来讲，陶寺早期玉器造型相对简单。

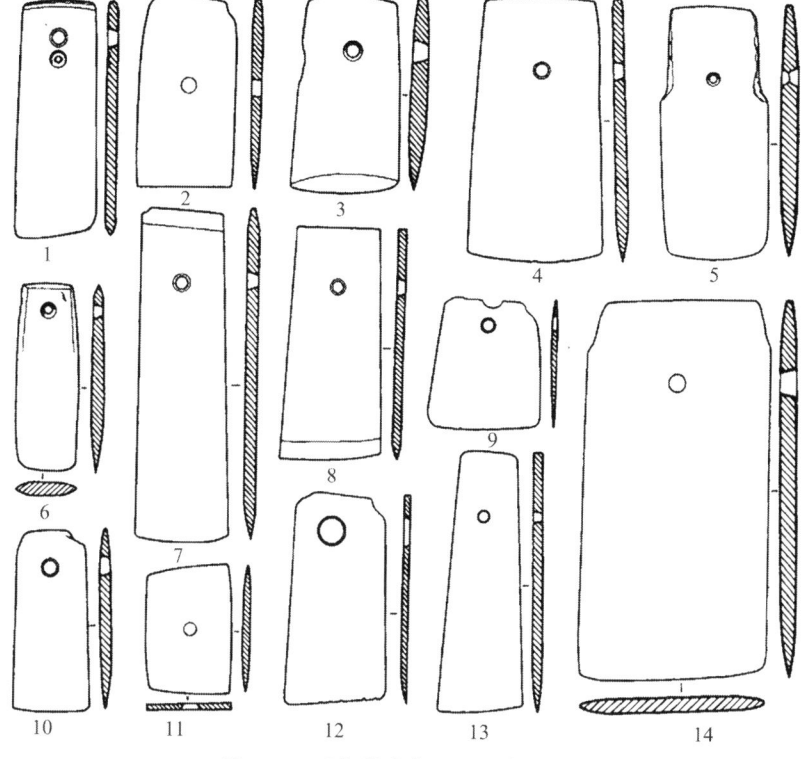

图 1-8 下靳墓地出土的众多玉石钺

三、用玉制度

庙底沟二期文化由于所见玉器既少且皆出土于灰坑、地层中，没有明显的用玉制度，因此，本书着重分析陶寺文化早期的用玉制度。

（一）等级特征

陶寺早期不同等级遗址里，墓葬用玉所表现出来的等级特征有差异。虽然陶寺遗址在这一时期尚未达到其规模最大、最为繁盛的时候，但是其仍然是当时面积最大、内涵最为复杂的遗址，因此其墓葬用玉等级特征也最为显著。

发掘者根据陶寺墓地墓葬的规模、葬具和随葬品组合，将墓葬分为

一、二、三、四、五、六共6个等级，其中第一等级又分为一甲和一乙，第二等级又分甲、乙、丙、丁4个等级，第三等级分为三甲和三乙。发掘者的分类较为细致，本书将其合并，第一等级墓葬为特大型墓，第二等级墓葬为大型墓，第三、四等级为中型墓，第五、六等级为小型墓。如果将清凉寺二期墓葬和下靳墓地墓葬据此标准划分等级，则它们都只有中型墓和小型墓，缺乏特大型墓葬和大型墓。表1-10所示为陶寺遗址早期用玉墓葬统计表。

表1-10 陶寺遗址早期用玉墓葬统计表

墓号	年代	等级	性别	玉器	其他器物	玉器位置	备注
M3073	早	特大	男	玉钺1、玉环1	陶器11、彩绘陶器6、石器1、彩绘木器10、鳄鱼骨板44	玉钺紧贴墓壁，玉环被扰进H3012下部填土中	被破坏严重
M3015	早	特大	男	玉石钺5、小玉环1、双孔刀1、玉管1、玉饰片1、绿松石片2	陶器15、鼍鼓2、土鼓1、石器199、漆木器26、骨器11、鳄鱼骨板35、猪骨等	大件玉器比较集中在墓内一角落，有的玉钺贴墓壁	被破坏严重
M3002	早	特大	男	玉钺3	陶器14件、鼍鼓2、土鼓1、石器28、木器7、骨器2、猪骨等	已失去原位	被破坏严重
M2001	早	特大	女	玉骨绿松石组合头饰1、玉笄1、绿松石腕饰1	陶器5、彩绘陶器26、厨刀3、彩绘木器29、骨匕5、蚌指环2、猪骨等	墓主头部和腕部	保存完整
M2103	早	大	男	带柄玉钺1	陶器9、彩绘陶器6、石器2、彩绘木器8、骨匕1、猪骨等	墓主腰下至左肘下	被打破
M2168	早	大	男	木柄玉钺1	陶器18、厨刀1、朱绘木器9	贴身放置	保存相对完整
M2172	早	大	男	玉钺1	陶器19、彩绘陶器1、石器2、木器10、骨匕1、猪骨等	玉钺横置于墓主右臂，石铲斜插墓壁	被打破

续表

墓号	年代	等级	性别	玉器	其他器物	玉器位置	备注
M2180	早	大	男	玉钺1	陶器15、石器20、木器12、猪骨等	墓主胸椎下压着玉钺	被破坏
M2035	早	大	男	玉钺1	陶器10、彩绘陶器5、石器2、木器2、猪骨等	横置于墓主胸部	被破坏
M2092	早	大	女	绿松石骨笄1	陶器16件、石刀1、木器5、骨器2	墓主头部	被打破
M3032	早	大	二次葬	玉管7、玉圭（钺）1	土鼓1		被破坏
M2023	早	大	女	玉骨绿松石组合头饰1、绿松石腕饰1	朱绘陶瓶1	墓主头部和腕部	墓底保存完整
M2003	早	大	女	玉骨组合头饰1	朱绘陶瓶1、小蚌片镶嵌腕饰2	墓主头部	墓底保存完整
M2013	早	大	不明	绿松石腕饰1	朱绘陶瓶1	墓主腕部	被打破
M3009	早	大	不明	绿松石片	彩绘陶瓶1、牙片		被破坏
M3085	早	大	不明	玉石镶嵌腕饰	无	墓主腕部	被打破
M3092	早	中	不明	绿松石片	木器1		被打破
M2010	早	中	女	骨玉绿松石组合头饰1、绿松石腕饰1	无	墓主头部和腕部	被打破
M2081	早	小	女	组合头饰1	无	墓主头部	被破坏

由表1-10分析可知，陶寺早期墓地用玉的等级特征主要表现在以下两个方面。

一是不同等级墓葬用玉的比例高低不同。陶寺早期墓葬共有6座特大型墓葬，除了M2001外，均遭严重破坏，随葬品组合不全。综合特大型墓葬随葬品组合，大多随葬有玉器，用玉墓葬比例可接近100%。能够确定为陶寺早期的大型墓共有23座，其中用玉墓葬（包括单纯的绿松石墓）12座，用玉比例为52.2%。而由于大量的中、小型墓葬无法分期，能够确定为早期的中、小型墓葬较少，其用玉比例无法确知。但根据当时社会分层的规则，中、小型墓葬数量远比特大和大型墓要多，而早期仅发现3座中、小型用玉墓葬，其用玉比例较小。

二是不同等级墓葬用玉的组合不同。特大型墓葬除了玉钺之外，还有玉环、双孔刀等玉质重器，而且石质特磬仅出土于该等级墓葬之中。大型墓的用玉则相对单一，玉质重器只有玉钺。大型墓以下等级墓葬不见玉钺的使用。而绿松石则在各个等级的墓葬中均有使用，其等级特征不如玉质玉器。

清凉寺二期墓葬和下靳墓地均为中、小型墓葬，两处墓葬均遭到较为严重的盗扰和破坏，随葬品组合虽然不全，但是从现有情况看，它们的随葬品以玉石器为主，陶器和其他材质的随葬品很少。清凉寺二期墓葬的绝大部分均遭打破或破坏，墓坑残破不全而且部分为合葬墓，具体划分成中型或小型墓葬比较困难，因此作为一个整体考察。该墓地二期墓葬共188座，用玉石器墓葬有47座，用玉比例为25%。下靳墓地共有15座中型墓，其中10座随葬有玉器，用玉比例达66.7%；小型墓共有38座，其中亦有10座随葬有玉器，其用玉比例为26.3%。由此可见，这两处墓地中、小型墓葬用玉比例较高，在用玉比例和用玉种类方面也能体现出一定等级的差异性，但是总体来说不如陶寺早期墓地表现得明显。

综观陶寺文化早期墓葬用玉的等级特征，其在不同等级的墓葬中所发挥的作用也不相同。在高等级墓葬中，可以看到除了玉器外，还有较多的陶器、彩绘陶器、彩绘漆木器、肢解的猪骨，尤其是在特大等级墓葬中还有鼍鼓、土鼓、石磬等具有强烈等级标志的特殊物品，因此玉器只是标志身份和等级的其中一个因子。而在中小型墓葬中，随葬品以玉石器为主，陶器和其他材质的随葬品极少，因此玉石器在区分等级方面发挥着更强烈的作用。

（二）性别特征

虽然陶寺早期的其他 5 座特大型墓葬被破坏严重，但根据墓内均出土有鼍鼓、土鼓、石磬、石质生产工具、石质武器、玉钺等具有男性色彩的随葬品，发掘者认为这 5 座墓葬应该为当时首领集团的男性墓葬，笔者也比较赞同这一推断，如此，则陶寺早期墓葬表现出来的男、女用玉差异比较明显。在早期墓葬中，属于礼仪用玉的玉钺、石磬仅出土于男性墓葬中，为数不多的玉环、双孔刀也来自男性墓葬。而女性墓葬中所见用玉均为作为装饰品的头饰和腕饰，而且绿松石的使用比例较高。

下靳墓地虽然中型墓葬中男性用玉比例低于女性墓葬，但是男性用玉墓葬数量大大多于女性用玉墓葬；而在小型墓葬中不论是数量还是比例，男性用玉墓葬都高于女性用玉墓葬。其次，在用玉数量上，中型墓葬中男性用玉数量远远超越女性。再次，璧、钺两类玉器无论是玉质还是石质，均出现于男性墓中。最后，男性墓葬中的用玉种类比女性更加丰富。

与此同时，在清凉寺二期墓地用玉的性别差异方面则与上述两处墓地稍有不同。虽然男性墓用玉比例高于女性墓，但是二者在器类方面并无差别，尤其是在陶寺和下靳仅出土于男性墓中的玉石钺在清凉寺二期墓地中则无此方面的差异。而此时套在墓主手臂上的玉石璧环在两性墓葬中也普遍盛行。因此，清凉寺二期墓葬中男、女两性的用玉种类和方式差别不大，仅在使用比例上有所不同。表 1-11 所示为清凉寺二期墓葬男女两性用玉情况统计表。

表 1-11　清凉寺二期墓葬男女两性用玉情况统计表

性　别	墓葬总数	用玉墓葬数量	用玉比例
女性墓	87	15	17.2%
男性墓	80	22	27.5%

综上所述，在陶寺早期社会，虽然清凉寺二期墓葬在用玉的性别差异方面不同于其他两处墓地，但是总体来说男性在用玉方面仍占据着主导地位。

（三）使用特征

综观3处墓地的用玉情况和特征，在使用方面具有以下几点特征。

第一，玉质重器主要为玉石钺和玉石璧环，双孔及多孔刀的数量较少。

第二，凡是明确为墓葬中出土且位置没有经过扰动的璧环，多佩戴于墓主的手腕或手臂之上，如图1-9和图1-10所示。这与良渚文化中玉璧的使用方式大相径庭，显然它们已经转化成了装饰品。与此同时，这些环璧类玉器中有相当一部分为组合环璧，不管是在此之前还是与之同时的其他考古学文化中尚无此现象（因破碎而又穿孔连缀起来的除外），开启了一种新的装饰风尚。

图1-9　清凉寺M54　　　　图1-10　清凉寺M4

第三，不同材质的组合头饰的使用。陶寺早期墓地中的用玉是骨玉绿松石组合头饰，下靳墓地中的玉璜多与杂饰、管珠等组合使用作为头饰。将几种不同材质创造性地组合起来，是陶寺社群的发明。

四、工艺美学

（一）材质与工艺

庙底沟二期文化的玉石器以各类似玉美石为主。经检测，陶寺早期玉器的材质主要有透闪石、蛇纹石、蛇纹石化大理岩、大理岩、绿松石及少量的滑石。在大型墓中，玉器的材质以透闪石为主，中、小型墓以剩余材质为主。虽然中、小型墓中也多有与大型墓同类的璧环、坠饰和钺，不过材质为石质。这一时期中原地区用玉的材质特征是，透闪石质的玉器仅在陶寺和下靳墓地中见到，而清凉寺墓地的用玉表现出较强的石性，即基本上所有的玉器均非透闪石质，有少量的蛇纹岩，更多的是蛇纹石化大理岩、大理岩和其他石材。另一方面，绿松石使用的较多且具创造性，是中原地区用玉的另一个特征。

陶寺早期玉器的制作工艺步骤超不出大汶口文化晚期的制玉工艺。唯一不同的是，陶寺文化新出现了将一个完整的玉璧环切割成多个璜片，再连缀成圆形的璧环的现象。同时，此时在开料方面，线切割技术已很少出现，以片具切割为主。

（二）图案与审美

此时中原地区的玉器基本没有图案和纹样，以素面为主。同时，从用玉特征来看，陶寺早期的玉器已经脱离巫玉色彩，更多体现的是权威、等级、财富等世俗领域的社会观念。这些情况凸显出陶寺早期玉器以庄重质朴的审美形态为主。

第三节　长江下游地区

这一时期在长江下游环太湖地区的考古学文化主要是良渚文化晚期。

一、考古发现

关于良渚文化的分区，虽然已有较多的研究[1]，但是目前并没有一个被广泛接受的研究成果。综合各家研究，并结合近年来的考古资料，本书将环太湖地区良渚文化分布的核心地区划分为4个各具特色的区域类型，即太湖以南以余杭良渚遗址群为中心的南区，太湖东南包括嘉兴、桐乡、海宁、海盐、平湖等在内的东南区，太湖东北一隅以草鞋山—赵陵山—张陵山—福泉山一线为核心的东北区，以及太湖以北以武进寺墩、江阴高城墩为核心的北区。

（一）南区

南区的核心遗址是良渚遗址群，虽然良渚遗址群数量众多，但大多在良渚晚期已经衰落或废弃，根据发表资料，目前能够确定为良渚晚期的遗存有：反山M21[2]、汇观山M4[3]、庙前良渚文化晚期墓葬[4]、卞家山四期墓葬、文家山晚期墓葬，以及玉架山[5]、严家桥、茅庵里、横圩里、卞家山、石前圩文化堆积等[6]。在这些遗存中，只有庙前、反山、汇观山3处遗存有详细的考古报告。

靠近太湖的地区除了见诸报道的辉山遗址外，2018年在德清发现良渚文化玉器加工作坊遗址群。中初鸣良渚文化玉石器加工作坊遗址群位于德清县雷甸镇杨墩村，出土陶器、石器、玉器（包括玉料、半成品、

---

[1] 关于良渚文化的分区，有栾丰实、吴卫红、芮国耀、李新伟、秦岭、蒋卫东、郭明建等学者论及，他们的著作在此不再一一列举。
[2] 浙江省文物考古研究所.反山[M].北京：文物出版社，2005.
[3] 浙江省文物考古研究所，余杭市文物管理委员会.浙江余杭汇观山良渚文化祭坛与墓地发掘简报[J].文物，1997（7）：4-19；浙江省文物考古研究所，余杭市文管会.浙江余杭汇观山良渚文化祭坛与墓地发掘报告[C]//浙江省文物考古研究所.浙江省文物考古研究所学刊.北京：长征出版社，1997：74-93.
[4] 浙江省文物考古研究所.庙前[M].北京：文物出版社，2005.
[5] 娄航，刘斌，丁品，等.浙江余杭玉架山遗址[N].中国文物报，2011-12-24（4）；赵晔.浙江余杭临平遗址群的聚落考察[J].东南文化，2012（3）：31-39.
[6] 浙江省文物考古研究所.良渚遗址群[M].北京：文物出版社，2005.

残件）等标本共2000余件，其中玉料和玉器半成品1500余件。遗址主要遗存为良渚文化晚期。[1]

（二）东南区

东南区良渚文化晚期遗存主要有亭林遗址良渚文化晚期墓葬23座[2]，新地里墓地四、五、六段墓葬[3]，千金角遗址9座良渚晚期墓葬[4]，徐步桥遗址良渚晚期4墓有玉器随葬，平丘墩遗址良渚晚期墓葬2座，郜家岭遗址良渚文化晚期10座玉器墓[5]，海宁金石墩遗址9座良渚晚期玉器墓葬[6]，莲花遗址4座良渚晚期玉器墓葬[7]，叭喇浜遗址墓葬18座，均为晚期遗存，其中有17座墓出有玉石器[8]。

（三）东北区

东北区良渚文化晚期遗存主要有草鞋山遗址M198、M199[9]，绰墩、三条桥、黄土山、嘉菱荡等遗址也出土有与草鞋山同时期的玉琮、璧、钺等[10]，赵陵山遗址晚期墓葬M18、M67、M86[11]，福泉山遗址M9、M40、

---

[1] 浙江省文物考古研究所，德清县博物馆.浙江德清县中初鸣良渚文化制玉作坊遗址群的发掘[J].考古，2021（6）：56-78.
[2] 上海博物馆考古研究部.上海金山区亭林遗址1988、1990年良渚文化墓葬的发掘[J].考古，2002（10）：49-63；孙维昌.上海市金山县查山和亭林遗址试掘[J].南方文物，1997（3）：3-23.
[3] 浙江省文物考古研究所，桐乡市文物管理委员会.新地里[M].北京：文物出版社，2006.
[4] 浙江省文物考古研究所.浙江北部地区良渚文化墓葬的发掘（1978—1986）[C]//浙江省文物考古研究所.浙江省文物考古研究所学刊：建所十周年纪念（1980—1990）.北京：科学出版社，1993：85-103.徐步桥、辉山、平丘墩等遗址的资料亦为该报告所报道，故后文对这些遗址进行介绍时不再另加注释。
[5] 浙江省文物考古研究所，海宁市博物馆.海宁郜家岭良渚文化墓地发掘报告[J].东南文化，2002（3）：30-43.
[6] 海宁市博物馆.浙江海宁金石墩遗址发掘报告[J].东南文化，2003（5）：11-20.
[7] 海宁市博物馆.浙江海宁莲花遗址发掘报告[J].东南文化，2007（2）：6-15.
[8] 浙江省文物考古研究所.沪杭甬高速公路考古报告[M].北京：文物出版社，2002：1-31.
[9] 南京博物院.苏州草鞋山良渚文化墓葬[C]//徐平湖.东方文明之光：良渚文化发现60周年纪念文集（1936—1996）.海口：海南国际新闻出版中心，1996；南京博物院.江苏吴县草鞋山遗址[C]//文物编辑委员会.文物资料丛刊（3）.北京：文物出版社，1980：1-24.
[10] 南京博物院，等.江苏昆山绰墩遗址的调查与发掘[J].文物，1984（2）：6-11；常熟市文物管理委员会.江苏常熟良渚文化遗址[J].文物，1984（2）：12-16.
[11] 南京博物院.赵陵山：1990—1995年度发掘报告[M].北京：文物出版社，2012.

M67、M101[1]，马桥遗址 M9[2]。

（四）北区

北区良渚文化晚期遗存主要有寺墩遗址，发现良渚晚期灰坑 2 个、墓葬 1 座[3]，良渚晚期 2 座墓葬 M3、M4[4]，良渚晚期偏晚阶段 1 座墓葬 M5[5]；邱承墩遗址良渚中期偏晚至晚期偏早墓葬有 M2～6、M10、M11 等[6]。

二、用玉组合与造型特征

（一）用玉组合

有关良渚文化玉器的分类至今尚无一个具有普遍意义的分法。邓淑苹早年曾将中国台北故宫博物院所藏新石器时代玉器按功能分为礼器、工具武器与装饰品三大类，其中礼器只包括琮和璧两种器物，工具武器也只有钺和刀，而装饰品则囊括了其余所有器物[7]。她近年则撰文指出，"在同一墓群，可依规格大小、随葬品多寡将墓葬分级。某类玉器只出现在高等级墓葬中，那么这类玉器肯定具有'玉瑞器'性质，也可能用作'玉祭器'"[8]。而刘斌则根据玉器功能将良渚文化玉器分为功能性法器、功能与身份标志的装束品、礼仪性用品与一般装饰品等。其中功能性法器有玉梳背、玉琮、玉钺、带盖柱形器、玉璧、三叉形器等，功能与身份标志的装束品有半圆形冠（额）饰、锥形器、玉璜、圆形或玦形牌饰、

---

[1] 上海文物管理委员会.福泉山：新石器时代遗址发掘报告[M].北京：文物出版社，2000.
[2] 上海文物管理委员.上海市闵行区马桥遗址1993—1995年发掘报告[J].考古学报，1997（2）：197-236.
[3] 南京博物院.江苏武进寺墩遗址的试掘[J].考古，1981（3）：193-200.
[4] 南京博物院.1982年江苏常州武进寺墩遗址的发掘[J].考古，1984（2）：109-129.
[5] 江苏省寺墩考古队.江苏武进寺墩遗址第四、第五次发掘[C]//徐平湖.东方文明之光：良渚文化发现60周年纪念文集（1936—1996）.海口：海南国际新闻出版中心，1996：42-56.
[6] 南京博物院，等.邱承墩[M].北京：科学出版社，2010.
[7] 邓淑苹.试论中国新石器时代的玉器文化[C]//中国台北故宫博物院.新石器时代玉器图录.台北：故宫博物院，1992.
[8] 邓淑苹.玉礼器与玉礼制初探[J].南方文物，2017（1）：210-236.

玉鸟、刻有崇拜图案的镯、管等，一般装饰品包括管、珠、玉粒、插座、端饰等复合玉器，礼仪性玉器主要有玉带钩、玉织具和玉纺轮[1]。这一分法与所见学者方法差异较大，尤其是礼仪性玉器的分法超出以往认识。然而玉梳背、三叉形器璜、带钩等装束器等几乎只见于高等级墓葬，但这些器物是否可以归入法器或礼仪性玉器之列呢？其实这些玉器的本质还是装饰品，只是由于几乎只有高等级贵族墓葬才能使用，而且也只有这些人有能力和财力使用这些器物，给这些器物赋予了等级、身份标志物的内涵，反过来，当时的人们认同了这些内涵之后，又把它们作为有标志意义的器物使用。因此，我们暂把这类器物归入装饰品之列，作为具有功能与身份标志的装饰品，与其他一般装饰品相区别，共同构成装饰品的两大类型。

良渚晚期所见玉器大致可分为礼仪性用玉和装饰品两大类。礼仪性用玉包括琮、璧、钺3类，这3类器物一般出土于高等级墓葬，不过其中一部分石钺未必能发挥标志等级和权力的作用，这些石钺制作粗糙，出土时有一定程度的剥蚀，有些甚至有明显的使用痕迹，属于滥竽充数。而玉端饰多是与玉钺组成一件完整的复合器物，可作为玉钺的附加物。装饰品可分为标志装饰品和一般装饰品，标志装饰品包括玉梳背、三叉形器、璜、带钩等，这类器物数量较少，皆出于高等级墓葬中；一般装饰品玉器种类较多、数量丰富，主要有锥形器、串饰（包括头项、项饰和腕饰）、管、珠、坠、镯、环、玉片、牌饰等。由于良渚晚期墓葬多人骨不存，很多玉器相对准确的位置无从得知，根据反山墓地玉器的研究，暂时能够判断为丧葬用玉的仅有柱形器。

（二）造型特征

良渚晚期由于玉琮四角向垂直角度发展，因此其形状整体变为内圆

---

[1] 刘斌.关于良渚玉器分类与定名的几点认识[C]// 余杭市政协文史资料委员会.文明的曙光：良渚文化.杭州：浙江人民出版社，1996：232.

外方的结构,是两种几何体的融合。玉璧一直是扁平的圆形,与良渚早中期基本无装饰纹样相比,晚期的一些玉璧表面开始出现纹饰或符号,使其造型发生些许变化。玉钺的形状基本为近梯形和"风"字形,尤其是石钺四角仍然显得较为圆润。装饰品玉器除了个别牌饰为兽面形状外,基本皆为几何造型,且表面的装饰绝大多数为几何形、线条行的纹样。作为丧葬玉器的柱形器也为典型的圆柱形。由此可见,良渚晚期仿生形的玉器,如玉鸟、玉蝉、玉龙形饰、具有一定圆雕的玉龙首纹、玉龟等,已基本不见,玉器多以几何造型为主。一方面,这是早中期几何形玉器的延续;另一方面,这也是一些玉器整体朝着规整化、边缘趋向直线形发展的结果。

三、用玉制度

到目前为止,可以将良渚社会分为 4 个等级[1]:第一等级,以反山、瑶山两处墓地保存较好且最具典型性。该等级的墓地以大型土台和祭祀址为选地,墓坑大而深,一般长约 3 米、宽约 2 米、深约 1 米,有一重或两重的棺椁葬具,随葬品除基本陶器组合外,以玉礼器为主。第二等级,以江苏昆山赵陵山等为代表,该等级的墓葬主要埋在人工堆筑的专门墓地或小型的祭祀土台上,墓地中既有以玉礼器随葬的大型墓,又有不出玉礼器的普通墓葬和小孩墓。大型墓的形制与第一等级墓葬相似,但随葬玉器的数量远远少于第一等级墓葬,玉礼器组合往往不完备,且常常随葬有石质生产工具。第三等级,以散见于一般居住遗址或有集中墓地的普通小墓为代表。这些小墓多葬于居址附近,墓坑一般浅而小,长约 2 米、宽约 1 米,个别见有木质葬具,随葬品主要是陶器和石器,玉器只有管、珠等小件。第四等级,主要以上海福泉山、昆山赵陵山、花厅等墓地中无随葬品的殉葬墓为代表。

[1] 刘斌. 神巫的世界:良渚文化综论 [M]. 杭州:浙江摄影出版社,2007:30-31.

如此，根据这一划分标准，则以上所述有玉器的墓葬可以划分为以下3个级别。

第一等级：反山M21，汇观山M4，草鞋山M198，福泉山M9、M40，赵陵山M18，寺墩M3、M5，邱承墩M3、M5、M11。

第二等级：邱承墩M4，福泉山M67、M101，亭林M16，新地里M5、M28、M29、M30、M40、M66、M67、M73、M83、M86、M116、M117、M121、M124、M125、M126、M140。

第三等级：庙前晚期墓葬，马桥晚期墓葬，亭林M4、M22、M23，新地里四、五、六段玉器墓中除去第二等级剩余的各墓，千金角墓葬，徐步桥晚期墓葬，平丘墩M9、M10，邰家岭晚期墓葬，金石墩晚期墓葬，莲花晚期墓葬，赵陵山M67，邱承墩M7、M10。

目前，本书所统计的良渚晚期用玉遗迹皆为墓葬遗存，地点较多、数量丰富，每个地区都有数量不等的用玉墓葬。

（一）第一等级

这一时期除了良渚遗址群的两座第一等级墓葬外，其他第一等级墓葬皆分布于太湖北部或东北部。而北区的寺墩墓地是目前所见良渚晚期等级最高、内涵最为丰富的墓地[1]。由此可见，良渚晚期良渚遗址群已有的最高等级墓地——瑶山、反山、汇观山等至此均已衰落，不管是这一时期良渚遗址群作为良渚文化圈中心的地位被取代，还是其他区域中心的兴起，毫无疑问的是，伴随着这些墓地的衰落，南区可能已经丧失了良渚文化圈作为聚落中心的控制力和至高无上的突出地位。

第一等级墓葬随葬品的主体是玉器（见图1-11），一般比例高达85%以上，邱承墩3座墓的玉器如果按单体数量计算，玉器比例高达85%以上，只有草鞋山M198比例稍低一些。在标志身份和等级方面，玉器发

---

[1] 刘斌. 良渚文化聚落研究的线索与问题[C]// 浙江省文物考古研究所. 良渚文化研究：纪念良渚文化发现六十周年国际学术讨论会文集. 北京：科学出版社，1999：73-78.

挥着绝对的主体地位，其他器类构不成对其主体地位的威胁。表1-12所示为良渚晚期第一等级墓葬玉器统计表。

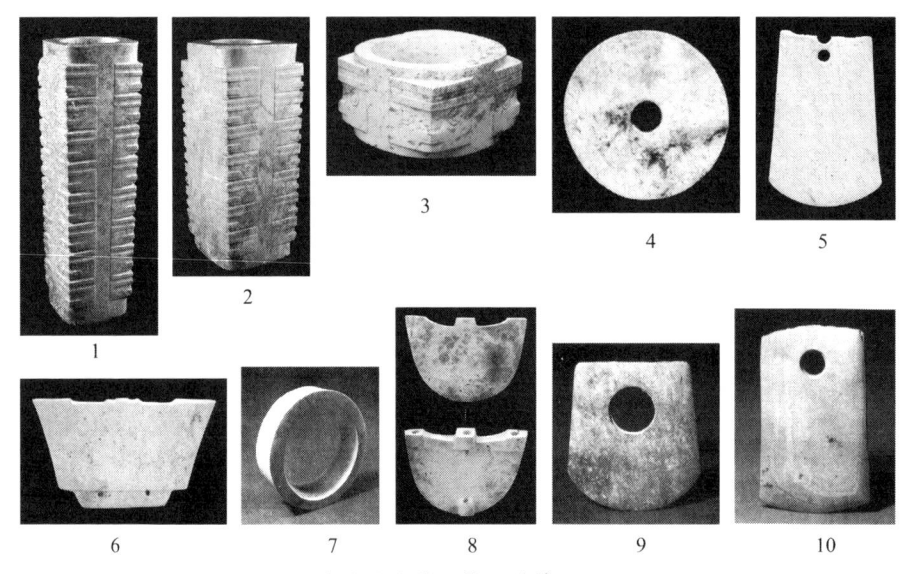

图1-11 良渚晚期第一等级墓葬主要玉器组合
1. 寺墩M1出土 2. 草鞋山M199出土 3. 汇观山M2出土 4～10. 汇观山M4出土

表1-12 良渚晚期第一等级墓葬玉器统计表

墓葬	总数	玉器数量	玉器比例	陶器数量	陶器比例	石器数量	石器比例	备注
反山M21	121	115	95%	3	2.5%	3	2.5%	
汇观山M4	72	65	90.3%	7	9.7%			
草鞋山M198	62	44	71%	18	29%			
赵陵山M18	85	74	88.1%	8	9.5%	2	2.4%	漆器1
福泉山M9	119	116	97.5%	2	1.7%			象牙雕刻1
福泉山M40	120	104	86.7%	13	10.8%	2	1.7%	漆器1
寺墩M3	123	113	91.9%	4	3.2%	6	4.9%	
寺墩M5	88	79	89.8%	7	8%	2	2.2%	
邱承墩M3	62件/组	36件/组	58%	26	42%			
邱承墩M5	54件/组	35件/组	64.8%	19	35.2%			
邱承墩M11	53件/组	33件/组	62.3%	17	32.1%	3	5.6%	

（注：将石钺归入玉器统计）

（二）第二等级

这一时期第二等级墓葬分布于北区、东北区和东南区。和第一等级相同的是，太湖北部和东北部地区依旧是用玉墓葬的主要分布区域；不同的是，作为良渚文化核心区的南区此时已几乎不见第二等级用玉墓葬。

由表 1-13 可知，第二等级墓葬随葬用玉的比例较第一等级大幅降低，除了邱承墩 M4 和福泉山的两座墓、新地里 M73、M86、M116、M121、M124 等 8 座墓，其余各墓的玉器所占随葬品比例都在 50% 以下。此外，玉器器类的构成也有所变化，其中礼仪性玉器数量大幅减少，没有一座墓完全具备琮、璧、钺 3 种礼仪性玉器。而且在 50 件礼仪性玉器中，只有 11 件为玉质，如琮 2、璧 7、钺 2，其余 39 件均为石钺。而装饰品用玉中，具有功能与身份标志的装饰品在第二等级墓葬中已很少见到，尤其是新地里墓地在晚期偏晚阶段更没有出土。由此可见，不管是礼仪性玉器还是标志装饰品，在第二等级墓葬中随着时间的推移愈来愈少。因此，第二等级墓葬中的用玉主体是一般装饰品，主要为锥形器和管、珠、坠、玉片等小件（见图 1-12）。

表 1-13 良渚晚期第二等级墓葬玉器统计表

墓葬	总数	玉器 礼玉	比例	玉器 装饰	比例	陶器 数量	比例	石器 数量	比例	备注
邱承墩 M4	10			2/8	100%					
赵陵山 M86	83			1/73	89.1%	8	9.6%			漆器 1
福泉山 M67	56	1	1.8%	40	71.4%	11	19.6%			骨器 4
福泉山 M101	93	5	5.4%	1/70	73.6%	17	18.2%			
亭林 M16	80	6	7.5%	21	26.25%	37	46.25%	16	20%	
新地里 M66	46	4	8.7%	19	41.3%	13	28.26%	7	15.2%	野猪獠牙饰、鲨鱼唇齿、象牙镯各 1
新地里 M116	37	1	2.7%	20	54%	11	29.7%	4	10.8%	鲨鱼唇齿 1
新地里 M121	50	4	8%	26	52%	13	26%	7	14%	

续表

墓葬	总数	玉器 礼玉	比例	玉器 装饰	比例	陶器 数量	比例	石器 数量	比例	备注
新地里 M5	15	1	6.7%	1/3	26.7%	10	66.6%			
新地里 M28	52	10	19.2%	1/11	23%	10	19.2%	12	23%	鲨鱼唇齿5、象牙镯1、有机质2
新地里 M29	20	1	5%	4	20%	10	50%	5	25%	
新地里 M30	18	1	5.6%	3	16.6%	10	55.6%	4	22.2%	
新地里 M67	21	1	4.8%	6	28.6%	11	52.4%	1	4.8%	小石子一组5、野猪獠牙饰1
新地里 M124	35	1	2.9%	1/18	54.3	11	31.4%	4	11.4%	
新地里 M125	32			1/14	46.9%	17	53.1%			
新地里 M40	20	3	15%	5	25%	10	50%	2	10%	
新地里 M73	62	6	9.7%	27	43.5%	14	22.6%	12	19.6%	鲨鱼唇齿1、象牙镯1
新地里 M83	18	1	5.6%	4	22.2%	8	44.4%	5	27.8%	
新地里 M86	23	1	4.4%	13	56.5%	9	39.1%			
新地里 M117	10	1	10%			7	70%	2	20%	
新地里 M126	19			6	31.6%	13	68.4%			
新地里 M140	12	2	16.7%	3	25%	6	50%	1	8.3%	

（玉器装饰品一栏的"数字/数字"，斜杠之前的数字表示标志装饰品的数量，斜杠之后的数字表示一般装饰品的数量）

（三）第三等级

第三等级墓葬主要分布于东北区和东南区，另外南区和北区也有少量晚期墓葬。从表1-14可知，东南区是第三等级晚期墓葬分布的主体区域，除了表中所统计的数据外，另有一些墓地由于资料限制还无法得知具体情况。在南区，除了庙前遗址，另有多处遗址都延续至良渚晚期，可惜全面发表的资料较少。

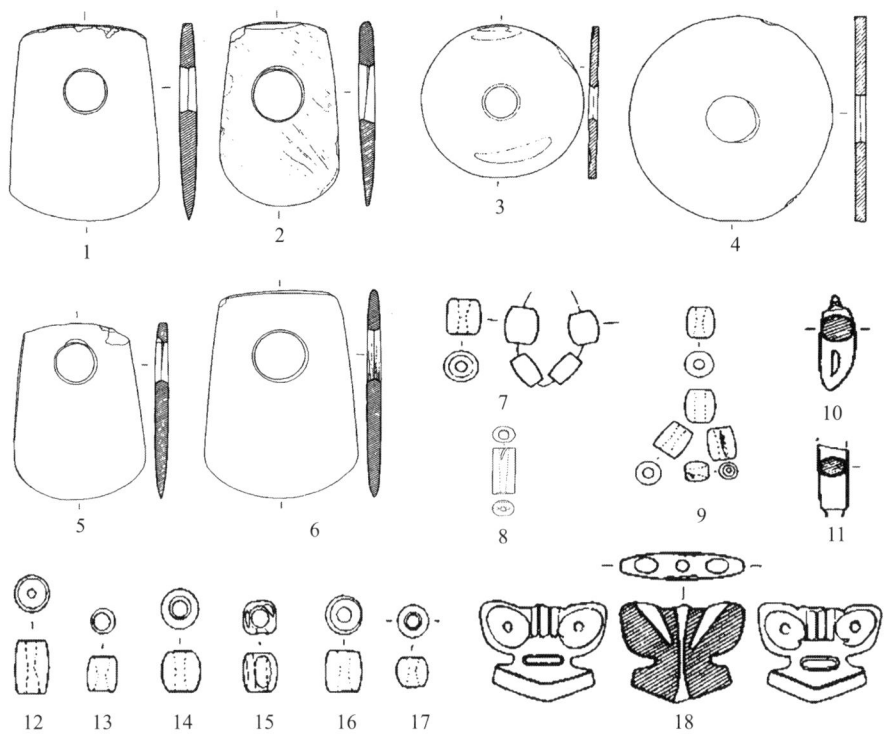

图 1-12　良渚晚期第二等级墓葬用玉组合

（均出自于新地里 M28，其中 1、2、5、6 均为石钺）

表 1-14　良渚晚期第三等级墓葬用玉情况统计表

遗　　址	墓葬总数	用玉墓葬 数量	用玉墓葬 比例	无玉墓葬 数量	无玉墓葬 比例
庙前	9	6	66.7%	3	33.3%
赵陵山	4	3	75%	1	25%
福泉山	1			1	100%
马桥	22	1	4.5%	21	95.5%
绰墩	3	3	100%		
亭林	24	8+	33.3%	16	66.7%
新地里	82	54	65.9%	28	34.1%
千金角	9	8	88.9%	1	11.1%
徐步桥	8	4	50%	4	50%

续表

遗 址	墓葬总数	用玉墓葬 数 量	用玉墓葬 比 例	无玉墓葬 数 量	无玉墓葬 比 例
辉山	2			2	100%
平丘墩	2	2	100%		
郜家岭	12	10	83.3%	2	16.7%
金石墩	9	9	100%		
莲花	9	4	44.4%	5	55.6%
叭喇浜	18	17	94.4%	1	5.6%
邱承墩	7	6	85.7%	1	14.3%

  良渚晚期从第三等级墓葬开始，部分墓葬中已无玉器，即使是用玉墓葬，其用玉比例也与第一、二等级墓葬相去甚远，绝大部分遗址用玉墓葬中的陶器比例已经超过50%，甚至是60%，如表1-15所示。虽然第三等级墓葬中依然有所谓的"礼玉"，但这种玉器原有的功能可能在此已经发生了变化。一种器物若能够发挥其原有功能，除了其本身所具有的信息和内涵外，还需要适当的背景，这样才能体现出真实的意义。在第三等级墓葬的87件"礼玉"中，除庙前、叭喇浜的各1件玉璧、金石墩的1件玉钺外，其余84件皆为石钺，且有些石钺具有明显的使用痕迹，并不像高等级墓葬中的石钺制作十分精细。因此，第三等级墓葬中的石钺大部分可能并非礼器，而具有实用功能，即转化为生产工具。在装饰品用玉中，具有功能和身份标志的装饰品只有叭喇浜遗址出土1件玉梳背，在其他遗址与墓地中已完全不见。故而第三等级墓葬中的玉器几乎都是一般装饰品，而且以玉珠数量最多，其他为管、坠和玉锥形器。一般装饰品器类虽然和第二等级墓葬中相差不大，但是数量明显减少，少见串饰等复合玉器（见图1-13）。

表 1-15 良渚晚期第三等级墓葬玉器统计表

遗址	总数	玉器 礼玉	比例	装饰	比例	陶器 数量	比例	石器 数量	比例
庙前	100	2	2%	47	47%	51	51%		
赵陵山	28	7	25%	13	46.4%	5	17.9%	3	10.7%
绰墩	21	6	28.6	4	19%	11	52.4%		
马桥	3	3	100%						
亭林	40	4	10%	32	80%	4	10%		
新地里	523	25	4.8%	71	13.6%	337	64.4%	90	17.2%
千金角	57	1	1.8%	15	26.3%	37	64.9%	4	7%
徐步桥	37			11	29.7%	25	67.6%	1	2.7%
平丘墩	23			2	8.7%	19	82.6%	2	8.7%
郜家岭	158	17	10.8%	30	19%	110	69.6%	1	0.6%
金石墩	122	16	13.1%	50	41%	56	45.9%		
莲花	23			8	34.8%	13	56.4%	2	8.7%
叭喇浜	268	15	5.6%	1/194	72.7%	57	21.2%		
邱承墩	13	2	15.4%	2	15.4%	8	61.5%	1	7.7%

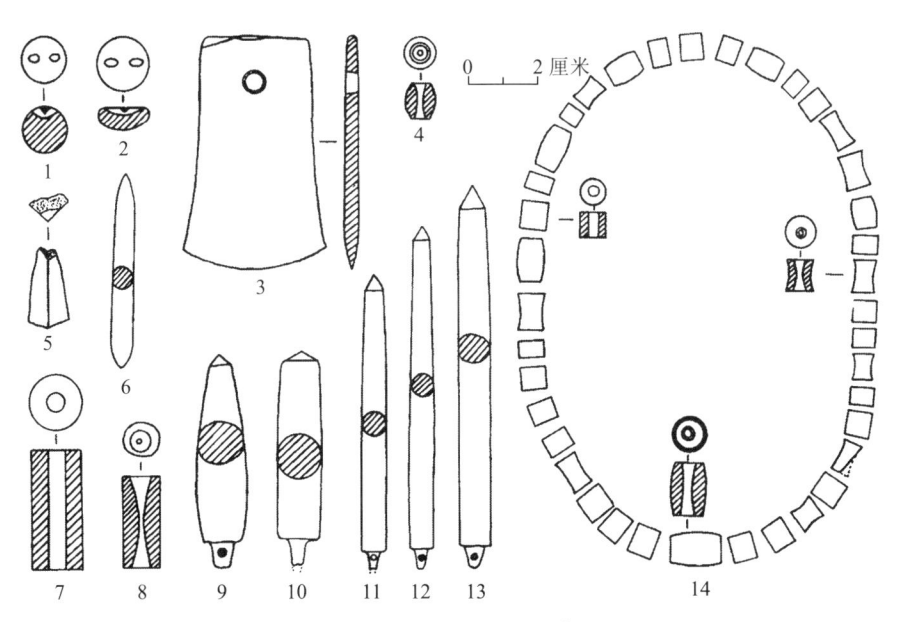

图 1-13 良渚晚期第三等级墓葬用玉组合

（均出自于金石墩遗址）

通过以上对各等级墓葬中用玉情况的分析，可知即便到了良渚文化的衰落期——良渚晚期，墓葬中随葬的玉器数量也是非常可观的，而且各个种类都有。不仅如此，绝大部分墓葬中或多或少都会有玉器随葬，不同等级墓葬随葬玉器的数量和种类也有所差别。总体来说，在所统计的玉器中，装饰品数量占据绝对的主体地位，尤以管、珠、坠、玉片等小件和锥形器为多。因此简单概括，可以说玉器是划分良渚墓葬等级的一个最佳指标，是衡量良渚人身份与等级的最好物证，同时，用玉器来装饰人体也表明他们是一个具有较高审美趣味的民族。

四、所见玉器及其使用制度

良渚玉器中的玉琮、玉璧、玉钺是 3 种核心礼器，数量较多，作用重大。同时，成套的装饰用玉也颇具特色。

（一）玉琮

1. 形制特征

玉琮是良渚文化最典型、最重要的器类之一。以往的类型学研究成果认为，良渚文化的玉琮可分为 5 式[1]，根据这一研究成果，本书所统计的良渚晚期玉琮多为Ⅳ式和Ⅴ式，其中以Ⅴ式琮为主。Ⅳ式玉琮的特征之一是，横截面近正方形，纹饰节数为一或二节；Ⅴ式玉琮的横截面与Ⅳ式玉琮相近，但玉琮高度大于射径，即所谓的高节琮。如此，本书统计的良渚晚期玉琮多为高节琮，琮上的兽面纹此时已简化至极——两个小圆圈眼睛加一个长条状的嘴巴。而广富林前期的 5 件玉石琮制作粗糙，虽然仍具良渚玉琮外形，但纹饰随意，已经看不到兽面纹的踪影，只剩简单的横线。

---

[1] 蒋卫东. 神圣与精致：良渚文化玉器研究 [M]. 杭州：西泠印社出版社，2010：199-207.

2. 区域特征

寺墩墓地是出土玉琮最多的地点，其所出玉琮数量占整个龙山时代环太湖地区玉琮总数的50%以上，加上邱承墩墓地所出，北区无疑是良渚晚期环太湖地区最耀眼的区域。位列第二的即东北区，需要指出的是，福泉山M40的两件玉琮实为一个高节玉琮改制而成，这种为追求数量而改制玉琮的现象凸显出良渚末期社会玉器资源的匮乏。反观南区，此时玉琮已出土不多，而且质量不如前两个区域。

3. 等级特征

由表1-16可知，绝大多数的玉琮只出土于第一等级墓葬，第二等级墓葬中只有亭林M16出土1件高节琮。除此之外，每个等级内部还可划分级别，如寺墩M3一墓便出土玉琮33件，而寺墩墓地是迄今所见良渚晚期等级最高的墓地。相反，福泉山M67虽然也属于第一等级墓葬，但只出土1件半成品。由此可见，良渚晚期玉琮是标志等级的最重要的玉器。

表1-16 龙山时代环太湖地区出土玉琮统计表

遗迹类型	等级	区域	墓葬	时代	玉琮数量与位置
墓葬	第一等级	南区	反山M21	良渚晚期	1件玉琮（被扰，采集）
			汇观山M4	良渚晚期	2件玉琮位于棺内
		东北区	草鞋山M198	良渚晚期	3件玉琮，2件在腰部，1件靠近脚端
			草鞋山M199	良渚晚期	3件玉琮（位置不明）
			福泉山M9	良渚晚期	1件玉琮在肢骨右侧
			福泉山M40	良渚晚期	3件玉琮，1件位于头前，1件在左臂骨旁，1件在脚端
			福泉山M67	良渚晚期	1件玉琮半成品在胸部
		北区	邱承墩M3	良渚晚期	3件玉琮在身体左侧
			邱承墩M5	良渚晚期	2件玉琮位于身体左侧
			寺墩M3	良渚晚期	33件玉琮环绕墓主四周
			寺墩M4	良渚晚期	玉琮11+（被扰，位置不明）
			寺墩M5	良渚晚期	大玉琮1（被扰，位置不明）
			寺墩M无编号	良渚晚期	玉琮2（位置不明）

续表

遗迹类型	等级	区域	墓葬	时代	玉琮数量与位置
墓葬	第二等级	东南区	亭林 M16	良渚晚期	1 件玉琮在墓主胸部
居址		东北区	广富林灰坑和地层	广富林文化前期	4 件玉琮（2 件残破）、1 件石琮

4. 位置特征

良渚文化的玉琮在墓葬中的出土位置分葬具内、葬具外两种。葬具之内，玉琮的摆放位置可分为 5 种情况[1]：套戴在死者手腕上、位于死者腰腹部、竖置于死者头部或头侧、环绕死者身体四周、单独放置于死者胸部以下直至脚端。目前，良渚晚期所见玉琮摆放位置也大概如此，由此可以表明，良渚玉琮使用方式的多样性。

5. 性别特征

由于墓葬中的骨骼一般保存较差，甚至多已不见踪影，因此，大部分墓葬的性别都无法确认。

（二）玉璧

1. 时代和形制特征

目前，环太湖地区只在良渚晚期出土有较多的玉璧，钱山漾文化和广富林文化时期尚未见有玉璧出土。这些良渚晚期玉璧有一个共同特点，即形体较大、形制规整、孔径较小。

2. 区域特征

同玉琮的分布一样，北区和东北区也是玉璧分布的主要区域，其他地区无法同这两个地区相较。

3. 等级特征

与玉琮基本只出土于第一等级墓葬不同，3 个不同等级的墓葬均有

---

[1] 蒋卫东. 神圣与精致：良渚文化玉器研究 [M]. 杭州：西泠印社出版社，2010：199-207.

玉璧出土。虽然第一等级墓葬仍是良渚晚期玉璧出土的主要来源，然而3个不同等级的墓葬出土的玉璧质量却相差不大。这似乎暗示着玉璧使用的等级严格性不如玉琮。

4. 位置特征

虽然良渚晚期墓葬的葬具基本不存，但是根据玉璧摆放的位置看，都应是在葬具之内。其摆放位置具体可分为以下5种情况：位于或靠近墓主脚端、放置于腰腹部、位于墓主头前、放置于死者身下或身上、排列于墓主左右两侧，使用方式也比较多样化。由于良渚晚期玉璧器形较大、孔径较小，因此，不见佩戴于臂腕的使用方式，这和陶寺、石峁等地玉璧环的使用方式明显不同。表1-17所示为龙山时代环太湖地区出土玉璧统计表。

表1-17 龙山时代环太湖地区出土玉璧统计表

等级		墓葬	玉琮数量与位置
第一等级	南区	汇观山M4	玉璧1，位于墓主脚端
	东北区	草鞋山M198	玉璧2，1件在腰部，1件靠近脚端
		草鞋山M199	玉璧4（位置不明）
		福泉山M9	玉璧4，1件在背下，其余在右下肢骨上或下
		福泉山M40	玉璧3，1件在墓主头前，2件靠近脚端
		赵陵山M67	玉璧1，位置不明
	北区	邱承墩M3	玉璧7，排列于身体左侧
		邱承墩M5	玉璧9，排列与身体右侧
		邱承墩M11	玉璧6，1件在头部上方，1件在面部左侧，另4件置于胸部两侧
		寺墩M3	玉璧24，多数置于身下，少量在身上
		寺墩M4	玉璧11+（被扰，位置不明）
		寺墩M5	玉璧1、玉璧残片1（位置不明）
		寺墩M无编号	玉璧5（位置不明）

续表

等级	墓葬		玉琮数量与位置
第二等级	东南区	亭林 M16	玉璧 3，在右侧骨架下
		新地里 M28	玉璧 2，在棺内右侧臂骨
		新地里 M73	玉璧 1，位于腹部
		新地里 M121	玉璧 1，位于腹部
第三等级	南区	庙前 M7	玉璧 1
	东南区	叭喇浜 M11	玉璧 1

（三）玉钺

1. 时代与形制特征

在本书所统计的259件玉石钺中，只有16件为玉质，其余均为石质。其中玉钺的时代皆为良渚晚期，而石钺则从良渚晚期一直延续至广富林文化时期。关于良渚文化石钺的形制特征，蒋卫东有很好的总结[1]：

石钺区分为六种不同形态，即六"型"。其中A型为长方梯形，形体厚重，钻孔较大，刃部圆弧，无明显的刃角，多数无使用痕迹，有些未开刃。B型为形制规整的扁方梯形，高度和刃宽相差不大，体较扁薄，上端多平直，刃部略圆弧，有明显的刃角，多数无使用痕迹。C型为规整扁薄的长方梯形，上端近平直或略弧，刃部略圆弧，刃角明显。D型为形体较小而厚重的规整长方梯形，上端多平直，刃部圆弧，刃角明显外挑。E型整体呈扁平长方梯形，刃部和两侧分别磨出明显的脊线。F型为顶端两角裁割出一对窄肩的有肩石钺。考察其他良渚文化遗址出土的石钺，大致也都涵盖在新地里六"型"石钺的范围之内。因此，这六"型"石钺可作为考察良渚文化玉钺形制的参考。

表1-18所示为龙山时代环太湖地区主要墓葬出土玉钺统计表。

---

[1] 蒋卫东. 神圣与精致：良渚文化玉器研究[M]. 杭州：西泠印社出版社，2010：214-223.

表 1-18 龙山时代环太湖地区主要墓葬出土玉钺统计表

等级		墓葬	数量
第一等级	南区	汇观山 M4	1
	东北区	草鞋山 M198	2
		福泉山 M9	2
		福泉山 M101	1
	北区	寺墩 M3	1
		寺墩 M5	1
		邱承墩 M3	2
		邱承墩 M5	3
		邱承墩 M11	2
第二等级	东南区	新地里 M121	1
第三等级	东南区	金石墩 M8	1

2. 区域特征

同玉琮、玉璧的分布特征一致。

3. 等级特征

玉钺和石钺质料不同，其所体现的层级意义也有所不同。根据表 1-18 可知，玉钺基本上只出土于第一等级墓葬中，而且每墓多数只出土 1 件，少数出土 2～3 件。而第三等级的海宁金石墩所出土玉钺的 M8 是该遗址已发掘墓葬中出土玉器数量最多的墓葬，虽然该墓地整体属于第三等级，但是 M8 无疑是该小群体中的显贵者。另外，玉钺在数量和普及率上远远低于琮、璧等玉礼器，有玉钺随葬的墓葬，往往其他随葬品的等级和数量也居于前列[1]。由此可见，玉钺在标志身份和等级方面发挥着更为重要的作用。而石钺在 3 个等级墓葬中均出土较多，即使是普通的第三等级平民小型墓也将近 50% 都随葬有石钺。唯一不同的是，第一等级有些墓葬中石钺数量众多，似乎与其他等级墓葬相比，以数量取胜。

通过以上对琮、璧、钺等礼玉的分析，可以看出玉琮、玉璧与玉钺

---

[1] 刘斌.神巫的世界：良渚文化综论[M].杭州：浙江摄影出版社，2007：125.

一起，共同构成了良渚文化用玉制度的核心，不仅成为显贵者阶层特定身份地位的玉质指示物，而且还毫无疑问地成为墓葬等级划分中区分显贵者阶层与平民阶层的具有绝对意义的标尺。[1]

（四）装饰用玉

在良渚晚期，装饰用玉是所有玉器中数量最多的一大类玉器，不仅如此，种类也十分丰富。下面就从标志装饰品和一般装饰品两个角度分别介绍其使用制度。

1. 标志装饰品

标志装饰品包括三叉形器、玉梳背、玉璜和玉带钩4种玉器。这类玉器在本质上属于装饰品，但其在使用过程中又被赋予了一些礼制的含义，因此一般大多只出土于较高等级的墓葬中。

三叉形器和玉梳背使用的高潮是在良渚中期，至良渚晚期这两类玉器已不多见。尤其是三叉形器，只发现于汇观山M4、新地里M28和叭喇浜M13，这3座墓分属第一、第二、第三等级。新地里M28在该墓地中的所有第二等级墓葬中，不论墓室规模还是随葬品数量都位居翘楚，叭喇浜M13也是该遗址中出土玉器最多的一墓。这3件三叉形器分布于良渚遗址群和桐乡两地，即集中于浙江北部，其他地区不见。如此，在良渚文化晚期三叉形器不但具有标志身份和等级的作用，还具有一定的区域性特征。

玉梳背出土的数量稍多于三叉形器，为8件，分别出土于汇观山M4、草鞋山M199、赵陵山M18、福泉山M101、新地里M5、新地里M124、邱承墩M4、新地里M6，这些墓葬分属第一、第二、第三等级。虽然玉梳背与三叉形器在墓葬中分布的等级是一样的，但是其所表现的等级特征却不如三叉形器。另外，玉梳背的分布地域不局限于浙江北部地区，而是良渚文化主要分布区都有发现。因此，在标志身份和等

---

[1] 蒋卫东. 神圣与精致：良渚文化玉器研究[M]. 杭州：西泠印社出版社，2010：214.

级及区域性等特征方面，玉梳背较三叉形器稍逊一筹。

玉璜和玉带钩在良渚晚期都发现较少，目前尚无较明显的使用规律和制度。

2. 一般装饰品

作为一般装饰品的玉锥形器、串饰、管、珠、坠、环、镯、玉片、玉牌饰等器类，是各等级墓葬中最常见、数量也较多的玉器。它们大部分无关礼制，而是良渚人审美情趣的体现。良渚文化之后的史前时期，这些装饰品在环太湖地区很少再现。

这些装饰品在几个地区都有分布，而本书考察的这些对象又集中于良渚晚期，因此在地域和时代特征上没有差别。其中环、镯、牌饰等出土数量很少，使用上无须过多分析。虽然管、珠、坠等数量众多，但是作为最普通、最平常的装饰品，而且位置分散，似无规律可循。

然而，玉锥形器是良渚文化中一种从早期贯穿晚期很特殊的玉器，见于各等级墓葬，在某种程度上，它跟管、珠一样是良渚文化玉器中最普及化、最平民化的器类，但对它的使用，蒋卫东认为仍具有很明显的等级烙印[1]。在良渚中期，锥形器呈集束状出土于墓主头部，是良渚文化规格很高的墓葬里的特有现象，然而至良渚晚期，这一现象基本不见，虽然寺墩M5、福泉山M101分别出土了8件和12件锥形器，但这些锥形器在墓中的位置分散，有些甚至和其他管、珠等串联起来组成玉串饰。在良渚晚期，锥形器在墓中放置的位置也有多种：或和其他玉器串联组成串饰，或位于墓主头端，或充当玉坠，或放置墓主腰腹部，有些还位于墓主脚端，使用方式较为多元化。

另外需要指出的是，良渚晚期部分墓葬中出土了一些绿松石饰，这些墓葬地点有邱承墩、福泉山、反山和新地里。除了有少数绿松石珠外，其余皆为镶嵌在其他器物表面的片饰。除了新地里，其他3个地点都是高等级墓葬所在地，似乎反映了高等级墓葬中用玉的多样性。

[1] 蒋卫东.神圣与精致：良渚文化玉器研究[M].杭州：西泠印社出版社，2010：236.

五、工艺美学

（一）材质与工艺

郭明建统计了经科学鉴定材质的 255 件考古出土的良渚玉器，除 6 件情况不明外，有 206 件为透闪石－阳起石软玉，43 件为其他的假玉矿物。假玉矿物的玉器材质种类有蛇纹石、滑石、玛瑙、硅质白云岩、绿松石、白云母等。同时，根据肉眼观察和简单检测的结果，良渚文化玉器的假玉矿物还有叶腊石和水晶。[1] 故宫博物院藏良渚风格玉器的材质检测结果也表明透闪石－阳起石软玉是良渚时期玉器材质的主体。[2] 然而，从近些年经过更多的科技手段产出的检测数据来看，良渚晚期玉料的使用与来源可能发生了较大变化。根据谷娴子对上海福泉山遗址良渚时期玉器的材质检测结果来看，良渚晚期福泉山遗址玉器材质的主体变为了蛇纹石玉，并出现了绿松石。[3] 也曾有学者指出良渚晚期透闪石－阳起石软玉玉料可能面临着枯竭[4]，因而可能"从良渚中期就开采，主要制作玉璧的，可能属蛇纹石化超基性岩产状的，以阳起石为主要成分的，因含铁高而颜色深绿，又成矿时温度压力因素，使得晶粒粗大的碧绿玉"[5] 成为良渚晚期主要的玉料。同时，2017 年至 2019 年发掘的中初鸣良渚晚期玉石器作坊遗址的边角玉料也以蛇纹石为主，所占比重超过 80%，[6] 进一步支持了这一研究结论。玉器材质的变化也引起了玉器颜色的变化，因而良渚晚期"鸭屎青"色成为良渚玉器最常见的色调。虽然现有的研究已经表明良渚玉器的玉料并不像原来推测的那样来自于溧阳小梅岭，但

---

[1] 郭明建.良渚文化玉器产地的综合分析[J].中国国家博物馆馆刊，2017（7）：6-19.

[2] 罗涵，等.故宫博物院藏良渚风格玉器的材质研究[J].故宫博物院院刊，2022（10）：138.

[3] 谷娴子，等.上海青浦福泉山遗址出土崧泽至良渚时期玉器的材质特征与玉料来源[J].文物保护与考古科学，2022（5）：11-12.

[4] 方向明.良渚文化玉器用料探秘[J].大众考古，2015（3）：53-57.

[5] 邓淑苹致方向明的电子邮件中这样认为，方向明将其作为"温润淡雅——良渚玉器的用料"一文的作者按语。

[6] 浙江省文物考古研究所，德清县博物馆.浙江德清县中初鸣良渚文化制玉作坊遗址群的发掘[J].考古，2021（6）：56-78.

是根据现有的技术手段与田野工作的局限，也尚无法判定准确的产源，仅能推断出一部分为"就近取材"，还有一部分为外来输入，具有多种来源方式与渠道。

根据已有的观察与研究，良渚玉器的制作工艺主要包括切割开料与成形、钻孔、打磨、减地、抛光、浅浮雕、圆雕、阴线刻纹、镂空等。切割痕有两种，一种是线切割痕，另一种是片切割痕。就良渚玉器来看，早中期以线切割为主，晚期片切割的运用有所提升。由于玉石硬度较高，在切割时必须借助高硬度、颗粒细小的解玉砂。根据句容丁沙地的发掘，当时解玉砂以石英砂为主。片切割是用竹木片一类的片状硬物粘上解玉砂来回纵向切割，而线切割则是以绳子带动解玉砂运动来切割。钻孔包括管钻与桯钻，较薄的器体多使用单面钻，较厚的器体基本上为双面对钻，中间会留下明显的台痕。打磨、抛光、阴线刻纹等工艺是史前玉器普遍运用的技术，圆雕在红山和凌家滩文化中也已经存在。在良渚制玉工艺中较为特殊的是浅浮雕和阴刻线的细密程度，这两类技术几乎只运用于具有显著特色的神人兽面纹（也称神徽，以下简称神徽）和龙首纹。有些神人面、神兽、龙首整体浅浮雕，这需要将其周围全部进行减地处理，然后在浅浮雕的人面、神兽和龙首上再以特定形状的细密阴刻线填充。这些工艺的结合极为费时费力，产生的社会消耗较多，因而这两类纹饰也具有明显的等级性，多出现在高等级贵族墓葬中的玉器上。然而，至良渚晚期，一方面玉器材质发生了一定的变化，"鸭屎青"玉料颗粒度较大，不易于雕琢精细的纹样；[1] 另一方面，不论何种原因，良渚神徽类纹样从中期至晚期朝着简化的方向发展，良渚晚期这类纹饰大多变为几何化、线条化，且以平面阴刻为主。[2] 因而，良渚晚期的制玉工艺与中期相比，具有一定的衰弱性。

---

[1] 秦岭，崔剑锋.浙北崧泽——良渚文化遗址出土玉器的初步科学分析 [C]// 浙江省文物考古研究所.崧泽文化学术研讨会论文集.北京：文物出版社，2016：403-426.
[2] 曹芳芳.美术、巫术与权术：良渚"神徽"图像流变及其社会表达.待刊.

（二）图案与审美

良渚玉器存在3类最重要的纹样，分别为神徽、龙首纹与鸟纹。其他纹样是依附于具体的仿生类玉器及其造型而存在，如玉蝉、玉龟、玉鱼等。龙首纹至良渚中期晚段之时已几乎消失殆尽，目前在良渚晚期尚未见到。神徽与鸟纹则都延续至良渚文化消逝，但是在良渚晚期发生了较大变化。

良渚晚期的神徽绝大部分为简化形式，极少有如中期那样雕刻俱全、细节满满的完整图像。目前所见良渚晚期的"神徽"根据简化程度可分为3类，第一类代表是寺墩遗址4号墓出土玉琮上的图像，上为神人纹，下为兽面纹，基本与中期的反山M12∶96上的神徽相似，即神人羽冠和兽面上再填充阴刻纹（见图1-14）。这类神徽虽是简化形式，但已是晚期形态最为完整、雕琢最精细的形态。第二类代表是寺墩遗址M3∶43玉琮上的图像，其结构依然为神人纹+兽面纹的组合，只是已经较为几何化和线条化，神人羽冠已完全被一组直线纹取代，兽面上也不再填充细纹（见图1-15）。第三类代表是邱承墩5号墓玉琮上的图像，图像的构成十分简单，两组直线纹下有单圈圆眼和宽扁嘴巴（见图1-16）。这类图像构成已经完全几何化和线条化，也是良渚晚期最常见的神徽形象。

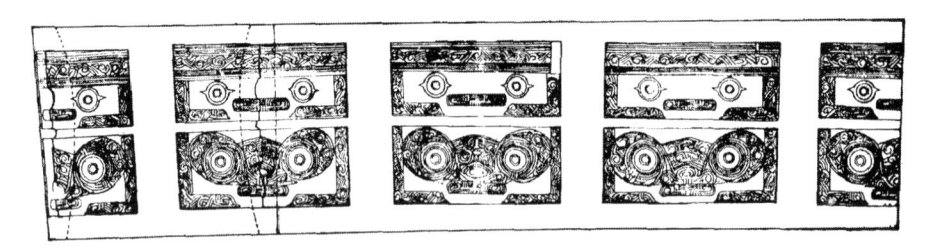

图1-14 寺墩M4出土玉琮上的"神徽"

根据良渚时期神徽图像的演变，可以清晰地看到史前时期人类美术认知的发展，从相对简单的构图和技法开始，逐渐向具象、复杂、精细发展，经历了图像形态复杂的高峰后，又向几何化、线条化的图像形态发展。这种图像的演进道路，从简单到复杂再到简化，是早期人类一些图像演化的规律。同时，良渚神徽遍布于良渚文化范围之内，其在玉器上的构图形式与分布位置也具有高度的统一性，这表明良渚时期统一的社会与精神信仰已经形成了。

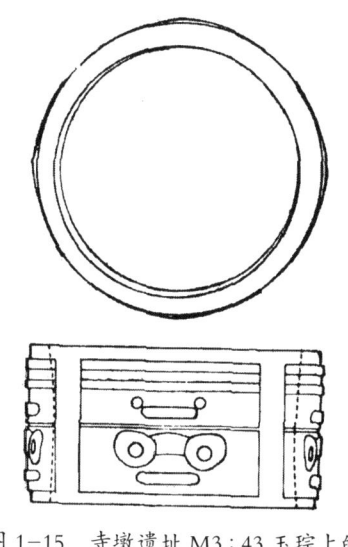

图1-15　寺墩遗址M3∶43玉琮上的"神徽"

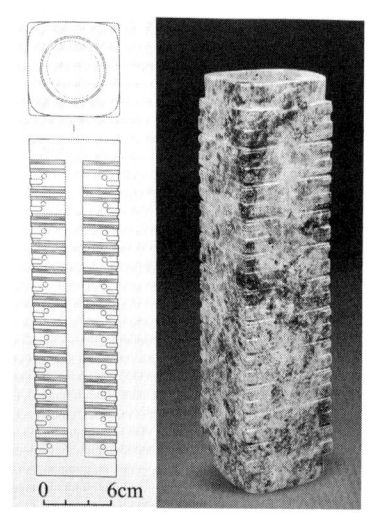

图1-16　邱承墩M5玉琮上的"神徽"

鸟纹在良渚时期存在两种形式，一是雕琢于玉器上的独立纹样，二是与单体的玉鸟合璧，依附于玉鸟造型而存在。至良渚晚期，单体的玉鸟已较难觅其踪，多为玉器上的独立图案或复合图案中的一部分，如鸟立高坛（见图1-17）。尤其是这类作为独立纹样的图案出现于玉琮、玉璧之上，此前这两类玉礼器上基本不见鸟纹。因而，这些玉琮、玉璧上的鸟纹或复合鸟纹图案也被称为符号或刻符，具有特殊的含义。同时，虽然也有独立的鸟纹，然而玉琮、玉璧上的大部分鸟纹是作为复合图案中的一部分出现，与其他不同图案组合。这些变化表明良渚晚期鸟纹的设计也开始了一种复合思维模式，希冀融合其他不同纹样，借助重要的玉礼器产生新的标识。

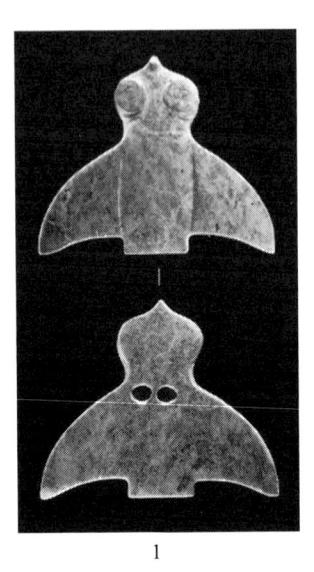

图 1-17　良渚玉器中的玉鸟与鸟纹
（1. 反山 M14 出土　2. 良渚博物馆藏玉璧局部　3. 上海博物馆藏玉璧局部）

第四节　珠江流域地区

良渚晚期随着其玉器与玉文化的大规模向外传播与扩散，以玉器为代表的文明因子也波及岭南地区的珠江流域。在此前史前文化积淀的基础上，受此文明因子的影响，这一时期在紧邻珠江三角洲的粤北一带出现了石峡文化，并开始成规模地使用玉器，并一直延续至龙山时代晚期。由于石峡文化连续性较强，因此，本节将对其整体的玉器与玉文化的发展状况与使用制度进行分析。

一、考古发现

龙山时代广东境内最重要的一批玉石器是在石峡文化中出土的，以曲江石峡遗址最为突出。石峡遗址清理墓葬 108 座，分为早、中、晚 3

期，出土玉石器共163件。[1]其他出土地点还有曲江乌石床板岭[2]、海丰县田墘镇贝丘遗址[3]、封开禄美村[4]和韶关走马岗[5]，这些遗址出土的玉器数量都较少。

比较重要的是，近年新发现与发掘了一处石峡文化遗址，即岩山寨遗址，如图1-18所示。该遗址位于广东省英德市，2019年至2021年考古工作者在遗址的墓葬区共发掘墓葬66座，可见一次葬、二次葬和迁出葬现象，少数墓葬保存了木质葬具残痕与人骨遗存，并出土了一批石峡文化玉器，主要有玉琮、玉钺、玉环、玉玦、玉璧、玉锛、玉锥形器及圭形器等，其中以玉钺为最大宗。[6]表1-19所示为龙山时代珠江流域地区出土玉器统计表。

表1-19　龙山时代珠江流域地区出土玉器统计表

区域	遗址	出土玉器	材质	出土方式
石峡文化	石峡	兽面纹玉琮、玉钺、玉璧、环形琮、龙首环、玉环、玉镯、玉璜、玉玦、玉锥形器、玉坠饰、玉珠、玉管、绿松石片	以透闪石为主，另有蛇纹岩、大理岩	墓葬
	岩山寨	玉琮、玉钺、玉环、玉玦、玉璧、玉锛、玉锥形器、圭形器		墓葬
	床板岭	玉琮1		采集
	禄美村	玉琮2、玉镯2		墓葬、采集
海丰	三舵	玉琮2、玉环2	透闪石	群众挖出

---

[1] 广东省文物考古研究所，广东省博物馆，广东省韶关市曲江区博物馆．石峡遗址：1973—1978年考古发掘报告[M]．北京：文物出版社，2014．

[2] 广东省博物馆，曲江县博物馆．曲江县床板岭石峡文化墓地[C]//中国考古学会．中国考古学年鉴（1989）．北京：文物出版社，1990：227．

[3] 杨少祥，郑政魁．广东海丰县发现玉琮和青铜兵器[J]．考古，1990（8）：751-753．

[4] 杨式挺，邓增魁．广东封开县杏花河两岸古遗址调查与试掘[C]//中国社会科学院考古研究所．考古学集刊（6）．北京：科学出版社，1989：63-82．

[5] 广东省文物管理委员会，华南师范学院历史系．广东曲江鲶鱼转、马蹄坪和韶关走马冈遗址[J]．考古，1964（7）：323-332．

[6] 该遗址由于为新发掘，正式的考古报告尚未发表。本书中该遗址的资料主要来源于中国考古网与光明网。

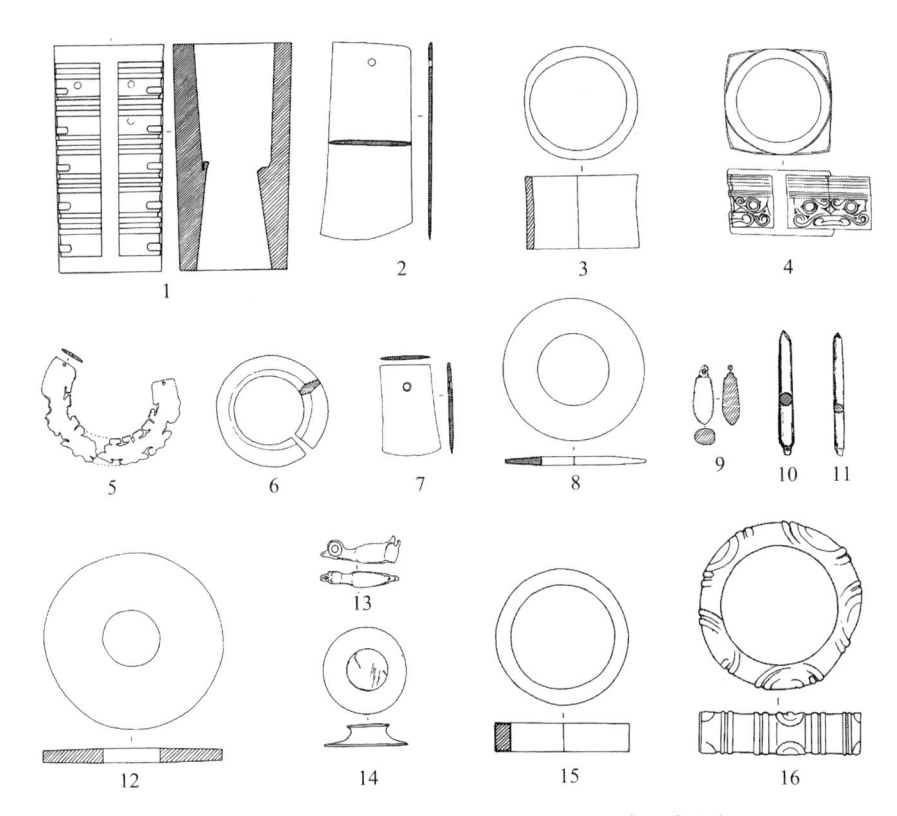

图 1-18 石峡文化用玉组合（均为石峡遗址出土）

1、4. 玉琮（M105:1、M17:3） 2、7. 玉钺（M86:6、M17:2） 3、15. 玉镯（M58:1、M47:20） 5. 玉璜（M47:36） 6. 玉玦（M90:3） 8. 玉环（M69:3） 9. 玉坠（M69:19） 10、11. 玉锥形器（M29:33、M43:5） 12. 玉璧（M43:2） 13. 鸟形坠饰（M69:2） 14. 器盖形坠饰（M48:12） 16. 龙首玉环（M99:5）

二、用玉组合与造型特征

（一）用玉组合

石峡文化墓葬出土的玉器不仅数量是岭南地区之最，而且器形丰富多样，包括简化兽面纹玉琮、玉钺、玉璧、镯形琮、龙首环、玉环、玉镯、玉璜、玉玦、玉锥形器、玉坠饰、玉珠、玉管和绿松石片等。如果按照同时期黄河和长江流域玉器大类进行划分，这些玉器可分为礼仪用玉、装饰用玉两大类。礼仪用玉有玉钺、玉琮和玉璧，剩余器类则属于装饰用玉。

石峡文化在不同阶段玉器的种类具有较大的变化。在早期Ⅰ段，玉器的数量不仅少，而且种类仅有玉石钺和少量的装饰品及工具类玉器。至早期Ⅱ段，两类非常重要的玉器开始登场，即玉琮和龙首玉环，装饰品的种类也有所增加。至中期阶段，玉器器类基本延续了早期Ⅱ段的组合，仅新出现了玉璧和玉纽形饰。至晚期阶段，出土玉器的数量和器类都存在大幅下降，是石峡文化用玉的衰落期。但是需要指出的是，这一阶段新出现了镯式玉琮或环形玉琮。

（二）造型特征

石峡文化玉器造型以几何型为主，除了龙首玉环为几何型与仿生型的结合体和一件玉鸟为仿生型玉器外，其他玉器的造型均为几何型。玉琮为内圆外方的长方体，玉钺为长方形、梯形或"风"字形，玉璧、玉环、玉玦为圆形，镯形琮、玉镯、玉管为圆柱形，还有其他的玉器如喇叭形、圆锥形等。玉璜数量极少，其中一件造型别具特色，边缘有大量的线具透雕镂空的扉牙。龙首纹玉环是圆形的玉环与多个具有浅浮雕造型的玉龙首的结合，这类玉器最早出现于良渚文化中，在良渚早中期之际的瑶山墓地中就有出土。玉鸟为飞行状态，这种造型在龙山时代也别具一格。

三、用玉制度

由于石峡文化墓葬的人骨大多腐朽严重，墓主性别无法判断，同时岩山寨遗址的墓葬与玉器材料尚未公布，因而基于石峡文化玉器特征的分析只能从时代、等级、使用等方面进行。然而，通过梳理可知，石峡文化玉器以下这两方面特征相互交织。

（一）时代与等级特征

石峡文化早期前段的玉器以玉钺为主，玉器种类较少，同时大部分墓葬的墓室面积和随葬品的多寡相差不大。至石峡文化早期晚段，玉器种类逐渐增多，开始出现玉琮，此时贫富和阶层分化初步显现。M69、M105、M17 这 3 座随葬玉琮的墓葬均没有出土玉钺，M105 和 M17 随葬的都是石钺。而且，出土玉琮的这 3 座墓的墓葬规模与随葬品数量并不是最大、最多的，而是处于中上游之列。

石峡文化中期之时，是石峡文化玉器和玉文化的大发展时期，玉器种类和数量最多，并出现特大型墓葬，贫富和阶层分化已十分明显。根据墓葬墓室面积和随葬品总数，可将石峡文化中期墓葬大致划分为 4 个等级。

第一等级是墓室面积达 5 平方米以上，同时随葬品数量超过 120 件的特大型墓葬，随葬玉器数量 10 件以上，仅有 M42 一座。M42 出土了 2 件玉钺，开启了高等级墓葬单墓使用两件或多件玉钺的风气。

第二等级是墓室面积为 3～4 平方米，同时随葬品数量在 60 件及以上的大型墓葬，随葬玉器平均数量也在 10 件以上。这一等级墓葬除了 M29，其余 3 座墓葬均随葬 3 件及以上数量的玉钺，而且玉钺的多少与随葬品多寡直接相关。

第三等级是墓室面积为 1.5～3 平方米之间，随葬品数量多在 50 件以下的中型墓葬，这一等级的墓葬随葬玉器的数量已经下降到平均 3 件左右，也不见特大型和大型墓中单次埋葬同时使用多件玉钺的情况。但是这一阶段出土的 2 件玉琮集中于该等级墓葬中，依然反映出使用玉琮的墓主的身份和社会地位不如同时使用多件玉钺的墓主。

第四等级是墓室面积为 1.5 平方米以下，随葬品数量多在 20 件及以下的小型墓葬。该等级墓葬仍有约一半的墓葬随葬有玉钺，其他所见玉器均为装饰品类，与玉琮、玉璧、龙首纹玉环等其他礼玉无缘。

至晚期阶段，石峡文化用玉墓葬和出土玉器的数量都大幅下降，用玉状况又逐渐衰落下去。晚期阶段仅有 6 座用玉墓葬，若按中期的等级划分标准，这一阶段的用玉墓葬仅存在大、中、小型墓葬，而且随葬品的数量和用玉组合与墓室面积呈密切的正相关。

（二）使用特征

石峡文化的玉器主要出土于墓葬之中，而石峡遗址的石峡文化墓葬类型多样，分为一次葬、一次葬已迁墓、二次葬，这 3 类墓葬的用玉存在明显差别。其中特大、大、中型用玉墓葬基本均为二次葬，由于这些墓葬为二次捡拾尸骨安葬，因而玉器多放置在尸骨堆上及其周围。一次葬用玉墓葬从早期到晚期都处于用玉墓葬体系的底端，出土玉器数量少，且基本均为装饰品。

四、工艺美学

（一）材质与工艺

石峡文化的部分玉器早年经广东省地质陈列馆的吕立仁鉴定，仅有地层中出土的一件残玉环（镯）的材质为透闪石，其他玉器如 M105 玉琮[1]和 M10 玉琮材质均为矽卡岩。同时，广东的其他地质单位对 M47 和 M86 出土的两件石钺也进行了成分检测与定量分析，其材质均是透闪石。[2] 这些玉器之所以被称为石琮和石钺，就是因为器体表面受沁且风化严重，已完全看不出其原有质地与颜色，而与普通的岩石无大差异。因而，之前学界对石峡文化玉器的材质认为是"就地取材"。然而，近年有学者对石峡玉器的材质，尤其是玉琮的材质提出了质疑，并重新进行了

---

[1] 在当时被称为石琮。
[2] 广东省文物考古研究所，广东省博物馆，广东省韶关市曲江区博物馆. 石峡遗址：1973—1978 年考古发掘报告. 北京：文物出版社，2014：660，661，684.

成分检测与分析,结果表明这些玉琮以及龙手环、琮形镯、风化严重石钺的材质均为透闪石玉。[1] 目前,在珠海宝镜湾、澳门黑沙等遗址也发现了可早到新石器时代末期的玉石器作坊,但是这些作坊中的玉石器、半成品和原料的材质多为水晶、石英、玉髓等,透闪石玉较少。而且,广东域内缺少透闪石玉矿,多见的玉石资源为蛇纹石玉、石英玉、水晶、萤石、孔雀石等。同时,石峡文化中较多的玉器具有典型的良渚风格,因而这些玉器及其玉料极有可能来自良渚或岭南以北地区。

石峡文化玉器的工艺主要包括切割开料、琢磨成型、打磨抛光、钻孔、镂空、雕琢纹样等,和同时期其他地区玉器制作的流程与工艺基本相同。其中,在纹样塑造的过程中,主要运用了3种方式,一是阴刻线,主要用于玉琮上的神人兽面纹的制作;二是线具镂空透雕,仅在一件玉璜上有所使用;三是浅浮雕,仅运用在两件龙首纹玉环上,以突出龙首形象(见图1-19,16)。这3种纹样制作的技术在良渚玉器中均已十分成熟。

(二)图案与审美

石峡遗址共出土典型玉琮6件,其中1件为多节玉琮,其他5件均为单节玉琮。其中早期阶段玉琮3件、中期阶段玉琮2件、晚期阶段玉琮1件,另外,在晚期阶段还出土了2件镯形玉琮。玉琮上均有神人兽面纹。

早期阶段的M105出土的多节玉琮是石峡遗址出土体量最大的玉琮,也是广东境内发现的体量第二大的玉琮(见图1-20,2)。整器呈长方柱体,内圆外方,上大下小,四面平直,四角近直,分五节。每节之间刻出明显的凹槽,每一节以方角为中轴刻画出一组简化人面纹。人面纹额部有两条横向凸带纹,下端相当于嘴部的位置刻出一条横向短凸

---

[1] 秦岭对石峡相当部分的玉器重新进行了材质检测,笔者当时还在广东省博物馆工作,接待了秦岭来馆进行检测事宜。

带纹，内刻细弦纹和不太清晰的单线眼圈纹，但因磨损已模糊不清。内圆射孔采用双面管钻，钻孔呈现开口大、中部小的形态，中部的孔内尚遗留有残断的玉芯。上、下射面均显示有早期磕缺，而且上端的圆孔并不在器体的正中部位，而是稍偏向一侧，但是这并不影响其整体的工艺性和艺术性。曲江乌石床板岭玉琮出土的高节玉琮的纹样与此大同小异（见图1-19，1）。总体来说，这两件玉琮从纹饰雕琢、布局及制作方面都相当规整和规范，与良渚文化出土的玉琮明显具有相同的风格。

M17出土玉琮神人纹相对来说更为具象，额部两道凸横纹，一对向内卷的纹饰似眉毛，下面是重圈大眼，圈外两侧有小三角眼线，双圆眼之间以菱形图案为鼻，之下为向两侧卷曲的胡须，下面有宽扁的嘴巴（图1-19，3）。重圈大眼加三角形眼线是良渚神人眼睛的典型刻画手法，但两眼之间的菱形图案、卷曲须部和嘴巴的雕刻手法又与良渚文化的龙首纹几乎如出一辙。因此，有研究者认为这件玉琮应与良渚高等级贵族墓葬玉器相类似的纹饰出自同一工匠传统。[1]

在石峡遗址开始出现原汁原味的良渚风格玉琮不久之后，已经定居在粤北的先民也开始了对良渚玉琮的仿制，而M69出土的玉琮即是代表（见图1-19，6）。这件玉琮与典型玉琮形制相同，但是玉琮每一面中间的竖向凹槽的比例已经失去严谨，一方面变得宽大，另一方面上下宽度不等。转角的神人纹设计上的变化体现在额部横线纹断连、由圆眼变为丹凤眼、鼻子呈喇叭状、嘴部甚不清晰，更为重大的变化是下端左右角用弧线勾勒出脸庞，将人面凸显出来。这样的设计和雕琢，在良渚玉器纹饰系统中找不到任何可鉴之物，很显然为当地人试图以自己的理解重现良渚的神人纹，只是雕琢得四不像罢了。

这一阶段出土的这两件玉琮，从形制、工艺和纹饰风格来看，都具有浓厚的原汁原味的良渚文化风格[2]。另一种特殊的器类——龙首纹玉环，

---

[1] 黄一哲. 石峡文化的琮、璧、钺 [J]. 中国国家博物馆馆刊, 2020（9）: 6-19.
[2] 曹芳芳. 岭南地区良渚风格玉器研究 [J]. 博物院, 2019（2）: 35-43.

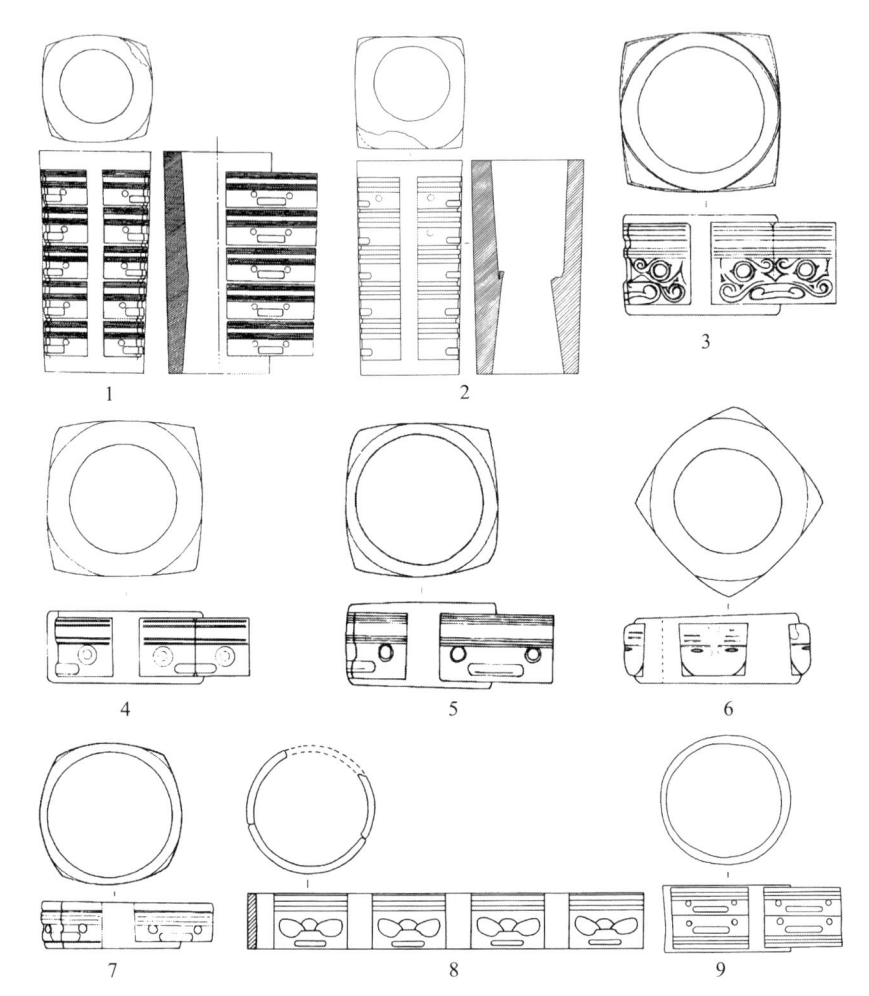

图 1-19　石峡文化玉琮与琮形镯上的图案与纹样
1. 曲江乌石床板岭遗址出土　2、3、6. 石峡遗址早期玉琮　4、5. 石峡遗址中期玉琮
7、8、9. 石峡遗址晚期玉琮与镯形琮

也具有相当强烈的风格指示。因为龙首纹最早出现于良渚文化，而且除了石峡文化仅见于良渚高等级墓葬出土的玉器之上，而且与女性密切相关。石峡文化玉环上的龙首纹形象、布局和纹饰风格也基本与良渚文化相同。

中期阶段的两件玉琮形制和纹饰的设计与雕琢大体相同（见图 1-19，4、5），均为内圆外方，4 个转角为钝角，单节。每个转角处均雕琢简化的神人纹，额部均有 4 条横向弦纹，重圈圆眼，两侧均无眼线，最下方为浅浮雕凸起的圆角长方形宽嘴。这两件玉琮从形制到纹饰的设计、布局与雕琢均与典型的良渚晚期玉琮纹样无大差异。

至石峡文化晚期阶段，内圆外方的玉琮仅有 1 件，出土于 M54。这件玉琮猛然看似与中期玉琮十分接近，但若仔细观察，则会发现构图要素和比例已经发生变化（见图 1-19，7）。早中期玉琮额部的横线纹均有 4 组，且主次和分组较为明显，每组横线纹由两条阴线纹组成。至晚期仅有 4 条单阴线横线纹，而且间距基本相同，不分主次也不构成分组。更为不同的是，由于额部横线纹占据了一半的位置，导致眼睛和嘴巴较为集中，而且圆眼上部还叠压在了横线纹上面，嘴部下部也没有传统的留白。两件镯形玉琮的制作则更简陋粗糙（见图 1-19，8、9）。一件将底部一节表示神人羽冠的横线纹置于脸部下方，完全颠倒了正确的构图顺序。这种情况表明，经过多年的社会发展和时代变迁，石峡人对神人纹原有构图的顺序和每部分纹饰线条的含义已经含混不清了。另一件镯形琮的神人纹仅雕琢了代表羽冠的横线纹，脸部完全省略，其下直接雕琢了简化的兽面纹。总体来看，至石峡文化晚期，玉琮表面刻画的纹饰已经与原汁原味的良渚玉琮纹饰存在明显差异，应为石峡文化晚期的模仿或企图重现良渚文化神人兽面纹的尝试。

纵观石峡遗址出土玉琮形式与纹饰设计的流变，早中期阶段以原汁原味的良渚风格玉琮为主，同时已经开始出现了仿制品。石峡遗址毕竟不是处于原有良渚文化分布范围内，而是南下越千里之远，随着时代的推移，当地先民开始更多地加以仿制。但不管如何变迁，是否对原有纹饰系统有足够的认知，石峡先民都在孜孜不倦地试图重现和留住不断逝去的文化传统。但是由于记忆的模糊和技艺的粗疏，使得仿制玉琮的纹饰貌合而神离。

五、石峡玉器来源

石峡玉器在石峡文化之前均不见于岭南地区，其中绝大部分可以从良渚文化玉器中找出类比的相似玉器（见图1-20）。岭南地区从新石器时代晚期至青铜时代早期除却外来因素的玉器，剩下就是以玉石水晶块、环（小环）为主，包括加工制作这些产品的副产品及余料，普遍使用玉石水晶块、环是广东域内从新石器时代晚期至青铜时代早期延续不断的用玉传统。

图1-20 石峡文化玉器与良渚文化玉器对比图
1~3.玉钺（M42:2、M104:3、M42:7） 4.玉琮（M105:1） 5.龙首玉环（M99:5）
6、7.玉钺（瑶山M3:12、反山M29:144） 8.玉琮（反山M21:4） 9.龙首玉环（瑶山M1:30） 1~5.石峡文化玉器 6~9.良渚文化玉器

除了玉器之外，还可以在石器、陶器方面寻找到二者的共性。根据相关学者研究，有段石锛最早起源于长江下游地区，并一直盛兴至新石器时代末期[1]，因此，良渚文化中很多遗址也出土了"有段石锛"。石峡遗址中出土的有段石锛为岭南新石器时代晚期新出现的石器器类，而且不同形式的有段石锛均可在良渚文化遗址中找到相似的形式（见图1-21）。

---

[1] 傅宪国：论有段石锛和有肩石器 [J].考古学报，1988（1）：1-36.

菱形石箭镞也为二者共有的器类（见图1-22）。

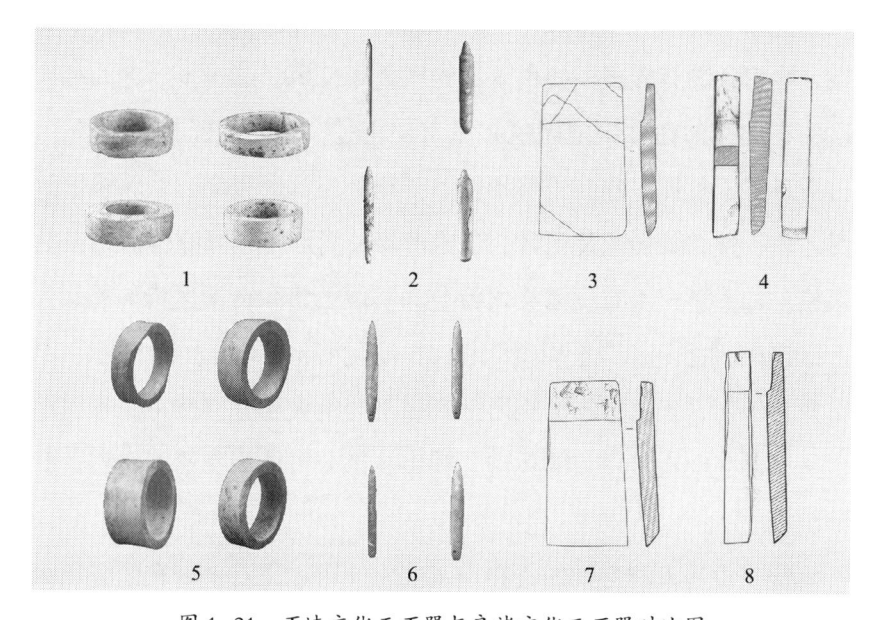

图 1-21　石峡文化玉石器与良渚文化玉石器对比图

1. 玉镯（石峡出土）　2. 玉锥形器（石峡出土）　3、4. 有段石锛（石峡出土）　5. 玉镯（瑶山出土）　6. 玉锥形器（瑶山出土）　7、8. 有段石锛（新地里出土）　1～4. 石峡文化玉石器　5～8. 良渚文化玉石器

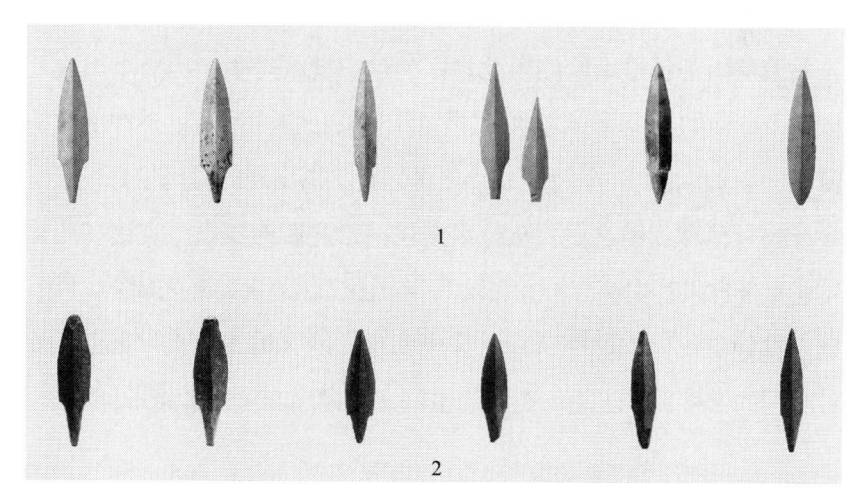

图 1-22　石峡文化与良渚文化箭镞对比图

1. 石峡文化箭镞（石峡遗址出土）　2. 良渚文化箭镞（新地里遗址出土）

从新石器时代晚期开始，岭南以北用玉开始影响岭南地区，以石峡遗址集中出土为主的石峡文化玉器突然出现在岭南大地，而在此之前的时期，岭南并没有大规模使用玉器的现象和传统。这些玉器中的绝大部分种类在此之前在岭南地区也并没有使用过，它们不仅有琮、璧、钺、龙首玉环等玉礼器，也有玉锥形器、玉璜、玉镯、玉环、管珠坠饰等装饰品。琮、璧、钺、龙首玉环、玉锥形器、筒形玉镯具有强烈的良渚玉器风格，加之还出土有良渚文化特色的有段石锛和良渚风格陶器，如陶鬶、镂空高柄豆、贯耳壶等，因此，本书认为石峡文化玉器中的琮、璧、钺、龙首玉环、玉锥形器、筒形玉镯等玉器绝大部分直接来源于良渚文化，是人群之间直接交流的体现，其中少部分可能为良渚玉器到达此地后仿制的。

为什么说是人群之间的直接交流呢？原因如下：一是良渚文化风格遗物是以集群性的姿态出现于石峡遗址中，而不是某几种，更不是某一种，甚至有学者认为石峡遗址的石峡文化遗存与"广东地区诸原始文化中基本上没有相似之处，在岭南诸原始文化中找不到其渊源，石峡文化不是自身发展的文化"；[1] 二是石峡遗址不是位于粤东、粤西、珠江三角洲，偏偏是刚刚越过南岭的粤北地区，这一地区是中国历史上历次北方民族迁徙岭南的必经落脚之地，"是位于南岭山脉中间可以透视南北的一个窗口，沟通南北的一个门户"；[2] 三是这批玉器出现的时间恰好处于良渚社会开始衰落和崩溃之后，从良渚文化消亡之后的钱山漾文化和广富林文化遗存来看，其中包含了大量以北方龙山文化为主的外来因素，[3] 尤其是到广富林文化时期这类遗存已经成为这一地区的主体文化因素，而且随着时间的推移，以王油坊类型为主的北方龙山文化因素越来越浓厚。[4]

---

[1] 邓聪，区家发. 环珠江口史前文化刍议 [M]// 邓聪. 环珠江口史前文物图录. 香港：香港中文大学出版社，1991：xi – xiii.

[2] 苏秉琦. 中国文明起源新探 [M]. 北京：生活·读书·新知三联书店，2000：91.

[3] 丁品. 浙江湖州钱山漾遗址第三次发掘带来的新思考 [J]. 南方文物，2006（4）：73–76.

[4] 陈杰. 广富林文化初论 [J]. 南方文物，2006（4）：53–63.

由此可见，良渚社会崩溃后，良渚先民遭受到了创造王油坊类型遗存族群的重创，致使他们中的一部分人携家带口、携宝带物流徙他乡的可能，而其中一支极有可能就穿越南岭在石峡落脚。随着玉器的出现，等级和贫富分化也随之出现。换言之，良渚玉器的到来促进了岭南地区的社会复杂化。

第五节　黄河上游和长江中游地区

这一阶段黄河上游和长江中游地区出土玉器较少，无法与黄河中、下游和长江下游地区相提并论。

一、黄河上游地区

龙山时代早期的黄河上游地区的考古学文化主要是马家窑文化晚期的半山、马厂类型和宁夏的菜园文化。

（一）考古发现

整个马家窑文化中被发现的玉器较少，这一时期也不例外。除乐都柳湾遗址的半山、马厂墓葬中发现了锛、凿、绿松石珠等玉器[1]和兰州青岗岔遗址[2]、甘肃康乐边家林半山墓葬[3]玉石器中有玉片和绿松石饰外，其余半山、马厂类型墓葬和遗址所见玉石器皆为绿松石。这些出土绿松石的遗址或墓地有兰州红古山[4]、花寨子[5]、土谷台[6]、广河地巴

---

[1]　青海省文物管理处考古队，中国社会科学院考古研究所.青海柳湾[M].北京：文物出版社，1984.
[2]　甘肃省博物馆.甘肃兰州青岗岔遗址试掘简报[J].考古，1972（3）：26-31.
[3]　临夏回族自治州博物馆.甘肃康乐县边家林新石器时代墓地清理简报[J].文物，1992（4）：63-76.
[4]　甘肃省博物馆文物工作队.兰州马家窑和马厂类型墓葬清理简报[J].文物，1975（6）：76-84.
[5]　甘肃省博物馆，等.兰州花寨子"半山类型"墓葬[J].考古学报，1980（2）：221-238.
[6]　甘肃省博物馆，等.兰州土谷台半山—马厂文化墓地[J].考古学报，1983（2）：191-222.

坪[1]、永昌鸳鸯池[2]、景泰张家台[3]和青海苏呼撒墓地[4]。

在甘肃东部、宁夏南部与马家窑文化半山类型大致同时的菜园文化中，也出土了10余件玉斧、锛、凿、镯、佩饰和绿松石嵌饰。[5]其中玉斧、锛、凿使用痕迹明显，且锛、凿形体较小，与石器并无太大的区别，[6]显然为实用工具。因此，菜园文化的玉器以工具和装饰品为主，总体面貌与马家窑文化接近，如图1-23所示。

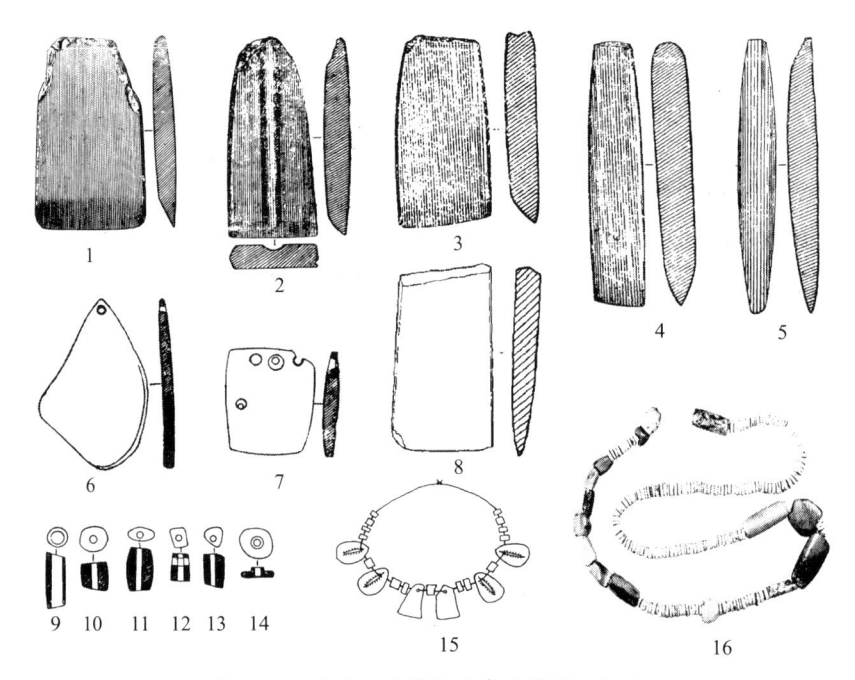

图1-23 龙山时代早期甘青地区用玉组合
1. 柳湾半山时期玉锛 2. 柳湾马厂时期玉斧 3. 柳湾马厂时期玉锛 4、5. 柳湾马厂时期玉凿
6、7. 柳湾马厂时期绿松石饰 8. 菜园文化瓦罐嘴地点玉斧 9～14. 柳湾马厂时期绿松石管
15. 下海石马厂时期绿松石项饰 16. 宗日文化绿松石项饰

---

[1] 甘肃省博物馆文物工作队.广河地巴坪"半山类型"墓地[J].考古学报，1978（2）：193-210.

[2] 甘肃省博物馆文物工作队，武威地区文物普查队.甘肃永昌鸳鸯池新石器时代墓地[J].考古学报，1982（2）：199-227.

[3] 甘肃省博物馆.甘肃景泰张家台新石器时代的墓葬[J].考古，1976（3）：180-186.

[4] 李伊萍，许永杰.青海循化苏呼撒墓地[J].考古学报，1994（4）：425-449.

[5] 宁夏文物考古研究所，中国历史博物馆考古部.宁夏菜园：新石器时代遗址、墓葬发掘报告[M].北京：科学出版社，2003.

[6] 罗丰.黄河中游新石器时期的玉器：以馆藏宁夏地区玉器为中心[J].故宫学术季刊，2002，19（2）.

（二）器类构成与造型特征

半山和马厂类型时期，黄河上游的玉石器以绿松石饰为主，工具类玉器使用相对较多，较具特色，所见礼仪和其他玉质装饰品甚少。菜园文化所在地域也出土有一些工具类玉石器，但仍构不成完整的器类组合。同时，由于玉文化尚未形成，因而玉器的造型特征也不突出。

（三）用玉制度与工艺美学

对于这一时期黄河上游地区的用玉特征，闫亚林已有较好的总结，即"马家窑文化时期的玉器仍以锛、凿等工具类为主，绿松石工艺制品延续不断。总体来看，马家窑文化时期玉器表现出一种与仰韶文化时期玉器传统的延续性，用玉的观念和玉文化并不发达"。[1] 因此，也无从谈起用玉制度与工艺美学。

需要特别说明的是，20世纪20年代安特生在甘肃瓦罐嘴遗址获得一批玉器，所见器类有璧环、琮（见图1-24）、坠、残片、斧、锛、凿等，除了两件小工具类玉器为墓葬所出外，其余皆为购得。[2] 谢端琚[3]和邓淑苹[4]皆认为由于该遗址文化内涵基本为半山时期遗存，故认为这些玉器属于半山时期。从以上发现来说，半山时期基本不见像样的玉器，而且这批玉器多从当地一位老农手中购得，因此把这批玉器归入半山时期，笔者持怀疑态度。而杨建芳已经明确指出这

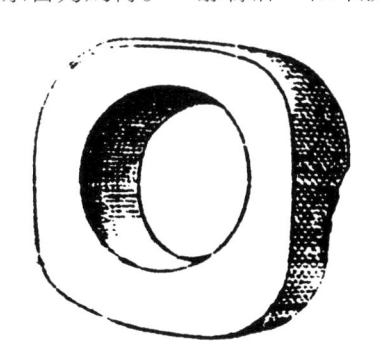

图1-24 安特生在瓦罐嘴收购的玉琮

---

[1] 闫亚林.西北地区史前玉器研究[D].北京：北京大学考古文博学院，2010：22-23.
[2] J.G.Andersson. Researches into the prehistory of the Chinese[J]. Bulletin of the Museum of Far Eastern Antiquities，1943（15）：63-92，265.
[3] 谢端琚.黄河上游史前文化玉器研究[J].故宫学术季刊，2001，19（2）.
[4] 邓淑苹这一观点见于其新作，笔者有幸于刊印之前拜读，由于尚无刊印，故不书篇名与出处。

批玉器应为齐家文化遗存，[1] 笔者较为赞同。

二、长江中游地区

长江中游地区此时正从屈家岭文化转向石家河文化，进入石家河文化之后，长江中游地区史前社会的发展达到新的高度。

（一）考古发现

石家河文化时期，石家河文化地方类型有石家河类型、青龙泉类型、西花园类型、季家湖—石板巷子类型、划成岗类型和尧王林类型。[2] 石家河文化出土玉器的遗址主要有肖家屋脊、罗家柏岭、七里河、青龙泉、下寨等，分属石家河类型和青龙泉类型，这两个类型分布于石家河文化中心及其以北地区。遗存主要分布于中心区的石家河类型和北部的青龙泉、西花园等类型，南部诸类型尚无此期遗存。[3]

1. 石家河类型

石家河类型分布于石家河文化的中心区，是诸多类型中唯一从早期到晚期一直存在的地方类型。

肖家屋脊遗址[4]位于天门市中心城区西北约16公里处，南距石河镇0.5公里。在石河镇之北，以土城村为中心，密集地分布着30多个新石器时代的聚落遗址，总面积约8平方公里。肖家屋脊遗址处于遗址群的南端，北边与罗家柏岭、杨家湾两个遗址相连，西北与石板冲、三房湾等遗址隔冲相望。在石家河文化早期地层、灰坑和墓葬中各发现石钺1件，瓮棺葬中皆未发现随葬品。

---

[1] 杨建芳. "窜三苗于三危"的考古学研究 [J]. 东南文化, 1998（2）: 76.

[2] 张绪球. 石家河文化的分期分布和类型 [J]. 考古学报, 1991（4）: 389-413.

[3] 郭立新. 石家河文化的空间分布 [J]. 南方文物, 2000（1）: 37-42.

[4] 石家河考古队. 肖家屋脊 [M]. 北京: 文物出版社, 1999.

罗家柏岭[1]位于石家河遗址群的东部，遗址面积约5万平方米。该遗址包含屈家岭文化、石家河一期（石家河文化早期）、石家河二期（石家河文化晚期）等不同时期的堆积。其中石家河一期出土的玉器主要为装饰品，有璜1件、环2件。

2. 青龙泉类型

这一类型主要分布于大巴山以东，汉水中游及其支流丹江流域及唐、白河流域，代表性遗存有淅川下王岗遗址晚一期[2]、郧县青龙泉遗址三期[3]、大寺[4]、房县七里河[5]、均县乱石滩[6]、淅川下寨等。其中七里河、青龙泉、下寨等遗址出土有玉器。

七里河遗址位于房县中部平坝南沿、凤凰山北麓，坐落于七里河畔东岸山谷阶地的土岗上，总面积达6万余平方米，共发现石家河文化早中期墓葬24座，皆为竖穴土坑墓，其中只有12座墓中有少量随葬品。石家河文化一期之时在地层中发现玉管1件，二期发现石环2件、石璧环1件，另外还采集到白色岫玉小玉环1件、石环2件。

青龙泉遗址位于郧县城东5公里的汉江北岸，遗址大体上为一处长条形岗地，现存总面积约4.5万平方米。该遗址文化内涵丰富，包括仰韶、屈家岭、石家河等不同时期的堆积。其中清理石家河文化时期墓葬33座，在竖穴土坑墓中发现玉锥形器2件，位于墓主头部下方，另有石环1件戴在墓主手腕上。另外，在地层和灰坑中发现石环3件，玉珠、石璜、石笄各1件。

---

[1] 石龙过江水库指挥部文物工作队.湖北京山、天门考古发掘简报 [J].考古通讯，1956（3）：11-21；湖北省文物考古研究所，中国社会科学院考古研究所.湖北石家河罗家柏岭新石器时代遗址 [J].考古学报，1994（4）：191-229.

[2] 河南省文物研究所，长江流域规划办公室考古队河南分队.淅川下王岗 [M].北京：文物出版社，1989.

[3] 中国社会科学院考古研究所.青龙泉与大寺 [M].北京：科学出版社，1991.

[4] 中国社会科学院考古研究所.青龙泉与大寺 [M].北京：科学出版社，1991.

[5] 湖北省文物考古研究所.房县七里河 [M].北京：文物出版社，2008.

[6] 中国社会科学院考古研究所长江工作队.湖北均县乱石滩遗址发掘报告 [J].考古，1986（7）：586-596.

金鸡岭遗址[1]位于随州市曾都区洛阳镇金鸡岭村，遗址坐落于一条不规则的低岗上，总面积约10万平方米。在属于石家河文化时期的地层中发现石琮1件，十分残破，另外还有孔雀石1件。

下寨遗址位于河南省南阳市淅川县滔河乡下寨村北，遗址面积约60万平方米。在2座石家河文化墓葬中出土玉璜1件、玉石钺3件。[2]

图1-25所示为石家河文化出土玉器组合。

图1-25 石家河文化出土玉器组合

1. 石琮（金鸡岭 WNT0910②：1） 2. 大理岩环（青龙泉 M10：1） 3、4. 玉锥形器（青龙泉 M14：1、2） 5. 玉璜（下寨 T3622M67B1） 6～8. 下寨玉石钺（T3611M67B3、B2、B4）

（二）用玉组合与造型特征

这一时期，长江中游地区出土玉器地点较少，数量和种类也较少。除玉石钺和石琮外，皆为璜、环、璧、珠等装饰品。所见石琮十分残破，是否能充当礼器值得怀疑。肖家屋脊墓葬中出土的石钺可能具备充当礼器的资质，其所出墓葬在肖家屋脊遗址早期墓葬中不论形制还是随葬品都位居翘楚。在石家河文化时期的玉器中目前尚未发现仿生型玉器，造型几乎均为几何形。

---

[1] 湖北省文物考古研究所.随州金鸡岭[M].北京：科学出版社，2011.
[2] 河南省文物考古研究所，河南省文物局南水北调文物保护办公室.河南淅川县下寨遗址2009-2010年发掘简报[J].华夏考古，2011（2）：3-20.

（三）用玉制度与工艺美学

由于这一时期出土的玉器较少，几乎没有使用制度可言。所有的装饰品均出土于地层中，这一时期也发现有很多墓葬，甚至也有墓室较大、随葬品丰富的墓葬，但是往往不见玉器，其随葬品绝大部分是陶器。同时，此时除了金鸡岭遗址的石琮，其他玉器上皆无纹样。石琮上残存的图案为简化的神人兽面纹，具有浓厚的良渚风格。由此可知，龙山时代早期长江中游地区的用玉状况与观念暂时又陷入了小低谷，表现墓主等级与财富的仍是墓室大小与陶器多寡，祭祀遗存中也不见玉器的使用。不过这种状况也有可能与考古工作的局限性有关。

第二章 中原玉器的崛起：龙山时代晚期

龙山时代晚期是广义的中原地区玉器全面崛起的重要时期，在黄河上、中、下游与长江中游地区均有较多遗址出土了玉器，并各具使用特点与特色。

第一节 黄河下游地区

1930年，城子崖遗址的发掘揭开了龙山文化发现与研究的序幕，龙山文化以其独特的文化面貌与影响力成为龙山时代的代表。玉器是龙山文化的重要内涵，一些重要器物，如玉圭、玉簪、牙璧和牙璋，很早就引起了学者们的广泛关注。

一、考古发现

学界普遍将龙山文化划分为城子崖、尹家城、姚官庄、两城镇、杨家圈等5个类型，也有学者主张另有尚庄类型[1]和王油坊类型[2]。鉴于本书的主要考察对象是龙山文化各地区的用玉情况，因此把尚庄类型和王油坊类型一并归入山东龙山文化。

（一）城子崖类型

这一类型主要分布在泰山北侧的鲁北偏西地区，地貌由南向北依次为丘陵、山前平原和冲积平原。经过发掘的主要遗址有章丘城子崖、邹平丁公、临淄田旺、章丘焦家、章丘宁家埠等。但在上述重要遗址中未见出土玉器的报道，而零星出土的玉器主要为在桓台前埠遗址曾采集到一件玉璧。[3]前埠遗址面积约1.5万平方米，但是该遗址尚未正式发掘，堆积内涵并不清楚。这件玉璧为采集品，黄白色，形状不甚规整，外径8.2～9.0厘米、孔径2.1厘米、厚0.5厘米。此外，在潍坊寒亭区前埠下遗址出土了两件与此类似的玉璧，从形制上看，这两件器物更有可能是大汶口文化时期的器物。

（二）尹家城类型

这一类型主要分布在泰山以南的鲁中南低山丘陵地区，经过发掘的主要遗址有泗水尹家城、兖州西吴寺、泗水天齐庙、济宁程子崖、邹县野店、枣庄建新、曲阜西夏侯等。目前只有尹家城、野店等遗址发掘出土有玉器，如图2-1所示。另外，滕县（今山东滕州市）庄里西遗址也采集有少量玉器。

泗水尹家城遗址位于泗水县西约10公里、泗河与两条支流间的三级高台地上。由于数千年自然力的剥蚀和人为破坏，遗址面积已较原貌大为缩小，现存面积约4250平方米。遗址包括大汶口、龙山、岳石、商周

---

[1] 李伊萍.龙山文化：黄河下游文明进程的重要阶段[M].北京：科学出版社，2005.
[2] 栾丰实.海岱龙山文化的分期和类型[M]//栾丰实.海岱地区考古研究.济南：山东大学出版社，1997：229-282.
[3] 山东文物事业管理局.山东文物精粹[M].济南：山东美术出版社，1996.

和秦汉等不同时期的堆积，其中龙山文化堆积最为丰富。1973年至1986年，山东大学先后对该遗址进行了5次发掘，共清理房屋20座、灰坑245个、灰沟6条、灶1座及墓葬65座。其中M139出土1件玉钺，M109、M117、M144各出土1件石钺，另有22件玉石器出自地层、灰坑中，其中石钺19件、玉斧形器1件、玉锛1件、残牙璧（所谓残鸟形饰）1件。[1]

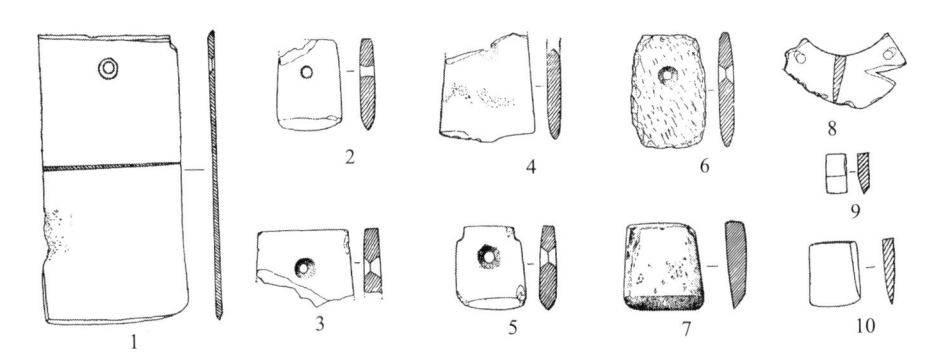

图2-1 山东龙山文化尹家城类型玉石器
1. 玉钺（尹家城M139:11） 2、3、4、5、6. 石钺（均出自尹家城遗址 H231:1、T246⑧:5、T322⑧:20、H513:17、M144:4） 7. 玉锛（野店F4:1） 8. 鸟形饰（尹家城T267⑧:37） 9. 玉锛（尹家城T208⑧:11） 10. 斧形器（尹家城T277⑧:19）（1、7、8为1/2，2、3、4、5、6为1/3，9、10为1/1）

邹县野店遗址位于邹县城南6公里野店村村南的河旁台地上，该遗址面积可达56万平方米，文化内涵以大汶口文化遗存为主，据在野店遗址开展钻探工作的一位主持者告知，野店遗址存在大汶口文化时期的城址，另有龙山文化、商周至汉代遗存。目前发现的龙山文化遗存较少，有6个灰坑和1座房子，仅有1件玉锛出土于房子中，质料为玉髓。从房基内出土的陶鬶形制来看，时代约为龙山文化中期。[2]

滕县博物馆等单位对滕县古遗址进行调查时，在庄里西遗址采集到1件残牙璧[3]，其陶器面貌与城子崖遗址的龙山文化面貌比较接近。

---

[1] 山东大学历史系考古教研室.泗水尹家城[M].北京：文物出版社，1990.
[2] 山东省博物馆，山东省文物考古研究所.邹县野店[M].北京：文物出版社，1985.
[3] 中国社会科学院考古研究所山东工作队，滕县博物馆.山东滕县古遗址调查简报[J].考古，1980（1）：32-44.

（三）姚官庄类型

这一类型主要分布在沂山以北的鲁北地区，潍河、弥河贯穿其中，地形多为平原。经过发掘的遗址主要有潍坊姚官庄，寿光边线王、火山埠，潍县狮子行、鲁家口，昌乐邹家庄、袁家庄，临朐西朱封，胶县三里河，青州凤凰台、赵铺，安丘老峒峪等，其中姚官庄、袁家庄、西朱封、三里河、老峒峪等遗址发掘出土或采集有玉器（见图2-2）。

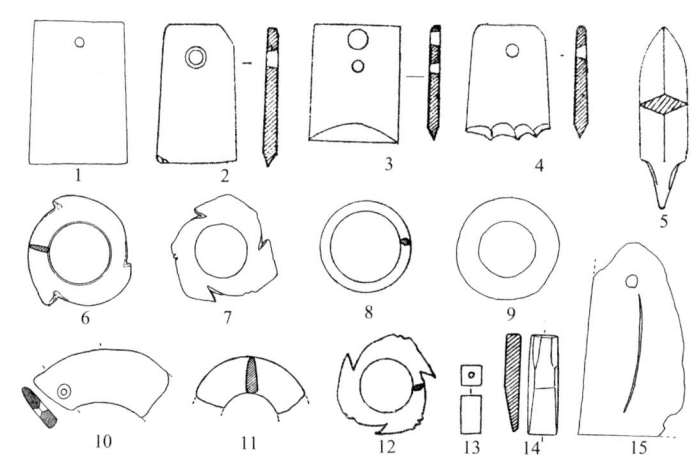

图2-2 西朱封、袁家庄、老峒峪采集的玉器

1、15.玉钺（袁家） 2、3、4.西朱封采集玉钺（10∶149、10∶150、10∶201） 5.玉矛（西朱封10∶174） 6、7、12.牙璧（老峒峪、西朱封采集、西朱封10∶160） 8.玉环（西朱封10∶178） 9.玉瑗（袁家） 10.残石璜（姚官庄） 11.残石环（姚官庄） 13.方形饰（袁家） 14.玉雕刻器（姚官庄西AT15∶4）

临朐西朱封遗址位于临朐县城南5公里西朱封村南一处名为"银子崖"的高地上，弥河流经遗址的东南、东面，现存面积约10万平方米。1987年和1989年，考古工作者先后在该遗址发掘3座龙山文化大型墓，其时代为龙山文化中期偏晚至晚期。3座大型墓共出土玉石器23件（组）。其中M202出土11件（组），包括玉钺2件、玉刀1件、玉冠饰1组（包括玉冠首饰1件、玉笄1件）、玉人面笄1件、绿松石坠4件、绿松石串饰1套（18件），头骨左侧还发现有980多件绿松石薄片。M203出土10件（组），包括玉钺3件、玉环1件、绿松石坠5件、绿松石片

95件。M1出土2件，包括绿松石耳坠1件、玉管1件。另外，在该遗址还采集到8件玉器、2件石钺（报告名为石铲），8件玉器包括玉钺4件、牙璧2件、玉环1件、玉矛1件（见图2-3）。[1]

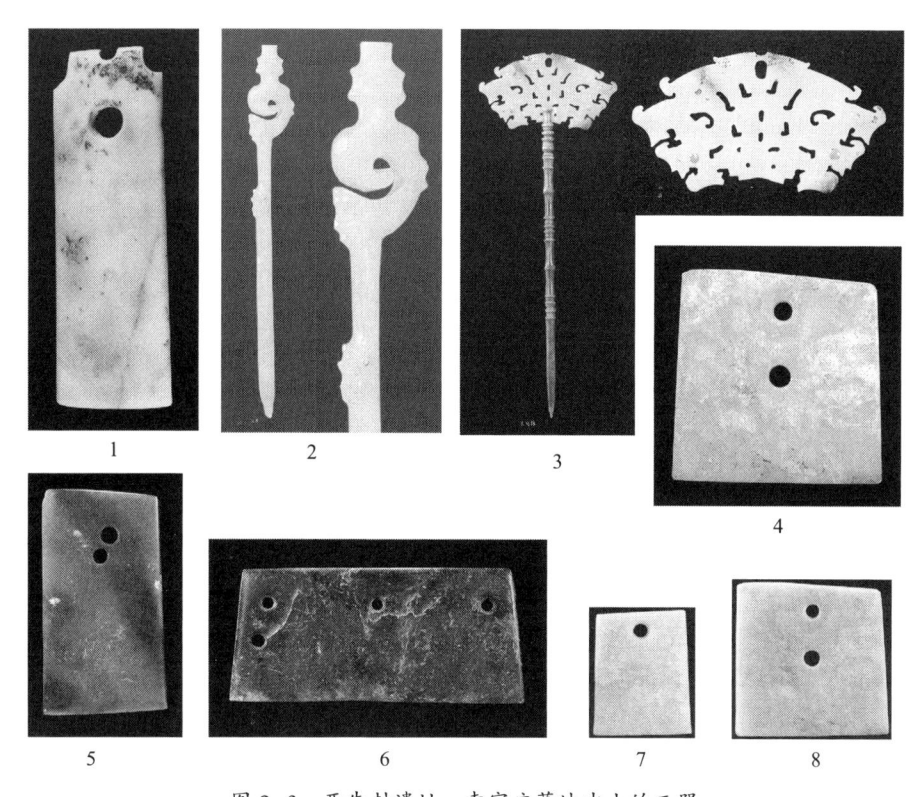

图2-3 西朱封遗址、袁家庄墓地出土的玉器
1、4、5、7、8. 玉钺（袁家庄M1、西朱封采集、西朱封M203、西朱封M202：8、西朱封M203：16） 2. 玉簪（西朱封M202：3） 3. 玉头冠饰（西朱封M202：1） 6. 玉刀（西朱封M202：6）

潍坊姚官庄遗址位于原潍坊县城南约10公里的姚官庄村东北，白浪河从遗址南边流过，现存面积约15.75万平方米。遗址包含龙山文化、周代和汉代堆积，其中龙山文化遗存最为丰富。20世纪60年代初，考古工作者对该遗址进行过正式发掘，发现并清理龙山文化灰坑128个、墓葬

---

[1] 山东省文物考古研究所，临朐县文物保管所. 临朐县西朱封龙山文化重椁墓的清理 [C] // 张学海. 海岱考古（第一辑）. 济南：山东大学出版社，1989；中国社会科学院考古研究所山东工作队. 山东临朐西朱封龙山文化墓葬 [J]. 考古，1990（7）：587-594.

12座。地层和灰坑中出土玉雕刻器1件、残石璜2件、残石环2件，共5件。[1]

胶县三里河遗址位于北三里河村西河旁的高地上，东南距黄海约10公里，面积约5万平方米。该遗址主要为大汶口文化和龙山文化两个时期的堆积。两次发掘共清理龙山文化灰坑37个、墓葬98座，还有可能与墓地有关的建筑遗迹2处。有随葬品的墓葬有68座，其中5座墓葬出土有17件玉石器，分别为玉鸟形饰4件、牙璧1件、半月形玉饰1件、长方形玉饰1件、玉芯1件、玉珠4件、绿松石饰件2件、残玉锥形器1件、石钺1件、石璜形坠1件（见图2-4）。[2]

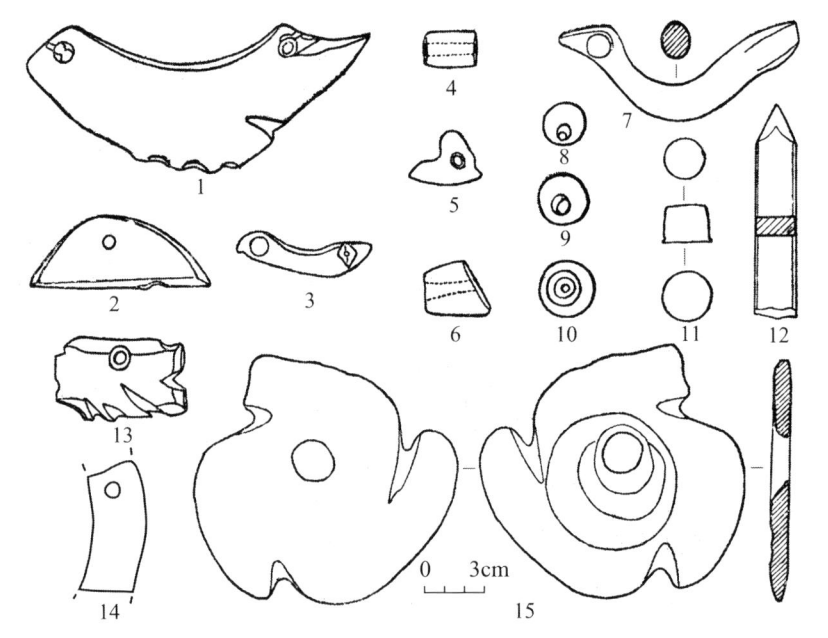

图2-4 三里河遗址龙山文化墓葬出土的玉石器

1、3、5、7. 玉鸟形饰（M203：15、M203：20、M203：13、M203：11） 2. 半月形玉饰（M203：19） 4、6. 绿松石饰（M228：2、M228：1） 8、9、10. 玉珠（M203：18、M203：17、M203：22） 11. 玉钻芯（M203：8） 12. 残玉镞形器（M244：5） 13. 残长方形玉饰（M203：14） 14. 残弧形器（M118：1） 15. 牙璧形器（M203：9）

---

[1] 山东省文物考古研究所，中国社会科学院考古研究所.山东姚官庄遗址发掘报告[C]//文物资料丛刊（5）.北京：文物出版社，1981：1-83.

[2] 中国社会科学院考古研究所.胶县三里河[M].北京：文物出版社，1988.

昌乐袁家庄墓地位于袁家庄村北的一处名为"北台子"的台地上，附近有龙山文化遗址，但未曾正式发掘，遗址面积不详。1998年，当地群众在取土时发现该墓地，后来考古工作者发掘了3座龙山文化中期偏早阶段墓葬，加之被破坏的墓葬共有10座左右。[1] 据知出土玉器有玉钺3件、玉瑗2件、方形饰件4件。[2]

安丘老峒峪遗址位于今安丘市西南27.5公里处的泰—沂山系东端与胶莱平原的交接地带，遗址面积约20万平方米。该遗址没有经过发掘，考古工作者只对其进行过调查，遗址内涵包括大汶口文化、龙山文化、岳石文化及商周至汉代遗存。据调查，在龙山文化时期，该遗址既有墓葬也有居址遗存，在遗址中采集到牙璧1件。[3]

（四）两城镇类型

以日照为中心的两城镇类型地处鲁东南沿海地带，境内龙山文化遗址较多，内涵比较丰富。自1934年以来，文物考古工作者多次在该地区进行考古调查与发掘。1995年至2007年，中美日照联合考古队还在此地区进行了大规模的系统考古调查。经过正式发掘的遗址主要有日照两城镇、东海峪、尧王城，临沂大范庄、湖台、后明坡，沂源姑子坪，诸城呈子，五莲丹土，莒南化家村等。其中出土有玉器的遗址有两城镇、尧王城、大范庄、湖台、丹土和上万家沟。

两城镇遗址西南距日照市20公里，东距黄海约6公里。该遗址坐落于一条南北延伸的低岭上，面积约272万平方米。1936年，中央研究院历史语言研究所派梁思永、刘耀（尹达）和祁延霈等人在两城镇进行了正式考古发掘，发现并清理了51座龙山文化的墓葬，获得了大批珍贵的陶器、玉器（见图2-5）和石器。这批资料运到南京后还没来得及整理，

---

[1] 中国考古学会. 中国考古学年鉴（1999）[M]. 北京：文物出版社，2001：189.
[2] 燕生东. 丹土与两城镇玉器研究：兼论海岱地区史前玉器的几个问题[C]// 山东大学东方考古研究中心. 东方考古（第3集）. 北京：科学出版社，2006：87-124.
[3] 郑岩，徐新华. 山东安丘老峒峪遗址再调查[J]. 考古，1992（9）：778-790.

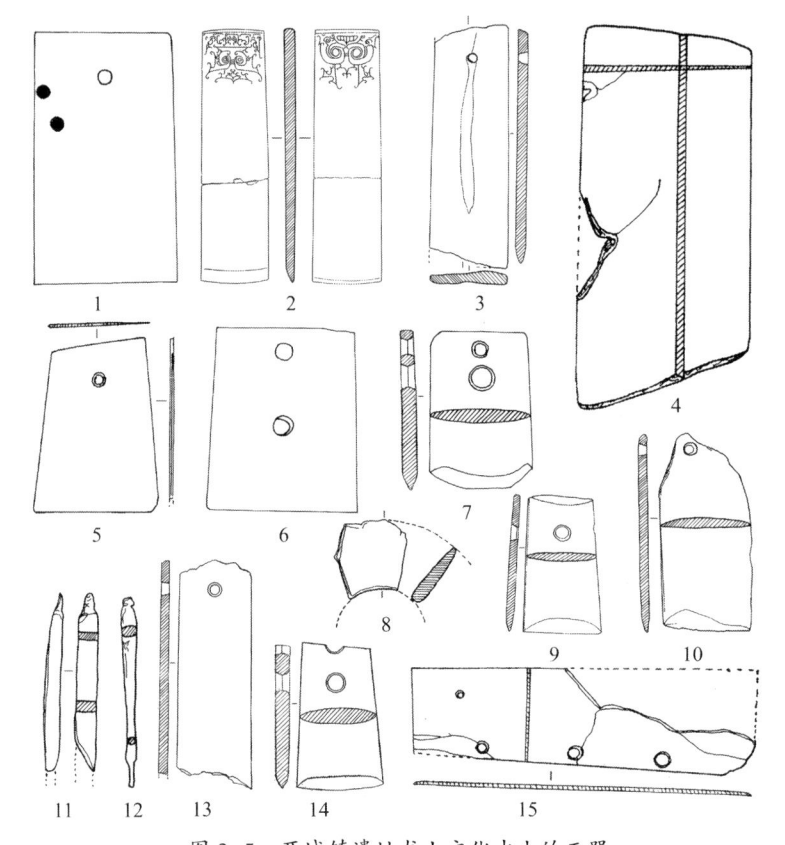

图 2-5 两城镇遗址龙山文化出土的玉器
1、3、5、6、7、9、10、13、14. 玉钺（6 出自大孤堆 M2，其余均系采集） 2. 玉圭
4. 玉版 8. 残环形器 11、12. 玉锥形器 15. 玉刀

抗日战争就全面爆发了。这批资料未能及时公布，有的毁于战乱，有的保存于南京博物院，有的随史语所迁台。目前所能见到的正式发掘的玉石器，见诸资料报道的仅有大孤堆 TKTM2[1] 出土的 1 件玉钺及绿松石和 1998—2001 年发掘的 M33 所见的绿松石薄片和小玉珠。其余玉器均系采集，其中玉钺 9 件、玉锛 1 件、玉刀 1 件、玉锥形器 2 件、残环形器 1 件、玉版 2 件，共 16 件。资料显示，两城镇在 20 世纪 30 年代曾有成坑的玉器发现。出土的器物中，不仅有钺等成品，还有厚薄不等的片状

---

[1] 杜正胜. 来自碧落与黄泉："中央研究院"历史语言研究所文物精选 [M]. 台北："中央研究院"历史语言研究所，1998.

半成品，以及大块的玉石原料。这些说明，两城镇玉坑可能为玉石作坊遗存。[1]

五莲丹土遗址位于五莲县西约40公里处的潮河镇丹土村周围，东南距两城镇遗址约4.5公里，东距黄海10余公里，经调查，该遗址面积达131万平方米[2]。该遗址最初发现于1934年，1957年山东省文物普查在该遗址首次发现较多的玉石器。1995年、1996年、2000年山东省文物考古研究所等单位对该遗址进行了试掘、勘探和发掘，发现了大汶口文化晚期、龙山文化早期和中期3个城圈，以及部分大汶口文化晚期、龙山文化早期的房子和墓葬等。所见墓葬比较密集，但无叠压、打破关系，墓葬形制、结构和葬俗基本一致，出土的陶器有鼎、鬶、罐、壶、盆、杯、高柄杯等，丰富而精美。出土的玉石器有牙璧、玉串饰、玉管、绿松石耳坠、玉片等，这批玉器的年代属于大汶口晚期到龙山早期。另外，该遗址还采集有玉石器36件，其中玉钺18件、玉刀4件、牙璧2件、玉琮1件、玉镯1件、石镯1件、多边形环2件、玉锥形器1件、玉璧1件、玉环4件、玉鸟形饰1件，[3] 如图2-6至图2-8所示。

尧王城遗址位于日照南17公里的安家尧王城村西南的高地上，经调查，龙山文化陶片覆盖面积达367.5万平方米。[4]1957年采集有1件玉锛。[5]

---

[1] 刘敦愿.日照两城镇龙山文化遗址调查[J].考古学报，1958（1）：25-42；刘敦愿.记两城镇遗址发现的两件石器[J].考古，1972（4）：56-57；日照市图书馆，临沂地区文管会.山东日照龙山文化遗址调查[J].考古，1986（8）：680-702；刘敦愿.有关日照两城镇玉坑玉器的资料[J].考古，1988（2）：121-123；山东大学考古系，山东大学博物馆.山东大学文物精品选[M].济南：齐鲁书社，2002；吕常凌.山东文物精粹[M].济南：山东美术出版社，1996.

[2] 中美日照地区联合考古队.鲁东南沿海地区系统考古调查报告[M].北京：文物出版社，2012：142-143.

[3] 刘敦愿.山东五莲、即墨县两处龙山文化遗址的调查[J].考古通讯，1958（4）：14-22；杨波.山东五莲县丹土遗址出土的玉器[J].故宫文物月刊.1996（158）；郭公仕.五莲文物荟萃[M].济南：齐鲁书社，2011.

[4] 中美日照地区联合考古队.鲁东南沿海地区系统考古调查报告[M].北京：文物出版社，2012：140-141.

[5] 山东省文物管理处.日照县两城镇等七个遗址初步调查[J].文物参考资料.1955（12）：20-41.

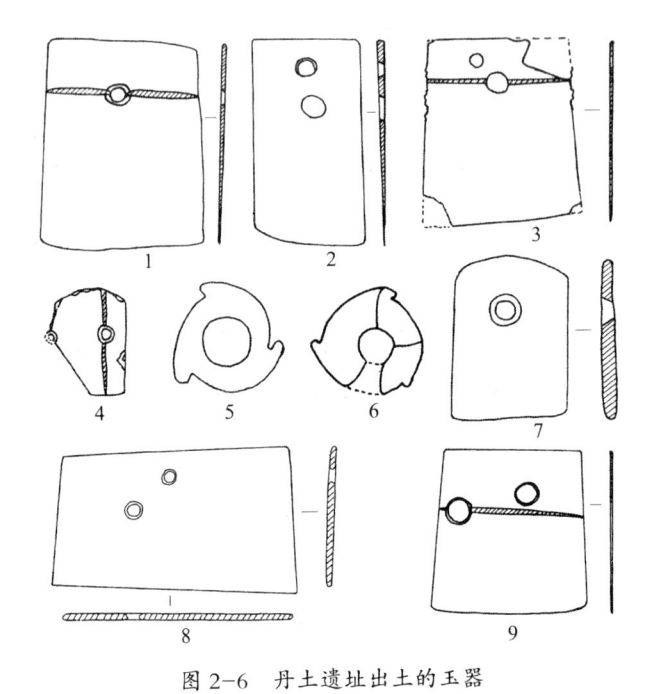

图 2-6　丹土遗址出土的玉器
1、2、3、7、9.玉钺　4、8.玉刀　5、6.牙璧（除5、6为2000年发掘品外，其余均系采集）

图 2-7　丹土遗址出土的玉钺（均系采集）

五莲上万家沟出土1件牙璋，系1986年上万家沟村民在村北半山腰开荒时发现，此山丘岗南侧的半腰上有一个近2米高的巨石突立，牙璋就出土在巨石前的一个石隙中，上有碎石覆盖。该牙璋玉质欠佳，似蛇纹石，青灰色，张学海先生认为其形制与大范庄牙璋相近，约属龙山文化早期（见图2-8，2）。[1]

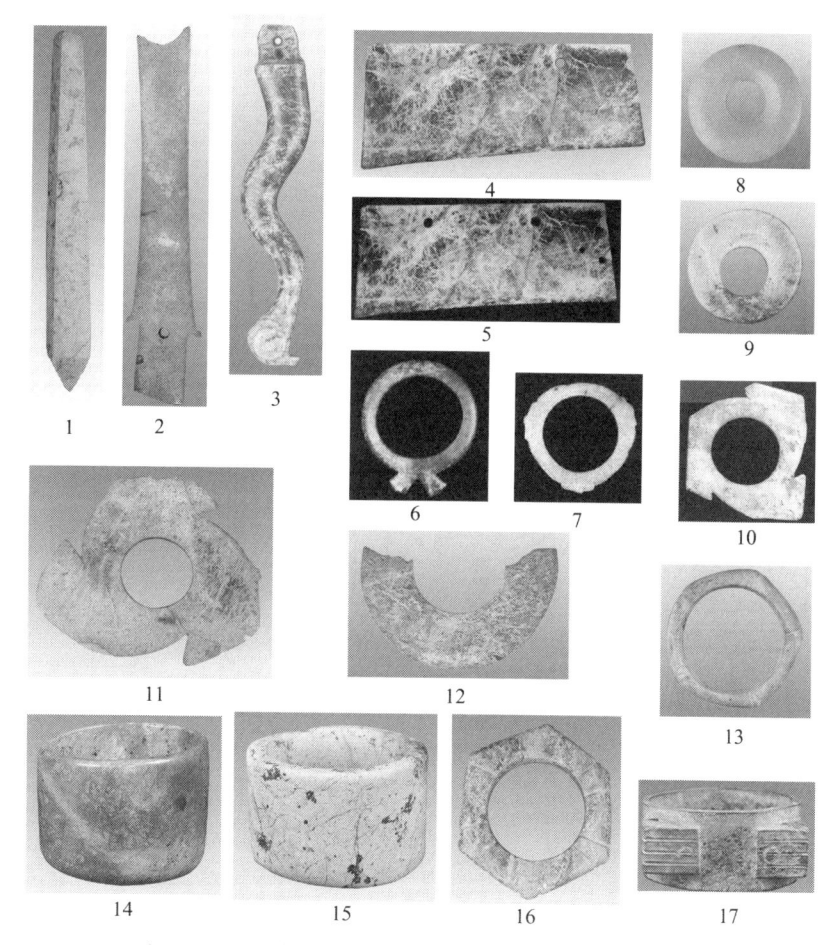

图2-8　丹土遗址、上万家沟出土的玉器（均非发掘品）
1. 锥形器　2. 牙璋（上万家沟）　3. 鸟形饰　4、5. 玉刀　6～9. 玉环　10、11. 牙璧
12. 玉璧　13、16. 多边形环　14、15. 玉镯　17. 玉琮

---

[1] 张学海. 牙璋杂谈[C]// 香港中文大学中国考古艺术研究中心. 南中国及邻近地区古文化研究. 香港：香港中文大学出版社，1994：19-22.

临沂湖台遗址坐落于临沂市西南9公里的一处高台上，现存总面积约7.36万平方米，由于群众用沙取土，暴露出了大量的龙山文化遗存。自1980年至1981年，临沂市博物馆多次来此地调查，先后清理了4座龙山文化残墓，其中2座墓葬共出土玉石器9件。M1随葬玉石器5件，分别为残石琀1件、石扁琮1件、石指环1件、白玉笄1件、石钺1件，该墓虽遭破坏，但仍出土蛋壳陶杯12件，发掘者推测原随葬器物应近百件。M2随葬玉石器4件，分别为石扁琮1件、石笄1件、玉钺1件、带槽长条玉器1件，该墓出土蛋壳黑陶高柄杯7件，随葬器物应有七八十件（见图2-9）。[1]

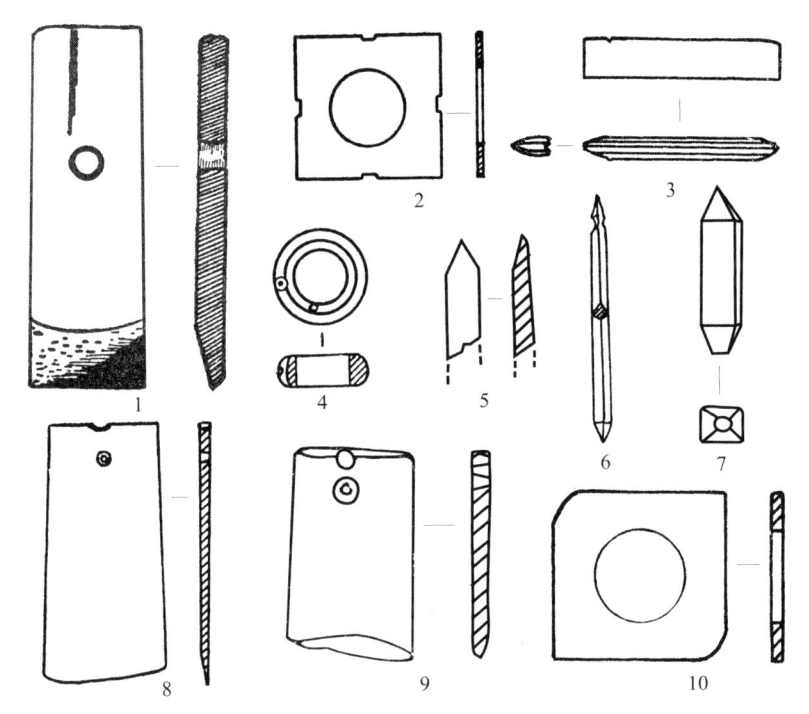

图2-9 尧王城、湖台遗址出土的玉石器
1. 玉锛（有的也称之为玉圭，采自尧王城，其余均出自湖台） 2、10. 石扁琮（M1、M2）
3. 带槽长条形玉器（M2） 4. 石指环（M1） 5. 残石琀（M1） 6. 玉笄（M1） 7. 石笄（M2）
8、9. 玉钺（M1、M2）

---

[1] 临沂市博物馆.山东临沂湖台遗址及墓葬[C]// 文物出版社.文物资料丛刊（10）.北京：文物出版社，1987：16-21.

大范庄遗址位于临沂市东20公里沂河和沭河之间缓丘的一片高台地上，总面积约20万平方米。该遗址有大汶口文化、龙山文化、岳石文化及商周至汉代文化遗存。该遗址于1973年、1977年进行过两次发掘，第一次清理墓葬26座，均为龙山文化早期。[1] 26座墓葬中有2座共出土玉石器8件，但其实基本为石质，包括石钺6件、石镯1件、绿松石佩1件。各墓随葬物品多寡不一，最多的有85件，最少的只有1件。26座墓中有15座随葬有陶鬶，19座墓有蛋壳黑陶高柄杯。第二次发掘墓葬15座，材料尚未发表，具体情况不详。此后临沂市博物馆又对该遗址做过多次调查，并采集到2件玉钺和2件牙璋（见图2-10）。[2]

沂南罗圈峪地处沂南、蒙阴与沂水三县的交界地带，四面环山。1988年罗圈峪村民因建房，在村西南丘陵缓坡地带的山石裂缝中发现一组16件玉石器，裂缝宽约20厘米，深50厘米，里面有填土。其中玉器2件，玉镯和玉锛各1件；石器14件，其中石牙璋4件，石锛7件，石铲、石矛、石凿各1件。因其附近并没有龙山文化遗址或遗存，报告作者综合牙璋和石器特征，认为其属于龙山文化遗物，其性质为祭祀坑的可能性较大（见图2-10）。[3]

（五）杨家圈类型

这一类型分布于胶东半岛的丘陵地区及庙岛群岛，经过调查、发掘，比较重要的遗址有栖霞杨家圈，长岛大口，蓬莱紫荆山、刘家沟，海阳司马台，莱阳于家店，乳山小管村二期遗存、泮家庄等，只有杨家圈、司马台采集有少量玉器（见图2-11）。

---

[1] 发掘者定为大汶口文化晚期，而大多数研究者认为其应属于龙山文化早期.黎家芳，高广仁.典型龙山文化的来源、发展及社会性质初探[J].文物，1979（1）；韩榕.浅谈大汶口文化向龙山文化的过渡[C]//庆祝苏秉琦考古五十五年论文集.北京：文物出版社，1989：172-183；栾丰实.海岱龙山文化的分期与类型[M]//栾丰实.海岱地区考古研究.济南：山东大学出版社，1997：229-282.

[2] 临沂文物工作组.山东临沂大范庄新石器时代墓葬的发掘[J].考古，1975（1）：13-22；冯沂.山东临沂市大范庄遗址调查[J].华夏考古，2004（1）：3-15.

[3] 山东省博物馆.山东沂南县发现一组玉、石器[J].考古，1998（3）：90-92.

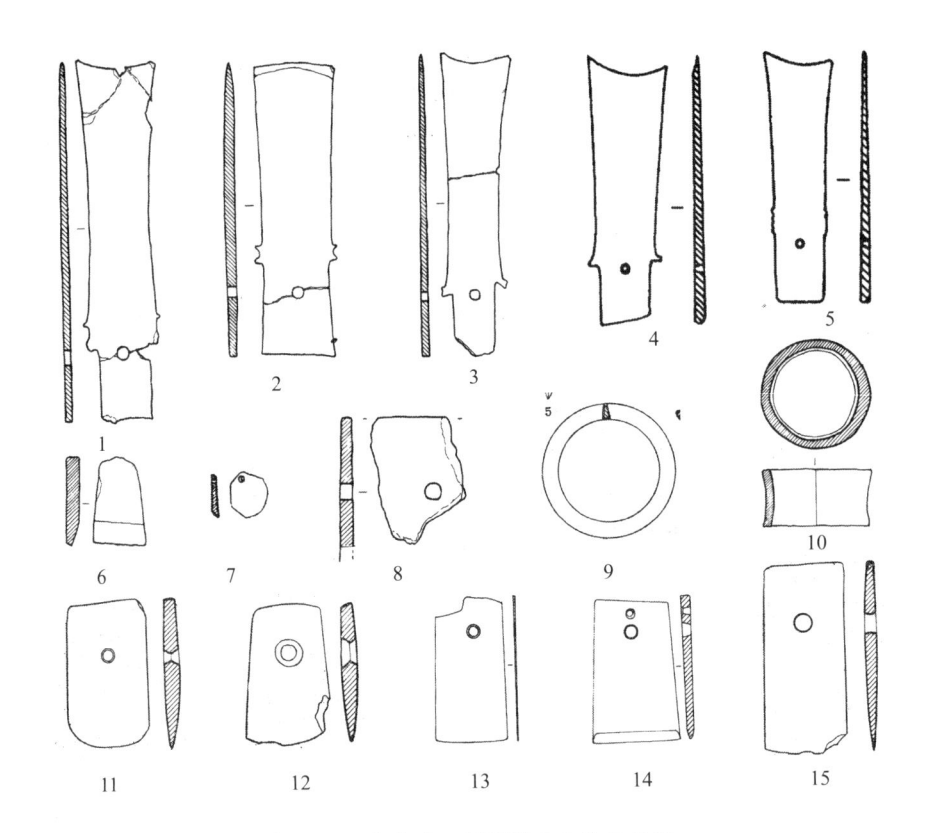

图 2-10 大范庄、罗圈峪出土的玉石器

1、2、3、8. 牙璋（罗圈峪） 4、5. 大范庄牙璋（LD210、LD211） 6. 玉锛（罗圈峪） 7. 绿松石坠（大范庄 M12:1） 9. 石镯（大范庄 M13） 10. 玉镯（罗圈峪） 11～15. 大范庄玉石钺（M1:1、M11:1、LD206、LD117、M24:1）

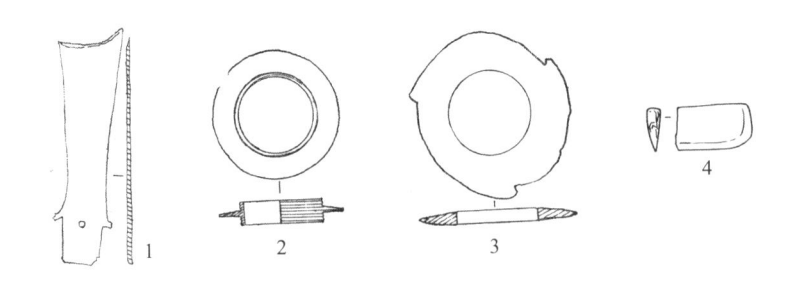

图 2-11 杨家圈类型出土的玉器

1. 牙璋 2. 有领环 3. 牙璧 4. 小玉刀（1、2、3 出自司马台遗址，4 出自杨家圈遗址）

海阳司马台遗址位于现海阳市（海阳县）南35公里的一处台地上，南距黄海5公里。遗址破坏严重，仅存一个底部周长为40米的土柱。该遗址包括大汶口、龙山和岳石文化遗存，且以岳石文化遗存为主，厚达3米，而龙山文化遗存仅厚0.9米，属于龙山文化晚期。1982年，考古人员在该遗址采集牙璋、牙璧和有领环各1件，报道者认为牙璧和有领环是一套。[1] 牙璧为外轮，有领环为内轮，但是两件玉器颜色并不一致，牙璧为浅黄色，有领环为墨色，并且有领环内径只有6.6厘米，而牙璧内径为11.4厘米，远大于有领环内径，即使加上领的厚度也不过7厘米多，套合在一起并不紧凑。

杨家圈遗址位于栖霞县城南12.5公里，1956年遗址发现之初尚有10万平方米，后因历年破坏，仅存万余平方米。1981年，该遗址经过发掘，发现大汶口晚期至龙山文化早期遗存，在龙山文化时期遗址中出土有残铜器、铜渣、孔雀石等。[2]1979年，调查采集有玉器、高柄杯、陶鬶，玉器为1件残玉刀，呈长方形。[3]

（六）尚庄类型与王油坊类型

这两个类型均分布在山东靠西的地区，尚庄类型在北，王油坊类型在南，所不同的是尚庄类型所处区域多平原，而王油坊类型分布范围不仅超出山东现境，还涉及豫东和皖北，所处区域既有平原也有丘陵。尚庄类型的主要遗址有茌平尚庄、南陈庄、李孝堂，阳谷景阳冈，禹城邢寨汪，梁山青堌堆等。王油坊类型的主要遗址有永城王油坊、造律台，菏泽安邱堌堆，鹿邑栾台，夏邑三里堌堆，蒙城尉迟寺等。目前这两个类型的所有遗址中基本未见有出土玉器的报道。

---

[1] 王洪明. 山东省海阳县史前遗址调查 [J]. 考古，1985（12）：3-13；北京大学考古实习队，烟台地区文物管理委员会. 海阳、莱阳、莱西、黄县原始文化遗址调查 [C]// 北京大学考古系，烟台市博物馆. 胶东考古. 北京：文物出版社，2000：269-279.

[2] 北京大学考古实习队，山东省文物考古研究所. 栖霞杨家圈遗址发掘报告 [C]// 北京大学考古系，烟台市博物馆. 胶东考古. 北京：文物出版社，2000：151-206.

[3] 北京大学考古实习队，烟台地区文物管理委员会. 栖霞、乳山、荣成、蓬莱新石器时代遗址调查 [C]// 北京大学考古系，烟台市博物馆. 胶东考古. 北京：文物出版社，2000：280-308.

二、用玉组合与造型特征

（一）用玉组合

龙山文化所见玉器可分为礼器、工具、装饰品和丧葬用玉等类别。礼器类玉器一般个体较大，做工精美，数量相对较多，主要有玉钺、玉圭、牙璋、牙璧、大型玉刀等。工具类玉器多为小型的斧、锛、凿、雕刻器等，数量较少。装饰类玉器数量较多，造型各异，主要有鸟形饰、穿孔玉饰、玉珠、玉冠饰、玉簪、玉石笄、方形石扁琮、玉石镯、玉石环、绿松石片或坠等。丧葬用玉数量较少，都是口琀，一般多为残器充用。

（二）造型特征

龙山文化玉器的造型可分为3类，分别为几何型、仿生型与前两者的结合体。礼仪用玉中的玉钺、玉圭、大型玉刀，工具用玉中的斧、锛、凿、雕刻器，装饰用玉中的玉石环、玉石镯、方形石扁琮、玉珠、绿松石片等，其造型均为几何形，这类造型的玉器占据了龙山文化玉器的主体。尤其是玉石钺、玉刀的造型在龙山文化前一阶段的基础上，器体四角进一步棱角分明，四边进一步直线化，整体呈现出强烈的几何感。仿生型的玉器较少，有代表性的是临朐西朱封202号大型墓中出土的一件玉冠饰、一件玉簪和五莲丹土遗址采集的一件鸟形玉饰。玉冠饰整体呈扇形，器表采用透雕镂空的手法，琢出对称的兽面花纹图案，甚至局部还遗留有镂空前划线定位的浅细阴刻线的痕迹，在左右对称的圆孔处还镶嵌着两颗圆形的绿松石。玉冠饰造型是头戴"介"字形冠的神的形象，格外艳丽。在其下端中间嵌接着一个通体由竹节状旋纹装饰的玉笄。这件玉冠饰是目前龙山文化所见造型最为复杂、最为精致的玉器。另一件玉簪为一体造型，但也十分精巧。簪体截面呈圆角长方形，簪头两侧雕琢有3个浮雕人面像。仿生型玉器数量虽然不多,但却代表了龙山文化玉器审美的最高水平。丹土遗址采集的玉饰造型较为独特,鸟首、弯曲的蛇形身颇具动感。几何型与仿生型结合的玉器除了龙山时代早期见到的牙璧外,此时出现了另一种体量硕大、影响范围前无古者的牙璋。牙璧在龙山文化时期的造型进一步复杂,一些牙璧在外缘的三齿之上再雕琢3个小齿为一组的"介"字形冠造型。牙璋顶端作分叉状,下接长方形器身,下端有长方形或梯形柄部,在柄部与器身的交接处向外延伸,雕琢兽面或神人兽面,这一部分称为"阑"。然而,龙山文化中所见的牙璋阑部造型通常较为简约,因而较难分辨具体为何种生物。

三、用玉制度

(一)墓葬所见用玉差别

龙山文化时期的社会已经是一个分层社会,这点在墓葬材料上体现得尤为明显,"由不同群体组成的社会结构呈金字塔形,居于顶尖的极少数上层人物拥有大量财富和体现身份差别的礼仪性器物"[1]。因此,考察墓葬中龙山文化的用玉制度,需要按不同等级进行分析。

自历史语言研究所1930年在章丘城子崖遗址发现龙山文化墓葬,迄今已有80余年的历史了,已发现的龙山文化墓葬几乎遍布了海岱核心区的各地方小区。然而现有材料中,包含10座以上墓葬的龙山文化遗址并不多,主要有日照两城镇、东海峪、尧王城,临沂大范庄,胶县三里河,诸城呈子,临朐西朱封、泗水尹家城、天齐庙,潍坊姚官庄,邹平丁公,临淄董褚等遗址,另外章丘城子崖、潍县狮子行、昌乐邹家庄、青州凤凰台、栖霞杨家圈、海阳司马台、兖州西吴寺、昌乐袁家庄、枣庄二疏城、五莲董家营等遗址中也发现有少量墓葬。

---

[1] 李伊萍. 龙山文化:黄河下游文明进程的重要阶段 [M]. 北京:科学出版社,2005:148.

目前，龙山文化墓葬等级划分还没有建立起一个具有广泛意义的标准，但墓葬规模和随葬品的质量与多寡是最重要的内容。李伊萍对龙山文化几处比较典型的墓地进行研究后认为，龙山文化墓葬所体现的等级差别主要反映在墓葬规模、棺椁形制及数量的多少和一些有特殊含义的随葬品，如玉钺、高柄杯、鼍鼓等上，另外高柄杯、鼎、鬶的组合，也可能被赋予特殊的含义[1]。她在呈子、三里河、尹家城、尧王城等4处墓地综合研究的基础上，将西朱封、尹家城、呈子、三里河和尧王城等5处墓葬划分为5个等级。本文在李伊萍研究的基础上，依据墓葬规模、棺椁形制及数量、随葬品的质量与数量等，将龙山文化墓葬大致划分为4个等级。

第一等级：超大型墓。墓室面积在10平方米以上，且多数超过20平方米，葬具为一棺一椁，随葬陶器多为几十件，同时皆随葬有玉器。

第二等级：大型墓。墓室面积基本在10平方米左右，葬具多为一棺一椁，但随葬品中几乎不见玉器。

第三等级：中型墓。墓室面积5平方米左右，葬具为一棺，随葬陶器一般为10件左右，一些墓葬中有玉器随葬。

第四等级：小型墓。墓室面积2平方米左右，基本不见葬具，有随葬品的墓葬仅有少量陶器随葬，还有一些墓葬无随葬品。

目前，山东地区随葬有玉器的墓葬有7个地点，即胶县三里河，临朐西朱封、临沂湖台、大范庄、日照两城镇、泗水尹家城和昌乐袁家庄。其中三里河、西朱封、袁家庄属于姚官庄类型，湖台、大范庄、两城镇属于两城镇类型，尹家城类型只有尹家城一处墓地，而城子崖类型、杨家圈类型、尚庄类型到目前还未见到有墓葬随葬玉器。下面详细分析各类型、各等级墓葬随葬玉器的特征。

---

[1] 李伊萍. 龙山文化：黄河下游文明进程的重要阶段 [M]. 北京：科学出版社，2005：148.

1. 龙山文化早期

龙山文化早期出土玉器的墓葬主要是临沂湖台和大范庄两处，二者都属于两城镇类型。1936 年在两城镇遗址的发掘中就有出土玉器的墓葬，而且数量较为可观，可惜的是由于历史原因无法知晓具体情况。

大范庄遗址目前报道的 26 座墓葬中，出土玉石器的墓葬除了 M25 有 2 件石钺外，其余 6 座墓葬均只有 1 件玉石器。综观该批墓葬的各项统计数据，这批墓葬中并没有让人印象深刻的高等级墓葬，基本属于中、小型墓，大部分出土玉石器的墓葬在该批墓葬中并不属于墓穴较大、随葬品较多者，而且其中 3 座甚至属于这批墓葬中的小型墓，随葬品较少，没有蛋壳黑陶高柄杯和陶鬶出土，其中 2 座只有蛋壳黑陶高柄杯而无陶鬶。一些墓穴较大、随葬品较多的中型墓反而没有出土玉石器。由于这批玉石器其实几乎都是石质的，因此它们并不能作为划分等级的标志物（见表 2-1）。

由于这批墓葬主人的性别信息不明，笔者也无法从此方面进行分析。

表 2-1 临沂大范庄墓地出土玉石器墓葬统计表

墓 葬	尺 寸	棺椁	性 别	玉石器	其他随葬器物	玉石器位置
M1	2.0×1.0-0.46	无	不明	石钺 1	骨器：骨镞 8	不明
M3	3.4×1.9-0.84	无	不明	石钺 1	陶器：背壶 30、杯 22、盖 16、鼎 1、罐 1、蛋壳黑陶杯 1、壶 4、盆 1、豆 1	不明
M11	2.4×1.5-0.64	无	不明	石钺 1	陶器：背壶 12、壶 2、豆 1	不明
M12	2.4×1.3-0.8	无	不明	绿松石佩 1	壶 1	不明
M13	2.6×1.4-0.25	无	不明	石镯 1	陶器：背壶 11、杯 10、碗 3、盆 1、蛋壳黑陶杯 1、壶 2 石器：石镞 5 獐牙 1	不明

续表

墓葬	尺寸	棺椁	性别	玉石器	其他随葬器物	玉石器位置
M24	2.8×1.5-0.26	无	不明	石钺1	陶器：背壶30、杯1、罐1、碗1、盆1、鬶1、蛋壳黑陶杯1、壶13、豆1 石镞5 獐牙2	不明
M25	3.8×1.8-0.28	无	不明	石钺2	陶器：背壶2、瓶4、盆1、鬶2、蛋壳黑陶杯2、壶15、豆1 獐牙2	不明

湖台遗址所发掘的4座墓葬都遭到过不同程度的破坏，也只有出土玉石器的两座墓葬相对保存较好。从表2-2中的数据可知，M1为第二等级墓葬，M2为第三等级墓葬，这两座墓的随葬品比较丰富，而且每座墓出土的蛋壳黑陶高柄杯的数量显然多于大范庄墓葬（基本一墓一件），但是每墓陶鬶的数量却与大范庄墓葬基本一样，每墓基本只随葬1件陶鬶。从玉石器出土位置来看，在死者嘴中放置口琀的习俗在龙山文化早期依然延续，而这种做法至少可以溯源到大汶口文化时期。此外，另一个值得注意的现象是两墓墓主右肢骨处各有一石扁琮，这两件扁琮的孔径为6.5～7厘米，厚0.5厘米，很可能是佩戴在墓主的右腕或靠上部位的，也就是说它们是装饰品，而与礼制无关。钺的出土位置多在墓主的下半身，但奇怪的是一般被作为头部装饰品的笄并不在头部，而是在左肢骨附近。两座墓葬虽然等级不同，但是随葬玉石器的种类与数量均相差不大。

表2-2 湖台遗址龙山文化用玉墓葬统计表

墓葬	尺寸	棺椁	性别	玉石器	其他随葬器物	玉石器位置
M1	3.5×3-0.4	无	不明	残石琀1、石扁琮1、石指环1、白玉笄1、双孔石铲1	残余其他器物：小石锛1、石铲1（像钺）、陶器：蛋壳陶杯10、带盖蛋壳陶杯2、盆1、壶6、三足盆1、大罐2、盂1、鬶1（发掘者推测原随葬器物近百件）	残石琀在头部，右肢骨有石扁琮，石环位于盆骨，右膝有双孔石铲，右胫骨外侧有一小石锛，白玉笄在左股骨外侧

130

续表

墓葬	尺寸	棺椁	性别	玉石器	其他随葬器物	玉石器位置
M2	2.5×1.7-0.4	无	不明	石扁琮1、石笄1、双孔玉铲1、带槽长条玉器1	陶器：小罐1、高柄杯8、带盖高柄杯1、鬶1、背壶5、带盖筒形杯20余件 石器：石镞7	石扁琮在右肢骨，玉铲及带槽玉器位于盆骨左侧，石笄位于左股骨内侧

龙山早期墓葬中随葬的玉石器主体是玉石钺，且以石质为主。不但如此，整个龙山早期墓葬中的玉石器以石质为主，而玉质的很少，且集中在湖台的这两座墓中。总之，在龙山文化早期，玉石器并不能作为等级划分的标志，也没有礼制性的含义。

2. 龙山文化中期

临朐西朱封遗址从未进行过大规模的正式发掘，所以目前所见报道的墓葬只有3座大型墓，它们的时代为龙山文化中期偏晚。其中M202与M203是目前所见龙山时期墓穴最大的墓葬，属于第一等级特大型墓葬。这两座墓中的随葬玉器也是目前所见的龙山文化墓葬中玉器数量最多、最为精美者。这几座墓中精美陶器数量也较多，并且有些精美陶器还用专门的彩绘木箱盛放，显示出无与伦比的气势。这两座墓葬的玉器构成为钺、刀和装饰品，但M202的装饰品更多，尤其是两件簪饰堪称龙山文化最精美的玉器，且M202中绿松石的数量也远多于M203。虽然M202比M203少了一重木椁，但M202墓室遭到破坏，其墓穴实际面积大于M203，而且该墓中出土了1件大玉刀，还有两组各数十片的鳄鱼骨板，其随葬品内涵也高于M203，二者似乎并无等级上的差别，因而这种装饰品质量和数量差别有可能是因为性别的不同。而M1虽然相对于其他遗址墓葬来说规模并不小，但是与上述两座墓葬相比则明显低了一个等级，属于第二等级的大型墓，这不仅体现在玉器的数量和种类上，而且显示在墓室面积上。该墓只出土了作为装饰品的小件玉器，但该墓的棺椁重数和随葬的蛋壳陶杯、陶鬶的数量并不逊于那两座大墓。因此，西朱封墓葬体现等级的标志主要集中在墓穴面积和随葬玉器的种类与数量上。从玉器方面来说，3座墓都有装饰品，不同的是玉钺和大型玉刀的有无，由此折射出体现身份等级的玉器主要是玉钺和大型玉刀。表2-3所示为西朱封遗址龙山文化用玉墓葬统计表。

表2-3 西朱封遗址龙山文化用玉墓葬统计表

墓葬	尺寸	棺椁	性别	玉石器	其他随葬器物	玉石器位置
M202	6.68×3.15（残）-2.1	一棺一椁	?	钺2、刀1、头冠饰1、簪1、坠饰4、串饰18（绿松石）、绿松石片980多件	陶器：鼎1、鬶4、罍3、罐3、盆1、单耳杯4、器盖2、蛋壳陶若干 石器：砺石1、石镞6 骨牙器：匕1、镞2、鳄鱼骨板两组各数十件、牙片19	玉器及绿松石饰等都放在棺内，头冠饰、簪、绿松石片皆在头骨左侧，绿松石饰在左胸骨及膝骨两侧，玉刀和一件玉钺在左股骨外侧，另一件玉钺在右股骨上
M203	（6.30~6.44）×（4.10~4.55）-1.72	重椁一棺	?	钺3、环1、坠饰5（绿松石）、绿松石片95	陶器：50件，其中有25件为非实用的小型冥器。鼎5、鬶5、罍7、罐9、盆3、豆3、盂1、盒3、单耳杯10、蛋壳陶杯若干 石器：镞13 骨器：镞5	玉器、管状绿松石饰及绿松石片等均放在棺内
M1	4.4×2.5-1.8	重椁一棺	女	耳坠1（绿松石）、玉管饰1	骨匕1 獐牙1 蚌勺1 泥塑：网坠1、弹丸8、动物1 陶器35：蛋壳陶杯6、鬶5、罍1、壶1、鼎3、盆7、单把杯3、杯1、陶饼1、豆1、器盖3、罐3	头部与胸部分别放有绿松石耳坠和玉管饰，其他器物主要放在脚箱内，边箱内放置两件蛋壳陶杯。在填土中有白陶鬶4、猪下颌骨2

三里河遗址虽然发掘了 98 座龙山文化的墓葬，但是其中随葬玉器的墓只有 3 座，均为龙山文化中期。这批墓葬一般长 2 米左右，最长者 2.6 米，宽以 0.7～0.9 米居多，少数宽在 1 米以上，且未发现葬具痕迹，属于第四等级的小型墓。其中 19 座墓共随葬 71 块猪下颌骨，最多的一座墓也只随葬 14 块，而该遗址大汶口时期有 18 座墓共随葬 143 块。这 98 座龙山文化墓葬皆未发现葬具灰痕，反而是大汶口时期有 17 座墓有葬具遗迹。此外，三里河遗址龙山文化墓葬随葬陶器也不如大汶口文化时期丰富（见表 2-4）。综合这些现象来看，三里河龙山文化时期墓葬等级普遍不高，与该遗址大汶口时期墓葬相比甚至还稍逊一筹。

表 2-4　三里河遗址龙山文化用玉墓葬统计表

墓葬	尺寸	性别	玉石器	其他随葬器物	玉石器位置
M118	2.05×0.6-0.2	女	残玉饰 1	陶器：小鼎 1、壶 1、小罐 3、单耳杯 2、器盖 3、纺轮 1 其他：猪下颌骨 1、獐牙 1	残弧形器，含在墓主口中
M203	2.05×0.95-0.27	女	3 组玉饰	陶器：小罐 1、薄胎高柄杯 4、盒 1 骨器：簪 1 其他：獐牙 1	右手腕处鸟形玉饰 2、长方形穿孔玉饰 1、半月形穿孔玉饰 1、玉珠 2，左手腕处鸟形玉饰 1、玉珠 2，东北部二层台鸟形玉饰 1、璇玑形环、钻芯 1
M244	2.46×1.1-0.15	男	镞形器 1	陶器：鬶 1 其他：獐牙 1、猪下颌骨 2	残镞形器，含在墓主口中

三里河龙山文化墓地墓葬的规模普遍较小，最高等级墓葬也只是第三等级，其余多是第四等级的小型墓。M118、M244 分别只有一件玉器作为墓主的口琀，它们也是 98 座龙山文化墓葬中仅出土口琀的墓葬，而该遗址大汶口文化时期则有 12 座墓有口琀而且均为玉琀。虽然 M203 出土了 3 组玉器，但是其中 2 组出土在墓主腕部，这成组的玉饰无疑是腕部的装饰品；出土在墓内东北部二层台上的一组玉器有鸟形饰、璇玑形

环和玉钻芯，鸟形饰、璇玑形环应是装饰品，而这座墓的墓主为女性。因此，可知三里河遗址龙山文化墓葬中出土的玉器基本都是装饰品和口琀，缺乏礼器类的器物。M203虽然墓穴面积不如M244，但是其随葬了4件蛋壳黑陶高柄杯，而剩余两座墓葬则未见到一件，只是M244随葬了一件陶鬶而且放置在专门为其开挖的壁龛中，而M118、M203则未见到陶鬶，似乎这些也不足以说明这些墓葬的特殊性，因此随葬玉器与否并不能作为划分墓葬等级的依据。除了女性墓中更喜欢玉饰品之外，男、女两性之间似乎并没有很大差别。

昌乐袁家庄龙山文化遗址经过正式发掘的只有3座墓葬，加上被破坏的七八座，该遗址至少有10座龙山文化墓葬，但该遗址的范围并不清楚。虽然玉器都出自墓中，但是目前并没有详细的报道，只能粗略地知道墓中有玉器随葬。已发掘的3座墓最大的为M3，长4.35米，宽2.5米。目前所知M1出土有1件玉钺，然而其规模并不清楚，可以肯定的是没有M3墓穴面积大。袁家庄墓葬不论墓穴面积还是随葬玉器数量与质量，都无法与西朱封大型墓相比。

龙山文化中期是两城镇遗址的兴盛期。在一座墓葬中出土有镶嵌绿松石器，镶嵌绿松石器（M33∶38）位于墓主左手腕之上，由210多片绿松石片组成。这座墓葬面积4平方米多，墓主为成年男性，一棺一椁，随葬陶器近30件，是该遗址历年发掘的最大一座龙山文化墓葬。[1]

尹家城类型中只有尹家城遗址中有一座玉器墓。尹家城遗址的65座龙山文化墓葬分别属于龙山文化的各个发展阶段。龙山文化早期墓葬有8座，均属于中型墓，相互之间各方面差别不大，反映出较为平等的关系。其中3座墓出土有石钺，而且这3座墓均为男性墓。有2件钺出土位置较为明确，M117石钺在墓主右手处且风化较甚，M144石钺在墓主右肢骨之上。同时在居址遗存中还发现了19件石钺，而这些石钺大多较为残

---

[1] 王青. 试论镶嵌铜牌饰的起源和传布：从日照两城镇遗址的新发现说起[C]// 中国社会科学院考古研究所夏商周考古研究室. 三代考古（八）. 北京：科学出版社，2018：152.

破，因此这些石钺应是日常使用的工具，而不是能够象征身份地位的标志品或显示财富的奢侈品（见表 2-5）。

表 2-5 尹家城玉器墓 M139 与五座大型墓统计表

墓　葬	尺　寸	棺椁	性别	玉石器	其他随葬器物	玉石器位置
M139	3.52×1.5-0.8	单棺	男	玉刀1	陶器：高领罐1、平底盆1、鼓腹盆1、平底盒1、三足盒1、杯1、瓠1、器座1、器盖2，另有残陶片	位于左上肢骨下
M15	5.8×4.36-1.55	二椁一棺	?	无	陶器：鼎1、甗1、鬶1、罐3、盆2、匜形器1、壶2、盒1、高柄杯2、器盖9、圆锥体50 其他：猪下颌骨20、鳄鱼骨板130	
M126	4.1×2.5-1.45	一椁一棺	男	无	陶器：鼎残片3、甗1、甗残片、罐4、罐残片3、盆1、匜形器1、壶1、壶残片、盒2、高柄杯2、单耳杯1、器盖4、残陶器10 其他：石镞5、猪下颌骨20	
M134	3.85×2.8-1.35	一椁一棺	男	无	陶器：甗1、罐5、罐残片、盆4、匜形器1、壶1、盘1、盒1、豆1、单耳杯1、杯残片2、器盖8、残陶器18 其他：蚌铲1、猪下颌骨24	
M138	4.16×3.1-1.0	一椁一棺	?	无	陶器：鼎1、甗1、鬶3、罐4、罐残片、瓮2、盆2、匜形器1、高柄杯1、器盖6、残陶器若干 其他：猪下颌骨32	
79M4	3.6×2.3-0.75	一椁一棺	?	无	陶器：鼎3、甗1、鬶4、鬶形器1、罐6、盆4、壶2、簋1、盘2、盒3、碗1、高柄杯1、单耳杯3、器盖9 猪下颌骨6	

龙山中期墓葬最多，约占半数，只有 M139 出土 1 件玉刀（也可称之为玉钺），处于墓主左手下方，其上叠压有下肢骨。从器表来看，该器有破损现象，下端和一侧边都有刃，且端刃不如边刃锋利，推测应该是实用器。需要指出的是，M139 并不是此时期墓圹最大、随葬品较多的大

型墓，而属于中型墓。该遗址在龙山文化中期有 5 座大型墓。这些大型墓墓圹大，一般长 4 米左右，最长者达 5.8 米，宽度一般在 2.5 米左右，最宽者超过 4 米；棺椁齐备，多为一棺一椁，多者有一棺二椁；随葬品比较丰富，数量均在 40 件以上，整个墓地发现了 118 块猪下颌骨，在仅占全部墓葬 7.6% 的 5 座大型墓中就出土了 102 块，占总数的 86.4%。这些大型墓的规模可以与临朐西朱封的大型墓相较，但奇怪的是它们并不像西朱封大墓那样随葬玉器，这或许暗示了泰—沂山脉南北的统治集团对玉器的认同观念不同。

龙山晚期墓葬数量较少，且墓穴面积普遍较小，多属于小型墓，均无葬具，多无随葬品，更没有发现玉石器随葬。

龙山文化中期墓葬中的玉石器不仅数量、种类都有突破，而且有一部分玉质精美。在一些中心性遗址中墓葬等级开始出现明显的分化，但是玉器在其中所发挥的作用在不同地区却是有差别的。在泰—沂山脉北侧的姚官庄类型中，玉器开始成为墓葬等级的标志物；而在南侧的尹家城类型中，玉器此方面的作用并不明显，这可能也与当地的人对玉器的接受态度有关。这一时期，龙山文化玉文化发展的另一个特点是开始出现成组玉饰和复合型玉器。

龙山晚期尚未发现随葬玉石器的墓葬。

（二）采集和发掘玉器与遗址关系

山东龙山文化所见玉器其实有相当数量系调查时在遗址中采集，采集的玉器反而多为玉质，器类更加丰富，制作也更为精美。

两城镇类型采集有玉器的遗址有两城镇、尧王城、丹土、大范庄和上万家沟（姑且把牙璋归为龙山文化），而两城镇、尧王城和丹土分别是日照地区特大型和第一级聚落[1]，若根据栾丰实对日照地区聚落等级的划

---

[1] 栾丰实. 日照地区大汶口、龙山文化聚落形态之研究 [C]// 栾丰实. 两城镇遗址研究. 北京：文物出版社，2009：165-184.

分标准，则大范庄遗址属于第二等级聚落，但属于第二等级聚落的较大者。迄今为止，尧王城遗址只采集到一件玉斧，与两城镇采集的兽面纹玉斧形制近似，唯多一孔。剩余采集玉器主要集中在两城镇和丹土两个遗址中。

1999年据调查，两城镇遗址地面有陶片分布的范围达256万平方米。1999年至2001年发掘时对遗址的钻探表明，文化堆积的范围东西约1050米、南北约1000米，面积约100万平方米。1995年至1998年，中美联合考古队在遗址中部偏西的位置发现大面积的夯土遗存，厚达2～2.5米，夯土中出土的陶片全部属于龙山文化中期早段的器物[1]，初步判定为城墙遗迹。加之遗址出土了较多精美玉器和兽面纹陶片等重要遗物，两城镇遗址在海岱地区乃至全国同时期遗址中都是较为罕见的。据尹达介绍："有一座墓葬的随葬品特别丰富，就有玉质的带孔扁平式斧，它略似殷代的玉圭，……这一墓葬中还有绿松石凑成的东西，大约是头部的一种装饰品。据说就在这遗址的附近还有不少用玉器殉葬的墓葬。"[2]可见，在两城镇遗址中应存在一批用玉墓葬，而目前所采集的玉器应有一部分可能来自于墓葬中。据发掘资料，"这一带耕土层下就是龙山文化中期堆积"，且夯土内的陶片均为中期早段，因此两城镇遗址龙山文化的堆积可能主要是属于中期偏晚阶段，且可能在中期偏晚阶段成为了一个特大型的中心性聚落，相应地该遗址出土的玉器应该大部分属于龙山中期，甚至该期偏晚阶段。

丹土遗址东北距两城镇遗址直线距离只有4公里，发现大汶口文化、龙山文化早中期3圈城墙和壕沟。大汶口文化城面积约9.5万平方米，从层位关系和包含物来看，其年代为大汶口文化晚期偏晚阶段；龙山文化早期城面积约11万平方米，城墙建在大汶口文化城壕沟之上，其年代为龙山文化早期偏晚阶段；龙山文化中期城面积约18万平方米，其城墙又

---

[1] 中美两城地区联合考古队.山东日照市两城地区的考古调查[J].考古，1997（4）：1-15.
[2] 尹达.新石器时代[M].北京：生活·读书·新知三联书店，1979：60.

建在龙山早期城壕沟之上，其更详细的年代为龙山中期偏早阶段，这一时期城内还发现了蓄水池、排水池和出水口等设施，3个城是由里及外、由小到大、由早及晚逐渐扩建。[1] 由此可知，丹土遗址从大汶口文化晚期偏晚阶段开始繁盛，这种状况一直持续至龙山文化中期偏早阶段，且在这一时期达到鼎盛。根据上文可知，两城镇城址兴起于龙山文化中期偏晚阶段，且二者直线距离仅为4公里，该遗址似乎与两城镇遗址是一兴一废的关系。虽然不能肯定地说丹土遗址制玉中心转移到了两城镇遗址，但这种可能性还是比较大的。就目前来说，该遗址是龙山文化出土玉器最多的遗址，而且其所出玉器的种类几乎涵盖了整个龙山文化的玉器种类。"五莲丹土遗址曾发现一窖穴内与龙山文化陶片共存的3件玉器，有钺、琮、钏各1件。玉钺长30.8厘米、宽8.3厘米、厚1厘米，上端一圆孔，中上部偏侧另一圆孔，内镶嵌短柱形翠珠，琮内圆外方，直径7.3厘米、高3.5厘米，四角外侧饰以三横线和一小圆圈。钏作短管形。3件玉器皆为软玉。"[2]

由于丹土遗址的年代从大汶口文化晚期到龙山文化中期，而目前所出玉器基本为采集品，因此具体年代很难确定，不排除一部分为大汶口文化晚期玉器。其中还需要指出的是，该遗址出土了一件玉琮，该玉琮刻有良渚文化典型的简化兽面纹。已知新沂花厅大汶口文化墓地出土有许多良渚文化风格玉器，该墓地延续直至大汶口文化晚期[3]，这件玉琮的年代很可能为大汶口文化晚期。该遗址所出玉器、玉钺的数量最多，显示出了丹土遗址作为中心性聚落的地位和气势。

大范庄遗址采集玉钺和牙璋各两件，因为该遗址由大汶口文化、龙山文化早中晚期、岳石文化等连续的各时段堆积，虽然已记载龙山文化

---

[1] 中国考古学会.中国考古学年鉴（2001）[M].北京：文物出版社，2002：182-184.
[2] 杜在忠.论潍、淄流域的原始文化.山东史前文化论文集[M].济南：齐鲁书社，1986：141.
[3] 南京博物院.花厅：新石器时代墓地发掘报告[M].北京：文物出版社，2003；南京博物院.1987年江苏新沂花厅遗址的发掘[J].文物，1990（2）：1-26；南京博物院.1989年江苏新沂花厅遗址的发掘[C]//徐平湖.东方文明之光：良渚文化发现60周年纪念文集.海口：海南国际新闻出版中心，1996：80-129.

早期墓葬有26座，但是墓葬随葬的钺均为石质，其实并没有真正的玉器，但也不能断定采集的这4件玉器就一定属于龙山文化早期。

姚官庄类型采集有玉器的遗址有临朐西朱封、姚官庄、袁家庄和安丘老峒峪，最重要的发现是临朐西朱封遗址。

西朱封遗址目前面积仅存10万平方米，虽然得到一次正式发掘，但是发掘面积只有360平方米[1]，且最重要的是发掘了2座龙山文化大墓，因此对该遗址的其他文化内涵并不是很了解，而且被破坏严重。采集的8件玉器中有玉钺4件、玉环1件、牙璧2件、玉矛1件，其中一件玉钺为齿刃，是目前龙山文化中见到的唯一一个齿刃钺。这8件玉器笔者曾到临朐博物馆实地观摩过，玉质精良、做工精美、器表抛光，是难得的精品。但从该遗址3座龙山文化大型墓来看，其等级并不容小觑，应该是这一地区中心性聚落。

姚官庄遗址现存面积15万余平方米，经过一次正式发掘，虽然发掘有12座龙山文化墓葬，但皆为小型竖穴土坑墓，并未见到玉器，而是在遗址的地层和灰坑中发现了1件小玉雕刻器、2件残石璜和2件残石环。在遗址中出土了18件石铲，如果把与玉钺形制相似的石质钺形器也称为石钺的话，那么这18件石铲即为石钺，但是这些石钺多较残破，有些明显可看出有使用痕迹，且形制不甚规整，因此这些石钺应是日常生活中的生产工具，并具有玉钺的社会功能。唯一使该遗址令人印象深刻的是，在地层和灰坑中出土了46件陶鬶、8件尊形器、6件盉、3件蛋壳黑陶高柄杯，还有5件鸟头形器纽和1件陶塑人面，其中后两种器类在其他龙山文化遗址中尚未发现。因此，以该遗址的规模、出土物面貌，其可能是一定等级的聚落中心。

尹家城类型出土或采集玉器的遗址有尹家城、邹县野店和滕县庄里，但邹县野店只是在房基内发现了一件小玉锛，而庄里采集了一件牙璧。

---

[1] 中国社会科学院考古研究所山东工作队.山东临朐西朱封龙山文化墓葬[J].考古，1990（7）：587-594.

虽然数尹家城遗址内出土玉器最多,但也只有2件,分别为斧形器、小玉锛,这两件器物的尺寸都非常小,斧形器最大也只有1.8厘米长。虽然该遗址面积仅存4000余平方米,然而却发掘了5座龙山文化中期的大型墓,这些墓与西朱封龙山中期大型墓规模相似,但却无玉器随葬。从5座大型墓的规格来看,该遗址的等级其实并不低,但由此可见,尹家城遗址龙山时期用玉也并不发达。邹县野店经过正式发掘,虽然目前所见遗存主要是大汶口文化时期,龙山文化遗存较少,但是近年该遗址开始大规模钻探以了解遗址的内涵和布局。参与钻探的一名考古工作者告诉笔者,在此发现有史前城址。虽然目前城址的时代还无法确定,但由此可窥探野店遗址在史前也是一定等级的中心性聚落。滕县庄里西也已发现了龙山文化晚期长200米的夯土墙,不排除为城墙的可能性[1],加之在此地采集有牙璧,那么该遗址的等级也不低。

杨家圈类型中的几件玉器均为采集。其中杨家圈遗址采集1件玉刀,玉刀虽然已残断,但是估计整体形制也不大,该遗址主要年代为龙山早期至龙山中期偏早阶段。杨家圈遗址是目前杨家圈类型面积最大的遗址之一,其与乳山小管村、蓬莱刘家沟等遗址面积皆达10万平方米以上,而且在该遗址中还发现了铜器和炼铜遗物,因此,杨家圈遗址应属于杨家圈类型最高一级的聚落。海阳司马台遗址采集了3件比较重要的玉器,分别为牙璋、牙璧和有领环,以往研究者皆认为这几件玉器属于龙山时代[2],但是该遗址龙山文化遗存并不丰富,而是以岳石文化为主。而且有领环在山东龙山文化其他遗址中还未曾见到,反而商代有这种形制的玉环,其年代可能并不能早到龙山时期。牙璧的起源与流传也有许多争议,

---

[1] 燕生东,刘延常.滕州市庄里西新石器时代至汉代遗址[C]//中国考古学会.中国考古学年鉴(2003).北京:文物出版社,2004:205-206.
[2] 张学海.牙璋杂谈[C]//香港中文大学中国考古艺术研究中心.南中国及邻近地区古文化研究.香港:香港中文大学出版社,1994:19-22;王永波.耜形端刃器的分类与分期[J].考古学报,1996(1):1-61;栾丰实.牙璧研究[J].文物,2005(7):69-81;员雪梅.燕辽、海岱、中原地区新石器时代玉器研究[D].北京:北京大学考古文博学院,2005;袁永明.辽海、海岱地区新石器时代文化比较研究——以玉器为中心[D].北京:北京大学考古文博学院,2003.

因而司马台遗址中的这几件器物其实都没有确凿证据能够确定为龙山时期。因此，杨家圈类型并不是山东龙山文化的用玉发达地。

综上所述，两城地区出土玉器的遗址毫无疑问都是该地区最高等级的中心聚落，尤其是两城镇遗址，是目前所见龙山文化中期规模最大、内涵最丰富的遗址。姚官庄类型的情况也是如此，西朱封和姚官庄遗址都是该地区的中心性聚落，尤其是西朱封大墓，是迄今为止龙山文化所见等级最高的墓葬。尹家城和杨家圈类型虽然用玉不太发达，但是目前能发现玉器的遗址皆是具有很高等级的。从以上分析可知，山东龙山文化采集和发掘玉器的遗址的规模和等级并不低，与墓葬中玉器并不是全部集中出现于高等级墓葬中的现象截然相反。

（三）采集玉器所反映的问题

1. 牙璋问题

目前山东地区共出土 8 件牙璋，分别为临沂大范庄 2 件、海阳司马台 1 件、五莲上万家沟 1 件、沂南罗圈峪 4 件。除海阳司马台遗址属于杨家圈类型外，其余 3 处遗址均属于两城镇类型。这 8 件器物无一例外都是采集品，均缺乏明确的地层关系，以往研究者只是依据当地多见龙山时代遗存，而把这些器物视为龙山时代甚至是大汶口文化晚期的遗物，而孙庆伟则根据各地出土牙璋的年代序列，以及其出土状况和当时的社会背景，认为中原而非山东是牙璋的起源地，且山东地区牙璋的年代在龙山晚期至二里头一期之间[1]。不论牙璋的具体功用如何，但学界比较一致地认为牙璋是一种重要的礼器。[2] 既然是一种礼器，必然要与等级有一定关联，一般重要的礼器相应地与高等级贵族的礼制活动有关，而高等级贵族又与高等级遗址是对应的。而研究发现山东地区出土的 8 件牙璋，

---

[1] 孙庆伟 . 礼失求诸野：试论"牙璋"的源流与名称 [C]// 商周考古、艺术与文化国际研讨会论文集，"中央研究院"，中国台北故宫博物院，2013.
[2] 香港中文大学中国考古艺术研究中心编的《南中国及邻近地区古文化研究》一书的 Part Ⅰ 和 Part Ⅱ 即有关牙璋的研究文章，基本一致认为牙璋是一种礼器。

没有一件是出土于龙山文化出土玉器的高等级中心性遗址，如临朐西朱封、五莲丹土、日照两城镇等并没有发现牙璋，而是出土于一些次等级遗址和用玉不太发达的地方。因此，牙璋很可能并不是起源于龙山文化的高等级中心性遗址，如果高等级中心性遗址不用这类重要的礼器，那么用玉不发达的地方类型和低等级聚落则更没必要。这些材料支持孙庆伟认为牙璋并非起源于山东龙山文化的看法。图2-12所示为龙山文化出土的牙璋。

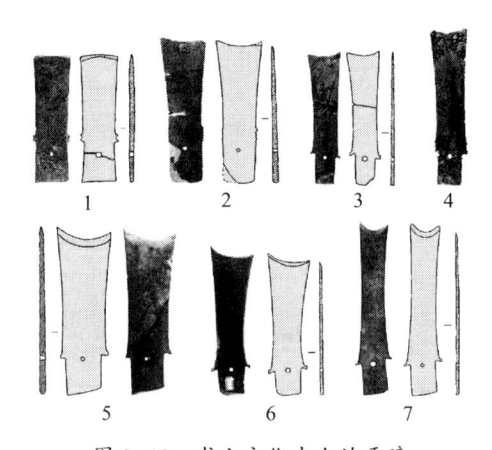

图2-12　龙山文化出土的牙璋
（本图引自栾丰实《再论海岱地区的史前牙璋》图一）
1. 罗圈峪 YL∶10　2. 大范庄 LF∶211　3. 罗圈峪 YL∶11　4. 罗圈峪 YL∶12
5. 大范庄 LF∶210　6. 司马台　7. 上万家沟

2. 五莲上万家沟、沂南罗圈峪采集玉石器所反映的问题

五莲上万家沟和沂南罗圈峪采集玉石器皆出自山石裂隙之中，且附近并无龙山文化遗址或遗存。这两处地点皆有牙璋出土，孙庆伟把它们皆归为单阑型牙璋，参照中原地区牙璋的演变规律，它们确实都是时代较早的牙璋，这些牙璋的制作年代都在龙山晚期到二里头文化一、二期之间[1]，那么这两个地点的年代上限则是龙山晚期。在龙山晚期，山东地区文化面貌呈现衰落现象，这一时期玉器并不多见，因此，将玉石器填

---

[1] 孙庆伟. 礼失求诸野：试论"牙璋"的源流与名称 [C]// 商周考古、艺术与文化国际研讨会论文集，"中央研究院"，中国台北故宫博物院，2013.

埋在山石裂隙中应该不是宝藏一类的遗存。罗圈峪地点器类较为复杂，既有礼器类，又有装饰类和工具类，而且以工具类为主。这批玉石器只有1件镯和1件小锛为玉质，其他皆为石质，而且作为礼器的牙璋均残断，甚至其中一件只剩柄部一小部分。报告作者认为其性质为祭祀坑的可能性较大，不能说没有道理，因为这些玉石器埋藏的形式和地点，确实容易让人与祭祀山川或其他神灵联系在一起，但是为什么要用残破的牙璋和石质的工具类来祭祀呢？考虑到该地点周围并无龙山文化遗址或遗存，那么这些玉石器应该是其他地点的人群特意来到此地掩埋的，应该具有特定目的。笔者虽然对埋藏内容的组合和器物是否完好有所疑窦，但是在没有充足的证据之前，还是认同报告作者对其属性的判断。上万家沟石隙位于半山腰一块突立的巨石前，该地点只有一件牙璋，虽然玉质欠佳，似蛇纹石，但是牙璋保存完好，这些特点更加符合作为祭祀性质的遗存。

（四）用玉的时空差别与所反映的用玉观念

表2-6所示为龙山文化各地方类型玉器数量统计表。

表2-6　龙山文化各地方类型玉器数量统计表[1]

地方类型	礼器类	工具类	装饰类/件（组）	丧葬用玉	其他用途	总　计
城子崖类型	0	0	0	0	0	0
尹家城类型	2	3	1	0	0	6
姚官庄类型	17	2	42	2	0	63
两城镇类型	57	11	22	1	2	93
杨家圈类型	3	1	0	0	0	4
尚庄类型	0	0	0	0	0	0
王油坊类型	0	0	0	0	0	0

---

[1]　本表只统计信息明确的玉器。

综合墓葬所出和遗址采集玉器来看，这些玉器从属于龙山文化早期至龙山文化晚期。早期主要出土于两城镇类型的地域中，如五莲丹土、临沂大范庄、湖台等地，这一时期的玉器数量不如中期丰富。龙山文化中期是玉器应用最为繁盛的时期，不仅分布地点扩大，而且发展出了具有礼制性的兽面纹玉圭、大型玉刀和精美绝冠的玉冠饰。到龙山晚期少见玉器的出土，而这一期也是龙山文化的衰落期，继之而起的岳石文化也很少发现玉器，很可能此前的用玉传统也随之淡逝了。从分布地域来看，山东龙山文化玉器的分布中心地带在两城镇地区和临朐及其周围地区，尤以两城镇地区为最。两城镇地区不仅玉器数量最多，而且贯穿整个山东龙山文化玉器发展的始终，该地区从大汶口文化晚期偏晚阶段就形成了玉器制作和使用的中心，这种状况一直延续至龙山文化中期偏早阶段，之后玉器制作和使用中心转移至了两城镇遗址，使该地区的用玉传统发展到鼎盛阶段。虽然以临朐西朱封为代表的姚官庄类型用玉传统也较为发达，但是与两城镇地区相比还稍逊风骚，该类型龙山文化早期基本还未见到玉器，直到龙山文化中期用玉文化才开始凸显出来，且其器类和数量都不如两城镇地区丰富。

除两城镇类型和姚官庄类型两个用玉中心外，还有杨家圈类型和尹家城类型出土了玉器。虽然这两个类型也采集有礼制性的玉器，如牙璋、牙璧、玉璧等，但其时代不易确定。剩余的就是一些小锛、小斧、残玉刀等又小又具有实用性的生产工具。即使那些礼制性的玉器属于龙山时期，这些玉器也不可能是本地制作的，因为当地并没有使用玉器的传统。综上所述，这两个类型玉器数量极少，且多为小型工具类，个别遗址采集到牙璧，但并没有形成较为发达和系统的用玉文化。小型工具类可能为本地生产，但属于不自觉的人类行为，而那些礼制性玉器应是在两个用玉中心影响下的产物。

城子崖类型、尚庄类型、王油坊类型迄今还未见到玉器出土，但是这几个地区却发现了大量的龙山时期的城址，反映出其社会发展程度并不低。从山东龙山文化玉器的分布来看，越往西玉器越少，到边缘地带则不见玉器。

由于西朱封大型墓玉器和两城镇玉圭等高等级玉器的出土，山东龙山文化通常给人的映象是玉器很发达，是龙山时代重要的用玉中心。但经过本文的梳理和研究之后发现，并不是所有的山东龙山文化地方类型都喜好使用玉器，不同地区的人对玉器的接受和使用程度有所差别。这主要体现在墓葬用玉和聚落是否发现玉器两个方面。

综观龙山时期墓葬的用玉情况，不同地方类型墓葬中用玉的观念和习俗是不一样的。墓葬用玉集中在姚官庄和两城镇类型，虽然两城镇类型还没见到龙山早期之后的墓葬中的玉器实物，但是1936年发掘的墓葬中是有一批玉器出土的。尹家城类型大型墓葬不用玉器，只有个别中型墓用玉，只是偶然现象，可能与墓主获取玉器的方式和来源有关。而城子崖类型、杨家圈类型、王油坊类型、尚庄类型目前还未见到墓葬用玉的现象。如果从大的地域划分的话，山东西部和西北部几乎不见用玉墓葬，而是主要集中在东部和东南部地区。姚官庄和两城镇类型被认为是处于海岱龙山文化的腹心地带，文化内涵单纯而典型，[1]因此两地区墓葬用玉也发展得较早、较为典型。

不同的地区，玉器在聚落中所发挥的作用显然是不同的。在两城镇类型和姚官庄类型的聚落中，玉器在参与等级划分、承载礼制等活动中发挥着重要作用，不同等级的聚落出土玉器的数量与质量有很大差别。而在与这两个类型相邻的杨家圈类型和尹家城类型中，只有个别遗址出土有少量玉器，虽然这些少量的玉器大部分也出土在等级并不低的遗址中，但是数量过少，玉器在标志等级和充当礼器等方面发挥的作用并不大。而越靠西的几个类型中甚至不见玉器出土，显然这些地区的人们的观念中并不十分接受玉器及其所蕴含的礼制、宗教与政治意义。

---

[1] 栾丰实.略论海岱龙山文化的地方类型[J].济南大学学报.1995，5（3）：22-26.

四、工艺美学

（一）材质与工艺

根据目前已有的鉴定结果，龙山文化玉器的材质有透闪石、蛇纹石、蛇纹石化大理岩、大理岩、绿松石、滑石等，某些玉器为石质材质制作。两城镇类型和姚官庄类型是龙山文化的两个用玉中心，这两个地方类型的玉器可能因埋藏环境和材质成分的差异，玉器的色调存在较大不同。两城镇类型的玉器从总体来看，表面受沁较为严重，因而大多玉器表面并非原色，呈现浅褐色至深褐色不等，同时一些重要玉器表面有不规则的网状结构，颜色较其他部位浅。未受沁或受沁轻微的玉器表面原色多为青色微泛黄，或墨绿色。而姚官庄类型的玉器多出自于大型墓中，保存较好，表面受沁轻微或保持原状，故而器表色调能够清晰地观察。以西朱封和袁家庄为代表的该类型玉器色调多为青白色和青色，墨绿色较少。玉器色泽的呈现与材质内部铁元素的含量关系密切。因此，两种类型玉器色泽与保存状态的不同，很可能与使用的玉料不同有关，同时，或许也与当时不同地域人对色彩的感知与喜爱有差异相关。有学者通过对龙山文化玉器玉料的来源进行考察，认为玉料是以本土产出为主，先民获取玉料是以就地取材或就近取材，另有部分玉料明显非海岱地区所产，应该是通过贸易或交换等手段从其他地区获取。[1] 需要指出的是，笔者曾专门去山东境内进行实地调查，目前山东境内尚未发现透闪石玉矿。同时，通过对西朱封、两城镇两处中心聚落内出土重要玉器的材质进行检测发现，一些玉的材质成分特征与辽宁岫岩玉特征接近，[2] 不排除一部分玉料来自于辽东地区。

---

[1] 王强.海岱地区新石器时代玉料来源及琢玉工艺初探[J].华夏考古，2008（2）：79.
[2] 孟冀等.山东临朐县西朱封出土龙山文化玉器观察[C]// 珠宝与科技：中国珠宝首饰学术交流论文集（2013）.国土资源部珠宝玉石首饰管理中心（NGTC），中国珠宝玉石首饰行业协会，2013：160.

龙山文化完整的玉器制作流程包括开料、琢制成形、磨制（粗磨与细磨）、钻孔、刻纹、透雕镂空、圆雕、镶嵌等。与龙山时代早期相比，龙山文化玉器的开料与成形已基本不见线切割工艺，而是以片切割技术为主流。透雕镂空和圆雕技术进一步发展，为海岱地区史前玉器图案的表达增添了一种新形式，而且新出现了绿松石镶嵌技术，使之与美玉结合，创造出更加绚烂的艺术效果。同时，根据两城镇遗址玉器坑的资料，还可以窥探龙山文化的制玉工坊。

两城镇遗址玉器坑发现于20世纪30年代初，玉坑位于村镇北边偏中的地带，是群众在动土中无意发现的，出土物很快便流散了，主要是通过青岛古董商人流散到国内外各地。"玉坑出土物中，原料、半成品、成品都有。原料中曾见大块的玉石，长约四五十厘米，形如长条的冬瓜或枕头；半成品多磨成厚薄不等的片状物，形状有三角形、长方形与不规则四边形等；成品中有穿孔石斧与其他小件工具。"[1] 对玉坑的性质，刘敦愿先生认为有两种可能：一种可能是宝藏；另一种可能是玉器作坊的遗存。逄振镐发现两城镇出土的一些玉器具有半成品特点，且在数量和种类上，乃至加工制作的水平方面，在已发现的龙山文化遗址中均首屈一指，因此，他认为两城镇玉坑是玉器作坊遗存的可能性比较大。[2] 本书也倾向于认为此玉坑与制玉作坊遗存有关，原因还有以下几点。

首先，两城镇遗址出土的兽面纹玉圭上的兽面纹应该取材于本地陶器之上的兽面纹（见图2-13和图2-14），这就意味着玉圭应为本地制作，那么两城镇遗址必然存在制作玉器的作坊一类遗存；其次，上文已经分析，在龙山文化中期制玉中心从丹土遗址转移到了两城镇遗址，而这两个遗址是目前龙山文化出土玉器最多、种类最为齐全的最高等级的中心性聚落遗址，这样的遗址应该存在制玉作坊一类的遗存；最后，最重要的是在玉坑内发现的不仅有成品，还有原料和半成品，而且以往也

---

[1] 刘敦愿. 有关日照两城镇玉坑玉器的资料 [J]. 考古，1988（2）：123.
[2] 逄振镐. 史前东夷出土玉器分析与玉制业的发展 [J]. 北方文物，1998（4）：18-24.

发现过半成品的玉器，这些遗物体现了玉器制作过程中的各个环节，使人们好似能窥视到当时玉器制作的大致过程。

图 2-13　两城镇出土的黑陶花纹　　图 2-14　两城镇出土的玉圭兽面纹

由两城镇玉器坑的分析表明，龙山文化时期玉器已经成为独立的手工业部分，出现了专业化生产，进而创造出了发达的玉器文化。

（二）图案与审美

龙山文化雕琢有图案和纹样的玉器数量屈指可数，目前所见的仅有西朱封202号墓的两件玉簪和两城镇遗址采集的兽面纹玉圭。西朱封两件玉簪的图案在上文已有分析，分别为戴"介"字形冠组合兽面的神的形象和侧面神人形象（见图2-15）。两城镇玉圭下半部分两面均用细阴刻线雕琢有装饰图案，一面同样为戴"介"字形冠的兽面置于长方形台上的神的形象，另一面为戴冠的旋目兽面纹（见图2-14）。两地的图案类型与构图模式大体相同，只是表达形式与运用器类不同。

图 2-15　西朱封大墓出土的两件玉簪

黄河下游地区玉文化的兴起与良渚、红山玉文化的影响密不可分，尤其是良渚玉文化为主要影响因素。众所周知，神人与兽面的组合是良渚神徽的典型构图模式，"介"字形冠本身就是神人羽冠的简化与抽象变形，[1]因而龙山文化这些图案的构图模式与理念应当受良渚玉文化的影响。而且与良渚玉文化相同的是，除了在玉礼器上雕琢这些具有宗教信仰与神权标志的纹样外，龙山文化先民同样将其运用到了头部的装饰玉器上。与良渚玉文化不同的是，龙山文化玉器图案重在表达突出兽面，神人仅用"介"字形冠这一符号表达，同时新发展出圆雕型的神人侧面形象。这些变化一方面凸显出文化"移植"的影响，另一方面也表明龙山先民对于图案与纹样的接受有所选择，并进行新的创作，具有较高的审美情趣。

第二节　黄河中游地区

龙山时代晚期，黄河中游地区的用玉考古学遗存主要有陶寺文化中晚期、清凉寺墓地三期与四期墓葬、后岗二期文化、王湾三期文化、造律台文化、石峁文化和客省庄文化。

一、考古发现

（一）陶寺系统

陶寺系统除陶寺遗址外，另有曲沃方城、翼城开化、襄汾丁村、新绛古堆、临汾下靳等经过发掘，而中、晚期经过重点发掘的只有陶寺和清凉寺两处，为这一时期的代表性遗址。

陶寺遗址位于山西省襄汾县县城东北约 7 公里处，遗址东西长约

---

[1] 邓淑苹. 古代玉器上异奇纹饰的研究 [J]. 故宫文物季刊，1986，4（1）；邓淑苹. 远古的通神密码：介字形冠. 故宫文物月刊，2007（286）.

2000 米，南北宽约 1500 米，面积约 300 万平方米。[1]20 世纪 50 年代初由山西文物工作委员会调查发现，1963 年冬、1973 年和 1977 年秋，为了探索夏文化，考古工作者对陶寺遗址进行了复查。1978 年至 1984 年，揭开了陶寺遗址的大规模发掘，目前发现的 1000 多座墓葬基本上都是在这一阶段发掘的。21 世纪，随着"中华文明探源工程"的展开，陶寺遗址的考古工作重新启动，发现了中期大城、中期小城、中期大墓、观象台[2]等重要遗存。

陶寺遗址的玉器多出土于墓葬中，目前已发现两处墓地。一处墓地位于该遗址东南部，面积在 3 万平方米以上，埋葬集中，出现了繁复的相互打破或叠压现象，已发掘陶寺文化不同时期的墓葬超过 1300 座。[3]本书把这处墓地称为第一处墓地，其中大型墓 6 座、中型墓 60～70 座、小型墓 1200 余座。大、中型墓葬的年代多为陶寺文化早期。晚期墓葬 332 座，均为中、小型墓葬，大多没有随葬品，有随葬品的一般不超过 3 件，以骨笄最为常见。晚期墓葬出土玉石器的墓葬有 33 座，出土玉石器 140 件（组），绿松石片若干。另一处墓地在陶寺中期大城南垣 Q5 与 Q6 之间的中期小城西北部，面积约 1 万平方米，为陶寺中、晚期墓葬，本书把这处墓地称为第二处墓地。2003 年，清理陶寺文化中晚期墓葬 22 座，[4]其中最重要的是ⅡM22，遗迹、遗物比较丰富。ⅡM22 棺内残留绿松石饰件、玉钺碎块、小玉璜、木柄、子安贝等 46 件随葬品，扰坑ⅡH16 内被扰出来的棺内随葬品有玉钺、玉钺残块、白玉管、天河石和绿松石片等 20 件。另外，墓室内未扰动的随葬品中有玉石器 18 件

---

[1] 中国社会科学院考古研究所，山西省临汾市文物局.襄汾陶寺：1978~1985 年考古发掘报告[M].北京：文物出版社，2015.

[2] 中国社会科学院考古研究所山西工作队，等.山西襄汾县陶寺城址祭祀区大型建筑基址 2003 年发掘简报[J].考古，2004（7）：9-24.

[3] 高炜.晋西南与中国古代文明的形成[C]// 中国考古学会，山西省考古学会，山西省考古研究所.汾河湾：丁村文化与晋文化考古学术研讨会文集.太原：山西高校联合出版社，1996：115.

[4] 何驽.陶寺城址发现陶寺文化中期墓葬[J].考古，2003（9）：3-6.

（组），分别为青石大厨刀4件、玉钺5件、玉戚3件、玉琮1件、玉璜3件（组）、玉兽面1组。2005年抢救性发掘6座墓葬，[1]出土玉器6件，分别为玉环2件、玉璧1件、玉镯1件、牙璧1件、玉戚1件，另有绿松石管3件、绿松石饰品若干、玉器残片若干。

清凉寺史前墓地位于山西省运城市芮城县东北部，在中条山脉南麓、黄河北侧，为山前丘陵坡地，属于寺里—坡头遗址，该遗址面积约200万平方米。[2]2003年至2006年山西省考古研究所对该墓地进行了系统发掘，共发掘墓葬355座。[3]发掘者将300多座墓葬分为4期，第一期墓葬的头向、葬式与后面的3个时期有较大区别，而且根据碳十四测年法，发现第一期墓葬年代为仰韶时期，与后3个时期墓葬年代差距也较大，因此第一期墓葬不在本文的讨论之列。关于第2～4期墓葬的相对年代，发掘者在不同的简报和文章中说法不同，较为混乱。由于第2～4期墓葬中总共才出土了6件陶器，因而墓葬相对年代的分期不易把握，只能求助于绝对年代。而简报中公布的碳十四年代数据为，"属于第二期的墓葬中，年代最早的数据接近公元前2350年，其余墓葬的测年数据大部分在公元前2300年—前2050年，以公元前2200年—前2100年比较集中。第3、4期墓葬的测年数据在公元前2050年—前1900年。因此，公元前2300年—前1900年应是墓地第2～4期的大致范围"。从这些数据看，清凉寺第3、第4期墓葬的年代明显处于龙山时代晚期，而与庙底沟二期文化晚期相去稍远。而且根据墓葬被毁比较严重、大型墓中随葬玉石器较多的现象来看，与陶寺遗址墓葬和下靳墓地情况类似，而与朴实无华的庙底沟二期文化较不相似。因此，本文将清凉寺墓地第3、第4期纳入陶寺文化中、晚期的范畴予以讨论。

---

[1] 王晓毅，严志斌. 陶寺中期墓地被盗墓葬抢救性发掘纪要 [J]. 中原文物，2006（5）：4-7.
[2] 山西省考古研究所，等. 清凉寺史前墓地 [M]. 北京：文物出版社，2016.
[3] 陈靓，薛新明. 山西芮城清凉寺新石器时代墓地人口构成研究 [J]. 西北大学学报：哲学社会科学版，2010，40（6）：37-40.

清凉寺第 3 期和第 4 期墓葬分别有 105 座和 44 座，其中各出土玉器的墓葬有 37 座和 4 座。第 3 期墓葬出土的玉器种类有玉石璧环、玉石琮、玉石钺、玉石管饰、玉虎头、方形璧、牙璧、长条双孔或三孔刀、六边形筒状器、玉石梳、玉石镯等。第 4 期墓葬出土的玉器种类较少，有玉石璧环、大理石镯、柱状玉器等。另外，20 世纪 70 年代末，当地百姓在挖窑洞时发现一批玉器，芮城县博物馆随即将其征集，该批玉器共有 14 件，其中玉璧 13 件、玉琮 1 件。1992 年在该地点又征集到一批玉器，器类以璧为主，另有琮、环等约 38 件。[1]

侯马西阳呈遗址位于侯马市西南，北邻浍河，东北距牛村古城约 5 公里，西距西南张祭祀遗址约 2 公里。该遗址以陶寺文化遗存为主，但规模与内涵不清。1993 年，山西省考古研究所侯马工作站考古人员在调查时发现一座残房（编号 93HXF1），属于陶寺文化晚期，在房子中采集玉钺 1 件、残石刀 1 件，石刀残破过甚。[2]

曲舌头遗址位于襄汾县城丁村东南约 1000 米、汾河东岸的二级阶地前缘。地层中出土残玉璜 2 件、残玉环 1 件。[3]

另外，1964 年在黎城县后庄村广志山采集一件刻纹玉戚，高 20.6 厘米、宽 13.1 厘米、厚 0.4 厘米。[4] 图 2-16 所示为陶寺系统中晚期重要玉器组合。

---

[1] 山西省考古研究所，芮城县博物馆. 山西芮城清凉寺墓地玉器 [J]. 考古与文物, 2002（5）: 3-6.

[2] 山西省考古研究所侯马工作站. 侯马西阳呈陶寺文化遗址调查 [J]. 文物季刊, 1996（2）: 56-58.

[3] 山西大学历史系考古专业. 山西襄汾县丁村曲舌头新石器时代遗址发掘简报 [J]. 考古, 2002（4）: 29-40.

[4] 刘永生，李勇. 山西黎城神面纹玉戚 [J]. 故宫文物月刊, 2000（204）.

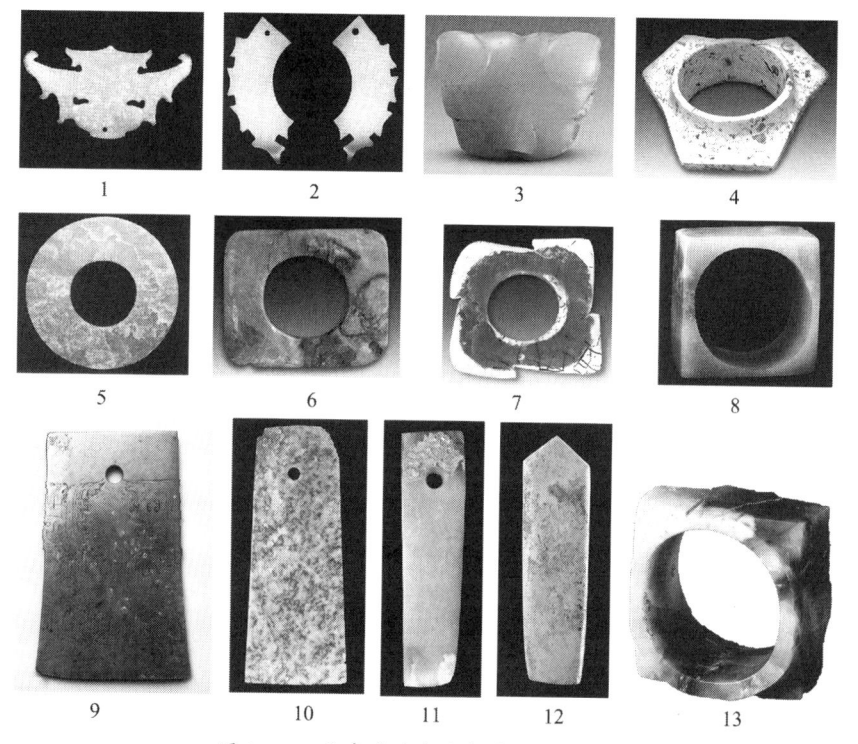

图 2-16 陶寺系统中晚期重要玉器组合

1. 陶寺玉兽面 2. 陶寺玉璜 3. 清凉寺玉虎头 4. 清凉寺六边形器 5. 陶寺玉环 6. 清凉寺方璧
7. 清凉寺牙璧 8. 陶寺玉琮 9. 黎城玉戚 10、11. 陶寺玉钺 12. 陶寺玉圭形器 13. 清凉寺玉琮

（二）石峁文化

石峁文化是指包括内蒙古中南部、晋中北、陕北和冀西北在内的狭义的中国北方地区，这是相对于以晋南、豫西为中心的"中原地区"而言的一个相对独立的地理单元，最早由苏秉琦先生明确提出。[1] 该地区在新石器时代有过辉煌灿烂的文化，在早期"中国文化共同体"的形成中有着举足轻重的地位。作为一个相对独立的自具特色的亚文化区，石峁文化对中国文明的形成和发展产生了深远影响。[2]

石峁遗址位于陕西省神木县高家堡东约3公里的石峁村，地处秃

---

[1] 苏秉琦. 华人·龙的传人·中国人：考古寻根记 [M]. 沈阳：辽宁大学出版社，1994：22-30.
[2] 韩建业. 中国北方地区新石器时代文化研究 [M]. 北京：文物出版社，2003：268.

尾河和永利河交汇的东南山峁上，所处地貌山峁林立，沟壑纵横。20世纪七八十年代以来，陕西省考古研究所、半坡博物馆等单位先后开展了调查及小面积发掘，并征集到一批极具特色的陶器和百余件精美的玉器，[1]引起了学术界的高度关注。然而，由于石峁遗址未经过大规模考古发掘，其文化面貌、玉器与文化遗迹之间的关系并不明朗，因而其遗址范围、年代及文化背景等问题一直聚讼不休。2011年，陕西省、市、县3家单位组成联合考古队对石峁遗址开展了区域系统考古调查，发现城防建筑。[2]2012年的复查确认了石峁城址，城内面积达400万平方米以上，这是迄今国内所见规模最大的龙山时期至夏阶段城址。[3]2012年重点发掘了外城东门址，该门址包括内、外两重瓮城、砌石夯土墩台、门塾等设施，出土了玉铲、玉璜、壁画、石雕和陶器等重要遗物。本次发掘所获玉铲和玉璜均出自于外瓮城早期石墙北端的倒塌墙体和倒塌堆积中，其中两件玉铲出土于北端东西向短墙向北倒塌的墙体内，东西间隔约2米，东侧玉铲平置于石块错缝之间，石块间还有少许草拌泥。之后，石峁考古工作至今仍持续进行，在皇城台[4]、韩家圪旦[5]等地点出土了牙璋、玉琮、玉钺、玉环等玉器，尤其在皇城台的台基中发现了大量石质雕塑与雕像。图2-17所示为石峁、碧村遗址用玉组合。

---

[1] 戴应新.陕西神木县石峁龙山文化遗址调查[J].考古，1977（3）：154-157；戴应新.神木石峁龙山文化玉器[J].考古与文物，1988（5，6）：239-250；戴应新.神木石峁龙山文化玉器探索[J].故宫文物月刊，1993（125—130）；王炜林，孙周勇.石峁玉器的年代及相关问题[J].考古与文物，2011（4）：40-49.

[2] 陕西省考古研究院.2011年陕西省考古研究院考古发掘新收获[J].考古与文物，2012（2）：3-13.

[3] 陕西省考古研究院.2012年陕西省考古研究院考古发掘新收获[J].考古与文物，2013（2）：3-10；王炜林，孙周勇，等.2012年神木石峁遗址考古工作主要收获[N].中国文物报，2012-12-21（8）.

[4] 陕西省考古研究院等.陕西神木县石峁城址皇城台地点[J].考古，2017（7）：46-56；陕西省考古研究院，等.陕西神木市石峁遗址皇城台大台基遗迹[J].考古，2020（7）：34-47；陕西省考古研究院，等.石峁遗址皇城台地点2016～2019年度考古新发现[J].考古与文物，2020（4）：3-11.

[5] 陕西省考古研究院，等.陕西神木县石峁遗址韩家圪旦地点发掘简报[J].考古与文物，2016（4）：14-24.

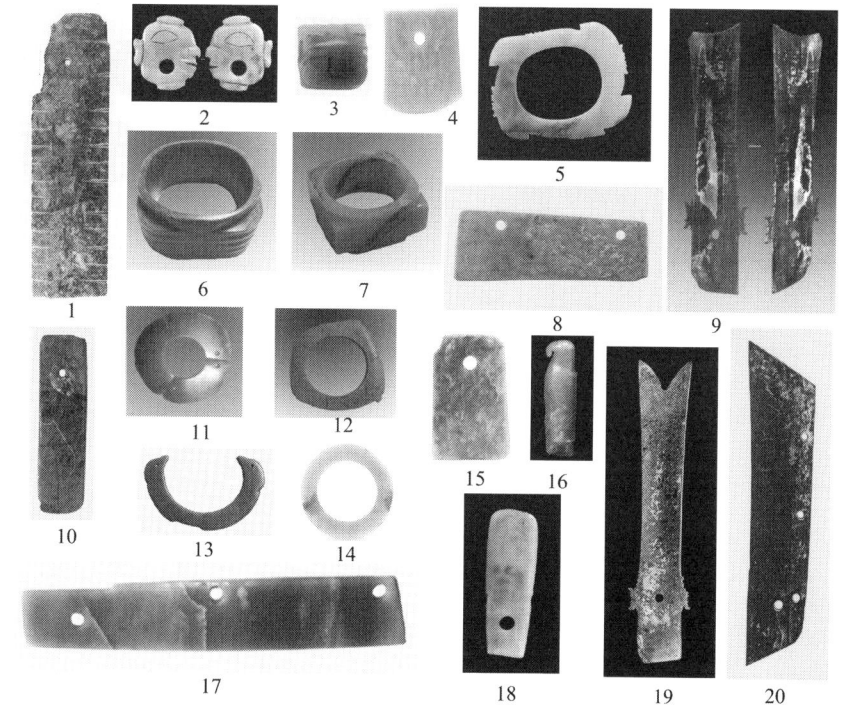

图 2-17 石峁、碧村遗址用玉组合

1、6、7. 玉琮（石峁征集、碧村 A011 和 A012） 2. 玉人头像（石峁 SSY：122） 3. 玉虎头像（SSY：124） 4、15. 玉钺（皇城台出土） 5. 牙璧（石峁采集） 8、17、20. 长条形玉刀（石峁采集、碧村 A014、石峁 SSY：86） 9、19. 牙璋（石峁 SSY：17、15） 10. 玉铲（碧村 A017） 11. 复合玉璧（碧村 A006） 12. 异形璧环（碧村 A001） 13. 玉璜（碧村 A023） 14. 玉环（皇城台出土） 16. 玉鹰笄首（石峁 SSY：126） 18. 玉圭（石峁 SSY：75）

20 世纪 70 年代，戴应新在石峁遗址进行过调查，并征集 126 件石峁玉器，因故有石琮和几件玉璧未能收集到。这批玉器中有牙璋 30 件（其中 2 件残破后经过改制）、多孔刀 15 件、戈 3 件、钺 10 件、斧 2 件、铲 13 件（将采集者定名的锄与锄形器归入）、圭 10 件、刀 11 件（采集者将之称为切刀 3 件、镰刀 5 件、刀形玉片 3 件）、梭形器 2 件、锛 2 件、玉棒 1 件、璧 1 件、牙璧 2 件、璜与璜形饰 10 件、玉尺形器（实为良渚文化高节玉琮的改制品）1 件、十字形器 1 件、人头像 1 件、玉蚕 1 件、虎头 1 件、玉鹰笄首 2 件、玉料半成品 1 件。

除考古调查和发掘出土品外，2012 年 11 月，北京大学考古文博学院孙庆伟、崔剑锋、曹芳芳一行三人前往神木，对该县私人收藏的石峁玉器进行了检测，检测数量不少于 200 件，其中包括多件牙璧、玉璧、玉璜、玉钺，另有 1 件人面像，与戴应新所采集的人面像基本一致。另外需要指出的是，该遗址自 20 世纪二三十年代就因大量流散于海外和一些文博单位收藏的玉器而闻名。[1] 另据戴应新披露，他所采集的 100 多件玉器只是其中的一小部分，还有更多的玉器被当作玉料出口。

碧村遗址位于晋西北兴县高家村镇，地处蔚汾河的入黄河口处，是近年发现的一处龙山时代晚期石城遗址，该遗址出土的玉器填补了晋西北龙山时代玉器的空白。碧村遗址是晋西北目前已知发现龙山时期玉器最为集中的地点之一，尤其是该遗址中心的小玉梁，曾有大量玉器被盗。目前，在整个小玉梁地点在围墙范围内经正式发掘出土的玉器有 3 件，分别为玉璧残件、玉钺残件、方形玉牌各 1 件。除此之外，还有近 30 件玉器被盗，缺乏明确的考古背景，器类有玉璧环、多璜联璧、牙璧、玉琮、长条形玉刀、玉钺、玉璜等。[2]

寨山遗址位于陕西省榆林市府谷县，处于陕、晋、内蒙古三省交界处，位于神木石峁遗址东北约 60 公里处，是石峁文化的次级聚落。2020 年，在遗址内的庙墕地点共清理石峁文化墓葬 24 座。24 座墓葬中有竖穴土坑墓 21 座，瓮棺葬 2 座，石棺葬 1 座。21 座竖穴土坑墓根据形制可分为 4 个等级，虽然被盗严重，依然出土了玉刀、玉锛、玉坠、残玉器等 10 余件。[3]

新华遗址位于陕西省神木县西南大保当镇东北新华村附近一个名为

---

[1] 考古与文物编辑部.神木石峁遗址座谈会纪要 [J].考古与文物，2013（3）：107-112.

[2] 马昇，张光辉.碧村遗址玉器及相关问题分析 [C]// 朱乃诚.2015 中国·广河：齐家文化与华夏文明国际研讨会论文集.北京：文物出版社，2016：313-316；山西省考古研究所，等.2016 年山西兴县碧村遗址发掘简报 [J].中原文物，2017（6）：4-17；王晓毅.山西吕梁兴县碧村遗址出土玉器管窥 [J].故宫博物院院刊，2018（3）：71-80.

[3] 陕西省考古研究院，等.陕西府谷寨山遗址庙墕地点墓地发掘简报 [J].考古与文物，2022（2）：51-63.

"彭素圪塔"的山丘上，遗址中心位于彭素圪塔南坡上，长约250米、宽约120米，总面积约3万平方米。遗址周围为平缓的沙丘地和坡地，属于典型的沙漠草滩区。新华遗址发现于20世纪80年代的陕西省文物普查工作中。1987年，陕西省考古研究所艾有为对该遗址进行了初步调查，发现了3个灰坑、2处窑址、1座瓮棺，并采集2件玉环。[1]1996年和1999年为了配合基本建设，陕西省考古研究所对该遗址进行了两次大规模的发掘，发掘灰坑189个、房子35座、墓葬91座（其中瓮棺13座）、窑址5座、祭祀坑1座，其中在唯一的一座祭祀坑中发现玉器32件。该坑位于墓地中，平面略呈长方形，东西长1.4米、南北宽0.46~0.5米、深0.12~0.22米，坑壁未加工而坑底较为平整光滑，坑底中央有1个小坑，圆形圜底，直径0.18米、深0.05米，小坑底部有少量鸟禽类骨骼。这些玉器竖置侧立插入土中，器物与器物之间基本保持平行。32件玉器中有玉刀5件、环1件、牙璋2件、玉钺16件、玉圭1件、璜1件、佩饰1件、玉笄形器1件、残片4件。2座墓葬中发现玉器3件，分别为石铲、绿松石饰和玉柄形器。在地层和灰坑还发现残玉石环3件、残玉璜1件。另外，在该遗址中还发现卜骨45块。关于年代方面，新华遗存可分为早晚两段，早段约处在龙山时代的晚期，晚段以高领鬲、三足瓮及花边罐为代表的遗存应该已进入夏代纪年的范畴。由于新华遗存晚段中与双鋬高领鬲、斝、三足瓮等共存的圈足罐、直口厚唇鬲等器物和陶寺晚期遗存的同类器关系密切，所以可以认定新华遗存应该和陶寺晚期经历了大致相同的发展时期。发掘者将新华遗存的绝对年代推定在公元前2150年—前1900年之间。[2] 图2-18和图2-19所示为神木新华遗址祭祀坑出土的玉器。

---

[1] 艾有为. 神木县新石器时代遗址调查简报[J]. 考古与文物，1990（5）：7-11.
[2] 陕西省考古研究所，榆林市文物保护研究所. 神木新华[M]. 北京：科学出版社，2005.

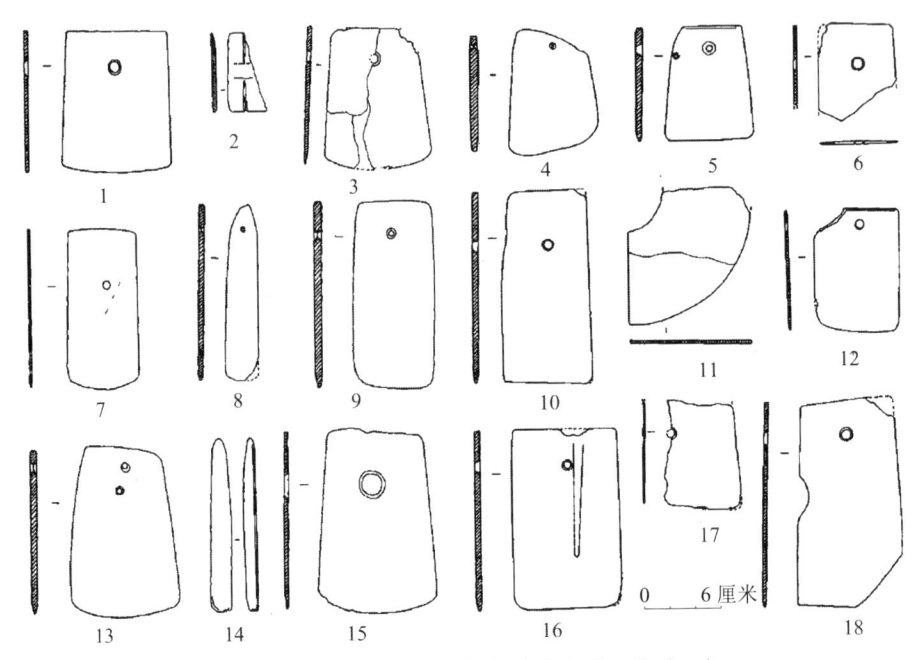

图 2-18 神木新华遗址祭祀坑出土的玉器（一）

1、3～7、9～10、12～13、15～16、18.玉钺（K1:2，K1:1、3、6，K1:17，K1:26，K1:7，K1:14，K1:27，K1:30，K1:29、31，K1:19，K1:13，K1:15，K1:23）

2、17.残玉器（K1:1，K1:9） 8.玉佩饰（K1:20） 11.玉璜（K1:33） 14.玉笄形器（K1:5）

延安出土的史前玉器主要集中在以芦山峁为中心的宝塔区、甘泉、安塞等县区。其中，芦山峁出土玉器34件，除1件存于宝塔区文管所、6件存于陕西历史博物馆外，其余27件均收藏于延安市文物研究所，另有数量不详的玉器流落在个人藏家手中甚至海外。另外，甘泉县博物馆收藏史前玉器5件，安塞县博物馆收藏3件，吴旗、志丹、延长、宜川、富县、洛川、黄龙各2件，总计约50余件，如图2-20所示。[1]

---

[1] 段双印，张华.延安出土史前玉器综合考察与研究：以芦山峁出土玉器为中心[J].玉器考古通讯，2013（2）：15.

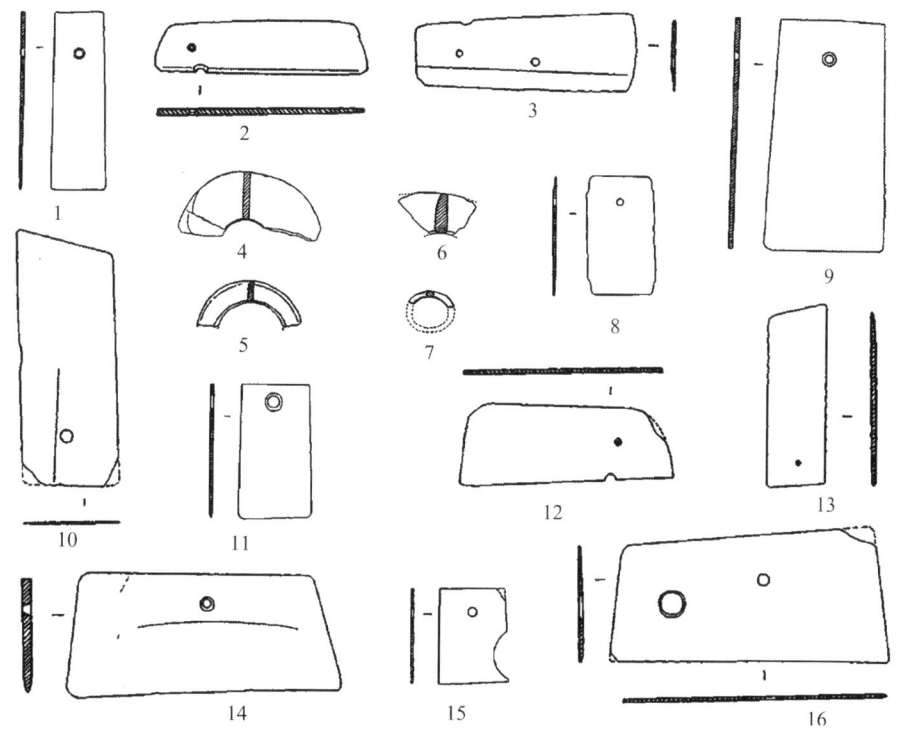

图 2-19 神木新华遗址祭祀坑出土的玉器（二）

1. 玉圭（K1:36） 2、3、12、14、16. 玉刀（K1:32、K1:12、K1:25、K1:18、K1:21）
4. 玉璜（99ⅡT0111②:21） 5～7. 玉环（K1:4、99ⅡT0111②:44、99H158:7）
8、9、11、15. 玉钺（K1:10、K1:34、K1:35、K1:28） 10、13. 玉璋（K1:8、K1:22）

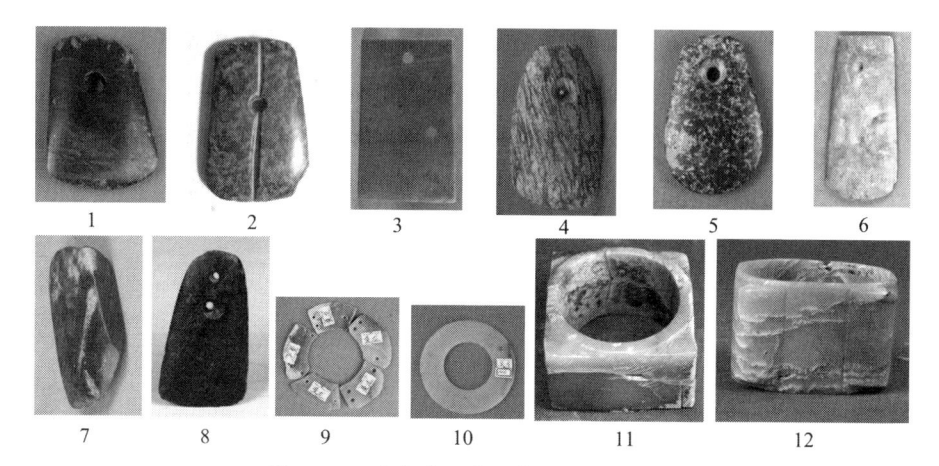

图 2-20 延安其他地区出土的龙山玉器

1、2、4、5. 玉斧（富县出土） 3. 玉钺（甘泉出土） 6. 玉铲（洛川出土） 7、8. 玉斧（志丹和洛川出土） 9. 黄龙出土五合玉璜 10. 宜川出土玉瑗 11. 吴起树圪遗址出土玉琮 12. 安塞出土玉琮

第二章 中原玉器的崛起：龙山时代晚期

159

芦山峁遗址位于延安市北9公里的芦山峁村，1981年当地群众上交了9件玉器，之后延安市姬乃军等又在此地进行了多次调查，[1] 并征集到玉器19件，这些玉器都是在该村的峁畔山和与之相连的小峁、马家坬的向阳山坡上出土的，出土地点位置较高，大多位于山巅附近，离耕地表层很浅。这批玉器包括璧5件、琮2件、牙璧1件、环3件、玉饰1件、铲2件、锛1件、斧1件、笄1件、璜2件、镯2件、七孔玉刀1件、玉虎1件、残玉片3件。

近年芦山峁又重新启动了考古发掘，出土一批考古背景明确的玉器。在大营盘梁的大型房址、院墙、广场的夯土中，以及在台基北侧门址外的祭祀坑中，多次发现以玉器奠基的现象。器类主要有坠饰、玉璜、牙璧、玉环、玉钺、玉刀和玉琮等，[2] 如图2-21所示。

在陕北榆林地区多处遗址发现有玉器，如横山县陈塔、响水沐浴沟、韩岔梨树峁、高镇油坊头等出土了玉刀、玉铲、玉斧（钺）、玉环等，其时代均被认为是龙山晚期。[3] 据孙周勇观察，其玉质、玉色及器形等均与新华、石峁玉器相同或类似。[4] 另据戴应新披露，陕北的米脂、靖边、府谷和内蒙古的准格尔旗都发现有类似石峁风格的玉器。[5]

---

[1] 姬乃军. 延安市发现的古代玉器 [J]. 文物，1984（2）：84-87；姬乃军. 延安市芦山峁出土玉器有关问题探讨 [J]. 考古与文物，1995（1）：23-29.

[2] 陕西省考古研究院. 陕西延安市芦山峁新石器时代遗址 [J]. 考古，2019（7）：29-45.

[3] 韩建武，赵峰，等. 陕西历史博物馆新征集文物精粹 [C]// 陕西历史博物馆. 陕西历史博物馆馆刊（第一辑），西安：三秦出版社，1994.

[4] 孙周勇. 新华文化述论 [J]. 考古与文物，2005（3）：40-48.

[5] 戴应新. 神木石峁龙山文化玉器探索（一）[J]. 故宫文物月刊，1993（127）.

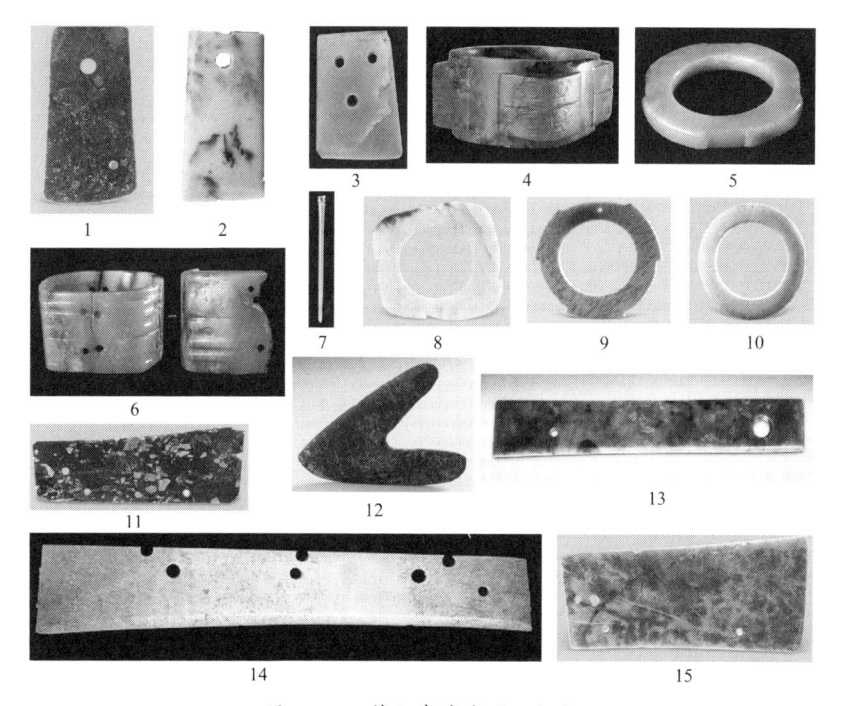

图 2-21 芦山峁遗存用玉组合

1、2. 玉钺（芦山峁 AT3328③：1、采集） 3. 玉铲（芦山峁采集） 4、6. 玉琮（芦山峁采集）
5. 异形璧（芦山峁采集） 7. 玉簪（芦山峁采集） 8、9. 牙璧（芦山峁、AT3228③：1、大营盘梁 F1：1） 10. 玉环（芦山峁 AT3218④：11） 11、13～15. 玉刀（芦山峁 AT2835H26：1、芦山峁采集、芦山峁采集、芦山峁 AT3513H16：1） 12. 石厨刀（芦山峁 AT3226④：1）

（三）其他考古学文化

1. 王湾三期文化

王湾三期文化主要分布于河南省中部地区，目前这一地区已经发现六七百处同类遗址，分布密集。[1] 而关于王湾三期文化类型的划分，目前在学术界的认识尚不统一，[2] 由于这一文化发现玉器的种类、数量都较少，到目前为止还没有集中成规模出土，从考察用玉制度来说没有划分类型的必要。因此，王湾三期文化的玉器概况不分类型叙述，统一置于这一

---

[1] 中国社会科学院考古研究所.中国考古学·新石器时代卷[M].北京：科学出版社，2010：530.
[2] 王震中.略论"中原龙山文化"的统一性与多样性[C]// 田昌五，石兴邦.中国原始文化论集.北京：文物出版社，1989；董琦.虞夏时期的中原[M].北京：科学出版社，2000：22-28；韩建业，杨新改.王湾三期文化研究[J].考古学报，1997（1）：1-22.

考古学文化范围内。王湾三期文化发现玉器的遗址较多，主要有以下所述地点，如表2-7所示。

表2-7 王湾三期文化玉器统计表

遗 址	礼仪用玉	装饰用玉	工具用具
大河村[1]		玉璜8、玉环9、坠饰2	玉刀2
矬李[2]	玉钺1	玉环1、坠饰2	
东杨村[3]		玉钏1	玉凿1
王城岗[4]	残琮1	玉环1、玉管1	
古城寨[5]		玉环1	玉铲1、玉凿1
煤山[6]	玉钺1		
瓦店[7]	玉璧1	鹰笄首、残器1	玉铲1
小潘沟[8]		玉璜1、坠饰1、玉玦1	玉铲1
吴湾[9]	玉钺1		
苗店[10]			玉铲1、玉锛1
站马屯[11]		有领玉环1	
灰嘴[12]		玉环2	
沟湾[13]	残琮1	坠饰1	

[1] 郑州市文物考古研究所.郑州大河村[M].北京：科学出版社，2001.
[2] 洛阳博物馆.洛阳矬李遗址试掘简报.[J]考古，1978（1）：5-17.
[3] 洛阳市文物工作队.河南洛阳吉利东杨村遗址[J].考古，1983（2）：7-21.
[4] 河南省文物研究所，中国历史博物馆考古部.登封王城岗与阳城[M].北京：文物出版社，1992.北京大学考古文博学院，河南省文物考古研究所.登封王城岗考古发现与研究（2002—2005）[M].郑州：大象出版社，2008.
[5] 河南省文物考古研究所，新密市炎黄历史文化研究会.河南新密市古城寨龙山文化城址发掘简报[J].华夏考古，2002（2）：53-82.
[6] 洛阳博物馆.河南临汝煤山遗址调查与试掘[J].考古，1975（5）：285-294；中国社会科学院考古研究所河南二队.河南临汝煤山遗址发掘报告[J].考古学报，1982（4）：43-92；河南省文物研究所.临汝煤山遗址1987—1988年发掘报告[J].华夏考古，1991（3）：5-23；河南省文物考古研究所，等.河南汝州市煤山龙山文化墓葬发掘简报[J].考古，2011（6）：3-10.
[7] 河南省文物考古研究所.禹州瓦店[M].北京：世界图书出版公司，2004.
[8] 洛阳博物馆.孟津小潘沟遗址试掘简报[J].考古，1978（4）：244-255.
[9] 河南省文物研究所，禹县文管会.禹县吴湾遗址试掘简报[J].中原文物，1988（4）：7-12；河南省文物考古研究所，密苏里州立大学人类学系.颍河文明：颍河上游考古调查试掘与研究[M].郑州：大象出版社，2008：288-291.
[10] 中国历史博物馆考古部，等.河南济源苗店遗址发掘简报[J].考古与文物，1990（6）：1-17.
[11] 河南省文物研究所，文化部文物局郑州培训中心.郑州市站马屯遗址发掘报告[J].华夏考古，1987（2）：3-46.
[12] 河南省文物研究所.河南偃师灰嘴遗址发掘报告[J].华夏考古，1990（1）：1-33.
[13] 郑州大学历史学院考古系，河南省文物管理局南水北调文物保护办公室.河南淅川县沟湾遗址仰韶文化遗存发掘简报[J].考古，2010（6）：7-21.

续表

遗　址	礼仪用玉	装饰用玉	工具用具
下王冈[1]		玉管2、坠饰2	
西沃[2]			玉凿1

2. 后冈二期文化

目前后冈二期文化已经发掘的遗址有20处左右，主要有安阳后冈、大寒南冈[3]、安阳八里庄、汤阴白营[4]、淇县宋窑、辉县孟庄[5]、邯郸涧沟、磁县下潘汪、永年台口[6]、任丘哑叭庄[7]等。出土玉器的遗址、数量较少，器类也较为简单，如表2-8所示。

表2-8　后冈二期文化出土玉器统计表

遗　址	礼仪用玉	装饰用玉	工具用玉
后冈		玉环1、小玉璧3（均残）	
大寒南岗		玉环2	
汤阴白营		管珠3、玉片3	
台口			玉斧1
哑叭庄		玉坠1、残器1	
孟庄	玉钺1		

3. 客省庄文化

客省庄文化（曾称"客省庄二期文化"或"陕西龙山文化"）主要分布于渭水及其支流两岸河旁台地上，其范围大致东起潼关、西至宝鸡、

---

[1] 河南省文物研究所，长江流域规划办公室考古队河南分队.淅川下王岗[M].北京：文物出版社，1989.

[2] 河南省文物管理局，河南省文物考古研究所.黄河小浪底水库考古报告（一）[M].郑州：中州古籍出版社，1999：420.

[3] 中国社会科学院考古研究所安阳队.安阳大寒村南岗遗址[J].考古学报，1990（1）：43-68.

[4] 安阳地区文物管理委员会.河南汤阴白营龙山文化遗址[J].考古，1980（3）：3-12；河南省安阳地区文物管理委员会.汤阴白营河南龙山文化村落遗址发掘报告[C]//中国社会科学院考古研究所.考古学集刊（3）.北京：科学出版社，1983.

[5] 河南省文物考古研究所.河南辉县市孟庄龙山文化遗址发掘简报[J].考古，2000（3）：1-20；河南省文物考古研究所.辉县孟庄[M].郑州：中州古籍出版社，2003.

[6] 河北省文化局文物工作队.河北永年县台口村遗址发掘简报[J].考古，1962（12）：635-640.

[7] 河北省文物研究所.河北省任丘市哑叭庄遗址发掘报告[J].文物春秋，1992增刊：178-219.

北抵长城脚下、南达秦岭一线。[1] 在这一范围内，目前已发现该文化遗址达八九十处，其中分布在关中西部的遗址约占75%以上。[2] 由于客省庄文化分布范围较大，因而不同地区也有差异，以目前的材料来看，学者主要将其分为东部的康家类型和西部的客省庄类型（或称为双庵类型）。[3]

康家类型主要分布于西安以东的关中东部，主要遗址有西安米家崖，临潼康家、姜寨，蓝天泄湖，华阴横阵村、梓里村等。这一类型发现玉器的遗址有康家和梓里村遗址。

康家遗址位于临潼县（今西安市临潼区）东北约30公里的渭河北岸，遗址面积较大，约19万平方米。该遗址经多次发掘共清理出龙山时期房址170余座、灰坑62个、墓葬15座、陶窑3座、石灰窑2座、石灰坑7个、兽葬坑2个。在地层和灰坑中出土玉锛2、玉凿1、玉璧1件。2件玉锛形制较小，使用痕迹明显，其中1件已残断；还有若干石璧，均残；玉璧也已残破，玉质粗糙。[4]

梓里村遗址位于陕西省华县县城西南，遗址范围较大，现存约12.5万平方米。在地层和灰坑中出土玉器有石璧1件、玉琮1件、玉饰和绿松石饰等。[5]

客省庄类型主要分布于关中西部，主要遗址有长安客省庄、西花园、太平，武功浒西庄、赵家来，岐山双庵，凤翔大辛村，宝鸡石嘴头等，出土玉器的遗址有太平、客省庄、上泉村、双庵和石嘴头。

---

[1] 中国社会科学院考古研究所. 中国考古学·新石器时代卷[M]// 北京：科学出版社，2010：577.

[2] 梁星彭. 试论客省庄二期文化[J]. 考古学报，1994（4）：419-422. 据该文附表一统计.

[3] 梁星彭. 试论客省庄二期文化[J]. 考古学报，1994（4）：397-424；张忠培. 客省庄文化及其相关诸问题[J]. 考古与文物，1980（4）：78-84.

[4] 西安半坡博物馆. 陕西临潼康家遗址第一、二次试掘简报[J]. 史前研究，1985（1）：56-67；陕西省考古研究所康家考古队. 陕西临潼康家遗址发掘简报[J]. 考古与文物，1988（5，6）：214-228；陕西省考古研究所康家考古队. 陕西省临潼康家遗址1987年发掘简报[J]. 考古与文物，1992（4）：11-26.

[5] 西北大学历史系考古专业77级实习队. 陕西华县梓里村发掘报告[J]. 西北大学学报，1982（3）：94-99.

太平遗址位于陕西省西安市西咸新区沣东新城斗门街道太平村东侧，地处秦岭北麓向渭河谷地延伸的一处河流阶地上。太平遗址联合考古队自 2021 年 3 月起，对遗址展开考古发掘与研究。遗址内发现了 20 余座客省庄二期文化时期的墓葬。其中 M5 破坏严重，仅存东半部。人骨保存极差，周边有密集分布的朱砂，盆骨右侧有玉璧 1 枚。玉璧下方的朱砂和纺织品痕迹十分明显。M20 为单人墓，出土玉环 2 枚，位于右侧手腕部。在居址遗存中也发现有不少玉器，包括玉璜、玉璧、玉刀及玉璧芯和玉料等，反映出一套完整的玉石器加工操作链，表明太平遗址已拥有了一定专业化程度的玉石器加工生产体系。[1]

客省庄遗址位于陕西省西安市西南部的沣镐遗址范围内，客省庄文化发现于村北的一片高地上。1955 年进行了重点发掘，发现大量客省庄文化的遗存，其中房址 10 座、灰坑 43 个、陶窑 3 座。在居址中发现玉璜 5 件（均残破）、玉料多件。[2]

1981 年，戴应新于长安县上泉村征得玉琮 1 件，高达 20.7 厘米。经其实地考察和试掘，得知此玉器出土地点为一处大型客省庄二期文化遗址，并在一客省庄二期文化灰坑中发现了和玉琮质料相同的玉料碎块。[3]

双庵遗址位于陕西省岐山县京当公社东南 2.5 公里的双庵村，遗址东西宽约 920 米、南北长约 1200 米，面积约 100 万平方米。龙山时代遗存共发掘房址 11 座、灰坑 49 个、灶坑 22 座、陶窑 6 座、墓葬 13 座，在地层中发现小玉锛 1 件。[4]2013 年的考古工作又发现在 H349 的填土内放置着一件琮，叠压一件玉璧（残），或者称璜形残器。[5]

石嘴头遗址位于陕西省宝鸡市渭滨区石坝河乡东面的台地上，分为

---

[1] 此为新发掘遗址，考古资料尚未正式出版，但已有不少权威网站报道。
[2] 中国科学院考古研究所. 沣西发掘报告 [M]. 北京：文物出版社，1962.
[3] 戴应新. 从上泉玉琮说起 [J]. 文博，1993 增刊第二号：41-42.
[4] 西安半坡博物馆. 陕西岐山双庵新石器时代遗址 [C]// 中国社会科学院考古研究所. 考古学集刊（3）. 北京：科学出版社，1983：51-68.
[5] 秦岭. 龙山文化玉器与龙山时代 [C]// 北京大学考古文博学院，北京大学中国考古学研究中心. 考古学研究（十五）. 北京：文物出版社，2022：495.

西、南、东 3 区，目前只有东区的报道材料。东区清理出龙山时期灰坑 2 个、房基 6 座、墓葬 1 座，玉器均发现于晚期遗存中。在 F6 中出土 1 件玉纺轮，M2 中出土玉锛 1 件、玉纺轮 1 件、玉璧 1 件、玉斧 1 件、绿松石饰 2 件，如图 2-22 所示。

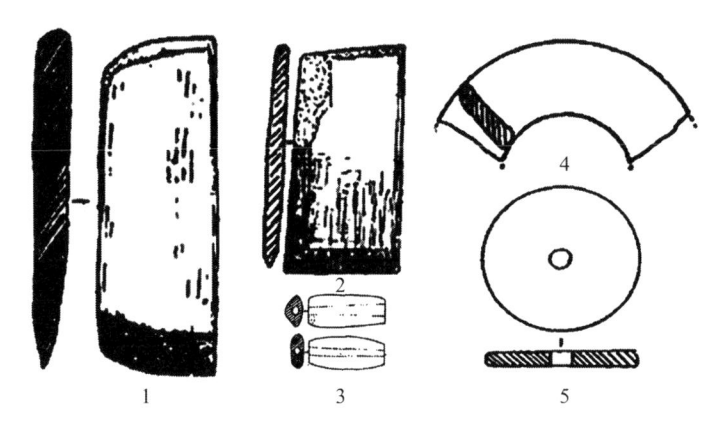

图 2-22 宝鸡石嘴头 M2 出土的玉器

据闫亚林披露，在陕西省兴平县侯村也发现有一批玉石器，较为破碎，多为石质。[1]

此外，在关中的长武、武功和耀县等县域内，还征集有一些客省庄文化时期的玉器，有牙璧 2 件、多璜联璧 3 件、玉琮 4 件、玉璧 3 件、玉刀 4 件、玉斧 2 件和玉铲 2 件。[2]

二、用玉组合与造型特征

（一）用玉组合

黄河中游地区各考古学文化所见玉器可分为礼器、装饰品和工具等类别，没有见到明显作为丧葬用途的玉器。礼器类玉器除陶寺文化和石

---

[1] 西北大学历史系考古专业 82 级实习队. 宝鸡石嘴头东区发掘报告 [J]. 考古学报，1987（2）：80-97.
[2] 根据权敏《陕西龙山时代至夏时期玉器的初步研究》一文统计而得。

峁文化外，其他考古学文化中的这类玉器数量极少，且多数做工较差。在所有的玉礼器中不仅有龙山时代早期延续下来的"老臣"——琮、璧、钺，还有在龙山时代晚期加入玉礼器的"新贵"——牙璋、多孔刀和玉圭。在旧礼器群中以玉石钺为主，另有少量的玉琮，虽然玉璧数量相对较多，但多为陶寺文化和石峁文化出土，根据其在墓葬中出土的位置可知大部分很难作为真正意义上的玉礼器。只有考古背景明确出土于祭祀遗存中的玉璧，仍然保持着祭玉的传统。另外，陶寺文化出土的涂朱双孔玉刀并非实用器而为礼器性质。装饰品玉器虽然数量较多，但种类不甚丰富和发达，主要为玉环、玉璜、玉饰、笄、镯、管珠等，其他种类数量较少，有玉梳形器、玉鹰笄首、人头像、虎头像、兽面像、步摇式组合头饰、指环、玦、钏、玉片、绿松石饰等。工具类玉器亦为数不少，多为小型的斧、锛、凿、刀等。需要指出的是，清凉寺墓地所出的8件多孔玉石刀虽然形体较大，但使用痕迹明显，应当具有一定的实用功能。另有一些无法确定功用和归属的玉器，如十字形器、梭形器等，以及少量的半成品和残器。在黄河中游所有的玉器中，礼仪用玉和装饰用玉为这一地区的用玉主体，在延安及以北地区也有一定比例的工具用玉。

（二）造型特征

龙山时代晚期黄河中游地区玉器的造型可分为仿生型、几何型，以及前两者结合的牙璧和牙璋。仿生型玉器主要有人头像、虎头像、兽面像、玉鹰笄首等，这些玉器数量较少，目前仅见于陶寺、清凉寺和石峁等遗址，其中陶寺和石峁分别为晋南与晋陕北部地区的中心性都邑遗址。而且，这些玉器在长江中游地区后石家河文化中拥有更多的同类，显然这些仿生型玉器并非这些遗址或区域的原创，而是受异域的影响。几何型玉器数量最多，是黄河中游地区玉器的主体，其造型包括长方形、立方体、梯形、圆形、扇形、圆筒形、球形、十字形、梭形等。其中，需要特别指出的是，多璜联璧依然较为盛行，是黄河中游地区独特的玉器造型。仿生型与几何型融合的玉器依然为牙璧和牙璋，它们在龙山时代晚期的黄河中游地区都有不同程度的变化。其中，牙璧出现了方形的四牙造型，在清凉寺、石峁、碧村等遗址中都有出土。牙璋造型的变化主要在于阑部，发展出造型更为复杂的结构，如兽首与扉牙。同时，有些玉钺和玉刀的两侧边也开始出现成组的扉牙，这是龙山时代晚期黄河中游地区对于玉器造型的重要贡献，使之产生了一类新的玉器——玉戚。

三、用玉制度

（一）陶寺中、晚期

1. 时代特征

从整个陶寺文化中期用玉状况来看，用玉风气从早期开启以来，在中期达到了蔚为可观的状况。

首先是琮、璧在此时出现，使陶寺文化的玉礼器从早期单一的钺发展到了比较齐全的组合。另外，异域一些器类和崭新器类开始出现于该地区，如玉石琮、牙璧、兽面头像、虎头像、六边形筒形器、方形璧等，与早期相比，玉器种类更加丰富。

其次是数量的增加。与早期相比，同等级的特大型墓中用玉更加丰盛，所见玉器也更加精致。早期大型墓 M3015 中只有十几件玉石器，而中期 ⅡM22 加上扰动和扰坑所见的玉器已达 50 件以上，远多于陶寺早期 6 座特大型墓葬出土玉器的总和，更何况中期墓地绝大部分墓葬都未发掘。

再者是玉器材质的优化和制作水平的提高。早期玉器绝少有透闪石软玉，而中期虽然透闪石软玉比例依然不高，但是数量却有所增长。

更为重要的是，玉器在高等级墓葬中的作用更加凸显。虽然玉器并不是 ⅡM22 中唯一用于指征墓主身份和地位的表征物，但是在龙山时代中晚期黄河中游其他考古学文化用玉依然简单、落后的情况下，陶寺大型墓玉器成为与漆器、彩绘陶器一样重要的礼器"新贵"。诚如发掘者所说："陶寺中期小城内墓地和ⅡM22的发现，对了解陶寺城址聚落变迁起到了关键性作用，证实陶寺中期大贵族墓葬被围在中期小城内，与20世纪发掘的陶寺文化早期大墓及其墓地不同茔域，暗示陶寺文化中期城址对早期城址的取代并非孤立现象。ⅡM22随葬品反映出中期大贵族的丧葬理念大为改观，早期大墓习见的世俗陶器群和木、陶、石礼器群不见于ⅡM22。ⅡM22改而崇尚玉器、漆器和彩绘陶器，它们都可能扮演着新礼器群的角色。"[1]

至陶寺晚期，不见特大型、大型墓，所见均为中小型墓，所见玉器也较少。与早、中期相比，用玉急转而下，这与陶寺遗址晚期整个聚落的变化息息相关。在陶寺晚期，陶寺城址不再作为都邑聚落，扰大墓、毁宫殿、废城垣、砍头残杀一系列野蛮残酷的行为遗迹凸显出来，陶寺文化社会发生了极为剧烈的震荡，[2]而用玉文化的衰落也更加反证了陶寺晚期飘摇动荡、腥风血雨式的变革所带来的消极影响。

2. 等级特征

目前，根据陶寺遗址发掘的种种迹象表明，陶寺遗址早、中期之间聚落结构发生了显著变化。陶寺中、晚期所见玉器器类有礼仪用玉和装饰用玉。礼仪用玉有部分玉石璧环、玉琮、玉石钺、玉戚，装饰用玉有玉石璧环、玉镯、玉石梳、玉璜、玉兽面、玉管、绿松石饰等。与早期相比，玉器种类更加丰富，软玉有增多势头。虽然陶寺中期这几座墓葬均被盗扰，但是其他墓葬几乎也遭受到同样的悲惨境遇，只能根据这些残留器物来窥探中期墓葬的用玉情况。

---

[1] 中国社会科学院考古研究所山西队，等.陶寺城址发现陶寺文化中期墓葬[J].考古，2003（9）：3-6.
[2] 何驽.陶寺文化谱系研究综论[C]//李伯谦.古代文明（第3卷），北京：文物出版社，2004：54-86.

ⅡM22墓底长5.2米、宽3.7米、深7米，是目前所见体量最大的陶寺文化墓葬（见图2-23）。墓室四壁底部发现11个壁龛，船形棺内外皆施红彩。虽然墓室大部分被毁，但未扰动的部分依然出土了72件（套）随葬品，包括彩绘陶器8件、玉石器18件套、骨镞8组、漆木器25件、红彩草编物2件，以及猪10头、公猪下颌1件。玉器的放置位置与其他考古学文化有所不同，6件彩漆柄玉钺[1]倚东壁南北两侧各放置3件，2件玉钺和1件玉琮被放置于南1龛的漆木盒中，3组玉璜和1组玉兽面放在北1龛彩漆大箱的顶部，主要放置彩绘陶器的北2龛中有一件折肩罐口上盖玉璧1件。一些玉器有专门的漆木盒用于盛放，可见其应当较为珍贵，同时可能还蕴含了其他特殊的含义。玉璧覆盖在彩绘折肩罐的口上不是孤例，ⅡM26所出土的玉璧也是同样的摆放方式。其余玉器的摆放位置也是以往所不见的，这些新颖奇特的放置方式到底为何寓意，虽然有些到现在还百思不得其解，但大体折射出较为世俗化的用玉理念。其次，这批玉器不仅玉质精美，而且制作精细，显示出较高的制玉水平。同时除了这些，棺内扰动的部分和扰坑中还出土有玉钺、玉钺残块、玉璜、玉管、绿松石饰件等几十件（见图2-24），可见大型墓中用玉之丰盛，而早期大墓中的玉器远没有达到如此精致和丰富，可以看出此时玉器虽然不是唯一用于指征墓主身份和地位的表征物，但是在龙山时代晚期黄河中游其他考古学文化用玉依然简单、落后的情况下，陶寺大型墓中的玉器显得非常光彩熠熠，确实成为与漆器、彩绘陶器一样重要的礼器"新贵"。

---

[1] 报告中将其中1件称为玉戚，但是这件并没有扉牙，而玉戚最重要的特征便是器身两侧有扉牙。这件玉器的形制特征是长度远远大于宽度，远比玉钺长宽之比要大，与玉圭的形制较为接近。但是这件玉器又是装柄使用的，而玉圭是不用柄的。加之，它和玉钺被放置在一起，两边各3件，显然是充当玉钺使用的。因此，称之为玉钺可能更合适，故而把南1龛中的两件"玉戚"也称为玉钺。

图 2-23　陶寺中期 Ⅱ M22 大型墓

图 2-24　陶寺中期 Ⅱ M22 大型墓出土的优质玉器
1. 兽面像　2. 玉琮　3. 玉璧　4. 玉璜　5～8. 玉钺

另外，这批玉器文化因素较为复杂，兽面像和玉璜具有长江中游的石家河文化晚期的因素，玉琮不是本地传统器类，虽然无法确定是否为本地制作，但琮的造型和蕴含的理念应该来自异域无疑。表2-9和表2-10所示分别为陶寺中期和晚期出土玉器、玉石器墓葬统计表。

表2-9 陶寺中期出土玉器墓葬统计表

等 级	墓 号	性 别	玉 器	其他器物	备 注
大型	ⅡM22	不明	钺8、琮1、璜3组、玉兽面1组、璧1	由于报告未出版，具体器类玉数量不明	有11个壁龛
中型	ⅡM26	不明	玉璧1、绿松石饰若干	彩绘罐3、陶盆1、骨器和兽骨若干	有5个壁龛
	ⅡM31	不明	无	陶盆1、彩绘陶片多	
	ⅡM32	不明	无	彩绘盆1、双耳壶1	有1个壁龛
小型	ⅡM28	不明	少量绿松石小件	少量海贝	无
	ⅡM27	不明	绿松石管3	无	无
	ⅡM33	不明	玉镯1	无	无

表2-10 陶寺晚期出土玉石器墓葬统计表

等级	墓号	性别/年龄	玉器	陶器	石器	其他器物	备注
中型墓	M3168	男/成年	头饰散件3、串珠项饰1串、石璧1、绿松石腕饰1、石琮1、双孔玉刀1、玉钺2	无	无	不明碳化物1	保存完整
	M3175	男/30左右	头饰散件6、绿松石片8、石璧1、石钺1、双孔刀1	无	无	无	保存完整
	M2384	女/35~40	玉环1、大理石钺1	罐1、彩绘罐1、盆1	无	无	被破坏
	M1267	不明	玉梳1、玉琮1、石钺1	无	无	无	被打破
	M2075	男/45左右	大理石琮1、石钺1	无	无	无	保存完整
	M1282	男/成年	大理石梳1、大理石琮1	无	石饰件2	壁龛内猪下颌骨1副	保存完整

续表

等　级	墓　号	性别/年龄	玉　器	陶　器	石　器	其他器物	备　注
中型墓	M1265	男/40左右	玉石钺1	无	钺形器1	无	被打破
	M1271	男/40左右	钺2、璧2、琮1	无	无	猪下颌骨	被打破
	M1276	不明	石钺1	无	无	无	被破坏
	M1309	男/55左右	残璧1、零散玉石件	无	无	无	被打破
	M1361	女/35~40	玉石璧3、头部玉石饰件1	无	无	猪下颌骨	被打破
	M1449	男/20~24	联璜璧1、臂环1、头部玉石件1	无	无	无	被打破
	M1626	男/成年	石钺1	无	无	无	被打破
	M1630	男/50左右	钺1、头部玉石件1	无	无	无	被打破
	M1644	男/30~35	钺1	无	无	牙饰	被打破
	M1650	男/35~40	璧1	无	无	猪颌	被打破
	M1717	男/50~55	钺1	无	无	无	被打破
	M1739	男/35左右	钺1	无	无	无	被打破
	M2122	男/20~24	钺、璧1	无	无	无	被打破
	M2127	女/40左右	璧1	无	长方形残器	无	被打破
	M2339	男/50~55	钺1、璧1	无	无	无	被打破
	M2417	男/成年	璧1、残钺1	无	无	无	被打破
	M3211	男/成年	璧1	无	无	无	被打破
	M3224	?/成年	钺1、璧1、头部坠饰	无	无	无	被打破
	M3229	女/35以上	琮1	无	无	无	被打破
	M3353	女/35~40	璧1、头部饰件	无	无	无	被打破
	M3365	男/30左右	钺1、璧1	无	无	无	被打破
小型墓	M1202	?/成人	玉、石组合头饰	无	石铲1	骨项饰	被破坏
	M2186	女/20~22	石骨组合头饰1	无	无	无	被破坏
	M2367	女/22~24	石骨组合头饰1	无	无	无	被破坏
	M1436	男/50~55	头部玉饰件1	无	无	无	被破坏
	M1653	男/22~24	大理岩饰片	无	无	无	被破坏
	M2086	不明	绿松石饰片	无	无	无	被破坏

可以看出，中型墓中有相当多的礼仪重器由石材或似玉石材制作而成，真正的玉质重器较少，更无法与大型墓相较。明确为小型墓的有两批墓葬，一是1978年发掘的109座墓，只有17座墓随葬有少量的玉、石、骨器，均不见陶器；一是1984年发掘的29座墓，个别墓随葬石刀等石器，绝大部分无任何随葬品。小型墓随葬品虽然以玉石器为主，但是只有少数小型墓有随葬品，无论是玉质还是石质的礼仪器类基本皆不见，而这些玉器都是装饰品，并且其中也有不少为石质。所以，陶寺墓地的等级性不仅体现在不同等级墓葬位置不同，而且随葬品组合、数量和规模也等级森严。

3. 性别特征

表2-11所示为陶寺、清凉寺墓地男女两性用玉比例统计表。

表2-11 陶寺、清凉寺墓地男女两性用玉比例统计表

遗址	中期					晚期				
	总数	男	比例	女	比例	总数	男	比例	女	比例
陶寺	7	不明	不明	不明	不明	33	21	63.6%	7	21.1%
清凉寺	37	22	59.5%	4	10.8%	4	2	50%	1	25%

从已发表的材料中用玉墓葬统计来看，一方面出土玉器的女性墓葬数量远低于男性用玉墓葬数量；另一方面，男女两性墓葬中用玉的种类差别较大，属于礼仪用玉的玉钺、石磬仅出土于男性墓葬中，为数不多的玉环、双孔刀也来自男性墓中，而女性墓中所见用玉均为作为装饰品的头饰和腕饰，而且绿松石的使用比例较高。由此可知，此时陶寺遗址中女性使用玉器的能力远逊于男性。

4. 玉钺与玉璧的使用

陶寺墓地中出土的玉石钺较多，可称为玉钺的有70多件，其中假玉近60件。根据平面形制，可将这些玉钺分为3种类型[1]，如图2-25所示。

---

[1] 高炜.陶寺文化玉器及相关问题[C]//解希恭.襄汾陶寺遗址研究.北京：科学出版社，2007：475-476.

A 型：平面呈梯形，数量最多，约占总数的 2/3 以上。

B 型：平面呈长方形，数量占 1/5 以上。

C 型：平面呈长条形，宽度不足 5 厘米，而长度是宽度的 3 倍以上。

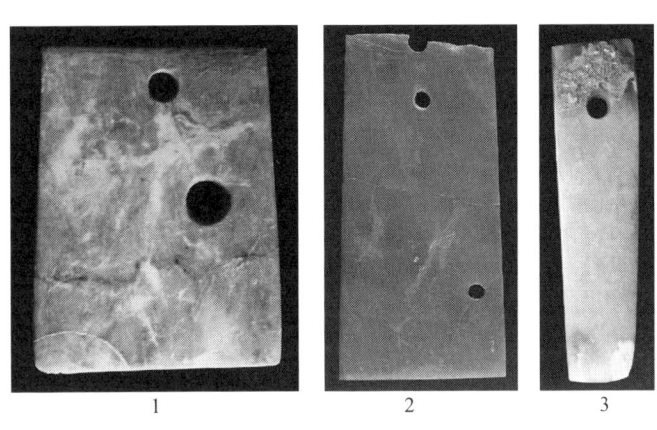

图 2-25　陶寺 A、B、C 型玉钺
1. A 型　2. B 型　3. C 型

3 种类型玉钺的刃部都有平刃和斜刃，但弧刃只见于前两型玉钺，个别圆刃仅见于梯形钺。根据不同类型的刃在玉钺中的运用情况，足见 C 型钺的独特之处，发掘者怀疑其为平首圭并不是空穴来风。另外需要说明的是，C 型钺是这一时期首先出现于此地的器类。除了贴身随葬外，陶寺大型墓中还出现了玉钺使用的新方式，即与墓主身体平行，装柄的玉钺 3 件为一组贴着墓壁排列放置，充分体现出作为王权与军权象征的威风凛凛之感。

玉璧形制的突出特点是中孔较大，小孔玉璧迄今未见于陶寺。从在墓葬中的位置来看，多佩戴于死者的下臂和腕部。

钺、璧、琮这 3 种在史前通常被认为是最重要的礼器类玉器，虽然在陶寺文化中数量较多，但是其使用方式，尤其是璧和琮，已与以良渚文化为代表的使用方式差异较大，似乎神秘色彩已经大为淡化。对此，高炜先生曾经有过很好的论述：

通过对墓葬类型和共存随葬品的分析可知，陶寺大、中型墓中的玉器乃是器主等级身份和权力的标志物——即礼器。但与同样属礼器范畴的良渚玉器所蕴含的社会意识有所不同。以璧、琮、倒梯形冠状饰为代表的良渚玉器群广泛雕镂或繁或简的神徽，表现出通天、地、祖、神的特质。与之相比，光素的陶寺玉器明显缺乏神秘性；再者，从陶寺璧、琮的出土位置，尤其是套在手臂上的璧、复合璧和琮来看，它们是作为装饰品使用的。于是不难察觉陶寺玉器所蕴含的宗教意义已相对淡薄，而更加注重在权力和财富等世俗观念的体现。[1]

综上所述，陶寺遗址用玉一开始便表现出较为成熟的体系，主要表现在用玉的等级性上。这种状况至中期更加突出，器类极大丰富、玉质得到大幅提升、治玉工艺更加成熟，使得陶寺文化用玉状况达到了高峰。然而正是因为器类的极大丰富，使本地出现了更多的外来玉文化因素，从而呈现出八方玉文化辐辏于陶寺的态势。同时，琮、璧形制和使用方式的转变，使得陶寺玉器更注重体现权力和财富等世俗观念，表现出较为务实的态度。由于晚期的巨变，致使陶寺遗址丧失了作为都邑聚落的地位，用玉文化也随之崩散了。

（二）清凉寺墓地

清凉寺墓地二、三、四期墓葬数量依次为189座、105座和44座，可见二、三期是整个墓地的繁盛期。为了方便后文的对比，在此将第二期墓葬的用玉制度也一并分析。

1. 时代特征

清凉寺墓地第二期之时，189座墓葬基本皆为小型墓，只有少数墓葬的规模略大，但墓室面积也不超过2平方米。因此，墓葬间的区别主要表现在随葬品的有无和多寡方面。在已清理的第二期墓中，约有1/3发

---

[1] 高炜.陶寺文化玉器及相关问题[C]//襄汾陶寺遗址研究.北京：科学出版社，2007：475-476.

现了随葬品，其中以玉石器为主，玉石器主要为钺、单孔或双孔器、多孔刀、璧与环，另有少量陶器、猪下颌骨和鳄鱼骨板。

钺是第二期最具代表性的器物，仅见于部分等级较高的墓葬中，应该是墓主人身份的象征。一般和带孔器一起同土，二者之间有较窄的空隙，应有一根竖置的木柄合在一起，每墓仅随葬1组这样组合完整的钺（见图2-26）。璧、环多为中孔较大，其中有一部分为组合璧、环。如按照《尔雅》中对璧、环、瑗的定义，则大部分应是环，仅有少部分为璧。在墓葬中多数璧环都套在手臂上，也有的象征性地放在腕部或臂旁，只有少数置于胸腹部，有的还在器体上钻一个小孔，也许是用系带佩挂于胸前的饰品。由此可见，清凉寺墓地中环璧的用途应当是一致的，即为装饰品，但也有炫耀财富的用意。在当时人的意识中，并未纠结于何为璧、何为环。

图2-26 清凉寺M54玉钺与单孔器位置示意图

M46是二期唯一的一座女性墓，其墓中器物种类与男性墓并没有不同，因此，墓葬中随葬品的差别可能与墓主人的性别之间没有必然联系。而且，从二期墓葬中玉器器类和数量的分布可知，随葬玉器的墓葬之间的器类和数量差别不大，并没有显示出具有明显的等级性。

三期墓葬与二期墓葬等级差别的不甚分明显然不同，此时大型墓占据墓地中心的核心区域，大型墓东、西两侧的墓葬规模逐渐变小并较浅。然而三期墓葬全部被盗扰，大型墓被盗扰得尤其严重。普遍殉人是第三期墓葬的重要特点，大约一半的墓葬都有殉人，若非盗扰，可能殉人比例更高。这一时期的随葬品仍以玉石器为主，还有少量陶器、猪犬齿和鳄鱼骨板。

玉石器质地在这一时期也发生了变化，除继续使用本地岩石外，出现了一些透闪石玉制作的器物，这些材料从何处传到这里尚没有最后确认，但显然是来自其他地区。器物制作造型别致，打磨加工较精细。目前，没有足够的资料了解这一阶段的玉石器的组合情况，以基本保存了墓葬下葬时情形的M100为主，参考其他墓葬未扰动部分的情况推测，当时用于随葬的主要器类是璧、环，佩戴方式与第二期没有区别，但无论形制还是质地都有了明显变化。琮、钺、刀及管状或兽头装饰品发现较少，新的器类别具一格，而第二期流行的一些器物却极少或不见。[1]

这一时期没有与第二期形制相同的钺，更没有钺与带孔石器一起出土的情况，似乎这种显示身份的器类已经不再流行。需要指出的是，玉琮是第三期特有的器物。第二期具有特征的多孔刀在这一阶段不见（见图2-27，3），但在M146发现一件双孔条状刀（见图2-27，1），不是本地前期传统的延续，而与临汾盆地发现的同类器物基本相同（见图2-27，2）。璧、环依然是这一阶段最常见的器类，除整体为圆环状外，延续了第二期组合环璧的风格，与第二期不同的是中孔更大。少数玉璧环之上有小孔或孔中镶嵌绿松石，从墓中位置看，应是佩戴于项上的装饰品，而这些镶嵌绿松石的玉璧环往往玉质更佳、做工更精。另外，值得注意的是出现了造型别致、构思独特的牙璧、筒状器、方形璧，还有具有石家河文化晚期因素的玉兽头，不过数量较少，这些器物每墓只有一件。

图2-27 清凉寺石刀与下靳石刀对比图
1. 清凉寺M146出土双孔刀 2. 下靳M153出土双孔刀 3. 清凉寺M112出土石刀

---

[1] 山西省文物考古研究所.山西芮城清凉寺史前墓地[J].考古学报，2011（4）：525-560.

需要说明的是第三期新出现器类的功能，第三期墓葬出土有 1 件琮，出土时套在墓主的左手臂上，这种使用方式和陶寺墓地玉琮的用法是一致的。牙璧的用途同璧环一样佩戴于手臂之上，而方形璧也置于手臂之上，显示出它们的功能并没有不同于普通璧环的特别之处。而其他文化从来没发现过的筒状器在墓葬中出土时，也位于 M146 殉人的手臂之上，因其中的孔较大，很可能也是佩戴于手臂上的装饰品，如图 2-28 所示。

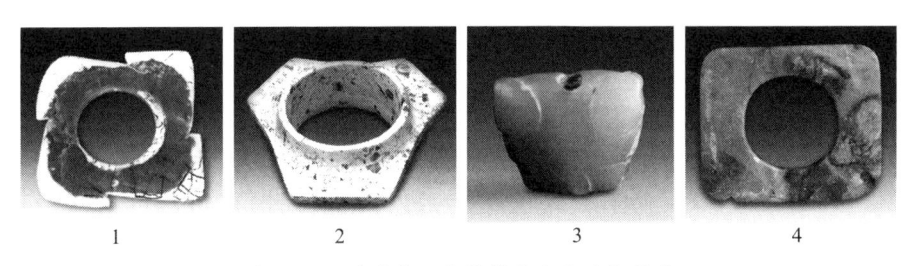

图 2-28　清凉寺三期墓葬中出土的新器类
1. M100 牙璧　2. M146 筒状器　3. M87 虎头像　4. M150 方形璧

可以发现，第三期新出现的几种器类，如牙璧、方形璧、长条形双孔石刀、筒状器，不是出土于正中心区域的大型墓中，而是大型墓西侧规模较大的墓葬中，即 M146、M100。这两座墓葬虽然没有占据墓地的核心区域，但它们与规模最大的大型墓"比邻而居"，当然也可算得上大型墓。由此推断，牙璧、方形璧、筒状器、双孔玉刀应是比普通璧环更加贵重的玉器。而简报中所披露的玉兽头出于 M87，M87 的情况与 M146、M100 相同，使我们不禁推想起这种具有特色的石家河核心玉器器类在当时高层间交流的景象。

第四期时，少数墓内出土了少量玉石器，除个别器物外，质地和制作水平一般较差，种类有璧、环和小饰品，形制和墓中放置的位置皆与前两期相同。

2. 性别特征

清凉寺二期墓地用玉的性别差异则与陶寺墓地稍有不同。虽然男性墓用玉比例高于女性墓，但是二者在器类方面并无差别，尤其是在陶寺仅出土于男性墓中的玉石钺在清凉寺二期墓地中则无此方面的差异。而此时套在墓主手臂上的玉石璧环在两性墓葬中也普遍盛行。因此，清凉寺二期墓葬中男、女两性的用玉种类和方式没有较大差别，仅在使用比例上有所不同。然而，至龙山时代晚期，这种情况发生了较大变化。清凉寺三、四期墓地中用玉的性别差异变得较为明显，女性在使用玉器方面的能力进一步逊于男性。无论是在三期还是在四期墓葬中，用玉墓葬中男性使用玉石器的比例都在50%及以上，而女性则不超过男性的一半，男性使用玉石器的比例远超过女性，占据压倒性优势。

3. 使用特征

清凉寺墓地同陶寺遗址一样主体器类为环璧类和玉石钺，其他器类数量相对都较少。这一地区璧环类的使用方式皆为多套于人体手臂之上，少数置于其上，另有个别置于胸腹部，相对来说置于胸腹部带有小孔或镶嵌绿松石的璧环质量要精于戴在手臂之上的。玉石钺虽然在各等级墓葬中都有分布，但是大墓中往往数件并出，而且多为玉质，有些甚至用特制的漆木盒来盛放。由此可见，清凉寺墓地所见玉器与陶寺遗址基本类同，二者之间应该具有密切的联系。

（三）石峁文化

由于这一地区的玉器多为采集，使得大部分玉器失去了可供使用的考古背景，更无法深入进行等级特征、性别特征等具体分析。因此，只能根据有限的信息及其所反映的问题进行初步分析。

1. 时代特征

石峁遗址考古发掘的情况表明，石峁文化早期之时，此地的文化遗存比较少，也基本不见玉器的出土。从中期至晚期早段是石峁遗址的兴盛期[1]，考古发掘出土的玉器也多属于这一阶段，但仍以晚期为多。以往征集和私人藏家手中的石峁玉器可能也大多属于石峁文化的中晚期，即

---

[1] 孙周勇，邵晶，邸楠.石峁文化的命名、范围及年代[J].考古，2020（8）：104.

大约公元前 2100 年—前 1800 年之间。如此，则石峁文化用玉的兴起是在陶寺中期早段之后，而与陶寺中期晚段和晚期大体同时并行。在石峁文化晚期晚段，石峁遗址逐渐遭到废弃，兴盛一时的玉文化也随之烟消云散了，凸显出突然兴起又遽然而逝的用玉状况。

2. 等级特征

一是体现在墓葬用玉上。石峁遗址内城韩家圪旦地点发掘了一处石峁晚期贵族墓地，墓葬规模及随葬品丰厚程度的差异是体现死者生前财富、身份等级的重要标志。韩家圪旦地点发掘的墓葬多为竖穴土坑墓，最大者如 M1，长约 4 米，宽约 3 米，深 6 米，墓室面积 12 平方米；最小则仅可容身，墓葬规模差异显而易见。大中型墓葬结构相似，墓主位于墓室中央，仰身直肢，棺外有殉人 1～2 人不等，墓室北壁均设壁龛，用于放置陶器等随葬品。[1] 而且尽管大中型墓葬被盗扰严重，依然出土有玉鸟、玉管等小件玉饰，而小型墓不论是否被盗，均无玉器出土。2020年，在府谷寨山遗址又发掘了 24 座石峁文化墓葬，其中竖穴土坑墓 21座。21 座竖穴土坑墓共出土玉器 12 件，而且墓葬存在明显的等级差异，根据墓葬规模、葬具、壁龛和殉人情况可分为 4 个等级。其中 10 件玉器出土于第一等级的大型墓葬中，剩余 2 件玉器分别出土于属于第三等级和第四等级的两座中小型墓葬中。显而易见，这两处墓地的用玉表现出了十分明显的等级差异。但是这两处墓地中的大型墓所见玉器种类均为玉质装饰品和小型工具类玉器，缺乏居址和祭祀遗迹中所见的礼仪玉质重器，这一等级的墓葬可能并非石峁文化等级最高的墓葬。

二是石峁文化用玉的等级性体现了不同层级聚落之间的差异，这主要通过石峁、碧村、寨山、新华 4 个遗址进行分析。笔者曾统计过石峁和新华遗址不同玉器种类的数量与比例，石峁遗址礼仪用玉数量和器类最为丰富，虽然所占比例不如新华遗址，是由于新华遗址玉器出土的特

---

[1] 孙周勇，邵晶，邱楠. 石峁遗址的考古发现与研究综述 [J]. 中原文物，2020（1）: 39-62.

殊性——即基本皆来自于祭祀坑,自然礼仪用玉会稍多一些。[1] 装饰用玉方面,新华遗址的用玉比例高于石峁遗址。工具用玉不仅体现了生产力发展水平,其实部分工具用玉可能并非实用器而为礼仪或祭祀场合所使用,而石峁的工具用玉比例远高于新华遗址。碧村遗址的玉器只有礼仪用玉和装饰品,较为缺乏工具类玉器。寨山遗址墓葬由于被盗严重,所见玉器主要以装饰品为主。在具体器类方面,牙璋、人形玉饰和动物形玉饰仅在石峁遗址中出现,是其他3处遗址共同缺少的器类,碧村遗址中也不见工具类玉器,寨山遗址以装饰用玉为主,新华遗址没有礼仪用玉中的玉琮和玉璧,而以片状类的有刃玉器为主。这种用玉组合的不同在一定程度上显示了遗址的等级不同,4处遗址等级存在明显的差异。由此可知,石峁遗址不论在玉器数量还是器类构成方面皆显示出了巨大的优越性,这种现象背后是由聚落等级不同所决定的。石峁已经发现了400万平方米左右的城址,这是迄今国内所见规模最大的龙山时期至夏阶段城址。碧村和寨山遗址城内面积分别约75万平方米和60万平方米,而新华遗址的中心面积才3万平方米,与石峁城址的规模差距甚大。由此可以清楚地看到,玉器是体现聚落等级差异的一个主要因素。

3. 用玉出现背景

根据对石峁、碧村、寨山和新华遗址的发掘成果及研究,一般认为上述遗址的年代为龙山文化晚期至夏时期,其下限进入了夏代纪年。

龙山时代早期这一地区为老虎山文化,韩建业将其划分为3个类型,即老虎山类型、永兴店类型和游邀类型。[2] 在龙山时代早期该地区未见到成规模的用玉现象。延续至龙山时代晚期,此地的考古学文化在整体面貌上虽然延续了老虎山文化的主要特征,但还出现了以宽圜裆向窄裆演

---

[1] 曹芳芳.晋陕地区龙山时代玉器与用玉传统[C]// 成都金沙遗址博物馆,成都文物考古研究院,中国社会科学院考古研究所.夏商时期玉文化国际学术研讨会论文集.北京:科学出版社,2018:55-80.

[2] 韩建业.中国北方地区新石器时代文化研究[M].北京:文物出版社,2003:128.

化为标志的成熟形态的三足器类。[1] 正是由于这一过渡形态，这一地区龙山时代晚期的考古学文化命名纷争复杂，令人眼花缭乱。之前孙周勇将这一阶段的考古学文化称为新华文化，近年又根据石峁遗址的大规模考古工作，建议命名为石峁文化。在石峁文化的早期阶段，考古遗存虽然走出岱海向南拓展，但分布的主要区域仍是内蒙古中南部地区，此时用玉现象和文化仍然处于沉寂状态。至石峁文化后半段，陕北地区的文化异军突起，出现了一批周围环以石墙的石城聚落，石峁城址的面积达400万平方米，为迄今所见史前规模最大的城址。虽然鄂尔多斯和晋中聚落群与陕北总体特点相同，但是以陕北聚落群的势力最大，[2] 一跃成为内蒙古中南部、陕北、晋中等聚落群中的佼佼者。因此，大量的玉器出现在此地则不足为奇。

4. 玉器文化因素构成

由于陕北的玉器突然出现于龙山时代的末端，加上石峁超大型城址的发现，此时此地必然存在着一个强势的政治集团。之前此地并无用玉传统，而在短暂的用玉辉煌后，便迅速衰落，可见其并没有形成一个强烈的用玉传统，因此其用玉风气必然受到了其他地区的影响。因此，通过文化因素分析方法，对该地区的玉器文化因素进行分析，以探索陕北地区玉器的文化因素构成。

通过观察与分析，可将石峁文化的玉器考古学文化因素至少分为6组（见图2-29）：A组包括璧环、牙璧、多孔刀、双孔石刀、玉琮、玉钺、玉斧、玉铲、玉圭等，在陶寺文化中均可找到同类器，这部分玉器占据了石峁文化玉器的主体；B组包括虎头像、玉鹰笄首等，这两类玉器虽然在陶寺文化和中原诸龙山文化中也有见到，但是这类玉器的集中出土地在长江中游地区，属于后石家河文化；C组包括工具类玉器，如斧、铲、锛、凿，以及新华玉器祭祀坑，这些玉器及用玉方式与齐家文化玉

---

[1] 孙周勇.新华文化述论[J].考古与文物，2005（3）：40-48.
[2] 韩建业.中国北方地区新石器时代文化研究[M].北京：文物出版社，2003：254-255.

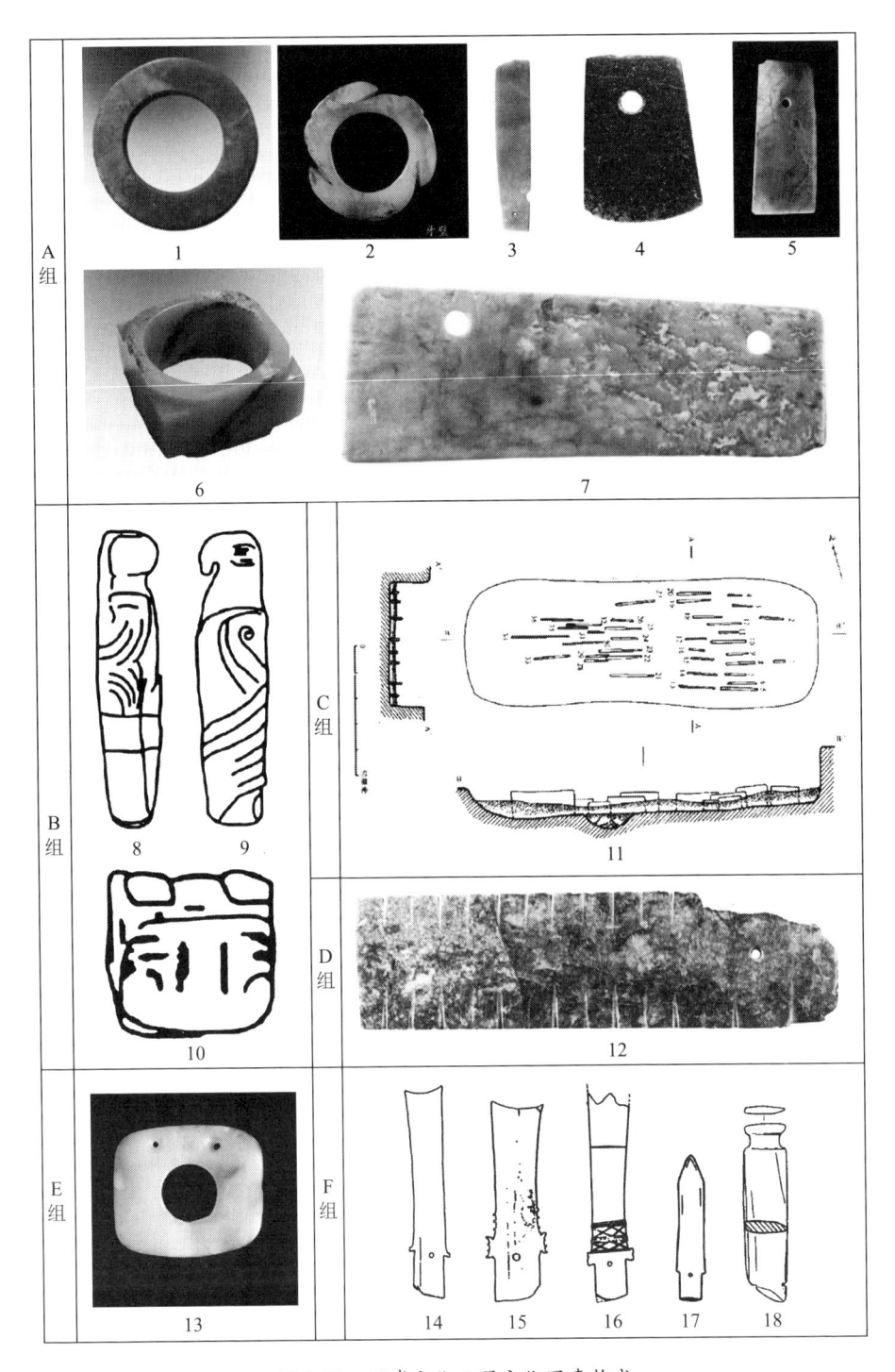

玉成其美：龙山时代的用玉制度与工艺美学

图 2-29 石峁文化玉器文化因素构成

1、6.碧村遗址出土　3、7、8～10、12～17.石峁遗址出土　4、5、11、18.新华遗址出土

器风格类似；D 组只有一种玉器和一种石器，即高节琮和钩形石刀，源头为良渚文化因素；E 组也只有一种玉器，即形制较小、边缘扁薄的方圆形璧，为红山文化及其后继者的玉文化因素；F 组包括牙璋、玉戈、柄形器等，可能来自于夏文化因素。由此可见，这一地区的玉器文化因素来源甚为广泛。

综上所述，这一地区数量如此之多的玉器，表明了龙山时代晚期至夏时期在陕北地区乃至河套地区范围内形成了一个高度发达的玉器消费和使用中心。玉制品被大量发现和玉器文化因素构成复杂是这一地区用玉的一个显著特点，而玉器也是体现聚落等级差异的一个主要因素。

（四）其他考古学文化

除了瓦店的一座瓮棺墓中出土的 3 件玉器和煤山一座土坑墓出土的 1 件玉钺外，其余王湾三期所见玉器皆出自于地层、灰坑、房址等居址遗存中。从王湾三期文化的早期到晚期，各期用玉都欠发达，没有见到有规模、成系统的用玉现象。但是在个别大型聚落遗址中，一些特殊玉器器类的发现暗示了可能存在有一定规模的用玉现象，如王城岗和瓦店遗址。

2002 年至 2003 年，经考古调查、钻探和发掘，在王城岗遗址又发现一座面积约 30 万平方米的龙山晚期大城，这座城目前是河南境内面积最大的龙山文化时期城址。经过发掘，在一座灰坑中出土蛇纹石质琮 1 件。瓦店遗址发现一座葬玉瓮棺墓，而且在居址遗存中出土 1 件玉璧，不过已残。虽然王城岗和瓦店做过较多的考古工作，但至今尚无发现大、中型墓葬，而玉器一般多出自于大、中型墓葬中，因此，这种现象就使得河南境内的龙山时代晚期呈现出不用玉器的表象。一般而言，玉器很少出土于居址（除特殊情况，如祭祀），但其实在王湾三期文化居址遗存中曾发现有玉器，而且器类较为重要，如王城岗的玉琮。陶寺和王城岗两处遗址皆于 20 世纪 70 年代大约同时开展考古发掘工作，至今两处遗址的发掘面积也大致相当，[1]除墓葬外，王城岗居址遗存中还出土玉器3件（分别为玉琮、玉环和绿松石），而陶寺居址遗存目前仅见到2件玉器（分别为玉环和玉璜，皆残）。仅就居址遗存所见玉器，王城岗数量甚至多于陶寺。这种状况似乎表明王城岗人应该也是用玉的，但至今尚无其他重要发现，也有可能是考古工作的局限性。

后冈二期文化出土玉器的地点较少，且所见玉器皆为居址遗存所出，数量既少又多数残破不堪，更没有用玉制度可言。

客省庄文化的绝大部分玉器也出土于居址遗存中，用玉情况与后冈二期文化相同。除此之外，宝鸡石嘴头遗址有一座用玉墓葬，不过该墓葬用玉多是玉质工具，而其他器类只有2颗绿松石饰和1件残玉环。由此可见，客省庄文化目前也没有明显的用玉制度。然而，根据太平遗址出土有一系列玉石器半成品、坯料等遗存的特点来看，此时关中地区具有一定规模的玉石器生产能力。

造律台文化也仅有淮阳平粮台遗址出土有零星玉器，尚无制度、特征可言。

概而言之，根据目前的考古材料显示，王湾三期文化、后冈二期文化和客省庄文化在龙山时代晚期并没有像陶寺文化、石峁文化等形成发达的用玉文化。

四、工艺美学

（一）材质与工艺

龙山时代晚期黄河中游地区内部不同区域玉器的材质有不同程度的区别。陶寺墓地玉器部分经科技检测，材质较为多样，所见有透闪石、

---

[1] 根据已发表的考古发掘材料，笔者经过计算得出王城岗遗址20世纪发掘8000多平方米，2002年和2004年又发掘1000余平方米，总发掘面积达9000多平方米。陶寺遗址20世纪发掘7000平方米，近十几年恢复田野工作又发掘2000余平方米，总发掘面积近1万平方米。

蛇纹石、蛇纹石化大理岩、大理岩、绿松石及少量的滑石等。有一个突出的现象是，早期墓葬所用透闪石玉材远不如中期墓葬的同类玉材丰富，而且玉器色泽也发生了一定的变化。中晚期玉器表面颜色多样，在大墓中出现了较多的青白色、青色、乳白色等色泽的玉器，玉质也十分温润细腻，玉材质量上乘。黄河中游地区尚未发现高质量的透闪石玉矿，同时根据这些玉器的微量元素或同位素的分析，也发现此时有外来玉材进入该地区。此外，还有一些玉器的颜色为乳黄色、碧色、绿色等，有些玉器的原有玉质夹杂有大量墨点或絮状纹理、深褐色条纹，从而致使颜色较深，近墨色或墨绿色。

清凉寺墓地绝大部分玉石器都经过科技检测，确定玉石器的原料有透闪石玉、大理岩、蛇纹石岩、蛇纹石化大理岩、透闪石化大理岩、页泥岩、白云岩、伊利石（水白云母）、白云岩、石英砂岩、硅质岩、绿片岩、矽卡岩、辉绿岩、滑石、绿松石、玉髓等。从整体上来看，透闪石玉、大理岩、蛇纹石岩、蛇纹石化大理岩是使用率最高的玉材。然而，从时间阶段上来看，不同阶段材质组合变化较大。清凉寺二期玉石器材质具有较大的石性，主要是大理岩、蛇纹石、硅质泥岩、灰岩、石英砂岩等，为似玉美石，极少见到矿物学意义上的真玉。在中条山区，至今仍能找到与上述质地相同的岩石标本。此外，玉石器质地在这一时期也发生了一定变化，除继续使用本地岩石，还出现了少量透闪石玉制作的器物，这些材料从何处传到这里尚没有最后确认，但显然是来自其他地区。从第三期开始透闪石玉的运用陡然增多，蛇纹岩系玉材的运用频率也仍然较高，其他似玉美石的材质种类有所减少。然而，至第四期随着墓地衰落，透闪石玉的使用又骤然下降。这些透闪石质的玉器比似玉美石质的玉石器制作的造型更为别致、规整。三、四期用于随葬的主要器类仍是璧、环，佩戴方式与第二期没有区别，但无论形制还是质地都有了明显变化。清凉寺墓地的玉石料除透闪石玉、绿松石之外，其他大部分玉石料都来自于中条山区，而且集中于清凉寺墓地周围，这样既方便采集，也有利于集中加工。[1]

从科技检测结果看，石峁文化玉器的质料有透闪石－阳起石玉、蛇纹石、叶蛇纹石、玉髓、石英岩、大理岩、黑曜石、水晶、绿泥石、丝锌铝石等。丰富的玉材种类必然会使石峁文化玉器色泽十分丰富，有青白色、青色、青黄色、碧绿色、墨绿色、灰绿色、棕黄色、白色和灰白色等。与晋南地区玉器色系有较大区别的是，石峁文化中墨绿色、近墨色或墨色的玉器较多，而且对应特定的玉器器类。一些玉璧、玉钺和玉铲为墨绿色，牙璋、长条形玉刀颜色较深，主要为近墨色或墨色。这类玉材内部结构"仔细检视，会发现不均匀的颜色常呈不规则的大小团块，有的还分布深深浅浅、波浪般起伏的平行色带。而这种矿物有时深得近乎黑色，但若观察磨薄之处，还是看得出团块或波浪纹理"[2]。这种材质较为特殊，目前尚未辨别出准确的玉料来源。

从制玉工艺来看，龙山时代晚期黄河中游地区玉器所见运用的制玉工艺有开料、切片、琢磨成形、钻孔、阴刻、圆雕、镂空、镶嵌、粘接、打磨抛光等，和龙山文化玉器制作工艺基本相同。但是，在内部不同区域具体运用的工艺种类与组合不尽相同。首先，新出现了将一个完整的玉璧环切割成多个璜片，再连缀成多璜联璧环的做法。这种做法一经出现，就快速在黄河中上游地区风靡，这是晋南先民在制玉技术与艺术上的双重创新[3]。其次，不同玉器运用不同组合的制玉工艺，其中集镶嵌、粘接和绑系复合式头饰装饰品和绿松石片镶嵌、粘贴在有机质上成为华丽的腕饰，是陶寺文化运用的独特技艺，颇具特色，同时具有较高的艺术性。最后，石峁文化玉器的制作工艺表现出形制规范简单，雕刻线条顺畅，孔洞规整。另外，石峁文化玉器也具有破坏性的一面。一是相当一部分玉器为改制器或改制后剩余的边角料。少量玉器表面留下了开料

---

[1] 山西省文物考古研究所，等. 清凉寺史前墓地 [M]. 北京：文物出版社，2016：597-598.

[2] 邓淑苹. "华西系统玉器"观点形成与研究展望 [J]. 故宫学术季刊，2007，25（2）.

[3] 吴晓桐. 多璜联璧的起源、演变与传播 [J]. 江汉考古，2019（6）：96.

时的凹形波槽弧线形锯割痕迹，波槽边缘有边棱，这明显是线切割技术。然而，此时盛行的是片切割技术，而这些带有线切割技术的玉器器体明显较薄，这些线切割痕迹极有可能是前期旧玉改制后的残留。石峁遗址中还采集有一件所谓的"尺形器"，现在已基本确定为一件良渚高节玉琮的改制品。二是较多玉器被故意毁坏。石峁、新华、碧村等遗址中均可见到被故意毁坏的玉器残片，孙庆伟曾指出石峁新发掘出土的牙璋具有"粉碎性"破坏的特征[1]。其他几支考古学文化由于发现的玉器不多，其制玉工艺也没有超出黄河中游地区此时的制玉工艺范围。

（二）图案与审美

此时黄河中游地区的玉器有图案和纹样者不多，大部分玉器表面光素无纹，打磨得光洁圆润，没有精雕细琢的痕迹。尤其是一些等级不高的遗址，所见玉器基本没有专门雕琢纹样者。光素无纹并非意味着审美的下降，《礼记·礼器》曰"有以素为贵者，至敬无文"，最高的敬意不需要多余的装饰与纹样。目前，有图案或纹样的玉器仅见于陶寺、清凉寺、石峁、碧村和平粮台遗址，主要表达形式是图案依附于造型，如牙璋、玉虎头像、玉人头像、玉兽面像和玉鹰笄首。这些玉器均非本地的原创玉器，牙璋最有可能起源于海岱和中原地区[2]，其他几种玉器均与同时期的长江中游地区关系密切，是两地社会上层长距离交流的体现[3]。

黄河中游地区此时独立于造型之外的纹样极少，目前所见均雕琢在采集玉器之上。1964年在山西黎城县采集的玉戚是最典型的一件，在玉戚靠近顶端处有一个对钻圆孔，在圆孔下方的两面均用阴刻线雕琢神面纹。图案的分布呈两个维度的对称。第一个维度是以圆孔为中心的平面

---

[1] 孙庆伟.再论"牙璋"为夏代的"玄圭"[M]//孙庆伟.礼以玉成：早期玉器与用玉制度研究.北京：北京大学出版社，2022：441-448.

[2] 关于牙璋的起源众说纷纭，主要有海岱说、中原说与石峁说，本书通过相关分析，倾向于中原说。

[3] 邵晶.论石峁文化与后石家河文化的远程交流：从牙璋、鹰笄、虎头等玉器说起[J].中原文物，2021（3）：65-66.

对称，第二个维度是以侧边为中心的轴对称。轴对称两面的纹饰主题与构图基本相同[1]，实际上就是一个完整神人面图案以轴对称分布于器表两面，从玉戚一面只能看到半个图案或侧面图像，两面图案可以组合为一个完整的正面神像。平面对称的两侧纹饰主题相同，但构图有一定的差别。一侧图案为神人半侧面头像，头戴冠饰，披拂长发，眼眉清晰可辨；一侧为在一个长方形台座上置神人冠饰的形象，冠饰十分精巧华丽。玉戚上的图案表现出神秘威严之感（见图2-30，3）。与此高度相似的图案还在一些馆藏玉器中有所发现，如美国赛克勒博物馆藏玉刀（见图2-30，4）。[2]这种沿器体边缘轴对称分布图案的做法并非此地的首创，早在红山与良渚文化中的玉器图案就有此种表达形式，最典型的莫过于玉琮上的神人兽面纹。同时图案的内容也是基于良渚神徽图案的变体，显然这一图案的生成受到过良渚玉器图案与理念的影响。其他纹样主要见于玉琮之上，有神人兽面纹、瓦棱纹与阴刻线纹。芦山峁采集的两件玉琮表面均为兽面纹（见图2-30，1、2），一件为原汁原味的良渚玉琮上简化的神徽图案，另一件神似而构成元素颠倒。晋南陶寺系统有纹样的玉琮均为极简风格的阴线纹，瓦棱纹出现于碧村遗址采集的一件玉琮表面。

从黄河中游的聚落与城市分级体系来看，陶寺、石峁、平粮台均属于中心性都邑聚落，清凉寺和碧村属于次一级中心聚落。由此可见，有图案或纹样的玉器与遗址等级密切相关，在当时人们的心目中这些图案具有神秘的威严感、礼仪中的神圣性，而备受社会上层集团或精英的推崇，故而它们也可作为聚落等级的表征之一。同时也要看到，虽然这些图案与纹样的母题来自于遥远的异域，但是从作为这类母题纹样集大成者的良渚文化，到海岱再到中原与内陆，一方面这类图案与纹样的构成和线条发生了变体，另一方面使用的频率大幅降低，仅在一些变体的玉琮和新兴的礼玉上出现。随着这些纹样的变化与简化，也是其宗教性、

---

[1] 由于为手工刻画，细微之处不尽相同。
[2] 江伊莉，古方. 玉器时代：美国博物馆藏中国早期玉器 [M]. 北京：科学出版社，2008.

巫术性减弱的过程。结合具体的使用情景，由此可清晰地表明黄河中游地区的社会上层集团和精英更倾向于世俗中王权与财富的表达，这些纹样的运用只不过是加强这些权力的手段。然而，这些旧母体纹样在龙山晚期经过再次设计与组合，也充分体现出当时制作者与使用者的创造力与新的审美情趣。

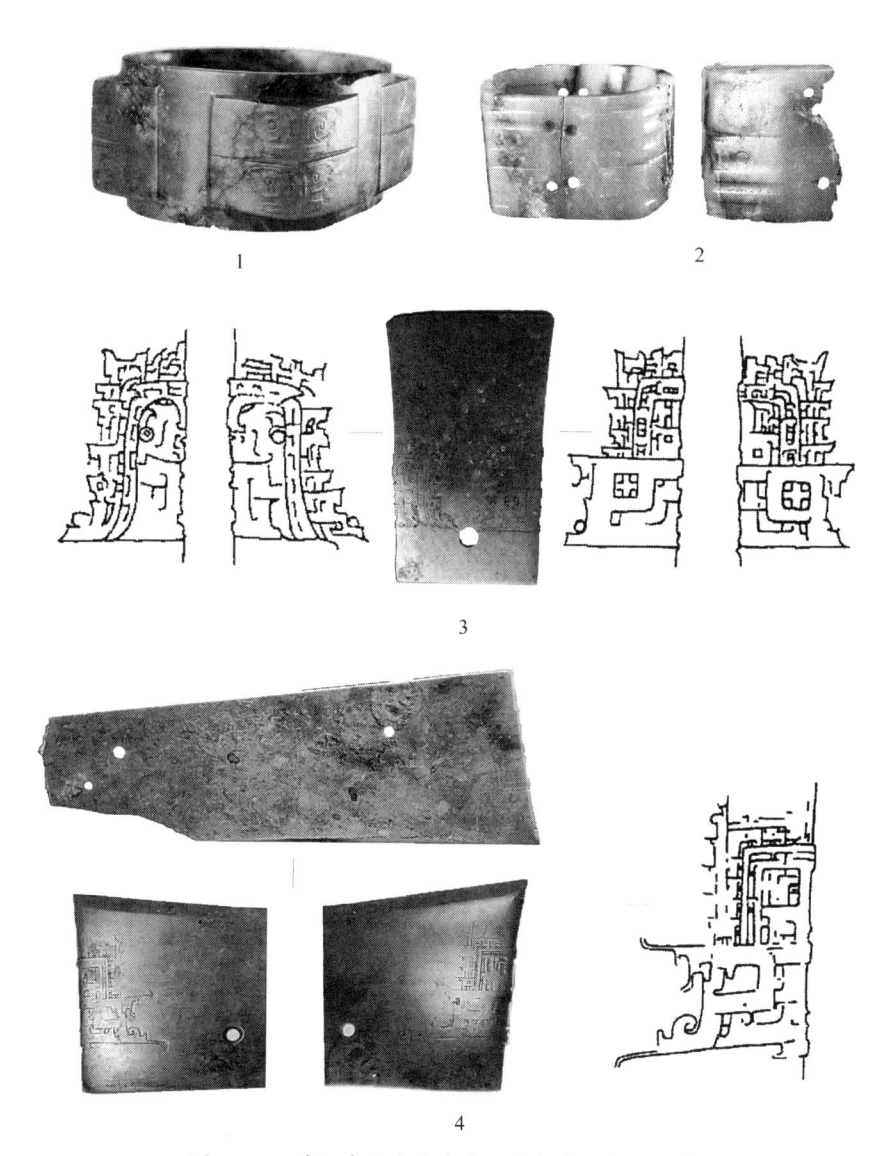

图 2-30 黄河中游地区采集玉器上的图案与纹样

1、2.芦山峁采集的兽面纹玉琮 3.黎城玉戚及其纹样 4.美国赛克勒博物馆藏玉刀上的一处纹样

虽然陶寺文化被局限在临汾盆地，文化发展高度似乎不及良渚文化。但实际并非如此：其一，其政治控制不限于陶寺类型分布区，至少向南可达黄河沿岸。芮城清凉寺墓地从葬俗到玉器都与陶寺墓地很近似，精美的玉钺、玉琮、玉璧、玉牙璧等是该墓地级别较高的反映，不排除这些玉器就是从陶寺古城分配而来的可能性。其二，其玉器、漆器等因素向西渗透到齐家文化早期和菜园文化当中，[1]表明至少西向影响已达甘宁地区。[2]

第三节　黄河上游地区

齐家文化是龙山时代晚期黄河上游地区一支重要的考古学文化，厘清其玉器、用玉传统与工艺美学对于理解龙山时代的文化与社会具有重要意义。

由于齐家文化分布范围十分广阔、延续时间较长，因此关于其地方类型划分和分期问题，早在20世纪50年代就有研究者撰文涉及，之后又有多位学者发表了相关文章，各家观点不一，大体可将有关论点归纳为"两群说"[3]"两类型说"[4]"三类型说"[5]等。纵观这些研究之后，"三类型说"相对来说分析资料更为全面，也是较新的研究成果，但是也有其缺陷与不足。谢端琚的"三类型说"是将齐家文化划分为东、中、西三区，其中东区和西区又各划分为两个类型，东区的两个类型是时代上的早晚关系，而西区的两个类型却是因地域不同而文化面貌不同，具有并

---

[1] 如甘肃天水师赵村七期齐家文化遗存所见玉琮、玉璧，以及宁夏海原菜园林子梁遗存所见玉铲、玉凿、漆觞等。见中国社会科学院考古研究所.师赵村与西山坪[M].北京：中国大百科全书出版社，1999；中国历史博物馆考古部，宁夏文物考古研究所.宁夏菜园：新石器时代遗址、墓葬发掘报告[M].北京：科学出版社，2003.

[2] 韩建业.良渚、陶寺与二里头：早期中国文明的演进之路[J].考古，2010（11）：71-78.

[3] 安志敏.甘肃远古文化及其有关的几个问题[J].考古通讯，1956（6）：9-19.

[4] 胡谦盈.试论齐家文化的不同类型及其源流[J].考古与文物，1980（3）：77-82.

[5] 谢端琚.试论齐家文化与陕西龙山文化的关系[J].文物，1979（10）：60-69；谢端琚.试论齐家文化[J].考古与文物，1981（3）：76-83.陈小三亦将齐家文化划分为三个类型：柳湾类型、皇娘娘台类型、磨沟类型，与谢瑞琚的东、中、西区的三分法不同.

行的发展关系，因此，谢端琚的划分标准不同，容易造成混乱。陈小三是据文化面貌不同将齐家文化划分为柳湾类型、皇娘娘台类型和磨沟类型，虽然三者是并行发展的关系，但是反映在地域上，则发现皇娘娘台类型地域过大，地跨谢端琚所谓的东、中、西三区。地方类型的划分原是要反映同一考古学文化因地域分布不同而产生的差别，地方类型范围分布过大则失去了这一意义。相对来说，陈玭的三区分法则没有上述问题，更接近实际。因此，笔者将采纳陈玭的三区分法，即将齐家文化划分为位于东部的泾渭上游地区、位于中部的洮河流域地区和位于西部的河湟地区。[1]

一、考古发现

（一）泾渭上游地区

泾渭上游地区包括甘肃东部和宁夏南部，考古发现玉器的主要遗址有甘肃天水师赵村与西山坪[2]、秦安寺嘴坪[3]、灵台桥村[4]、武山傅家门[5]；宁夏隆德页河子[6]、固原店河[7]、西吉兴隆[8]等。此外，还有较多的玉器是通过采集或征集而来的。

1984年，静宁县治平乡后柳沟村发现一个齐家文化祭祀坑，从中出土了四璧四琮。[9]

---

[1] 陈玭.齐家文化的分期与源流：以齐家坪遗址为中心[D].北京：北京大学考古文博学院，2013.
[2] 中国社会科学院考古研究所.师赵村与西山坪[M].北京：中国大百科全书出版社，1999.
[3] 任步云.甘肃秦安县新石器时代遗址[J].考古通讯，1958（5）：6-11.
[4] 甘肃省博物馆考古队.甘肃灵台桥村齐家文化遗址试掘简报[J].考古与文物，1980（3）：22-24.
[5] 中国科学院考古研究所甘肃工作队.甘肃武山傅家门史前文化遗址发掘简报[J].考古，1995（4）：3-10.
[6] 北京大学考古实习队，固原博物馆.隆德页河子新石器时代遗址发掘报告[C]//北京大学考古系.考古学研究（三）.北京：科学出版社，1997：158-195.
[7] 宁夏文物考古研究所.宁夏固原店河齐家文化墓葬清理简报[J].考古.1987（8）：3-7.
[8] 钟侃，张心智.宁夏西吉县兴隆镇的齐家文化遗址[J].考古，1964（5）：232-234.
[9] 邓淑苹女士2009年前往静宁博物馆观摩这些玉器，另查明这批玉器出土时是四琮四璧，因一件玉璧已破损成多块，故未上缴。

1956—1957年，在渭河上游进行文物普查工作时，在渭源、陇西、武山三县区域内发现有玉环1件。[1]

1961年，秦安县兴国镇堡子坪遗址出土玉琮、玉璧、玉环等5件；[2]1964年，秦安县兴国镇杨家坪出土玉璜1件；1972年，秦安县郭集乡榆木村出土玉琮1件。

1975年，庄浪县良邑乡苏苗塬齐家文化遗址在水平梯田建设过程中，出土玉璧、玉环、玉璜联璧（环）等器18件。另外，该县水洛、南坪、盘安、万泉、柳梁、赵墩、杨河、阳川等乡（镇）出土齐家文化玉器100多件，但皆为馆藏，仍无报告发表。[3]

1981年，礼县宽川乡一个农民向天水市文化馆交售一组3件青玉璜，现收藏于天水市博物馆。[4]

宁夏境内的固原、隆德、海原、西吉等县亦采集和征集一批玉石器，其中工具类玉器有斧8件、铲3件、锛1件、凿4件、磨棒1件、研磨器1件、玉纺轮2件，玉礼器包括环璧16件、三联璧1件、四联璧1件、玉琮9件、玉圭2件，另有玉芯2件、玉片1件、琮芯1件，此外还有2件玉柄器和1件玉筒。[5]

（二）洮河流域地区

洮河流域地区主要分布于以兰州为中心的甘肃中南部，包括黄河上游及其支流洮河、大夏河流域，是齐家文化遗址最为集中的区域，较为集中的分布在甘肃中南部的洮河沿岸。发掘的遗址主要有永靖秦魏家[6]、

---

[1] 甘肃省文物管理委员会.甘肃渭河上游渭源、陇西、武山三县考古调查[J].考古通讯，1958（9）：6-16.

[2] 李晓斌，张旺海.甘肃齐家文化玉器研究[J].陇右文博，2009（2）：21-32.

[3] 李晓斌，张旺海.甘肃齐家文化玉器研究[J].陇右文博，2009（2）：21-32.

[4] 李晓斌，张旺海.甘肃齐家文化玉器研究[J].陇右文博，2009（2）：21-32.

[5] 罗丰.黄河中游新石器时期的玉器：以馆藏宁夏地区玉器为中心[J].故宫学术季刊，2001，19（2）.

[6] 中国科学院考古研究所甘肃工作队.甘肃永靖秦魏家齐家文化墓地[J].考古学报，1975（2）：57-96.

大何庄[1]、张家咀与姬家川[2]、广河齐家坪[3]、临潭磨沟[4]等，出土玉器的遗址有秦魏家、大何庄、磨沟、张家咀与姬家川、齐家坪和青岗岔[5]。这一区域也有较多采集或征集的玉器。

新庄坪遗址[6]位于甘肃省临夏回族自治州积石山县银川乡，距大何庄和秦魏家两个齐家文化遗址约10公里。遗址东西宽约500米、南北长约600米，面积约30万平方米，包括一个完整的齐家文化遗址和墓葬区。调查采集玉石璧9件、绿松石珠169粒，此外还有铜镯5件、铜泡6件、铜刀1件。9件璧均为圆形，中间有穿孔，最大者直径19厘米、厚0.6厘米，最小者直径4.3厘米、厚0.4厘米。其中一件为半成品，周边呈不规则方形，未经磨制，直径22厘米。

榆中县征集有玉璧环、玉腕饰、玉铲等。[7]

定西县（今定西市安定区）出土玉器的地点有多处，出土玉器60余件，种类包括玉璧环、玉璜、玉琮、玉铲、玉刀、玉管等。[8]

陇南市发现的齐家玉器大部分为采集品，有玉璧、玉琮、玉铲、玉臂钏等。其中玉琮的数量最多，共4件，其中一件玉琮为三棱形，王玉妹指出在当地的一家私人博物馆也有1件这样的玉琮。[9]

---

[1] 中国科学院考古研究所甘肃工作队.甘肃永靖大何庄遗址发掘报告[J].考古学报,1974（2）:29-62.

[2] 中国科学院考古研究所甘肃工作队.甘肃永靖张家咀与姬家川遗址的发掘[J].考古学报,1980（2）:51-84.

[3] 甘肃省博物馆.甘肃省文物考古工作三十年.文物考古工作三十年（1949—1979）[M].北京:文物出版社,1979:139-153;陈玭.齐家文化的分期与源流：以齐家坪遗址为中心[D].北京:北京大学考古文博学院,2013:51-90.

[4] 甘肃省文物考古研究所,西北大学文化遗产与考古研究中心.甘肃临潭磨沟齐家文化墓地发掘简报[J].文物,2009（10）:4-24;甘肃省文物考古研究所,西北大学丝绸之路文化遗产保护与考古学研究中心.甘肃临潭磨沟墓地齐家文化墓葬2009年发掘简报[J].文物,2014（6）:4-23.

[5] 甘肃省博物馆.甘肃兰州青岗岔遗址试掘简报[J].考古,1972（3）:26-31.

[6] 甘肃省博物馆.甘肃积石山县新庄坪齐家文化遗址调查[J].考古.1996（11）:46-52.

[7] 王玉妹.齐家文化玉器的考古学研究[D].长春:吉林大学文学院,2012.

[8] 这批玉器一部分见于《中国出土玉器全集》,一部分为甘肃省博物馆的内部资料,见于王玉妹所著的《齐家文化玉器的考古学研究》。

[9] 王玉妹.齐家文化玉器的考古学研究[D].长春:吉林大学文学院,2012.

（三）河湟地区

河湟地区包括甘肃西部和青海东部地区，西界可至河西走廊的张掖黑河流域，北界则达内蒙古南部。经过发掘的遗址主要有甘肃武威皇娘娘台[1]、海藏[2]、古浪县朵家梁遗址（尚无资料发表）；青海乐都柳湾[3]、民和喇家[4]、互助总寨[5]、大通上孙家寨[6]和黄家寨[7]、贵南尕马台[8]、西宁沈那[9]、同德宗日[10]；内蒙古巴彦淖尔市阿拉善旗白音浩特镇鹿圈山[11]。出土玉器的遗址有皇娘娘台、海藏寺、朵家梁、柳湾、喇家、沈那、长宁[12]、宗日、上孙家寨、平安东村墓地[13]、

---

[1] 甘肃省博物馆.甘肃武威皇娘娘台遗址发掘报告 [J].考古学报，1960（2）：53-71；甘肃省博物馆.武威皇娘娘台遗址第四次发掘 [J].考古学报，1978（4）：421-448.

[2] 梁晓英，刘茂德.武威新石器时代晚期玉石器作坊遗址 [N].中国文物报，1993-5-30（3）；甘肃省文物考古研究所.武威海藏：齐家文化遗址发掘报告 [M].北京：文物出版社，2013.

[3] 青海省文物管理处考古队，中国社会科学院考古研究所.青海柳湾 [M].北京：文物出版社，1984.

[4] 叶茂林，等.民和官亭盆地考古初获成果 [N].中国文物报.2000-3-15（1）；中国社会科学院考古研究所甘青工作队，青海省文物考古研究所.青海民和县喇家遗址2000年发掘简报 [J].考古，2002（12）：12-25；中国社会科学院考古研究所甘青工作队，青海省文物考古研究所.青海民和喇家史前遗址的发掘 [J].考古，2002（7）：3-5；中国社会科学院考古研究所甘青工作队，青海省文物考古研究所.青海民和喇家遗址发现齐家文化祭坛和干栏式建筑 [J].考古，2004（6）：3-6；叶茂林，何克洲.青海民和县喇家遗址出土齐家文化玉器 [J].考古，2002（12）：89-90；四川大学历史文化学院，等.青海民和喇家遗址2017年的发掘与认识 [J].边疆考古研究，2019（1）：77-92.

[5] 青海省文物考古队.青海互助土族自治县总寨马厂、齐家、辛店文化墓葬 [J].考古，1986（4）：306-317.

[6] 许兴国.试论卡约文化的类型与分期 [J].青海文物，1988年创刊号：46-49.古方.中国出土玉器全集（第十五卷）[M].北京：科学出版社，2005：150.

[7] 青海省文物考古研究所，吉林大学考古学系.青海大通县黄家寨墓地发掘报告 [J].考古，1994（3）：193：206.

[8] 许兴国，格桑本.我省齐家文化的发掘及其研究 [J].青海社会科学，1981（3）：96-98；青海省文物考古研究所，北京大学考古文博学院.贵南尕马台 [M].北京：科学出版社，2016：128.

[9] 王国道.西宁市沈那齐家文化遗址 [C]//中国考古学会.中国考古学年鉴（1993）.北京：文物出版社，1995：260；吴平.西宁市沈那遗址 [C]//中国考古学会.中国考古学年鉴（1994）.北京：文物出版社，1997：278.

[10] 青海省文物管理处海南州民族博物馆.青海同德县宗日遗址发掘简报 [J].考古，1998（5）：1-14；古方.中国出土玉器全集（第十五卷）[M].北京：科学出版社，2005.

[11] 齐永贺.内蒙古白音浩特发现的齐家文化遗物 [J].考古，1962（1）：22.

[12] 青海省文物考古研究所.青海长宁遗址抢救性考古取得重要成果 [N].中国文物报，2006-12-20（8）；闫亚林.西北地区史前玉器研究 [D].北京：北京大学考古文博学院，2010.

[13] 任晓燕.平安县东村古墓葬及窑址发掘简报 [J].青海文物，1994（8）：25-33.

旱台[1]、总寨、尕马台、尖扎直岗拉卡乡砂石料场[2]等。还有个别遗址零星采集有玉器，古浪县峡口采集玉刀 1 件[3]，新鲜公社四队采集玉斧 1 件[4]。

二、用玉组合与造型特征

（一）用玉组合

有学者曾对甘肃境内出土的齐家文化玉器数量进行统计，从 20 世纪 60 年代至今，甘肃境内出土和发现的齐家文化玉器达 3000 多件。[5] 若加上青海、宁夏考古发掘出土和采集的齐家文化玉器，这一数量将会更多。正是由于采集、征集或其他考古背景不明的玉器数量过多，反而大量墓葬中出土的玉器数量显得较为贫乏，使笔者对齐家文化制作和使用玉器的能力、观念、意识产生了一定的疑窦。因此，在进行器类考察时，本书将考古背景明确，如墓葬、房址、灰坑、地层，与采集、征集、农民上交的玉器分开，分别进行考察和说明。

根据考古发掘所见，齐家文化玉器有礼仪用玉、装饰用玉、丧葬用玉、工具用玉和制作玉器时的玉料和副产品。礼仪用玉有琮、璧、多孔刀，基本不见钺的踪影，其中玉石璧和玉琮为礼仪用玉的主体，多孔刀相对较少。装饰用玉与此时其他考古学文化相比，器类较少，且以绿松石饰和管珠坠饰等为主，环和璜数量较少。丧葬用玉只有口琀一类，皆为绿松石饰或珠充用。工具用玉数量较多是齐家文化不同于其他用玉考古学文化的一大特色，有斧、铲、锛、凿、纺轮等，且使用痕迹明显。另外，还有制作玉器的玉料和一些副产品，数量较多。有成品、玉料、

---

[1] 刘小河，刘杏改，高东陆.民和县官亭、中川古代文化遗址调查[J].青海考古学会会刊，1982（4）.
[2] 胡晓军.尖扎县直岗拉卡乡齐家文化遗址发掘简报[J].青海文物，1996（10）：28-34.
[3] 古方.中国出土玉器全集（第十五卷）[M].北京：科学出版社，2005：39.
[4] 梁继红.武威出土的几件玉器[J].陇右文博，1999（2）：62.
[5] 李晓斌，张旺海.甘肃齐家文化玉器研究[J].陇右文博，2009（2）：21-32.

副产品等生产玉器各个环节中的产品，而且在武威海藏寺遗址发现的玉器、石器、半成品、毛坯和原材更多，很可能便是制作玉石器的作坊遗存，可见齐家文化本地有生产、制作玉石器的能力。

目前，齐家文化所见玉器中的多数都为采集或征集，而且采集玉器的种类比考古发掘所见玉器种类还要丰富。礼仪用玉中，璧的数量依然是最多的，但是琮也为数不少，而且出现的地点更多，多孔刀依然少见。装饰用玉和工具用玉种类与考古发掘所见相差不大，而副产品中见到的为边角料和半成品，与考古发掘所见亦较为接近。需要指出的是，目前考古发掘所见的齐家文化玉琮非常少，而采集所得却十分丰富，其中缘由非常值得深思。图2-31所示为齐家时期甘青地区用玉组合。

（二）造型特征

除了玉料与玉器生产过程中剩余的边角料和玉片，齐家文化的成品玉器几乎均为几何型，缺乏仿生型玉器，几何型与仿生型结合的玉器仅有采集的3件牙璋。玉琮到达黄河上游的甘青地区后，均为边线平直、棱角分明的内圆外方形，而且表面绝大部分光素无纹，凸显出更加规整的几何感。玉石璧环由于制作工艺的差别，造型有圆形、椭圆形和方形3种，以圆形最多。长条多孔刀为长方形或梯形，有些靠近一端稍窄作为柄部。这3类玉器是齐家文化最重要的玉礼器。装饰用玉以绿松石和管珠坠饰为主，组合成串饰。绿松石或为长管形，或为珠形，或为扁圆柱形，或为片状的几何形，少量玉坠饰和绿松石坠饰形状不规则。工具用玉中的斧、锛、凿、纺轮等玉器造型包括长方形、梯形和圆形，一些锛、凿刃部为微圆弧状，削减了一定的几何感。牙璋的造型超不过黄河中游地区的范畴。由此可见，黄河上游地区的玉器与中、下游地区的玉器相比，在造型上进一步减少，风格上更加趋向简约，突出玉质本身的纹理与结构。

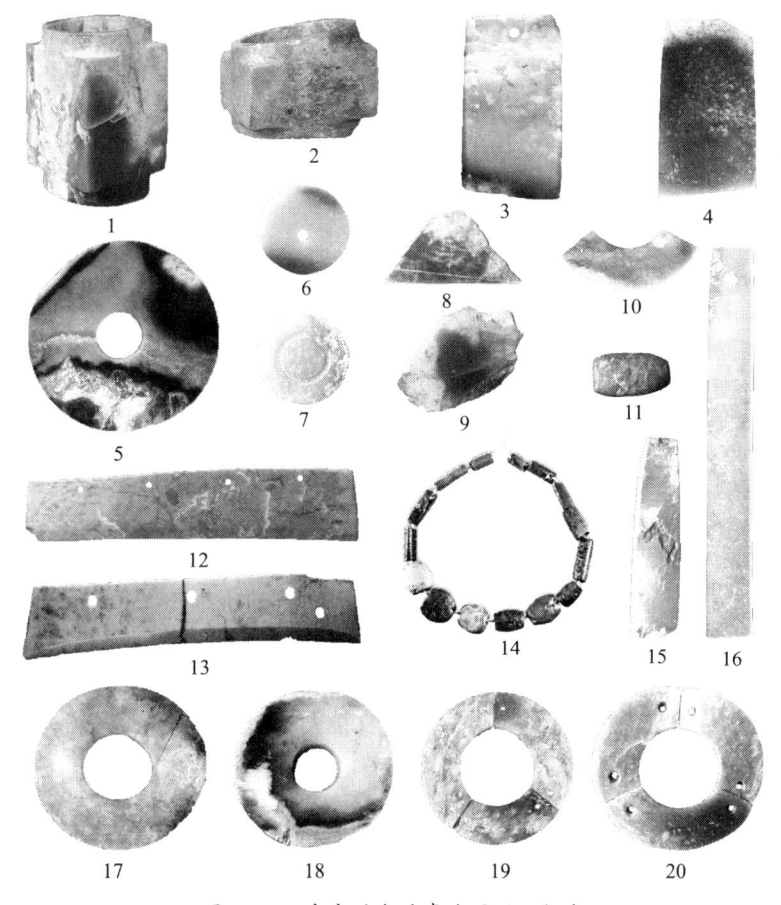

图 2-31 齐家时期甘青地区用玉组合

1. 静宁玉琮　2. 师赵村玉琮　3. 甘草店玉钺　4. 喇家 F7 玉铲　5. 静宁玉璧　6. 喇家 M17 玉纺轮　7. 喇家玉芯　8. 喇家 M8 玉片　9. 喇家玉料　10. 师赵村玉璜　11. 喇家 M17 绿松石管　12. 上孙家寨多孔玉刀　13. 喇家多孔玉刀　14. 皂马台绿松石项饰　15. 喇家玉凿　16. 宗日玉铲　17. 齐家坪玉环　18. 皇娘娘台玉璧　19. 师赵村玉环　20. 喇家 M17 玉环

三、用玉制度

正如上文所说笔者对齐家文化用玉有一定的疑窦，因此本文先从考古发掘的玉器入手，通过对考古发掘遗迹单位所见玉器的使用制度和背景的考察，再以此为切入点，对采集所见的齐家文化玉器进行相关解读。

由于齐家文化延续时间较长，因此需要按阶段对其用玉传统进行分析。第一期为齐家文化的形成和初步发展期,二、三期为齐家文化的鼎盛期,三期晚段之后各区域的齐家文化开始向不同方向发展,与甘青地区之后出现的寺洼文化、卡约文化和四坝文化等关系密切。[1]因此,本文根据齐家文化发展的进程,将其分为3个阶段,即一期的形成和初步发展阶段,二、三期的鼎盛阶段和四期的分化阶段。

表2-12所示为齐家文化主要遗址分期对应表。

表2-12 齐家文化主要遗址分期对应表[2]

分期		分区												
		泾渭上游				洮河流域				河湟流域						
		师赵村	桥村	页河子	兴隆	齐家坪	秦魏家	大何庄	新庄坪	磨沟	皇娘娘台	柳湾	长宁	黄家寨	那威	朵家梁	宗日	尕马台
一期	1段	√	√	√	√			一期				√	√				√	√
	2段	√	√	√	√		一期				一期	√	√					
	3段		√	√	√			一期			二期				√			
二期						一期	二期		√					√				
三期	1段					二期1段	三期	二期	√			√						
	2段					二期2段	三期	二期	√			√						
	3段					二期3段	三期	二期	√			√						
四期							三期		√	√		√						

（一）考古发掘所见齐家文化用玉传统

属于第一阶段的用玉遗存有秦魏家一期、皇娘娘台、大何庄一期（无墓葬为一期）、师赵村第七期、页河子齐家文化遗存、柳湾齐家文化遗存、宗日齐家文化遗存等。

---

[1] 陈玭.齐家文化的分期与源流：以齐家坪遗址为中心[D].北京：北京大学考古文博学院，2013.

[2] 据陈玭《齐家文化的分期与源流：以齐家坪遗址为中心》一文所研究成果统计而得。

属于第二阶段的用玉遗存有齐家坪一期和二期、秦魏家二期和三期、大何庄二期、喇家齐家文化遗存等。

属于第三阶段的用玉遗存有齐家坪三期、磨沟晚期。

表2-13所示为第一阶段考古发掘所见齐家文化部分用玉墓葬统计表。

表2-13　第一阶段考古发掘所见齐家文化部分用玉墓葬统计表

遗址	墓葬	年龄	玉石器	其他器物	备注
皇娘娘台	报告中没有指明墓葬编号		绿松石珠2	陶器4、石料数块	口琀
	M24	成人3	石璧1、绿松石珠若干	陶器16、铜锥1	绿松石珠佩于两女性颈上，石璧在右侧女性右肘部
	M27	成人1 小孩1	石璧1	陶器9、小石块28	在H43内，石璧在成人身上
	M28	成人2	石璧3	石凿1、猪下颌骨1	
	M30	成人2	石璧1	陶器37、猪下颌骨5	
	M32	成人1	石璧6、绿松石1、粗玉石片3	陶器5、石斧1、小石子186	石璧位于头部右侧及腰部左侧，绿松石在左肩下，粗玉石片在两肋下
	M38	成人2	石璧5、绿松石珠6	陶器7、小石子53	3件璧位于男子腰部，2件位于女子腰部与手部；绿松石珠为两人口琀
	M39	成人1	石璧2	无	
	M40	成人1	石璧1、粗玉石块2	陶器6、猪下颌骨2、小石子55	骨架涂红，石璧置于胸部，两手旁及髋骨上各放粗玉石块1件
	M41	成人1	石璧11、玉璜1	无	
	M42	小孩1	绿松石珠6	陶器3	口琀
	M46	成人2	石璧6	陶器11、猪下颌骨2、小石子216	
	M48	成人3	石璧83、玉璜1	陶器10、小石子304	石璧和玉璜均在男子身上
	M50	?	石璧9、璧芯3	骨锥1	未见骨架

续表

遗　址	墓　葬	年　龄	玉石器	其他器物	备　注
皇娘娘台	M51	成人1	绿松石珠1	陶器2、猪颌骨1、石片11	
	M52	成人2	石璧20、粗玉石片4	陶器9、猪下颌骨7、小石子186	石璧全在男性骨架上，其下还垫有4块粗玉石片
	M53	成人1	石璧3	猪下颌骨1、小石子13	
	M54	成人2	绿松石珠6	陶器12、猪下颌骨1、小石子5	
	M56	小孩1	石璧1	陶器3	
	M58	成人2	石璧2	猪下颌骨1	
	M59	成人1	石璧11	陶器5、猪下颌骨2、小石子62	石璧位于两手和小臂之间
	M65	成人1 小孩1	石璧8	陶器7、小石子84	石璧在脚端的小石子堆内
	M66	成人3	石璧15	无	左侧屈肢骨架上2件，男性身上13
	M68	成人2	石璧1	陶器4	
	M71	成人2	绿松石珠4	石罐1	
	M76	成人2	石璧2、粗玉石片4	陶器7、小石子64	石璧于男女腰部各1件，玉石片位于二人脚端
	M78	成人1	石璧1	陶器8、小石子11	
	M83	成人1	石璧6、璧芯1	陶器4、猪下颌骨1、小石子34	6件石璧放置于腹部及右手肘部，左肩旁有石璧芯
	M85	成人1	石璧10、玉铲1	无	
	M88	小孩1	绿松石珠3	陶器4	
秦魏家	M36	儿童1	绿松石珠30	陶器2	绿松石珠放在耳旁或颈部附近，石璧放在胸前
	M43	儿童1	绿松石珠4	陶器1	
	M75	成人1	石璧1	陶器2	
	M135	成人1	绿松石珠1	陶器4	
师赵村	M8	?	琮1、璧1	无	二次葬

（除表中所列举用玉墓葬之外，柳湾齐家文化墓葬也有用玉，但数量较少。）

1. 第一阶段

第一阶段 3 个区域内皆有玉器的发现，但最主要的还是在河湟地区，集中于皇娘娘台墓地和海藏玉石器作坊遗址。除了琮和多孔刀，这两处地点的玉器器类涵盖了所有的齐家文化玉器种类。另外，多孔玉刀最早在此地区出现，加入玉礼器的范畴。因此，河湟地区齐家文化第一阶段的用玉规模和种类，自出现开始就表现出较为发达和成体系的状况。其次，便是东部的泾渭上游地区，用玉集中于师赵村遗址，虽然数量不多（15 件），但较绿松石饰来说皆为重器，尤其是玉琮的出土，目前第一阶段只出土这一件玉琮，而且师赵村这批玉器制作规整、玉质精良。而此时中部的洮河流域多为绿松石饰，其他只见到石璧，在用玉方面则表现得较为沉寂。

第一阶段的玉器中，礼仪用玉有玉石璧、琮、多孔刀等，主体为玉石璧，琮只有一件，此时多孔刀只出现于宗日遗址。装饰用玉有璜、环、绿松石珠、管珠坠饰等，其中以绿松石珠或绿松石饰的使用最为普遍和流行。工具类斧、铲、锛、凿、纺轮等一应俱全。武威海藏遗址还发现了玉石器作坊的遗存。由此可见，齐家文化一开始便具备了大规模生产和制作玉石器的能力，而且第一阶段的器类已涵盖齐家文化所有玉石器的种类。

在使用方面，玉石璧的使用与陶寺文化区别较大，陶寺的玉石璧主要佩戴于手腕或手臂上，只有极少数放置于胸腹部，而目前并没有见到一例齐家文化的玉石璧佩戴在手臂或手腕上的例子，而是多见于放置在胸腹部、身体其他部位或身体周围（见图 2-32 和图 2-33），少数和小石子堆放在一起。皇娘娘台 M59 的石璧位于两手和小臂之间，从摆放位置看应是死者下葬时手抱着一批石璧（见图 2-34），这种方式较为独特。由于琮的数量极少，又出自一个残剩少量骨骼的二次葬"墓葬"[1] 中，从墓中位置看也不像陶寺文化的琮那样套在墓主手臂上，而是放置于一旁。

---
[1] 后文分析认为它并不是墓葬。

由于宗日遗址没有发表详细的报告，从简报中还无法得知多孔刀的使用方式与组合。绿松石珠一般多为装饰品，或放置在耳部、颈部、手腕处。在皇娘娘台和柳湾出现了绿松石珠放置于死者口中的现象，这一现象在皇娘娘台墓地中较为明显，应为充当口琀之用。

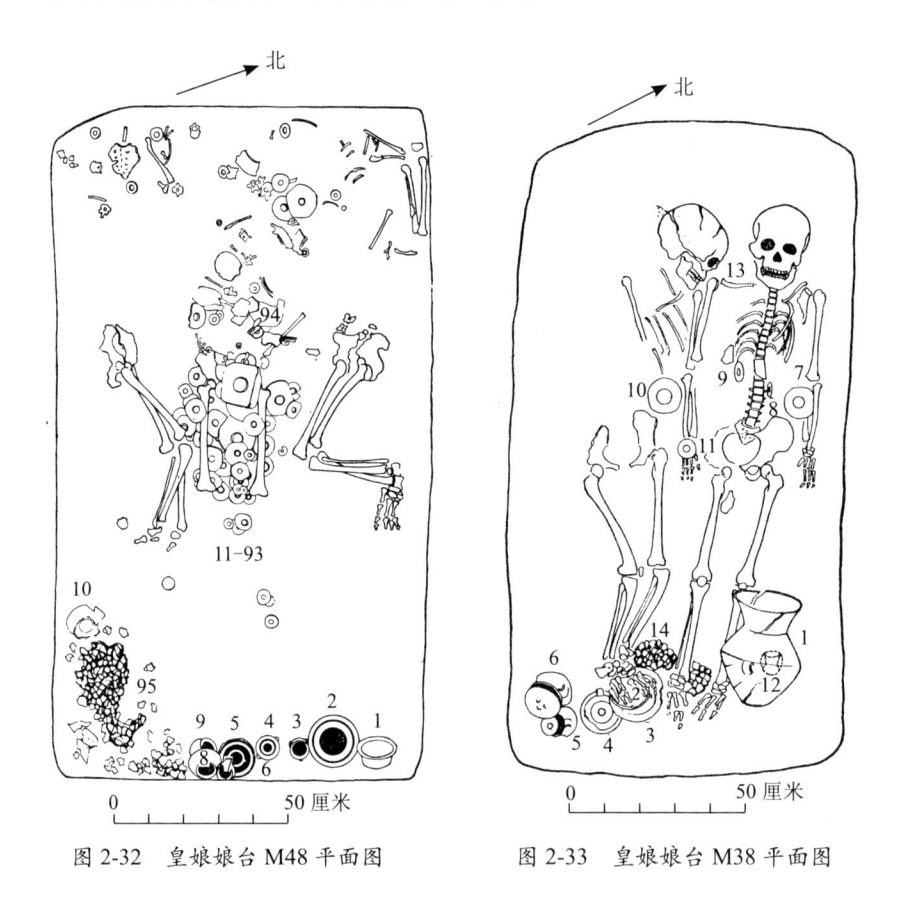

图 2-32　皇娘娘台 M48 平面图

图 2-33　皇娘娘台 M38 平面图

由于秦魏家用玉墓葬较少，因此以皇娘娘台和柳湾墓地为例，分析齐家文化第一阶段的用玉性别特征。皇娘娘台墓地的合葬用玉墓中，除了 M24 的玉器皆在女性身上之外，其余的 M27、M38、M48、M52、M66、M76 等墓葬中，有些墓中玉石随葬品全部置于男性身上，有些绝大部分置于男性身上，只有较少的玉石器放置在女性或小孩身上。而且，这些墓中的男性皆为仰身直肢，而女性则皆为侧身屈肢且多面向男性（见图 2-33 和图 2-34）。不仅如此，皇娘娘台所有男女两性合葬墓皆

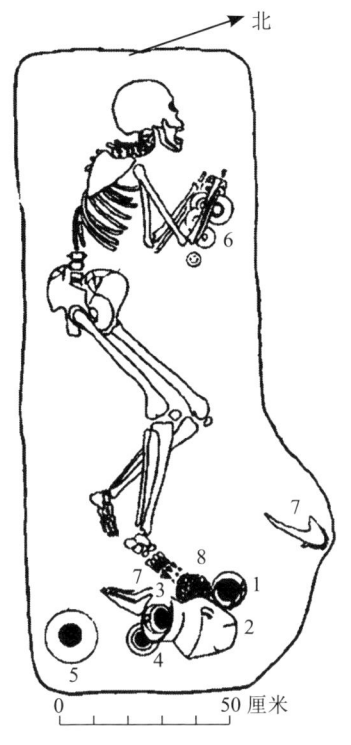

图 2-34　皇娘娘台 M59 平面图

是如此，"均为男左女右，男子居于墓内正中，为仰身直肢葬，女子则侧身屈肢于其旁，面向男子。唯 M76 女子是背向男子的。这种葬式与永靖秦魏家的成人合葬墓是一致的，所不同的是秦魏家为男右女左"[1]。由此可见，男性此时已占据家庭和社会的主导地位，女性则屈从于他们。

柳湾墓地则表现出另一种男女之别——即性别的分工。柳湾男女两性"在随葬石斧、锛、凿与陶纺轮等生产工具方面有着明显区别。例如在 11 座女性墓中，除 M141、M1008 不出小件器物外，其余 8 座墓的随葬品除了陶容器就是石、陶纺轮与串珠等装饰品，而不见石斧、锛、凿、刀等生产工具；相反，在 18 座男性墓中，除 2 座（M282、M1062）是随葬陶纺轮外，其余 15 座都分别随葬有石斧、锛、凿、刀等生产工具，而绝不见纺轮与串珠等装饰品。在合葬墓中也是男女有别，石斧、锛等生

---

[1]　甘肃省博物馆. 武威皇娘娘台遗址第四次发掘 [J]. 考古学报，1978（4）：443.

产工具放在男性一侧，而纺轮等却放在女性一侧。"[1]

在等级特征方面，由于齐家文化墓葬多是成组成排的氏族公共墓地，[2]因此并没有出现大型墓相对集中的现象。其实，齐家文化墓葬之间的区别表现方式与同时期中原地区墓葬等级区分不同，中原地区大墓往往不仅随葬品多、种类丰富，而且墓坑体量大、棺木制作较精。而齐家文化墓葬的墓室体量一般并没有这方面的作用和优势，而是一般坑大埋人多、坑小埋人少，只有极少数单人墓葬墓坑相对稍大，体现出较为不同。而且齐家文化墓葬还有较多的合葬墓、部分扰乱葬和二次葬，这些因素的存在使得齐家文化墓葬的等级因素更加模糊。因此，齐家文化墓葬的等级区分不如中原地区那样非常明显，如果有等级区分的话，则延续了该地区之前的传统，即更多的是体现在随葬品的多寡，但也只是一个较为粗略的划分，并不能如中原地区那样细致。因此，具体到玉石器的等级特征，也因为这些状况而变得较不明朗。

2. 第二阶段

表2-14所示为第二阶段考古发掘所见齐家文化用玉遗迹墓葬统计表。

这一阶段洮河流域开始崛起，但是在用玉方面依然较为简单，多为绿松石饰。不过，绿松石饰的使用也可以独树一帜，甚至出现了绿松石片与骨片镶嵌而成的牌饰，佩挂于男性的腰部，这显然并非一般的装饰品。河湟地区在用玉方面的势头依然强劲，主要集中于喇家遗址。喇家遗址所见玉器与洮河流域的绿松石饰相比，皆为真正的玉器。泾渭上游地区此时考古发掘则所见玉器甚少。第二阶段用玉遗迹墓葬内所见礼仪用玉中除了玉琮不见外，其他都有所发现。装饰用玉和工具用玉同第一阶段差别不大。

---

[1] 青海省文物管理处考古队，中国社会科学院考古研究所．青海柳湾[M]．北京：文物出版社，1984：191．

[2] 中国社会科学院考古研究所．中国考古学·夏商卷[M]．北京：中国社会科学出版社，2003：555．

表2-14　第二阶段考古发掘所见齐家文化用玉遗迹墓葬统计表

遗 址	墓 葬	年 龄	玉石器/件	其他器物/件	备 注
磨沟	M164	成人1儿童1	滑石珠50余	陶器8 石球1 贝壳1	滑石珠在人骨颈部
	M206	多名成人与儿童	滑石珠70余	陶器9、骨器4、石器4、铜管1	滑石珠为儿童项饰
	M303	成人4儿童1	滑石珠450余、绿松石2	陶器20、石器7、骨器11、贝壳3、铜环1	滑石珠和1件绿松石在人骨颈部，1件绿松石珠在人骨盆骨上
齐家坪	M28	成人3儿童1	绿松石饰34	陶器19、石凿1	
	M42	13人合葬	绿松石片668	陶器1、陶片、骨片若干、牙饰1、蚌壳1、石珠2	绿松石片排成梯形，两端有长方形牙骨片装饰，位于8号男性人骨的髋骨处
	M44	成人2	绿松石片502	陶器8	绿松石片位于女性下肢骨之间
	M90	成人1	绿松石片若干	陶器4	绿松石片在右肩处
	M110	8人合葬	石斧1	陶器20、骨锥1	石斧在7号男性左臂处
秦魏家	M23	成人1	绿松石珠1	陶器4、卜骨1、猪下颌骨2、小石块40	绿松石珠放在耳旁或颈部附近
	M81	成人2	绿松石珠1	陶器3、石凿1	
	M134	成人1儿童1	绿松石珠1	陶器5、猪下颌骨15	
大何庄	M6	儿童1	绿松石珠2	侈口罐1	装饰品多见于儿童墓，如绿松石珠和玛瑙珠位于耳旁
	M14	成人1	绿松石珠1	羊下颚骨6	
	M69	儿童11	绿松石珠4、玛瑙珠2	陶器2	
	M82	儿童1	绿松石珠1	无	
喇家	M17	成人男性1	三璜合璧2、璧2、璧芯3、管2、环1、小璧1、玉料1、锛1、三角形玉片1、凿1	无	在套口填土中有三璜合璧、锛、玉料、璧芯、三角形玉片和小璧各1件，且摆放位置讲究；在长方形竖穴墓口的填土中发现三璜合璧及璧芯各1件；璧2、管2、环1、纺轮1（或为小璧），均堆置在头颈部，另在右侧足端发现凿1件

续表

遗 址	墓 葬	年 龄	玉石器/件	其他器物/件	备 注
喇家	M12		玉璧1、玉环1、玉管1、绿松石管1、绿松石珠1	不明	放置在墓主胸部
	M11		玉料1		
	M8		玉片2		
	M2		玉环1、凿形器2、玉料1	不明	4件玉器放置在一起，位于墓主右腹部
	F4		璧3、玉料2		
	F7		玉斧1 玉锛1		
	H19		玉璧1		
	土台		玉刀1		

在使用方式上，这一阶段的玉器也有一定变化。此时绿松石饰皆为装饰品，已不见置于口中的现象。在玉器方面，只有喇家M17玉器的背景较为明确，同第一阶段使用方式相同。在性别特征方面，洮河流域由于所见玉石器基本皆为绿松石饰，这些绿松石饰多置于女性和儿童的头部、颈部、耳部，因此他们在绿松石的装饰方面占有优势。然而由绿松石组成的牌饰则可能为男性所有。河湟地区的喇家M17墓主为成年男性，且这座墓葬位于一个堆筑的土台顶部的中心位置，而其他用玉墓葬的性别情况还无法得知，[1]因此，只能得出M17男性在占有玉器资源方面拥有超强的优势，而无法得出更多的其他有效信息。

在等级方面，这一阶段也有较为明显的特征。洮河流域的磨沟、齐家坪、秦魏家、大何庄等第二阶段的用玉墓葬，既有单人葬也有两人合葬和多人合葬，而且墓葬之间差别不大，因此等级特征不明显。相比而言，在第二阶段唯有喇家M17可以看出在等级方面的特殊性。喇家

---

[1] 表中所列的其他喇家遗址用玉墓葬是根据《中国出土玉器全集》第十五卷所统计而得，在喇家遗址发表的简报或其他材料中尚未见到这些用玉墓葬的材料。

M17 位于祭祀性土台之上（见图 2-35），发掘者及不少学者也称之为祭坛。在祭坛东南边沿位置低于顶部约 1 米左右，分布着 10 座没有太明确的分布规律和方向性的墓葬，这些墓葬不像其他齐家文化墓地那样排列有序，而且儿童小坑墓和成人墓混在一起，还伴有用途不明的杂乱小坑，除了个别墓向向北，其余大体都是向着 M17。因此，发掘者将这些墓葬看作是 M17 的祭祀葬。至于这批墓葬是不是 M17 的祭祀葬，仍需再探讨。即便把它们当作普通墓葬看待，它们之中也无一出土玉器，甚至没有其他随葬品，身无一物，也显示出了较为破落的景象。因此，鉴于 M17 所处位置的特殊性和墓内玉器的丰富性，可以推断此墓应是较高等级和较高规格的墓葬，墓主甚至可能是该遗址最为重要的首领或巫师。

图 2-35　土台边沿的祭祀性墓葬（东→西）

3. 第三阶段

进入第三阶段后，此前所分析的遗址大部分此时已不再使用玉器，只有少数遗址的年代延续至晚期，而考古发掘已基本不见玉器。因此，此阶段齐家文化的用玉传统随着齐家文化的分化已渐趋消逝。

（二）采集和馆藏玉器反映的问题

从采集和表 2-15 可以看出，虽然泾渭上游地区考古发掘所见玉器不是很多，但是采集和考古背景不明的玉器数量和地点却相当多。吉林大学王玉妹曾专门赴甘、青、宁三省（区）调研各级和各地博物馆馆藏齐家文化玉器，从其调研报告[1]中也可知道东部的泾渭上游地区博物馆藏玉器数量和地点也是最多的。其他两个地区与考古发掘较为相称。

表 2-15 《中国出土玉器全集》第十五卷所见考古背景不明之玉器统计表[2]

单位：件

地区	遗址	璧	琮	多孔刀	圭	环	镯	玉片	铲	锛	斧	凿	芯	玉料
泾渭上游地区	静宁后柳村	3	4											
	静宁晨光梁	1												
	静宁李店村						1		1					
	静宁县					1								
	陇西县					1								
	甘谷渭水峪			1										
	秦安杨家坪											1		
	会宁油坊庄	2											1	
	定西三十里铺	1			1			1						

---

[1] 王玉妹，李天铭. 关于齐家文化玉器的调研报告[J]. 博物馆研究，2011（4）：65-68.
[2] 为了体现统计的完整性，本表与表 2-16 有少许重复。

续表

地 区	遗 址	璧	琮	多孔刀	圭	环	镯	玉片	铲	锛	斧	凿	芯	玉料
泾渭上游地区	定西四月八山	1												
	定西清溪村		1		1	1								
	定西高泉村		1											
	渭源七圣村	1			1									
	渭源北寨											1		
	宁夏上台村				1									
	宁夏沙塘乡	1					1							
	宁夏河川乡	1												
	宁夏白崖乡		1											
洮河流域	榆中甘草店	1							1					
	永靖新庄坪	1			1									
	临洮		1											
	临洮李家坪		1											
	东乡县			1										
河湟地区	古浪峡口		1											
	民和阳坪	1												
	民和喇家	2	1		2			1			1			
	民和清泉旱台				1			1					1	
	乐都白崖子										2			

需要特别提及的是玉琮的分布，目前齐家文化所见玉琮只有师赵村的1件为"墓葬"所出，而其余皆为采集。由于考古发掘所见玉琮甚少，

211

因此采集玉琮的分布足可说明齐家文化玉琮的区域特征。至于齐家文化玉琮的数量，尚没有一个准确统计。闫亚林在其博士论文中披露甘肃博物馆藏齐家文化玉琮11件，隆德县文管所藏1件，综合其他材料，可确定为齐家文化玉琮至少有38件。[1] 从统计来看，泾渭上游地区是玉琮最主要的分布区，洮河流域也有一定的数量，而河湟地区不论是考古发掘还是非考古发掘只见到1件玉琮的踪影，这揭示出齐家文化玉琮分布的一个显著特点是：河湟地区基本无琮。在《中国出土玉器全集》第十五卷147页发布了喇家遗址出土的玉芯，由于该玉芯厚达7.9厘米，故编者将其称为"玉琮芯"。而笔者认为这颗玉芯不一定是玉琮芯，芯的厚度说明不了其成形玉器最终为何样。与琮的分布截然相反的是多孔玉刀，从目前考古和非考古所得玉器看，它只分布于河湟地区，而中部的洮河流域和东部的泾渭上游地区则基本不见其踪迹。如此，齐家文化的玉礼器组合可能分为两个系统：即中、东部的玉礼器为琮、璧组合，而西部为刀、璧组合。表2-16所示为甘、青、宁出土齐家文化玉琮统计表。

表2-16 甘、青、宁出土齐家文化玉琮统计表

单位：厘米

省 份	地 点	颜 色	边 长	高	孔 径
甘肃	师赵村M8：1	浅黄绿色	5.2-5.5	3.4-3.9	4.2-4.5
	齐家坪	黄绿色	3.7-3.9	3.7	
	渭水峪	黄绿色	5.6	2	
	临洮县	色泽不一	6.8-7	8	6
	清溪村	色泽不一	6.7	4.1	4.9
	李家坪	色泽不一	6.3	5.4	5.8
	高泉村	黄绿色	5.5	3.2	
	后柳沟村1	青色	8.2	14.7	8.2
	后柳沟村2	青绿色	7.2	16.7	7.2
	后柳沟村3	湖绿色	7.2	16.7	7.2
	后柳沟村4	青色	8.3	12.8	8.3

---

[1] 闫亚林. 西北地区史前玉器研究 [D]. 北京：北京大学考古文博学院，2010.

续表

省 份	地 点	颜 色	边 长	高	孔 径
青海	红崖村	豆绿色	4.5	4.4	4.4
宁夏	海原县1	黄绿色	5.5	5.2	4.5
	海原县2	黄绿色	6.8	12	
	固原中河乡	豆绿色	7.5	5.3	5.3
	北山梁1	黄绿色		5	3
	北山梁2	白色		5.1	2.8
	北山梁3	白色		7.6	3.7
	沙塘乡	青绿色	8.1	19.5	8
	山门村	墨绿色	9.1-9.4	12	
	南湾村	棕黄色	6.8	11.7	

迄今甘、青、宁三省（区）发表有21件琮的资料。根据这21件琮的高矮之分，可分为3种类型，如图2-36～图2-38所示。

A型：矮扁琮，皆形体较小，有师赵村M8：1、渭水峪、清溪村、李家坪、高泉村、固原中河乡等地点出土玉琮。

B型：方形琮，数量最少，有临洮县、齐家坪、红崖村、海原县等地点出土玉琮。

C型：高体琮，包括静宁后柳沟村4件，以及海原县、沙塘乡、山门村、南湾村等地点出土玉琮。

从分布地点上看，高体琮多分布于宁夏境内和靠近宁夏的静宁县，而矮体琮和方形琮则在齐家文化东区分布较为普遍。

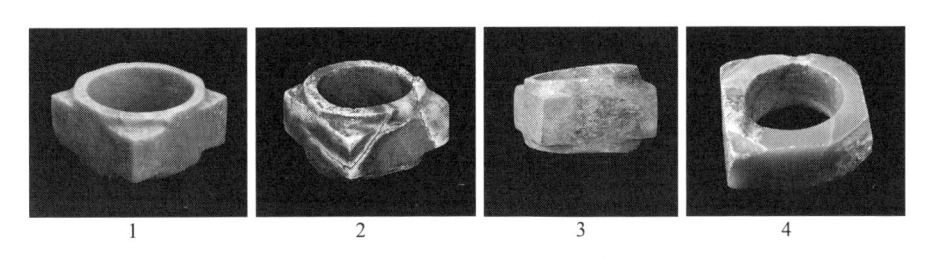

图2-36 齐家文化A型玉琮
1.高泉村 2.清溪村 3.师赵村M8：1 4.渭水峪

图 2-37　齐家文化 B 型玉琮
1. 齐家坪　2. 李家坪　3. 红崖村

图 2-38　齐家文化 C 型玉琮——静宁后柳村四宝

另一个需要分析的是有领环与牙璋（见图 2-39）。据闫亚林对甘青地区博物馆藏玉器的调查，临夏州博物馆藏有领环和牙璋各 1 件，清水县博物馆藏牙璋 1 件。[1] 据甘肃省博物馆王裕昌披露，在会宁牛门洞遗址亦出土有牙璋 1 件，甘肃省博物馆在临夏州积石山县甫川乡代山村征集牙璋 1 件。[2] 另外，邓聪在定西遗址发现牙璋 1 件。[3] 临夏州博物馆藏有领环和牙璋皆出自于积石山县新庄坪遗址，该遗址经过调查，有一处完整的齐家文化遗址和墓葬区，并采集有 9 件玉石璧和 169 粒绿松石珠，还有 10 余件铜器，是一处等级较高的聚落。清水县博物馆牙璋 1965 年出土于该县连珠村。牛门洞牙璋为 20 世纪 70 年代大搞农田基本建设时，

---

[1]　闫亚林. 西北地区史前玉器研究 [D]. 北京：北京大学考古文博学院，2010.
[2]　王裕昌. 甘肃省内馆藏齐家文化玉牙璋初探 [C]// 郑州市文物考古研究院，等. 东亚牙璋学术研讨会论文集. 会议内部材料，笔者也参加了此次学术研讨会.
[3]　邓聪. 牙璋与国家起源：牙璋图录及论集 [M]. 北京：科学出版社，2018.

被农民翻掘出土。牛门洞遗址是一处从马家窑文化一直延续至齐家文化的大型遗址，遗址面积约近60万平方米。[1]代山村牙璋顶端已经削平，其余器体保存较为完好，为单阑型牙璋。从器形观察来看，这4件牙璋均经过改制，牙璋顶部的璋牙都被削去，改制成平顶，这是甘肃所见考古所得牙璋的突出特征。连珠村和代山村遗址情况不明，然而新庄坪和牛门洞遗址面积大，内涵丰富，均为齐家文化的大型遗址，由此表明牙璋分布在齐家文化中也与遗址等级具有密切关系。

图 2-39 齐家文化中所见的牙璋与有领玉环
1. 定西　2. 代山村　3. 牛门洞　4. 连珠村　5、6. 新庄坪

玉质有领璧环在史前时期极为少见，目前仅有少数几例，它最早见于临汾下靳墓地[2]和洛阳西干沟龙山文化一期遗存[3]，近年山西清凉寺墓地出土1件玉质异形有领器，[4]这几件都属于考古发掘品。另外，在山东海阳司马台遗址还采集有1件有领玉璧，[5]虽然笔者对其是否属于龙山文化存疑，但相对商代较大规模使用有领璧环来说，其年代仍属较早。二里

---

[1] 刘晋文. 基于GIS技术的牛门洞遗址保护规划研究[D]. 兰州：兰州大学土木工程与力学学院，2016：22.
[2] 宋建忠. 山西临汾下靳墓地玉石器分析[C]// 北京大学中国考古学研究中心，北京大学震旦古代文明研究中心. 古代文明（第2卷）. 北京：文物出版社，2003：121-137.
[3] 中国社会科学院考古研究所. 洛阳发掘报告[M]. 北京：北京燕山出版社，1989：41.
[4] 山西省考古研究所，等. 山西芮城清凉寺新石器时代墓地[J]. 文物，2006（3）：11-14.
[5] 王洪明. 山东省海阳县史前遗址调查[J]. 考古，1985（12）：1061-1062.

头时期，至今尚未发现有领璧环。而商时期是有领璧环大规模使用的时期，这一时期有领璧环主要分布于郑州商城、殷墟、三星堆和新干大洋洲商墓。不管是从有领璧环最早出现的地域，还是大规模使用时期的分布来讲，甘青地区都不在范围之内。因而，此地出土有领璧环当为外来之物。

近年来，随着石峁遗址的发掘及巩义花地嘴出土牙璋的公布，牙璋的起源与传播又成为讨论的热点问题。总体来讲，有关牙璋的起源有3种观点：一是起源于山东说，二是起源于中原说，三是起源于华西说（主要指陕北石峁）。[1]但无论是何种观点，齐家文化所在的甘青地区也不会是牙璋的起源地，而且结合此地的牙璋均被改制的特征，甘青地区牙璋应为黄河中游传播至此地，是牙璋传播过程中所到达西北边缘地带的证明，同时也是牙璋传播至西南地区的中间地带证据。新庄坪遗址同时出土了有领环与牙璋，无独有偶，山东司马台遗址也出土有领环与牙璋，在中国南部及越南也发现有传播至此的这两类器物。由此可见，牙璋在向外传播的过程中可能并不是孤立的。

四、齐家文化用玉观念

从表2-17中可以看出，虽然已发掘的齐家文化墓葬为数不少，但是墓葬中的用玉比例不是非常高，如果除去绿松石、滑石珠、玛瑙珠及工具类的实用玉石器，这一比例将会更低。其中师赵村M8和宗日M200很可能并非墓葬，若然，则只有皇娘娘台一处墓地有较为像样的用玉现象。皇娘娘台遗址墓葬中的玉器以玉石璧为主，另外还有一个比较独特的现象是，该遗址的墓葬中有19座随葬有数量不等的小石子，这些随葬小石子的墓葬中绝大部分同时还随葬有石璧。由于这些墓葬一半为合葬墓，同时不随葬玉石璧和小石子的墓葬中陶器的数量也不少，反而相当一部

---

[1] 由于相关研究文章甚多，在此不一一列举。具体可参看香港中文大学中国考古艺术研究中心编《南中国及邻近地区古文化研究》一书，其中有多篇关于牙璋的论述，还有孙庆伟、朱乃诚、邓淑苹等人有关牙璋研究的文章。

分不随葬玉石器的墓葬陶器十分丰富，因此，是否随葬玉石器并不是等级差异所造成的。而发掘者认为由于这些玉石璧大小不等，有的很厚重，似乎不能作为装饰品，很可能是作为一种交换手段的货币用来随葬的。[1] 然而笔者从报告中还获取了这样一个信息，即几座出土有粗玉石片的墓葬皆有玉石璧随葬，而这些"粗玉石片一般都有截锯的痕迹，是制作石璧剩下的废料"。能够获取制作剩余的边角料，无疑是制作玉石璧的工匠更易获得，而如此大量的玉石璧显然需要"有一部分具有专门技术的人来承担"。而比较巧合的是，在距皇娘娘台1.5公里的海藏遗址就发现了玉石器作坊，而且所出玉器中玉石璧的数量最多。因此，很可能部分随葬玉石璧的墓葬死者就是当时的制玉工匠。

表 2-17　齐家文化主要遗址墓葬用玉比例统计表

遗　址	总　数	用　玉	比　例	备　注
师赵村	3	1	33.3%	1 琮 1 璧
店河	6	2	33.3%	绿松石饰 2 件
秦魏家	138	12	9.4%	其中 10 座墓中只有绿松石饰，2 座墓中各有 1 件石璧
大何庄	82	4	4.9%	4 座墓中玉石器皆为绿松石珠，其中 1 座墓还有玛瑙珠 2 件
磨沟	346	3	0.9%	皆为滑石珠
皇娘娘台	88	> 29	> 33%	石璧较多
柳湾	366	< 30	< 8.2%	多绿松石饰，2 件石璧，十多件生产工具
喇家[①]	10	1	10%	见上文喇家 M17 玉器统计
宗日	222	< 20	< 9%	玉刀 3 件、璧 1 件、绿松石饰多、玛瑙珠多

注：①由于喇家遗址正式的考古发掘报告尚未出版，已发掘墓葬的整体情况不明。此处以墓葬集中的祭坛及其周围边缘墓葬为统计对象。

与墓葬出土玉器较少截然不同的是，齐家文化大部分玉器皆为采集或征集。前文推断齐家文化玉器在 3000 件以上，如今看来墓葬中所见玉器所占比例不及齐家文化玉器总量的 1/4。而师赵村 M8 和宗日 M200 出土有"重器"的墓葬，其实有很多疑点。师赵村 M8 长 2.3 米、宽 1.1

---

[1] 甘肃省博物馆.武威皇娘娘台遗址第四次发掘[J].考古学报，1978（4）：421-448.

米、深 0.2 米，坑内有人体下颌骨与一段肢骨，一琮一璧并列置于西壁北部（见图 2-40）。发掘者将其定为二次葬，而根据陈洪海对甘青地区史前文化中的二次扰乱葬的研究，二次扰乱葬具有骨骼凌乱、墓穴平面不是很规整、填土中包含物异常的特征，[1] 而这座墓葬在后两点特征上皆不符合，并且不是骨骼凌乱而是骨骼甚少。加之，同期的两座墓虽然骨骼也不全，但是这两座墓墓地皆有十几块砺石以象征葬具，随葬品基本皆为陶器，这些特征与 M8 差异较大。另外，齐家文化墓葬不见玉琮随葬的现象，而 M8 玉琮是唯一一件有出土单位的琮。因此，笔者怀疑 M8 并非一座墓葬，而很可能是一座祭祀坑。宗日 M200 中更是不见人骨和陶器（见图 2-41），陈洪海已经指出这应是一处较为特殊的祭祀性遗存，[2] 闫亚林则进一步指出师赵村 M8 和宗日这座墓葬有不少相通之处，都可能是墓祭的有关器物。[3] 而静宁后柳沟村祭祀坑出土了四琮四璧，其中 7 件被追缴回来，这 7 件玉器皆属精品。另外，闫亚林还指出，固原张易张毛洼北山梁上采集的 3 琮、10 璧、2 璧芯和海原山门采集的 1 琮、1 璧可能与静宁后柳沟村玉器性质接近。[4]

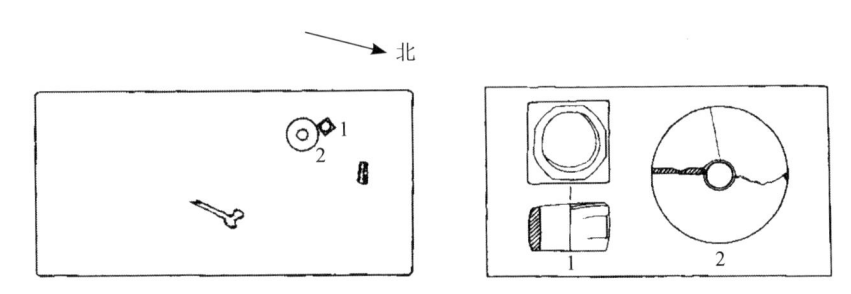

图 2-40　师赵村 M8 平面图及其所出玉器

除此之外，喇家遗址 M17 所在的人工土台和周边小墓葬群等遗存组合及建筑方式表明，人工土台不是简单的墓地形式，而是一个不断有祭

---

[1] 陈洪海. 甘青地区史前文化中的二次扰乱葬辨析 [J]. 考古, 2006（1）: 54-68.
[2] 陈洪海. 宗日遗存研究 [D]. 北京：北京大学考古文博学院, 2002.
[3] 闫亚林. 西北地区史前玉器研究 [D]. 北京：北京大学考古文博学院, 2010: 47.
[4] 闫亚林. 西北地区史前玉器研究 [D]. 北京：北京大学考古文博学院, 2010: 48.

祀性埋葬和祭祀仪式活动的祭坛，而且与良渚文化的祭坛相比较，喇家遗址祭坛的诸多现象都与之相类似。[1] 喇家遗址F4房址由于地震和洪水瞬间使其毁灭，从而保存了屋内原状的陈列（见图2-42）。在东壁北段紧贴白灰面墙壁上有疑似为二次重砌的一段凸出墙面，墙面上均匀地涂有一层黑色涂层，可能具有某种特殊的含义。玉璧、玉料和石矛均集中放于黑色壁面旁，1件盛于敛口瓮中的玉璧，亦紧贴黑色壁面放置。贵重的礼器玉璧等集中放于黑色壁面，似乎具有不同寻常的含义。发掘者

图 2-41　宗日M200平面图

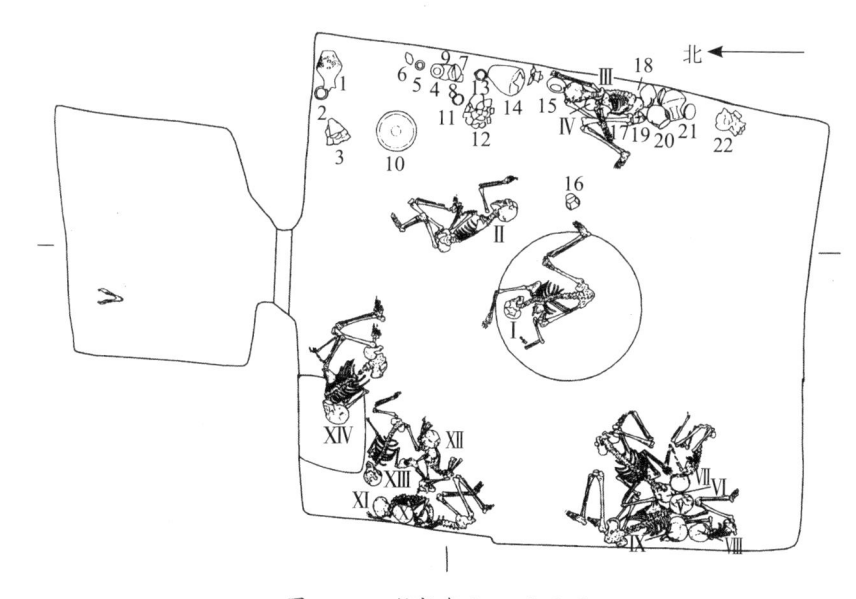

图 2-42　喇家遗址F4平面图

1.陶高领双耳罐　2.陶尊　3.带流罐　4、5.玉璧　6、7.玉料　8.石矛　9.石刀　10.陶盆　11.陶杯　12、13、17、18、20、21.双耳罐　14、15.敛口瓮　16.三大耳罐　19.双大耳罐　22.侈口罐　23.玉璧（置于敛口瓮中）　24.骨器（置于敛口瓮内）

---

[1] 中国社会科学院考古研究所甘青工作队，青海省文物考古研究所.青海民和县喇家遗址发现齐家文化祭坛和干栏式建筑[J].考古，2004（6）：3-6.

根据若干遗迹现象及遗物的分析，认为F4显示出不同于喇家遗址其他一般家庭住房的特点，有可能是集体活动的场所或兼具进行宗教祭祀活动的场地。[1]

与此同时，也可以看到齐家文化多处居址和墓地存在祭祀行为，而同时期其他地区墓葬很少见此现象，由此更加凸显出齐家文化多事鬼神的浓重色彩。更有学者指出龙山时代出现了新旧两种用玉传统对峙的现象——以陶寺、山东龙山文化为代表的史玉传统和以齐家、石家河文化为代表的巫玉传统，而巫玉的主要职责就是事神求福，沟通天地。[2] 这无疑是对齐家文化用玉传统的精辟概括。

如此看来，齐家文化的很多玉器与遗存都与祭祀相关。从这些情况和齐家文化墓葬用玉现象来看，齐家人并不是十分崇尚于把玉器放入墓中，而是更愿意在事神求福的祭祀中使用玉器。如此，则不难发现玉器在齐家文化中更注重其通神的功能，而采集或征集的玉器中应该有很多是用来祭祀的。但在用玉类别的选择上，中东部和西部存在差异。

五、工艺美学

（一）材质与工艺

根据齐家文化已进行过科技成分检测的玉器资料来看，齐家文化玉器透闪石质玉材的比例相当高。武威海藏是目前甘青地区发现的唯一一处玉器作坊遗址，遗址中出土的玉器及玉料均系透闪石软玉，有白玉、青白玉、青玉和碧玉等，如图2-43所示。师赵村遗址的13件齐家文化玉器材质经科学鉴定，也均为透闪石软玉，属于青玉系，约一半的玉璜为淡绿色软玉，其他玉器均属于颜色较深的碧绿色或墨绿色，有些表面

---

[1] 中国社会科学院考古研究所甘青工作队，青海省文物考古研究所．青海民和县喇家遗址2000年发掘简报．考古[J].2002（12）：12-25．

[2] 孙庆伟．巫玉、史玉与德玉：中国早期玉器传统的损益[C]// 浙江省文物考古研究所等．权力与信仰：良渚遗址群考古特展．北京：文物出版社，2015：117-127．

受沁，受沁部位呈黄褐色或棕褐色。喇家遗址大部分玉器材质为透闪石软玉，少量为似玉美石。表面颜色有青色、碧色、青白色，以青色系为主。有些玉质不甚纯净，夹杂有较多的斑点和杂质。还有一些玉器表面受沁，所见沁色有白色、褐色、黄色等。

玉石璧　　　　　　　璧芯

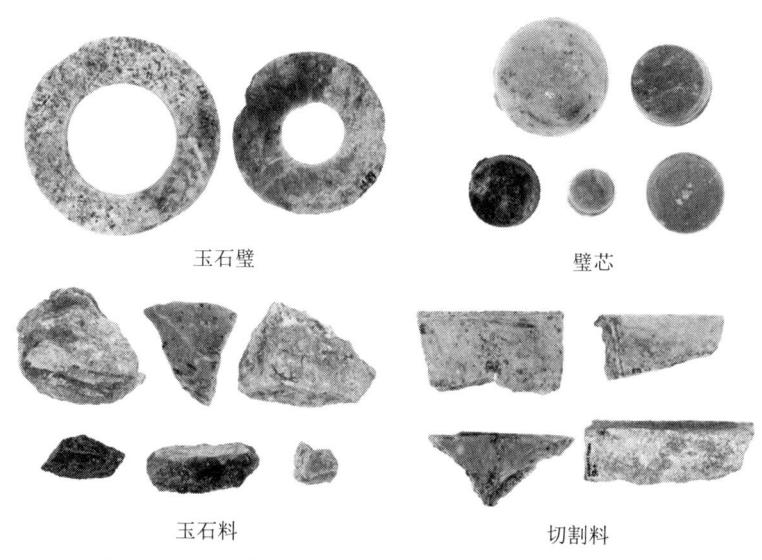

玉石料　　　　　　　切割料

图 2-43　海藏遗址出土的玉石璧、璧芯、玉料、切割料

从 3 类最重要的玉礼器来看，其材质也以闪石玉为主。玉琮材质基本均为透闪石玉质，颜色多样，有青色、青绿色、青白色、黄绿色、湖绿色、豆绿色、白色、墨绿色、棕黄色等。有些玉琮表面有较多白色、褐色或黄色沁，或是有较多绺裂，绺裂处受白色或褐色沁，因此表面颜色会有些斑驳或为沁色的颜色。玉璧的材质也大多为透闪石玉质，少部分为蛇纹石玉质和大理岩。器表颜色有白色、青白色、青色、碧色、墨绿色等，有些玉质不纯净，夹杂有较多的墨色斑点或条带纹理，总体来说，色泽以绿色为基调。长条形玉刀的材质大多没有经过科学的材质检测，因此从肉眼上目测主要为透闪石玉质，玉色以绿色为基调，有青绿色、青白色、青色，有的玉质中夹杂有较多墨色或褐色斑点、板块或条带纹理。一部分玉刀表面因受沁而呈现褐色、黄白色。

根据近年的新考古发现，在甘肃发现了马鬃山[1]、马衔山[2]、旱峡[3]等玉矿遗址，其中后两者开始开采的时间均可早至史前时期。由于齐家文化所处的区域附近有较为优质的玉矿资源，因此其玉器材质以透闪石质玉为主，也就不足为奇。

与龙山时代晚期其他区域制玉工艺相对比，齐家文化的玉器制作工艺既有统一的一面，也有一些独特的特征。在制玉流程方面，齐家文化玉器与其他地区大体一致，所见工艺主要包括开料、切片、琢磨成形、钻孔、打磨、抛光、雕琢纹饰等，缺少黄河中、下游地区所见的透雕镂空和圆雕技术。从来料、切片等技术看，齐家文化中几乎均运用大型片具切割技术（见图2-44，1、3），基本不见线具切割技术。

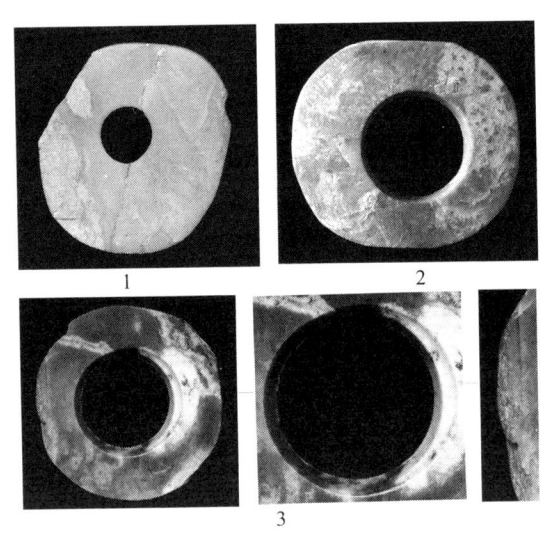

图2-44 齐家文化中外缘不规则的玉璧及其工艺痕迹
1、3. 静宁县博物馆藏 2. 喇家遗址出土

---

[1] 甘肃省文物考古研究所.甘肃肃北县马鬃山玉矿遗址[J].考古,2015（7）:3-14;甘肃省文物考古研究所.甘肃肃北县马鬃山玉矿遗址2012年发掘简报[J].考古,2016（1）:40-53;甘肃省文物考古研究所.甘肃肃北马鬃山径保尔草场玉矿遗址2016年发掘简报[J].文物,2020（4）:31-45.

[2] 代路路,等.甘肃马衔山和田玉化学成分分析和产地判别研究[J].光谱学与光谱分析,2022（5）:1458.

[3] 甘肃省文物考古研究所,中山大学地球科学与工程学院.甘肃敦煌旱峡玉矿遗址考古调查报告[J].考古与文物,2019（4）:12-22;甘肃省文物考古研究所.敦煌旱峡玉矿遗址发掘简报[J].敦煌研究,2021（5）:74-84.

玉璧的制作和玉石作坊与其他区域有所不同。齐家文化玉璧根据平面形状可以分为圆形、近圆形、椭圆形、方形或圆角方形、不规则形。平面形状的不同代表着制作工艺不同。齐家文化一部分玉璧为较为规整的圆形，此类玉璧内、外缘均为管钻而成。近圆形、椭圆形、方形或圆角方形的玉璧仅中孔为管钻，外缘或为切割、琢磨，或为打击、修整。而后一种工艺的玉璧是齐家文化玉璧的特色之一，在齐家文化中普遍存在。同时，较多的玉璧制作不甚精细，留有明显的片具切割痕迹，再加上较多形制不甚规整的玉璧的制作技术较为生猛，因而显得稍为粗糙。综上所述，齐家文化玉璧运用的制玉工艺主要有切割、管钻、琢磨和打磨抛光，少量运用打击技法，制玉技术既有先进性，也包含了一些滞后性。

玉琮和玉刀的制作工艺基本与玉璧相同，主要包括开料切割、成形、钻孔、磨刃、抛光等，形制均十分规整。少量有领玉环和牙璋似乎表现出更为高超的制玉技术，器型规整、棱角分明、打磨精致、光泽感强。

海藏遗址位于甘肃省武威市，距离著名的皇娘娘台遗址仅有1.5公里，是一处新石器时代晚期玉石器作坊遗址。海藏遗址的出土物包括玉器、石器、铜器、骨器、陶器等，其中以玉石器最为丰富。20世纪80年代发掘出土的玉器有玉璧37件、玉镯1件，有工具如玉锛、玉凿、玉斧、玉刀等8件，还有较多的玉器边角料、半成品、毛坯、原材料161件。石器有璧46件，斧48件，单、双孔刀39件，锛9件，杵4件，纺轮3件，磨石2件，其他杂器10件。其中最大的一块玉璧直径为15厘米，还有一块30平方厘米的玉板，切割的一面非常平整光滑，厚约3～4厘米，在玉板横截面约1.5～2厘米厚的地方用制玉工具剖开了一半，未完工。2018年至2019年再次进行发掘，获取一批玉石器及玉石器加工的遗物，证实该遗址是一处玉石器加工聚落遗址，不仅出土有玉器、玉料、半成品，还出土有一批制玉的工具，包括切割工具、石锤、石砧、磨石等，如图2-45所示。尤其是切割工具的发现十分难得，进一步证实了片切割技术的流行。因此，从出土的玉石器成品、半成品、毛坯和原材料数量之多和玉器成品之精美，大致可以复原齐家玉器的制作流程：玉器的切割与制作主要采用片具切割、开料，管钻中孔，磨制成形，器表打磨与抛光等方式。

切割工具　　　　石锤

石砧　　　　磨石

图 2-45　海藏遗址出土的玉石器制作工具

较为特别的是，距海藏遗址不远处即为皇娘娘台遗址，该遗址的墓葬中还发现较多的生产制作玉器的边角料，而且一部分玉石璧外缘粗糙，似没有精致加工。这些状况表明二者在遗址内涵上具有一定的互补性，表明二者之间存在密切的联系，有可能皇娘娘台遗址出土的玉器是来自于海藏作坊的产品或副产品。结合皇娘娘台遗址随葬玉石器比例较高，但墓葬等级却不高的情况，似乎有理由推测皇娘娘台墓地的墓主有可能是制作玉石的工匠。另外，在青海境内的喇家遗址中也出土有较多的玉料、玉坯件和玉芯等边角料和剩余产品，表明喇家遗址的玉器很可能为本地制作，该遗址内或附近存在玉石作坊的可能性。

海藏遗址是目前发现的唯一一处齐家文化玉石器作坊遗存，而且位于靠近玉料产区的祁连山区和昆仑山区，对于研究齐家文化及龙山时代至青铜时代早期玉料的开采与利用、玉石器的加工制作意义十分重大。

（二）图案与审美

齐家文化玉器绝大多数表面光素无纹，也是齐家文化玉器的一大显著特征。目前为止，只有静宁后柳沟村的两件玉琮分别有瓦楞纹、弦纹和宁夏南湾村玉琮上刻有凤鸟纹。后柳沟村的瓦棱纹玉琮，四面中间有竖向宽浅的凹槽，瓦棱纹分布于竖槽两侧，并以4个棱边为轴对称布局，显然这种纹样的布局与黄河中、下游地区刻纹玉琮的纹样布局完全相同。玉琮是良渚文化的典型器类，它们从长江下游逐步向内陆地区传播[1]，纹样也在不断地简化与丢失，而后柳沟村出土的瓦棱纹玉琮无疑是玉琮传播至甘青地区的简化形式。弦纹玉琮的纹样与瓦棱纹玉琮相比，构图发生了较大的变化。弦纹玉琮四面中间并没有宽浅的竖槽，每条弦纹贯通地围绕琮体一周，五条弦纹为一组，共有3组，分布于方形琮体表面的上、中、下部位。这种形式不仅是玉琮纹样不断简化的结果，也在传播的过程中发生了变形。南湾村玉琮的一面用阴刻线刻一凤凰，此纹样中的凤凰较为具象，目前史前时期尚未发现此种类型的凤鸟纹，如图2-46所示。虽然罗丰认为是当时的刻纹[2]，但不少学者指出凤鸟纹应为后刻，笔者也更加赞同后者，因为如此具象的凤鸟纹到了后世才得以出现。如此，后柳沟村两件刻纹玉琮是目前齐家文化仅见的两件刻纹玉器。而且这两件琮的纹饰运用了减地、浅浮雕、打磨、抛光技术，纹样规整、表面的光气感十足，展现出无比高超的制玉工艺。

图2-46 宁夏南湾村采集的玉琮

综合上述分析，表明齐家人更注重玉这种材质本体，以及其在历史长河中所积累的神圣性、权威性与财富性。由于玉器与玉文化传播至中

---

[1] 方向明.琮·璧：良渚玉文明因子的接力与传承[J].大众考古，2015（8）：41-48.
[2] 罗丰.黄河中游新石器时期的玉器：以馆藏宁夏地区玉器为中心[J].故宫学术季刊，2001，19（2）.

原地区时，对于其上的异域纹样已有所扬弃，或简化，或降低使用频率，或变体，以适应当地社会的实际需求。当玉器与玉文化进一步向西北传播时，甘青地区的齐家人进一步摒弃了装饰与纹样，钟爱玉本身的质感，回归到其原始的本质意义，而不接受来自于其以东地区的玉器纹样及其蕴含的宗教意义，具有一种原始朴素的审美倾向。

六、余论

经过梳理和分析，甘青地区史前用玉进程表现为，从前仰韶时期至马家窑时期一直处于相对沉寂的状态，其大规模和较成体系用玉文化的兴起与齐家文化密切相关。齐家时期，新出现的玉器器类，如琮、璜、璧环（包括"玉围圈"）、多孔玉刀、玉钺、牙璋、有领环等，均为东进而来。齐家时期用玉文化的引进与兴起，应是促进甘青地区玉矿开发与利用的直接原因。根据旱峡玉矿的最新考古发现可知，其最早开采时间是在齐家时期，而这一时期也出现了海藏玉石器作坊和皇娘娘台墓葬出土的加工玉料、玉片与半成品，清晰地展示出了玉料东进的态势。前辈学者已指出甘青所在的中国西北大区，史前时期在考古学文化上存在"东风西渐"的过程[1]，中原向西北施加文化影响的轨迹，过程表现为中原首先作用于陇东，进而扩散影响到河湟地区、河西走廊，其影响力表现为自东向西、逐步弱化的趋势[2]，而仰韶时期至齐家时期甘青地区玉文化的发展动态与格局也是如此。

邓淑苹认为华西系玉器是独立起源，素面玉琮是黄河上中游史前时期的原生性玉琮，良渚玉琮是次生性玉琮[3]。笔者认为这一论断尚值得推

---

[1] 王辉.甘青地区新石器——青铜时代考古学文化的谱系与格局[C]//北京大学考古文博学院，北京大学中国考古学研究中心.考古学研究（九）：庆祝严文明先生八十寿辰论文集.北京：文物出版社，2012：242.

[2] 李水城.华夏边缘与文化互动：以长城沿线西段的陶鬲为例[M]//李水城.东风西渐：中国西北史前文化之进程.北京：文物出版社，2009：198.

[3] 邓淑苹."六器"探索与"琮"的思辨[J].中原文化，2019（2）：56-75.

敲。首先，甘青地区较为规模和成体系的用玉文化出现较晚。邓淑苹先生所列举的齐家坪遗址瓦罐嘴地点无射玉琮，其年代并不是马家窑时期。这件玉琮并没有明确的考古出土背景，是安特生从当地农民手中购买，因此其时代存疑。其次，以中国大陆二、三级阶梯为分界线，以西地区龙山时代之前出土的玉器较少，且装饰品玉器均为小件，工具类玉器使用痕迹明显，而与一般的石质工具无异（见表2-18）。这种状况远不如同时期以东地区玉器的繁花似锦，如红山文化、崧泽文化、良渚文化、凌家滩文化、大汶口文化等都出土了数量丰富的玉器。另一方面，目前年代最早和较早的玉器都是发现于东部地区，如黑龙江小南山遗址和东北的兴隆洼文化。再次，目前甘青地区距今4500年前的玉质重器均为工具性用玉，而且这些玉器表面多具有崩疤或使用痕迹，与其他石质同类工具功能无异，甘青史前先民并没有将这些玉质工具另眼看待。因此，不论是从用玉动机还是用玉进程来看，目前的考古材料尚不能支持华西系玉器独立起源的观点。

表2-18　关中及晋南地区龙山时代之前出土玉器遗址统计表

时　代	遗　址	玉器及数量/件	功　能
老官台文化	龙岗寺	绿松石饰2、小玉饰1	装饰品
仰韶时期	西安半坡	碧玉坠1	装饰品
	临潼姜寨	绿松石坠4、玉斧1、玉饰1	装饰品、工具
	宝鸡北首岭	绿松石8、小玉饰1、蛇纹石坠1、玉管1、蛇纹石斧2、小玉球1	装饰品、工具
	宝鸡福临堡	小玉饰2	装饰品
	宝鸡关桃园	玉环1	装饰品
	南郑龙岗寺	玉斧4、玉铲5、玉锛12、玉凿1、玉镞形器2、绿松石饰75、水晶1	装饰品、工具
	西乡何家湾	绿松石饰8	装饰品
	西安米家崖	玉笄1	装饰品
	华县泉护村	玉璜1、绿松石饰1	装饰品
	临潼零口村	绿松石饰1	装饰品

续表

时　代	遗　址	玉器及数量/件	功　能
仰韶时期	临潼北牛	玉锛1、玉铲1	工具
	垣曲苗圃	玉环1	装饰品
庙底沟二期	古城东关	玉璜1	装饰品
	垣曲龙王崖	玉饰1	装饰品
	绛县周家庄	玉璜1、玉片1	装饰品

第四节　长江中游地区

龙山时代晚期，长江中游地区的考古学文化主要是后石家河文化。石家河类型此时依然延续，南部诸类型从中期偏晚至晚期开始出现，主要有季家湖类型、划城岗类型和尧王林类型。这一时期的玉器主要集中出土于石家河、季家湖、划城岗等类型的某些遗址中。

一、考古发现

（一）石家河类型

石家河类型地处古云梦泽的北岸，大洪山以南的江汉平原中北部，主要遗址有天门石河遗址群、钟祥六合等。目前发现出土玉器的遗址有肖家屋脊、罗家柏岭、谭家岭、严家山、钟祥六合等。

肖家屋脊位于湖北省天门市中心城区西北约16公里处，南距石河镇0.5公里。晚期遗存有房子1座、灰坑90个、灰沟1条、水塘1个、路2条、红烧土遗迹1处、瓮棺葬77座，在地层中出土石钺1件。晚期的77座瓮棺中有16座有随葬器物，分别是W6、W7、W12、W17、W23～W25、W30、W33、W49、W50、W58、W59、W69、W71、W90，其中除了W49随葬铜矿石1块，其余的瓮棺均随葬玉器。随葬玉器的瓮棺一般容量较大，腹径多在40厘米以上，主要是广肩弧腹瓮，发掘者推测其所葬为成人；容量较小的或是临时用作葬具的，如圜底缸、盆形鼎、广肩罐、大敛口瓮等一般不随葬玉器。晚期遗存共出土玉器157件，其中109件出自瓮棺中，33件出自文化层，1件出自灰坑，14件是从遗址上采集的。发掘者认为，根据田野发掘和室内整理的情况看，所有的玉器都应出自瓮棺中，为随葬品。157件玉器中有人头像7件、蝉33件、虎头像9件、飞鹰1件、盘龙（龙形玦）1件、羊头像1件、鹿头像1件、玉笄5件、柄形饰7件、长方形透雕片饰1件、管11件、坠4件、璜4件、圆片3件、牌型饰2件、珠10件、纺轮1件、锛1件、刀1件、碎块（大多为各种玉器的残片，少数可能是边角废料，也有可能是镶嵌材料，都有加工痕迹）较多。[1]

罗家柏岭位于石家河遗址群的东部，遗址面积约5万平方米。石家河晚期发现一处完整的建筑遗迹，该建筑规模庞大、形制特殊、结构复杂，非一般居住建筑，结合建筑内遗迹现象及出土遗物分析，发掘者推测这是一处制作玉、石器的手工业作坊。第二期遗物多出土于建筑遗迹内或其上的堆积中，包括玉器，在其他探沟中还发现有铜器残片和铜绿石等遗物。第二期共发现玉器44件，其中人头像10件、人头像坠饰1件、玉蝉7件、龙形环雕1件、凤形环雕1件、璧5件、环2件、管10件、棍形饰3件、残玉器片4件。[2]

谭家岭遗址位于石家河古城的核心，2015年发掘了5座，出土许多精美、意义重大的后石家河文化时期玉器的瓮棺葬，编号为W3、W4、W7、W8、W9，共计出土玉器240余件。[3] 玉器以玉蝉、玉管、玉珠、玉虎数量最多，其中双人连体头像玉玦、虎座双鹰玉饰、玉牌饰、虎形玉冠饰、玉虎、玉鹰、玉钺等为首次发现。瓮棺中还发现有将剩余的玉

---

[1] 石家河考古队.肖家屋脊[M].北京：文物出版社，1999.
[2] 石龙过江水库指挥部文物工作队.湖北京山、天门考古发掘简报[J].考古通讯，1956（3）：11-21；湖北省文物考古研究所，中国社会科学院考古研究所.湖北石家河罗家柏岭新石器时代遗址[J].考古学报，1994（4）：63-101.
[3] 湖北省文物考古研究所.石家河遗址2015年发掘的主要收获[J].江汉考古，2016（1）：36-41.

料与玉器同葬的现象。这些玉器类型丰富、形态优美、造型生动，具有浓郁的生活气息和极高的艺术观赏价值。多数玉器表面都有精美的线刻、勾连图案，以及复杂的透雕和细如针尖的钻孔，其普遍使用的圆雕、透雕、减地阳刻、浅浮雕线刻等工艺代表了史前中国乃至东亚地区玉器加工工艺的最高水平。

严家山遗址属于石家河遗址群的一部分，位于石家河古城外西北部，其东部为邓家湾遗址，共2处。以石块堆积，出土有碎玉料。瓮棺葬20座，其中5座瓮棺有随葬品，分别为W1、W6、W9、W13、W19。随葬品种类仅有玉器和石器。玉器成品极少，均为小件器物，器形有珠、管、佩饰等，除玉珠较完整外，玉管、玉佩仅见残片；其余皆为加工后的剩余边角料。石器仅见一件石英钻头。[1]

六合遗址位于湖北省钟祥县（今钟祥市）皇庄区长城乡高庙一组，西距县城郢中镇约2公里。遗址处于一座高出周围10多米的岗地上，南北长300米、东西宽200米，原有面积约6万平方米。发掘后石家河文化时期瓮棺葬25座，大多数瓮棺内放置玉石器和玉石料，玉石器均为佩饰，共17件（发表13件的材料），器形有人面像1件、兽面像1件、虎头像1件、圆片4件、管2件、璜1件、圆形镂雕佩饰1件、蝉3件、管形佩饰1件，另有许多加工剩余的小块玉石料。[2]

（二）季家湖类型

季家湖类型主要分布在古云梦泽和汉水以西、三峡以东的鄂西南，代表性遗址主要有当阳季家湖、马山枣林岗、枝江关庙山、江陵朱家台和张家山、宜昌白庙和石板巷子、松滋桂花树遗址三期、荆州汪家屋场等。这一类型已发掘的遗址最多，却独不见石家河文化早期遗存。目前该类型出土玉器的遗址主要有枣林岗和汪家屋场。

---

[1] 湖北省文物考古研究所，北京大学考古文博学院，天门市博物馆.湖北天门市石家河古城严家山遗址2016年发掘简报[J].考古，2018（9）：52-67.
[2] 荆州地区博物馆，钟祥县博物馆.钟祥六合遗址[J].江汉考古，1987（2）：1-30.

枣林岗石家河文化晚期墓地位于湖北省荆州市荆州区马山镇境内荆江大堤的起点，地势较高，为一条宽约1公里、长约5公里的高岗地，其西边不远处就是建于屈家岭文化时期、沿用至西周的阴湘城城址。1992年，荆州博物馆在此发掘石家河文化晚期46座瓮棺葬，分布密集，无一打破关系。46座瓮棺中43座有随葬器物，随葬品皆为玉石器，一般散布于葬具的底部位置，出土时多数为残破件。完整器和可辨识器形的有133件、玉坯件23件、玉料4件，另有若干残片和碎片无从辨识，可归属为37个不同的个体。小型工具类主要有锛39件、凿18件、钻15件、刀3件、钺1件等，装饰用玉有人头像1件、虎头像3件、蝉6件、鹰笄首1件、雀1件、笄4件、坠2件、珠3件、端饰2件、牌饰5件、管2件、粒1件、环1件，礼仪用玉有琮2件（均残破特甚）、璜8件、璧1件。[1]

汪家屋场遗址位于湖北省荆州市沙市区观音垱镇以东约4公里，这是一处略高于周围地面的小台地，遗址面积约3000平方米，年代大约为后石家河文化时期。该遗址征集到3件玉石礼器，分别为璧形戚1件、牙璋2件。[2]

（三）划城岗类型

划城岗类型主要分布于洞庭湖西北岸地区，主要遗址有澧县孙家岗、安乡划城岗、华容车轱山、澧县城头山、华容七星墩等，目前只有孙家岗和七星墩两处遗址出土有玉器。

孙家岗墓群位于湖南省澧县县城以西14公里的大坪乡大阳村三组地界，属洞庭湖区澧阳平原，南距澧水约10公里。1991年，发掘清理了33座新石器时代晚期墓葬，勘察核实1座墓葬。发掘区地势比东南大片农田平地略高，墓葬密集，排列方向一致（为东西向），均为竖穴土坑

---

[1] 湖北省荆州博物馆. 枣林岗与堆金台：荆江大堤荆州马山段考古发掘报告[M]. 北京：科学出版社，1999.
[2] 荆州博物馆. 湖北荆州观音垱汪家屋场遗址的调查[J]. 文物，1999（1）：17-20.

墓。33座墓中共出土玉器26件，分别出自M3、M7、M8、M13、M9、M14和M33等7座墓葬中（前4座墓中各出1件，余者皆出自后3座墓中）。这些玉器质料均为高岭玉，有不同程度沁蚀，颜色以乳白色为主。器类有璧3件、璜3件、佩2件、笄7件、坠6件、纺轮1件、玉祖1件、管1件、玉片2件，尤其是出土的两件玉佩，为一龙一凤造型，十分精美。[1]2016年，孙家岗遗址重启大规模的考古发掘工作，发现后石家河文化时期的墓葬193座，除1座为瓮棺墓外，其余皆为长方形土坑竖穴墓，出土一大批陶器和玉器。[2]孙家岗墓地目前共计出土玉器184件，所见器类基本涵盖了大部分后石家河文化所见玉器。

七星墩遗址位于湖南省华容县东山镇东旭村，北依长江，南滨洞庭。七星墩遗址是一座新石器时代晚期的城址，具有外圆内方的双城结构，面积约25万平方米。但是至后石家河文化时期，古城社会发生巨变，走向衰落。城外发现的以W7为代表的瓮棺葬，随葬有少量碎玉。[3]

庹家岗遗址位于湖南省安乡县，据何介钧介绍，在安乡庹家岗遗址的墓地出土过1件玉琮，为20世纪80年代末农民动土获得。[4]此前曾发掘过屈家岭文化的墓葬，但没有出土过重要玉器，因此，考虑到紧邻的居住址有石家河文化的地层，何介钧认为这件玉琮应属石家河文化墓葬所出。目前，学界一般认为这件玉琮属于后石家河文化。

此外，在石门丁家山遗址还采集有1件玉人首像。[5]

图2-47所示为后石家河文化用玉组合。

---

[1] 湖南省文物考古研究所，澧县文物管理处.澧县孙家岗新石器时代墓群发掘简报[J].文物，2000（12）：35-42.

[2] 湖南省文物考古研究所，澧县博物馆.湖南澧县孙家岗遗址墓地2016—2018年发掘简报[J].考古，2020（6）：53-76；张婷婷，赵亚锋，喻燕姣.孙家岗遗址墓地2017年新出土玉器的初步研究[C]//湖南省文物考古研究所.湖南考古辑刊（第15辑）.北京：科学出版社，2021：191-209.

[3] 湖南省文物考古研究所.湖南华容县七星墩遗址2019—2020年发掘简报[J].考古，2022（6）：3-18.

[4] 何介钧.湖南史前玉器[C]//邓聪.东亚玉器·Ⅰ.香港：香港中文大学出版社，1998：227.

[5] 石门县博物馆.石门发现一件玉人首[C]//湖南省文物考古研究所.湖南考古辑刊（第8辑）.长沙：岳麓书社，2009：42-43.

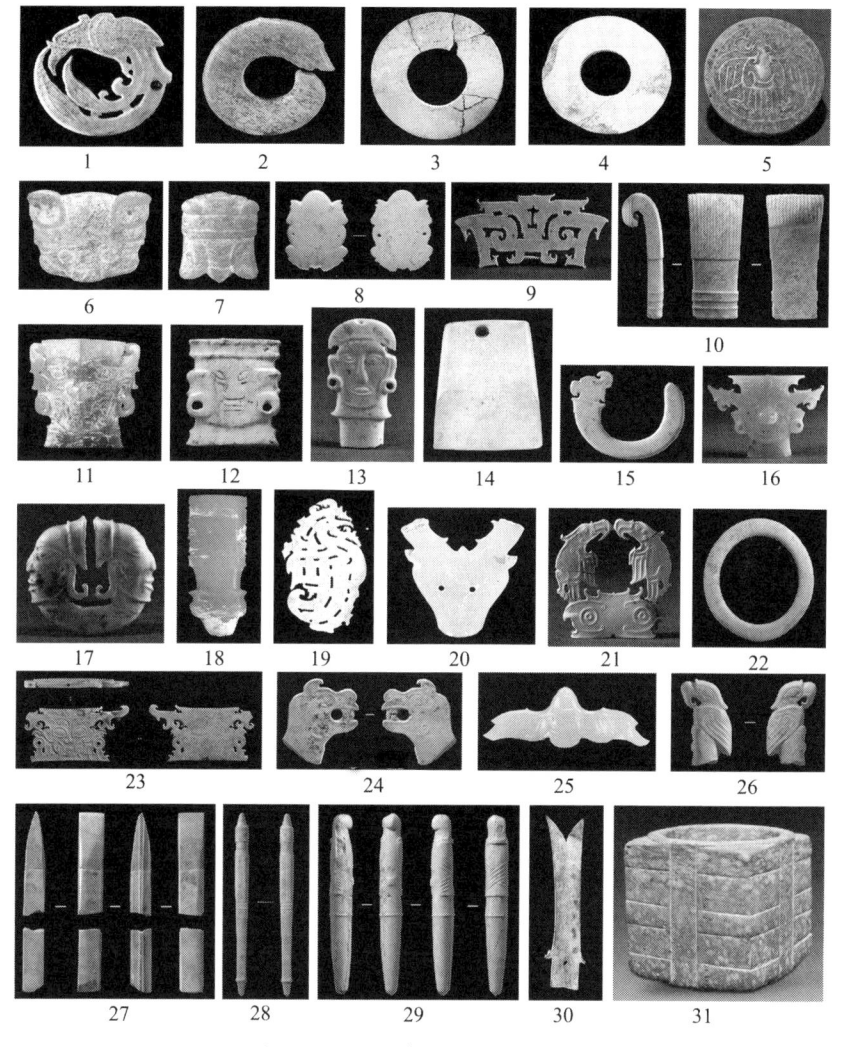

图 2-47　后石家河文化用玉组合

1、19. 玉凤（罗家柏岭采集、孙家岗 M14∶4）　2. 龙形玉玦（肖家屋脊 W6∶36）

3、4. 玉璧（罗家柏岭 T9③A∶104、孙家岗 M9∶3）　5. 鹰纹圆牌饰（谭家岭 W8 出土）

6、24. 玉虎头（肖家屋脊 W6∶53、孙家岗）　7. 玉蝉（肖家屋脊 W6∶12）　8. 玉蛙（孙家岗 M71∶5）

9. 镂空冠形饰（谭家岭 W9 出土）　10. 玉冠饰（孙家岗 M141∶7）　11～13、16、23. 玉人头

（肖家屋脊 W6∶32、罗家柏岭 T20③B∶18、谭家岭 W9 出土、孙家岗 M149∶1）

14. 玉锛（枣林岗 JZWM1∶5）　15. 鸟首玉璜（孙家岗 M147∶2）　17. 双人首玉饰（谭家岭 W9

出土）　18. 玉柄形饰（肖家屋脊出土）　20. 玉鹿头像（肖家屋脊 AT1601①∶3）　21. 虎脸座双鹰

玉饰（谭家岭 W9 出土）　22. 玉环（孙家岗 M120∶10）　25、26. 玉鹰（肖家屋脊 W6∶7、孙家

岗 M187∶1）　27. 玉凿形器（孙家岗 M53∶1）　28. 玉簪（孙家岗 M64∶1）

29. 玉鹰笄首（孙家岗 M136∶7）　30. 牙璋（汪家屋场采集）　31. 玉琮（庹家岗采集）

二、用玉组合与造型特征

（一）用玉组合

从龙山时代玉器分类标准来看，根据统计，后石家河文化玉器可分为礼仪用玉、装饰用玉、工具用玉和料坯等，同时一部分玉器也充当丧葬用玉的功能。礼仪用玉主要有玉琮、玉钺、玉璧、牙璋、璧形戚等，但数量较少，而且琮与钺均为残破状态，与其他有制作痕迹的玉片、边角料等同出，显示出它们已经不具备礼器的功能，而可能是充当玉料使用或改制后的边角料。目前，石家河遗址群中没有上述礼仪玉器的出现，更没有完整者出土。只有在湖南境内的庹家岗遗址采集有一件造型简洁的玉琮，保存较为完整。但是由于这件玉琮系采集，且该遗址没有经过大规模发掘，并不清楚它的具体功用。牙璋和玉戚也都是采集品，并不是本地风格的玉器。装饰用玉特别发达，数量繁多、种类丰富、颇具特色，尤其是造型各异的人面像和动物形玉饰，最能反映后石家河时期玉器风貌，是此时新出现的器类。虽然这些新出现的玉器绝大部分有穿孔或镂空，可以佩戴或缝缀在服饰上，但是它们并非仅为展示美的装饰品，而是与"物精崇拜"密切相关[1]，因而具有一定的巫玉色彩。工具用玉主要集中于枣林岗墓地，数量较多，包括纺轮、锛、凿、钻、刀等。后石家河时期玉器的另一大显著特征是，存在大量制作玉器的边角料、玉料、玉坯件等生产环节所剩产品，其中一些玉料和边角料明显是用玉器改制后的剩余。这种用玉组合与屈家岭—石家河时期的用玉组合差异巨大。

（二）造型特征

后石家河文化玉器造型多样，是龙山时代晚期造型最丰富的地区。首先根据玉器整器形状，可将后石家河文化玉器的造型分为仿生型、几

---

[1] 邓淑苹.楚式礼玉：远古"物精崇拜"与"天体崇拜"的融合创新[C]// 湖南省博物馆.湖南省博物馆馆刊（第十四辑）.长沙：岳麓书社，2018：115.

何型与前两者的结合体——牙璋。仿生型玉器数量较多，主要分为模仿人像和动物形玉器，这是后石家河文化中最富有代表性、最精彩的玉器。模仿人像的玉器有侧面像与正面像两种，侧面像几乎均为片雕，只有一件立体圆雕；正面像有片雕和圆雕两种，但圆雕的数量较少。仿动物形玉器种类较多，主要包括兽面像、玉虎头像、玉蝉、玉蛙、玉鸟、玉鹰、玉凤、玉龙、玉鹰笄首、玉高羽冠饰，以及这些元素之间的不同组合造型，还有少量的羊头像和鹿头像（各仅有1件）。目前为止，在龙山时代晚期，整个黄河流域玉器造型崇尚几何感，这种鲜明的对比凸显出后石家河文化的仿生型玉器卓然不群。几何型玉器主要包括环璧、玉璜、柄形饰、长方形透雕片饰、玉管、玉圆片、玉珠、玉纺轮、玉笄、玉镞、玉凿和玉刀等，造型有圆形、扇形、长方形、圆管形、球形、梯形、圆柱形、圆锥形等。牙璋的数量仅有2件，均为采集品。

三、用玉制度

（一）石家河类型

石家河类型不仅是后石家河文化的中心区，而且这一类型所出土的玉器数量最丰硕、器类最丰富、工艺最精致，从玉器出土情况来看，也是石家河文化的用玉核心区。

等级特征

由于石家河类型的玉器除罗家柏岭外，皆发现于瓮棺之中，故而对瓮棺等级的划分需要更多依赖随葬品的多寡。由于后石家河时期瓮棺随葬品一般皆为玉握，因此，根据瓮棺随葬玉器的多寡与有无，可以将石家河类型瓮棺划分为4个等级。

第一等级瓮棺：随葬玉器数量达50件以上，有肖家屋脊W6，虽然谭家岭的发掘资料还没有公布，但从5座瓮棺出土玉器的数量、质量和内容来看，至少谭家岭的W8、W9应该也属于这一级别。肖家屋脊W6

一墓便出土玉器56件，占除谭家岭地点以外整个晚期瓮棺玉器的50%以上，而且有两类重要的玉器皆不见于其他遗址，即圆雕飞鹰和柄形饰。除此之外，肖家屋脊晚期瓮棺所见的7件人头像、5件虎头像和1件兽面像，除了1件人头像和1件虎头像见于其他瓮棺外，其余皆出自W6。目前，后石家河时期任何一座墓葬与肖家屋脊W6、谭家岭W8和W9相比，都无出其右者。

第二等级瓮棺：随葬玉器数量5～10件，有肖家屋脊W7、W17、W25、W71、W90和严家山W1、W6、W9、W13。但是，不同等级墓地中的同一等级瓮棺随葬玉器的差异也较大。肖家屋脊墓地拥有第一等级瓮棺在内，明显比严家山地点的瓮棺葬墓地等级要高。因此在肖家屋脊的第二等级瓮棺个别墓葬中仍可见到第一等级瓮棺较为普遍随葬的人头像、虎头像等颇具特色的玉器，玉蝉仍普遍流行。而这些器类在严家山瓮棺墓中难寻其踪。由于严家山瓮棺墓主身份的特殊性，他们随葬的玉器却别有特色，不见雕琢相对精致的仿生类玉器，所见玉器均为残件，且绝大部分为边角余料。虽然他们的地位远不如谭家岭和肖家屋脊的瓮棺葬墓主，但仍高于同时期无随葬品的普通瓮棺葬[1]，如表2-19所示。

表2-19　第二等级瓮棺用玉数量统计表　　　　单位：件

区域		器类									
		人头像	虎头像	蝉	透雕牌饰	笄	璜	圆片	管珠	纺轮	残片
肖家屋脊	W7	1		1							4
	W17			4					1		3
	W25			3					2		
	W71		1	1	1				1		2
	W90			3		2	1				2

---

[1] 湖北省文物考古研究所，等. 湖北天门市石家河古城严家山遗址2016年发掘简报[J]. 考古，2018（9）：67.

续表

区域		器　类									
		人头像	虎头像	蝉	透雕牌饰	笄	璜	圆片	管珠	纺轮	残片
严家山	W1					1			2		8
	W6										6
	W9								3		16
	W13								1		10

第三等级瓮棺：随葬玉器数量在 5 件以下，有肖家屋脊 W12、W23、W24、W30、W33、W50、W58、W59、W69，六合 W4、W9、W10、W12、W13、W15、W16、W17、W18、W19。第三等级瓮棺不同的遗址中，用玉器类差异较大。肖家屋脊遗址第三等级瓮棺几乎完全不见人头像、兽面像、透雕牌饰、玉蝉等石家河晚期最具代表性的玉器，而多为小型管珠坠饰和玉器残片。与此不同的是，钟祥六合瓮棺葬虽然每墓最多出土 2 件玉器，然而一些瓮棺中仍然随葬有人头像、兽面像、虎头像、透雕牌饰等重要器类玉器，但是这些重要器类玉器的材质和工艺显然无法与肖家屋脊的同类玉器相较，如表 2-20 所示。

表 2-20　第三等级瓮棺用玉数量统计表　　　　单位：件

区域		器　类									
		人头像	兽面像	虎头像	玉　蝉	玉　璜	鹰笄首	透雕佩饰	圆片	牌　饰	管珠坠饰	残　片
肖家屋脊	W12					1						1
	W23										1	
	W24				1						1	
	W30											3
	W33											3
	W50											3
	W58										2	
	W59									2		
	W69											1

续表

区域		器　类										
		人头像	兽面像	虎头像	玉　蝉	玉　璜	鹰笄首	透雕佩饰	圆　片	牌　饰	管珠坠饰	残　片
六合	W4			1					1			
	W9		1									
	W10					1						
	W12				1							
	W13								1			
	W15										2	
	W16								1			
	W17								1			
	W18	1										
	W19							1			1	

第四等级瓮棺：无玉器随葬。这类墓葬的数量很多，肖家屋脊后石家河文化时期瓮棺有77座，随葬玉器的只有16座，无玉瓮棺比例近80%。六合遗址后石家河文化时期瓮棺25座，发掘报告报道出土玉器17件，实际发表材料13件，发表材料的13件玉器出自10座墓葬中，剩余3件分别出自3座瓮棺中，这样有13座墓葬出土有玉器，无玉墓葬的比例也近50%。

由此可见，石家河类型龙山时代晚期玉器虽然多出自瓮棺中，但是根据随葬玉器的多寡与有无仍能看出明显的等级之分，也凸显出当时的社会存在明显的阶级分层。由于墓主骨骼基本不存，因此用玉的性别差异及使用方式均无法分析。

（二）季家湖类型

季家湖类型只有枣林岗一处瓮棺墓地有用玉现象，综观枣林岗用玉瓮棺墓，发现其用玉特点与石家河类型差异较大。

第一，与石家河类型用玉瓮棺比例不高相反，枣林岗墓地46座瓮棺中有43座随葬玉石器，用玉瓮棺达90%以上。如此之高的用玉比例，在整个龙山时代都较为突出。

第二，枣林岗墓地瓮棺等级不如石家河类型清晰，除了随葬有人头像、虎头像的瓮棺随葬玉器稍多外，其他瓮棺之间差别不大。枣林岗并没有出现如肖家屋脊W6那样随葬如此之多的第一等级瓮棺，随葬有人头像和虎头像的瓮棺相当于石家河类型的第二等级瓮棺，其余用玉瓮棺相当于第三等级。即使同类玉器，质量也不如肖家屋脊所出。

第三，另一个非常突出的特点是枣林岗绝大多数玉石器出土时为残破件，另有较多的残片和碎片。该墓地出土了后石家河文化时期所见的琮和钺，然而出土时皆残破特甚（见图2-48），显然这些琮和钺并不能发挥礼制作用，而是被作为玉料使用。

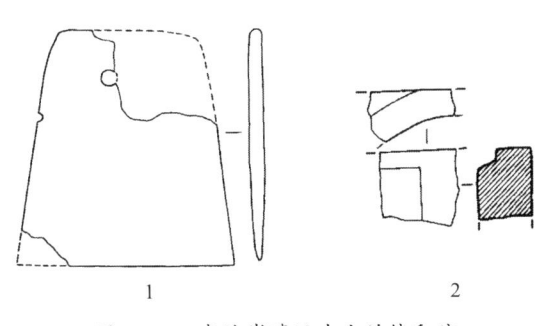

图2-48 枣林岗遗址出土的钺和琮
1. 玉钺 JZWM2:1 2. 玉琮 JZWM38:3

第四，枣林岗玉器器类构成也不同于石家河类型。石家河类型工具用玉极其少见，而工具用玉则是枣林岗瓮棺用玉的主体，占可辨器形用玉总数的50%以上，这一特征也十分特别，凸显出枣林岗墓地的墓主或许具有特定的身份与职业。

（三）划城岗类型

划城岗类型的主要用玉地点是孙家岗墓地，但与石家河和季家湖类型玉器多出自瓮棺不同，虽然孙家岗玉器也出自墓葬中，但孙家岗墓葬绝大多数为竖穴土坑墓，瓮棺墓仅有一座。表 2-21 所示为孙家岗墓地部分用玉墓葬统计表。

表 2-21 孙家岗墓地部分用玉墓葬统计表[1]

墓 葬	尺 寸（米）	玉器/件	其他器物/件
M3	3.6×1.28-0.22	玉祖 1	陶鬶 1、陶罐 8、陶钵 2、陶碗 3、陶纺轮 1
M8	2.58×0.9-0.39	玉纺轮 1	陶罐 8
M9	2.6×0.96-0.4	玉笄 3、玉璧 2	陶罐 4
M14	2.2×0.56-0.2	璜 2、佩 2、笄 2、管 1、璧 1、坠 5、玉片 1	陶罐 11、陶壶 1
M33	不明	玉笄 2、璜 1	陶器皆残碎
M147	2.32×0.8-0.3	鸟首璜 1、残器 2	陶罐 5、带盖小罐和器盖各 1 件
M149	2.14×0.68-0.1	獠牙神面牌饰 1、残件 1	陶罐 6、陶壶 1
M165	2.14×0.78-0.16	玉器残件 2，可拼合，同属一鸟首璜	陶罐 3、钵和豆各 1 件
M71	瓮棺墓	鹰翅残件 1、玉虎首 2、玉蛙 1 和残玉器 1	

从已发表资料较多的孙家岗遗址来看，孙家岗墓地的墓葬特点相当突出。其一，与石家河遗址群以瓮棺墓为主不同，此处以竖穴土坑墓为主，瓮棺墓仅有 1 座。这座瓮棺墓处于北墓区东、西两墓群之间，离群独葬，并随葬有本墓地中单墓数量最多的玉器，因此其墓主在当时聚落社群中应是一个独立于聚落内的一般社群成员，同时又具有较高地位的角色[2]。其二，所有陶器出土时皆较残碎，墓坑内骨骼无存，然而墓中并无扰乱现象。根据简报描述，孙家岗墓地存在特殊的"垫器葬"行为，一部分陶器在可能埋葬前故意毁坏。玉器普遍出自墓圹中部区域，且多位于罐类器残片上，表明玉器的使用具有较为固定的位置。同时，这些玉器绝大多数处于破碎或残碎状态，可能其功能更多地与确切的丧葬活

---

[1] 孙家岗墓地早年和近年发掘资料都尚无正式报告发表，简报中也没有完全发表用玉墓葬的材料。

[2] 湖南省文物考古研究所，澧县博物馆.湖南澧县孙家岗遗址墓地 2016—2018 年发掘简报[J].考古，2020（6）：75.

动或礼仪相关，应当属于丧葬用玉且具有一定的巫玉色彩。其三，墓葬尺寸与随葬玉器的数量成反比，这与同时期其他地区或考古学文化的用玉情况截然相反，这种情况使得孙家岗墓地玉器的使用特征与其他考古学文化有些背离。龙山时代黄河流域的用玉墓葬中，玉器的质量和多寡一般与墓葬等级呈正相关。而在孙家岗墓地，墓室规模大的墓葬出土玉器不仅数量少，而且无精美者，反而是墓室规模平淡无奇的墓葬中出土了较多的玉器，而且造型复杂、质量上乘。这种情况在龙山时代显得格格不入，同时也凸显出孙家岗墓地用玉的特殊性。其四，M3出土1件玉祖，这是整个龙山时代出土的唯一一件玉祖，然而，在中国诸多新石器时代遗址或墓葬中，陆陆续续有陶祖、石祖、木祖出土。学界一般将这些"祖"解释为男性生殖器模型，寓意为祖先崇拜，而且还是祖先牌位的原形。[1]

石家河文化晚期的玉器颇具特色，本地缺乏真正能够发挥礼制作用的玉礼器，仿生型玉器较为发达。邓淑苹将石家河文化晚期的人头像称为"神祖面纹"，并认为商周时期光素无纹、轮廓周围无齿棱的柄形器即由神祖面纹发展而来，是祖先牌位的象征。[2] 如若如此，石家河文化晚期祖先崇拜的观念与其他地区相比相当强烈。有些学者将雕琢成人或动物形状的玉器称为信仰类玉器，[3] 这类玉器确实非常独特。虽然笔者暂时将其归入装饰类，其实是无法确定其真实功能的无奈之举，笔者也认识到这类玉器的功用不能简单地等同于如管、珠、坠、璜等装饰品。这类玉器为后石家河文化时期所独有，具有很强的文化辨识性。工具类玉器较多也是本地的一个特点。

---

[1] 李昆生.考古材料所见生殖器崇拜考：以云南史前及青铜时代为例[J].云南民族大学学报（哲学社会科学版），2003，20（4）：66-72.

[2] 邓淑苹.从"天地之灵玉器展"谈公元前第二千纪的华夏大地[J].玉器考古通讯，2013（1）：34-49.

[3] 吴桂兵.石家河文化玉器的区域功能与普遍影响[J].中原文物，2002（5）：30-36.

四、工艺美学

（一）材质与工艺

后石家河文化玉器由于受长时间地下埋藏环境的影响，有相当一部分玉器表面受沁、风化，而难辨原有玉质玉色。目前，肖家屋脊遗址出土的玉器仅有7件经过科学的材质成分检测，结果显示均为透闪石玉，但表层有不同程度的风化。[1] 严家山出土的少量玉器及玉料经鉴定均为透闪石软玉，其显微结构与谭家岭出土的玉器完全一致。[2] 虽然谭家岭玉器的检测结果尚未正式公布，但从严家山玉器的鉴定结果中反知谭家岭玉器材质也以透闪石为主。同时，近年新发掘的孙家岗墓地出土的一大批玉器也以透闪石为主。[3] 由此可以总结出，后石家河文化玉器材质以透闪石为主。虽然此时长江中游地区玉器的质地以透闪石为主，但同时也有一些其他玉石材质，主要包括阳起石、蛇纹石、白云母-伊利石、滑石、石英岩玉、水晶、天河石、高岭石和铁绿松石等，材质颇为斑杂。另外，考古发掘报告中显示枣林岗遗址出土玉器的材质品种中有独山玉，但并未指出具体为哪些玉器。从透闪石质玉器颜色来看，后石家河文化玉器颜色总体色调不深，原有玉色从青白色至青绿色不等，一些青中泛黄呈黄绿色，还有相当一部分透闪石至玉器表面受沁已完全白化。与同时代黄河流域玉器相比，此时长江中游地区缺乏颜色为碧色、墨绿色和墨色的玉材。两件采集的牙璋虽然颜色较深，但是并非本地的产品。与本地前一阶段的玉器相比，也基本不见屈家岭—石家河时期深绿色和斑驳绿色的玉材。目前在长江中游地区并未发现透闪石玉矿，由此暗示了后石

---

[1] 石家河考古队. 肖家屋脊[M]. 北京：文物出版社，1999：430-435；蔡青. 后石家河文化玉器的艺术特征与源流考[D]. 西安：西安美术学院中国艺术与考古研究所，2019：31.

[2] 湖北省文物考古研究所，北京大学考古文博学院，天门市博物馆. 湖北天门市石家河古城严家山遗址2016年发掘简报. 考古，2018（9）：66-67.

[3] 湖南省文物考古研究所，澧县博物馆. 湖南澧县孙家岗遗址墓地2016—2018年发掘简报[J]. 考古，2020（6）：53-76.

家河文化的玉材产源可能具有多元渠道。但具体来自于何方，尚待近10年新发掘玉器资料的正式发表以深入分析。

后石家河文化玉器的制作工艺既与时代同行，更重要的是也有超越时代的先进性。总的制玉流程与同时代其他地区大致相同，主要包括开料、制坯成形、钻孔、雕琢纹饰、抛光等。但在具体的制作技术方面，如圆雕、浅浮雕、镂空透雕、减地起阳等，尤其是减地起阳制玉工艺难度较大且费时费力，使后石家河文化玉器体现出史前制玉的最高水平。目前，仅在同时期的龙山文化中少量见到此种特殊的工艺。之前，此地基本上所有的玉石器皆为素面，后石家河文化时期新出现的制玉工艺使得玉器表面可以雕琢复杂和精美的纹饰系统。而且，由于运用不同的工艺，纹饰的表现也存在不同的方式。有些玉器主要依靠浮雕、圆雕和减地起阳的方式制作纹饰。有些玉器主要运用透雕的方式表达造型，同时以减地起阳线条辅助局部纹饰的表现。因而，不同的工艺也大体对应着不同的器类。浮雕、圆雕和减地起阳的工艺多运用在玉人头像、玉虎头像、玉蝉、玉鹰笄首等立体造型的玉器上，而镂空透雕工艺主要运用于玉凤、玉兽面等片雕玉器之上。由于这几种工艺的互补性，因而它们也会汇聚在少量的重要玉器之上，更加凸显出后石家河文化玉器制作技艺的水平之高、设计之精巧。然而，长江中游地区之前并无这样的用玉现象与用玉传统，这些新特点出现得太过于突然和瞩目。

后石家河文化制玉中还有一个显著的特征，即玉器中残破状态和改制器的数量较为突出。孙家岗墓地目前共计出土玉器184件，所见器类基本涵盖了大部分后石家河文化所见玉器。比较突出的是这批玉器中完整者所占比例较低，而残器或残破状态的玉器比例较高，达70%以上。除此之外，有些器类为残器改制，如M56出土玉柄形器和M81出土玉牌饰。还有一些玉器经拼接修复为完整器或经拼接修复依然残缺，出土时的原状态断为多截、散布于墓底，这种状况表明玉器在埋入墓中之前，可能被故意打碎再置于墓中。若加上这部分改制器和有意为之的"毁器",则孙家岗墓地中残破状态的玉器比例会更高。枣林岗墓地玉器的突出特征之一也是绝大多数玉石器出土时为残破件,另有较多的残片和碎片。该墓地出土了后石家河文化所少见的琮和钺,然而出土时皆残破特甚,显然这些琮和钺并不能发挥礼制作用,而是被作为玉料使用。这种情况在七星墩遗址瓮棺墓中亦是如此,甚至破碎者所占比例更高。同样,在石家河遗址群中也存在此种情况,肖家屋脊、罗家柏岭、谭家岭地点的玉器中存在较多改制器,而谭家岭中有相当多的所谓"玉料"是利用其他片状玉片或玉器改制后的边角料,因为在这些玉料上经常见到钻孔和阴刻凹槽,改制行为打破了这些钻孔和凹槽[1]。严家山地点瓮棺出土的玉器也多残碎被当作"玉料",这些"玉料"绝大部分是改制后的残余品或玉器被故意打碎的碎料。同时,罗家柏岭、严家山、枣林岗、谭家岭等遗址都发现有玉器半成品、边角料及坯料等,也说明后石家河文化拥有本地制作玉器的能力,并且当时已有专门化的治玉场所。

改制行为在一些玉器成品方面也有较多体现。目前,后石家河文化时期共发现3件玉琮,其中枣林岗瓮棺中出土2件,庹家岗墓地采集1件。枣林岗瓮棺中所出土的玉琮残破特甚,而整个枣林岗瓮棺中的玉器总体上也给人一种破碎的景象,很可能故意为之。同时,该墓地出土较多的半成品坯件、玉料等,很可能此地有玉石器生产作坊。笔者发现肖家屋脊的一件人头像较为特殊,可能为玉琮一角改制而成(见图2-49)。另外,还发现了较多改制行为,如罗家柏岭的透雕圆形玉凤应为玉环改制而成,璜形人头像应为玉璜改制而成,肖家屋脊W6:41人头像之上有一个较大的穿孔,正常的人头像上是不会在表现人面重要的地方做穿孔的,应为其他玉器改制,同理AT1321①:1玉蝉亦是如此;肖家屋脊W6:7飞鹰为弧形,石家河晚期玉器多为平面雕刻,而之前其他时期出现的鹰形玉器也为平面雕刻,因此这件飞鹰应是利用弧形或环形玉器改制而成。另外,一些玉蝉也为弧形,而后石家河时期多数玉蝉为平面形

---

[1] 曹芳芳. 石家河系统玉器与用玉特征研究[J]. 文博学刊,2018(3):25-26.

状，因此这些弧形玉蝉应为他玉改制。不仅在石家河类型中出现了较多的改制玉器，这种改制行为在枣林岗也有发现，以上只是举例辨析。

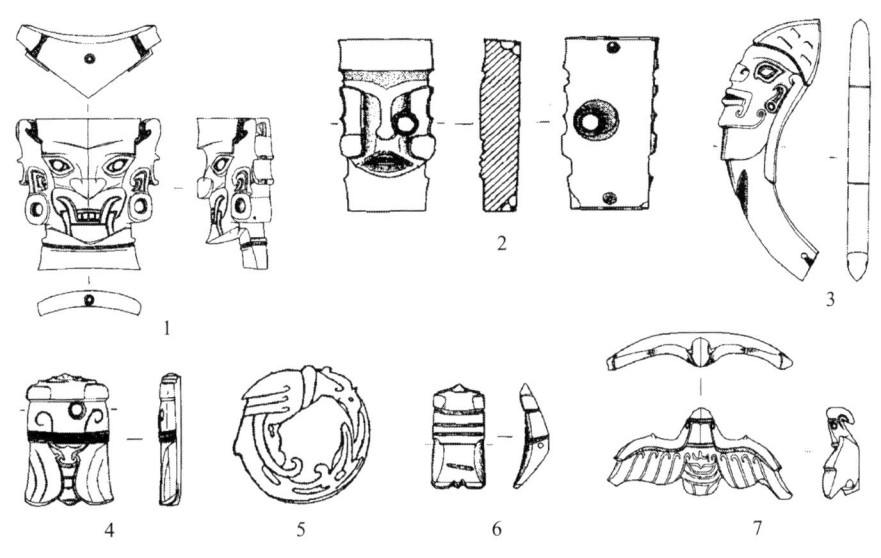

图 2-49 后石家河文化部分改制玉器
1. 肖家屋脊 W6:32 2. 肖家屋脊 W6:41 3. 肖家屋脊 W6:17 4. 肖家屋脊 AT1321①:1
5. 罗家柏岭 T32③A:99 6. 肖家屋脊 W17:2 7. 肖家屋脊 W6:7

由此可见，玉器破碎、残碎、被改制及被改制后剩余边角料的情况，在后石家河文化时期是一种较为普遍的行为。这些情况说明后石家河文化中有相当一部分玉器应该是利用从其他地方获得的玉器改制而成的。具有珍贵性、神圣性的玉器，被有意"毁器"或改制，这种行为背后的动机非常值得深思和玩味。如此多的"毁器"和改制行为似乎说明本地人并不接受进入此地玉器原有的寓意和形制，而是将它们加以改造利用，制成符合本族观念的器类，融入本族的思想意识。

（二）图案与审美

后石家河文化玉器纹样的表达与其具体的制作技术密不可分。龙山时代晚期长江中游地区制玉新技术的出现，一改此地原来玉器素面的传统，出现了较多的新纹样。此时，玉器表面新出现了人面纹、兽面纹、虎纹、鹰纹、鸟纹、蝉纹、其他动物纹、几何纹等。由于这些新纹样主要出现在圆雕、浅浮雕、镂空透雕的玉器上,因而大部分仿生型纹样并非独立的单体图案,而是依附于造型表达。不过也有少量仿生型纹样是作为独立和完整的平面图案,被雕琢于一些几何型玉器之上,如谭家岭 W8 出土的鹰纹圆牌饰,在圆形玉片上运用减地起阳的技法雕刻鹰纹,表现鹰的正面站立姿态。鹰头偏向左侧,尖喙内勾,双翅外展,双腿粗壮站立于地,尾部宽大垂落于身后,翅和尾上刻出勾羽,如图 2-50 所示。这种构图"非常巧妙,鹰首呈侧视状,利用颈部圆形正、侧视图不变的原理,进行了 90 度的转变,颈部以下皆为正视图像"[1],侧面像加正面像的结合,惟妙惟肖地刻画了一只立足展翅的雄鹰(见图 2-50 左)。圆牌另一面光素无纹,其侧缘和背面之间有一对牛鼻穿钻孔。同时出土的还有一件与这件基本相同的玉圆牌,鹰头朝向右侧,与此件图像有镜像之效(见图 2-50 右)。同类的鹰纹还出现在龙山时代晚期的一些玉圭上,在一些玉圭、玉刀上也可见到作为独立图案的人面纹、兽面纹,不过这些玉器基本都为博物馆藏品,并非科学考古发掘出土,但其时代属于这一阶段无疑。

图 2-50 谭家岭 W8 出土的鹰纹玉圆牌

从这些纹样和图案来看,后石家河文化玉器表现出极强的写实艺术特征。不管是圆雕、浅浮雕还是片雕的仿生型玉器,表达的人和动物纹样与图案均十分具象,甚至连局部装饰与毛发都刻画得十分逼真。同时,

---

[1] 阮文清.石家河遗址谭家岭新发现玉器鉴赏[J].收藏家,2017(8):6-7.

利用不同的视觉角度、变形和局部突出营造，使人和动物的形像具有生气和生动之感。此外，正面像纹样和图案，追求对称的平衡感，这也是后石家河文化玉器审美的重要体现。一些侧面像纹样沿器物边沿轴对称分布，两面的图案大体相同，如若展开可构成一幅完整的正面像。这一构图模式已普遍存在于良渚玉文化中，在龙山时代晚期各区域也是一种普遍流行的构图方式。

后石家河文化的用玉制度与工艺美学颇具特色，本地缺乏真正能够发挥礼制作用的玉礼器，仿生型玉器较为发达。有些学者将雕琢成人或动物形状的玉器称为信仰类玉器，这类玉器确实非常独特，在新石器时代末期非常具有文化辨识性，功用不能简单地等同于管、珠、坠、璜等装饰品。玉器上的人面纹也被称为"神祖面纹"，这样的面纹在龙山时代除了出自海岱地区外，也出自华东的江汉地区，被统称为华东式"神祖面纹"。[1] 这一图案是祖先信仰的体现，而其他动物形和动物纹玉器则是史前一直存在的动物有灵崇拜。这些造型、纹样和图案与宗教信仰、巫术礼仪活动密切相关。这类信仰早在红山和凌家滩文化中就已较为盛行，良渚文化时期，这些仿生型玉器的种类就已大幅减少，仅有鸟、龟、蝉、龙和图案化的兽面。进入龙山时代晚期，绝大部分地区的玉器造型崇尚几何感，倾向于世俗权力的表达。然而，长江中游地区在后石家河文化之前的用玉中并没有这些仿生型玉器，也没有这样的用玉传统与用玉观念，龙山时代晚期这些造型丰富的玉器在江汉地区突然乍现，使人不得不联想这可能是在特殊社会背景下的一次"文化复古"现象。

五、余论

在梳理石家河系统的用玉时，发现几个值得关注的观点，讨论如下。

---

[1] 邓淑苹. 龙山时期"神祖灵纹玉器"研究 [C]// 北京大学考古文博学院，北京大学中国考古学研究中心. 考古学研究（十五）. 北京：文物出版社，2022：450.

（一）石家河系统早期与晚期的对比

若将石家河文化与后石家河文化用玉特点进行比对，可以明显发现有以下几个特点：一是玉器分布地点，出土玉器的遗址位置除了石家河遗址群外，为二者共有，玉器分布地点向南转移；二是玉器出土数量，石家河文化时期玉器较少，而到了后石家河文化时期玉器数量突然暴增，非常引人注目；三是玉器种类构成，在石家河文化时期除玉石钺和石琮外，皆为璜、环、璧、珠等装饰品，到了后石家河文化时期玉器种类除了本地之前所见的种类外，主要是颇具特色的人头像、各类动物头或面像、玉蝉、鹰笄首等装饰品，并出现较多的工具类玉器和边角残料；四是玉器质量，在石家河文化时期不但玉器数量和种类较少，而且其中有相当一部分器物的材质并非玉质，至后石家河文化时期，虽然仍有其他材质的玉石器，但是更多的是优良的玉质；五是玉器制作工艺，在石家河文化早期，玉器的形制基本为片形，制作工艺主要是片切割和管钻工艺，至后石家河文化时期，除了片切割、管钻工艺外，最具特色的是减地起阳和镂空工艺，减地起阳制玉工艺难度较大，可以说达到了史前制玉的最高水平；六是玉器纹饰，在石家河文化时期，基本上所有的玉石器皆为素面，至后石家河文化时期，因为减地起阳和镂空工艺的运用，玉器表面出现了精美的纹饰，主要有鹰纹、人面纹、兽面纹、蝉纹、动物纹等。

通过以上6个方面的比对，可以发现在石家河文化时期，玉器种类和数量寥寥，并没有形成较成规模的用玉现象，更妄谈使用制度，并没有继承和发扬更早之前此地大溪文化较为繁盛的玉石器加工制作传统。而到了后石家河文化时期，玉器的数量和种类暴增，而且器类、纹饰、制玉工艺别具特色，形成较为系统的使用方式。

（二）汪家屋场采集玉器问题

在荆州市沙市区观音垱镇东4公里的小台地上采集2件牙璋（见

图 2-51）和 1 件璧形戚，除此之外，后石家河文化再也不见此类玉器。虽然目前关于牙璋的起源仍存在分歧，但不论观点为何，这些观点都表明牙璋起源于黄河流域的中下游地区。根据相关学者对牙璋的研究，认为巩义花地嘴 T17H40：1 所出牙璋为时代最早，牙璋起源于夏时期的中原地区。[1] 之后，伴随着夏王朝的强大政治实力，牙璋流传至多个地区。笔者通过对龙山至二里头考古所见玉器资料的梳理，也较为赞同这种说法。因此，汪家屋场的牙璋应来自黄河流域。同时，璧形戚也不是本地传统玉器。有学者对璧形戚进行过相关的梳理，认为真正的璧钺仅从新砦期（至多可到龙山文化晚期）才有发现，并且可以较为肯定地说只是到了二里头文化二期晚段或三期时，才开始出现真正的侧有扉牙的所谓璧戚[2]，如图 2-52 所示。这一论点得到了考古材料的有力支持。由于汪家屋场采集的这件璧形戚为残器，只剩下半部，无法得知原来两侧是否

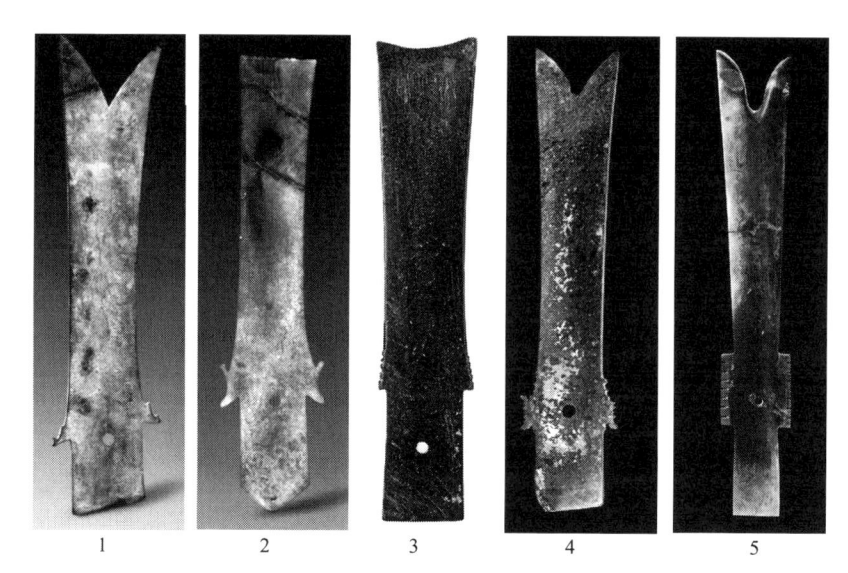

图 2-51 汪家屋场、花地嘴、石峁、三星堆采集或出土的牙璋
1、2. 汪家屋场采集　3. 花地嘴 T20H123（祭祀坑）出土　4. 石峁采集
5. 三星堆二号祭祀坑出土

---

[1] 孙庆伟.礼失求诸野：试论"牙璋"的源流与名称 [J].玉器考古通讯，2013（2）：59.
[2] 顾问，张松林.二里头遗址所出玉器"扉牙"内涵研究：并新论圭、璋之别问题 [J].殷都学刊，2003（3）：22-32.

有扉牙。但无论是何种情况，由于这种器物的上限为新砦期，而且发轫于中原地区，因此，汪家屋场的璧形戚也应为中原影响下的产物，而且在黄河流域的其他地区至今尚未发现有同时期的璧形戚这类器物。同时，由此也可反映出后石家河文化与新砦期、二里头文化共存过一段时期，后石家河文化的年代下限已经进入二里头文化时期。

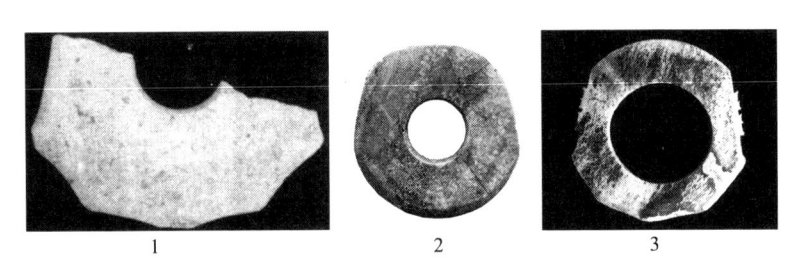

图 2-52　汪家屋场、花地嘴、二里头出土的璧形戚钺
1. 汪家屋场征:1　2. 花地嘴 T2H4 出土　3. 二里头 VIKM3 出土

至于这两类器物是"携手"共至，还是分别到达此地，本书无法判断。但它们在此地的出现，无疑清晰地表明了在牙璋和璧形戚钺在向外扩散的过程中，此地是一个曾经的经过并停留的地点。由于这一地点紧挨长江，因此牙璋和璧形戚钺应当存在溯江而上进入四川盆地的可能。

（三）罗家柏岭玉器问题

罗家柏岭玉器是后石家河文化时期唯一一批考古背景不甚明确的玉器，这批玉器发现于 1955 年，"由于大部分玉器所在的地层距地表太浅，共存关系并不清楚，再加上此类玉器是首次发现，缺少比较资料，所以简报推测它与中原地区的周代玉器特征相近，并将其年代定在公元前 1027 年—前 770 年。这一误断直到 20 世纪 80 年代初才得到纠正"。[1] 关于其性质，目前有两种不同的说法，由于绝大多数玉器出土于后石家河文化时期的建筑遗迹内或其上的堆积层中，而发掘者根据建筑遗迹的特

---

[1] 张绪球.石家河文化玉器的发现与研究概述 [C]// 荆州博物馆.石家河文化玉器.北京：文物出版社，2008：1-23.

点和其内包含物的特征，认为该建筑遗迹应是制作玉、石器的场所。[1] 而张绪球指出，虽然罗家柏岭玉器未见共存瓮棺的报道，但很可能是因地表土扰乱所致，同举了肖家屋脊瓮棺表扰的例子说明，因此，他认为罗家柏岭和肖家屋脊所出玉器的性质应该是一致的。[2]

通过各方面的观察，笔者并不赞同张绪球先生的说法。这是因为：其一，肖家屋脊和钟祥六合的瓮棺所用葬具均以陶瓮为主，兼有少量的缸、盆、鼎、罐、钵、豆、器盖等，其他陶器不见。而罗家柏岭所出玉器地点的陶器不仅有如以上器类者，还有碗、杯、器座、纺轮和陶动物等，况且另出土有较多的石器、少量的骨器。另外，此处还发现有铜器残片和铜绿石等遗物，这一地点所见器类构成明显不同于单纯的瓮棺葬墓地所出器物。其二，这些遗物多出于建筑遗迹内或其上的堆积层中，而发掘者通过对建筑结构、特点和这些包含物的分析更为合理。因此，笔者也倾向于认为这是一处为后石家河权贵者制作玉石器的作坊。

（四）后石家河文化玉器猛然出现的时代背景思考

石家河文化时期延续了长江中游屈家岭文化发展的强劲势头，形成多个聚落群，也应运而生出多处城址，似乎形成了一派繁荣生机的景象。但是这一时期玉器的使用并不广泛，在当时的社会中处于无足轻重的地位，因为在墓葬中看到的更多是其他随葬品被用以反映等级的划分。

后石家河文化晚期社会崩溃、文化大变，却突然涌现出来一大批极具特色的玉器。玉器资源在当时是珍贵的社会资源，制玉行业更是当时被控制的一个"高科技"行业，一般来说在龙山时代，这种行业的持续发展和强大需要稳定和富足强盛的社会支撑。但是后石家河时期的玉器并非这样，一方面，是社会崩溃、城市消失、外敌入侵，全面

---

[1] 湖北省文物考古研究所，中国社会科学院考古研究所. 湖北石家河罗家柏岭新石器时代遗址 [J]. 考古学报，1994（2）：191-229.
[2] 张绪球. 石家河文化的玉器 [J]. 江汉考古，1992（1）：56-60.

衰落；[1] 另一方面，大兴祭祀、大量用玉是何种原因造成的呢？玉器大规模出现，就需要大量的玉料供应，那么玉料又从何而来呢？这种现象是困境中借助神玉祈求上天保佑的呼喊，还是外来文化带入的呢？

石家河社会的崩溃，很多学者认为与"禹征三苗"有关，来自中原的势力摧毁了长江中游原有的社会体系。[2] 更有学者指出，后石家河的玉器来自于山东，随着"禹征三苗"来到此地。[3] 而大家也看到在后石家河许多玉器来自于改制，此前的石家河文化并不热衷用玉，那么改制前的玉器则应当来自于他地。笔者没有亲自观测过新出土的这批玉料，不能轻易下结论。建议发掘单位对玉料进行检测，并对制玉工艺进行深入的对比研究，或有新的收获。

第五节　长江下游地区

这一时期在环太湖地区的考古学文化序列是钱山漾文化和广富林文化。

一、考古发现

钱山漾文化时期出土玉器的遗存主要有：广富林遗址在地层中出土石钺1件[4]；吴江龙南遗址墓葬15座，只报道了88M1和88M11两座墓的材料，其中88M1出土石钺2件，88M11出土玉珠2件、玉璜1件、石

---

[1] 张弛. 屈家岭—石家河文化的聚落与社会 [C]// 北京大学考古文博学院, 北京大学中国考古学研究中心. 考古学研究（十）. 北京：科学出版社，2012：347.

[2] 杨新改, 韩建业. 禹征三苗探索 [J]. 中原文物，1995（2）：46-55；王劲. 后石家河文化定名的思考 [J]. 江汉考古，2007（1）：70-71.

[3] 孙庆伟. 重与句芒：石家河遗址几种玉器的属性及历史内涵 [J]. 江汉考古，2017（5）：98-102.

[4] 上海博物馆考古研究部. 上海松江区广富林遗址2001—2005年发掘简报 [J]. 考古，2008（8）：3-21.

钺1件[1]；文化命名遗址地——钱山漾遗址尚无玉器出土。

广富林文化时期出土玉器主要有：在广富林遗址的灰坑或地层中发现3件石钺[2]和5件玉石琮，其中两件玉石琮残破特甚[3]。这一时期的墓葬目前共发现9座[4]，大多没有随葬品。

二、器类概况与造型特征

至钱山漾文化和广富林文化，玉器重器已基本不见，只有少数小件装饰品和石钺、石琮。这些玉器的造型均为几何型，包括方体、梯形、扇形、圆锥形等。

三、用玉制度

龙山时代晚期，这一地区已无高等级聚落和墓葬存在。因此，目前出土的玉器甚少，钱山漾文化时期尚有极少数墓葬出土玉器（见图2-53），而至广富林文化时期尚没有见到此类墓葬。钱山漾文化时期，出土石钺4件、玉珠2件、玉璜1件。而广富林文化目前仅有3件石钺、5件玉石琮和零星小件玉器面世（见图2-54），这些石钺多为残破，显然是经过使用的，5件玉石琮之上并无良渚玉琮上常见的兽面纹，而是制作粗糙，纹饰简单随意。这种情况与之前的良渚晚期相比，用玉情况可谓

---

[1] 苏州博物馆, 吴江县文物管理委员会. 江苏吴江龙南新石器时代村落遗址第一、二次发掘简报[J]. 文物, 1990（7）: 1-27; 苏州博物馆, 吴江县文物管理委员会. 吴江梅堰龙南新石器时代村落遗址第三、四次发掘简报[J]. 东南文化, 1999（3）: 17-26.

[2] 上海博物馆考古研究部. 上海松江区广富林遗址1999—2000年发掘简报[J]. 考古, 2002（10）: 31-48; 上海博物馆考古研究部. 上海松江区广富林遗址2001—2005年发掘简报[J]. 考古, 2008（8）: 98-102; 王清刚. 2012年度上海广富林遗址山东大学发掘区发掘报告[D]. 济南: 山东大学历史文化学院, 2013.

[3] 黄翔. 广富林遗址出土玉石琮. 良渚遗址遗产价值对比研究之"玉器·玉文化·夏代中国文明"学术研讨会暨中华玉文化中心第四届年会内部交流材料, 2013年12月; 广富林考古队. 2012年上海广富林遗址考古获重要成果[N]. 中国文物报, 2013-6-21（8）.

[4] 上海博物馆. 广富林: 考古发掘与学术研究论集[M]. 上海: 上海古籍出版社, 2014.

一落千丈。这两个阶段本地区已不见玉璧、玉钺等礼玉，装饰用玉也不多见，这也说明该地区自良渚文化建立起来的用玉制度与传统已崩溃与消逝。

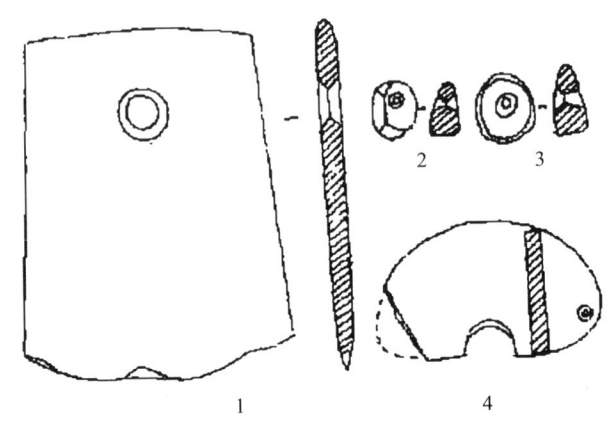

图 2-53 钱山漾文化用玉组合
（均出土于江苏龙南 88M11 之中，1 为石钺，其他为玉器）

图 2-54 广富林出土的玉石琮

出现这样的情况，原因有二：其一，由于良渚人具有炽热的宗教热情，以消耗大量社会劳动来体现[1]，其中最重要的消耗劳动即是玉器的生产与制作，造成社会财富的大量浪费，致使自身内部矛盾重重，加之环境的改变[2]，导致社会崩溃；其二，从整体文化面貌上看，由于这两个阶段本地区传统文化已被南下而来的王油坊类型龙山文化冲击得面目皆非，而王油坊类型龙山文化不论是归入河南龙山文化还是山东龙山文化，该类型目前尚无玉器出土，即本身就不喜用玉，它的到来改变了以往玉饰华章的风气。

---

[1] 赵辉.良渚文化的若干特殊性：论一处中国史前文明的衰落原因[C]//浙江省文物考古研究所.良渚文化研究：纪念良渚文化发现六十周年国际学术讨论会文集.北京：科学出版社，1999：104-119.

[2] 蒋卫东.自然环境变迁与良渚文化兴衰关系的思考[J].华夏考古，2003（2）：38-45；刘演，李茂田，等.中全新世以来杭州湾古气候、环境变迁及对良渚文化的可能影响[J].湖泊科学，2014（2）：330.

四、工艺美学

钱山漾—广富林文化目前出土的玉器极少，材质也没有系统检测过。但从发表的资料描述来看，仅有少量的装饰品材质为透闪石质真玉。从一些琮和钺的照片来看，材质并非透闪石软玉，而是美石，有些就是石材。同时，其制作工艺也相对简单，超不出齐家文化制玉工艺范畴。目前所见，仅有几件玉石琮表面有纹样，但极其简约，均为阴刻的直线纹，琮体四面中间有竖向浅槽。"这些琮虽然基本上遵循了良渚式两端有大小、弧凸边的原则，射口的切割工艺也大致相同，但琮节面纹样的关键内容的细节已经全然不顾了，所以这些琮本质上与良渚式的完全不同，可能是广富林文化的先民凭借记忆的仿造。"[1]

---

[1] 方向明. 琮·璧：良渚玉文明因子的接力与传承 [J]. 大众考古，2015（8）：41.

第三章 历史嬗变：龙山时代的用玉传统

在中华文明万年奠基、起源、形成与发展的历史长河中，龙山时代不过是其中的一个片段。然而，在中国进入王权国家之前的时期，长达千年的龙山时代却风起云涌，是一个充满变革的时代，也是华夏大陆文明重心逐渐转移到黄河流域的重要时期，奠定了夏商周三代在黄河流域以中原为中心展开的基础。玉器作为文明表征的重要因子，龙山时代的玉器与玉文化充分体现了这一历史趋势。

第一节 沿海到中原：龙山时代用玉格局的嬗变

在分析了龙山时代不同阶段各地玉器及其用玉传统的基础上，我们对龙山时代的用玉格局有了较为清晰的认识。

一、龙山时代早期用玉格局

龙山时代早期，从黄河流域和长江流域的各考古学文化的用玉面貌来看，良渚文化已经处于晚期阶段的逐渐式微，然而从中期延续下来的用玉惯性依然存在。虽然良渚晚期的用玉规模无法与中期相较，但与同时期的其他地区相比，在龙山时代早期偏早阶段仍然不失为用玉的中心和策源地。可以以良渚文化用玉状况为标杆，以检视此时其他地区的用玉规模和发展程度。

良渚文化中期，良渚族群的玉文化发展并达到巅峰时刻，各项用玉制度业已确立。即便到了良渚文化的衰落期——良渚晚期，墓葬中随葬的玉器数量与质量不如顶峰时期，但数量也非常可观，而且各个种类都有，玉器组合完备。不仅如此，良渚文化中、晚期绝大部分墓葬或多或少都会有玉器随葬，而且玉器在墓葬中充分发挥了举足轻重的作用。玉琮、玉璧与玉钺一起构成了良渚文化用玉制度的核心，不仅成为显贵者阶层特定身份地位的玉质指示物，而且还毫无疑问地成为墓葬等级划分中区分显贵者阶层与平民阶层的具有绝对意义的标尺。[1] 从出土玉器数量、用玉组合、使用制度、使用理念而言，良渚晚期早段依然是无可争议的用玉魁首。同时，数量众多的装饰品一方面显示了良渚人是一个富于创造的族群，同时也表明他们是一个具有较高审美眼光和情趣的民族。然而，良渚晚期晚段不仅所见玉器大幅减少，而且质量也不尽人意。总体而言，在龙山时代早期良渚用玉逐渐式微，并最终在环太湖地区消散。

此时在黄河流域，下游的大汶口文化晚期，玉器并不是高等级贵族标志身份和地位的必需品，有玉则锦上添花，无玉也无伤大雅。而且总体而言，其用玉主要是在良渚文化，兼以红山文化的刺激和影响下产生的。中游的庙底沟二期文化墓葬不仅随葬品质朴无华，而且基本不见用玉现象。只是到这一阶段的偏晚时期，晋南的陶寺文化在当地庙底沟二期文化的窠臼中积蓄力量，并开放地吸收周边地区的优质玉文化因素，突然爆发，一跃成为黄河流域用玉文化的领头羊。但是陶寺早期在用玉的规模、数量和普及度等方面，依然无法与同时期的良渚文化晚期相较。

---

[1] 蒋卫东. 神圣与精致：良渚文化玉器研究 [M]. 杭州：西泠印社出版社，2010：214.

而上游地区的用玉则更为沉寂无闻，仍处于缓慢发展的状态。

此时在长江流域，虽然中游的屈家岭文化晚期的用玉情况有所起色，出现了玉钺、牙璧等玉质重器，然而目前的考古发现仍然有限。继之而起的石家河文化，目前出土的玉器数量寥寥无几，墓葬中的随葬品依然以陶器为主。与用玉有所起色的屈家岭文化中晚期相比，石家河文化的用玉似乎暂时又陷入了低谷。中、下游之交原薛家岗文化的分布区内，之前的用玉风尚此时已经荡然无存。

与此同时，以良渚文化为中心，从中、晚期之际，良渚玉器开始向外流传，然而不同地区接受的方式和程度判然有别。向北，大汶口文化分布范围内出现了具有原汁原味的良渚文化风格玉器群，这主要体现于花厅墓地。经过中期有选择地加以接受，至大汶口文化晚期，并不是原有的良渚文化风格玉器群中的所有玉器种类都在黄河下游地区蔚然流行，而是经过淘汰和选择，以玉钺、玉璧环和玉锥形器为主。玉琮虽然也有发现，但数量极少，而且为采集品，目前并没有证据表明玉琮在大汶口文化中上升到核心器类并发挥礼制的作用。玉钺及其蕴含的军权与王权理念则被系统地接受，成为大汶口文化晚期确定无疑的最重要玉礼器。玉璧环虽然较为盛行，但主要使用方式改变了，大多成为佩戴在臂腕处的玉臂环。沿长江向西方向，虽然在靠近环太湖地区的安徽、江西两省的多处地点都出土有典型良渚文化风格的玉石器（见图3-1），[1]然而进入湖北、湖南所在的长江中游核心地区，则极少见到典型良渚文化风格的玉石器。目前为止，石家河文化中仅见到一件残琮和两件玉锥形器。然而，良渚玉文化的冲击波却并未就此而止，而是通过多条路径辐射到南

---

[1] 吴荣清.安徽省定远县德胜村出土良渚文化遗物[C]//徐湖平.东方文明之光：良渚文化发现60周年纪念文集.海口：海南国际新闻出版中心，1996：154-156；周迪人.德安县几件馆藏文物[J].南方文物，1990（3）：66-69；万良田，万德强.江西出土的良渚文化型玉琮[C]//徐湖平.东方文明之光：良渚文化发现60周年纪念文集.海口：海南国际新闻出版中心，1996：157-158；万德强.丰城出土的良渚文化玉器[J].江西文物，1989（2）：40-41.

岭以南的地区，开启了岭南地区成熟玉文化的篇章。[1]

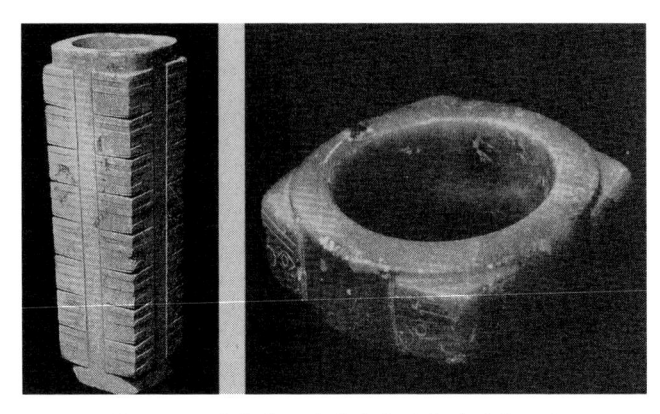

图 3-1 江西丰城、靖安出土的良渚风格玉琮

在龙山时代之前，华夏大陆的用玉中心一直在东部沿海地带，尤其是环渤海和长江下游地区一带，并在距今约 5000～4700 年左右的良渚文化中期达到了中国史前用玉的巅峰。然而进入龙山时代，良渚文化也开始进入了衰落期，用玉状况也不断式微，而黄河流域中游地区玉器此时经历了爆发前的酝酿时期，并最终在这一阶段的晚期才接下玉文化传播的"接力棒"。

二、龙山时代晚期用玉格局

至龙山时代晚期，随着良渚文化的消逝与崩溃，长江下游地区的用玉传统和文化也随之消散。继之而起的钱山漾文化和广富林文化（或称钱山漾—广富林类型）已经很少见到玉器，不仅如此，即使是出土的少量玉器也大多残缺或残断，少见完整玉器，一改以往玉饰华章的风气。

此时在黄河流域，下游的龙山文化与之前的大汶口文化晚期相比，用玉的普及度已不如前，玉器更多的是集中于中心性的聚落遗址。大汶

---

[1] 曹芳芳. 广东域内玉器与用玉的嬗变：从新石器时代晚期到青铜时代早期 [C]// 中国社会科学院考古研究所，广东省博物馆，广东省文物考古研究所. 夏商玉器及玉文化学术研讨会论文集. 广州：岭南美术出版社，2018：249-253.

口文化晚期用玉的中心地区在泰—沂山脉以南地区，而龙山文化时期的用玉中心则发生了一定的转移。汶河、泗河流域的用玉状况已经时过境迁，鲁东南地区的用玉中心也从丹土遗址转移到了两城镇地区。更大的改变是泰—沂山脉以北地区也出现一个用玉中心——临朐西朱封，但总体来说北部还是稍逊风骚。不管如何变化，通过对黄河下游地区龙山时代玉器的梳理，可以看到这一地区一直以来用玉观念就不甚强烈。在墓葬中，显示和划分等级的表征物一直是墓室大小、棺椁的多寡与有无、陶器（尤其是精美的黑陶、白陶和彩绘陶器）、猪下颌骨等，而玉器只是被整合进了这个表征系统中，起到锦上添花的作用。

仅就目前的状况看，中游的王湾三期文化、后岗二期文化、造律台文化和客省庄二期文化的用玉面貌和风气，大体依然延续了此前庙底沟二期之时的寒酸与寡陋而略有发展，这种困境或有待于考古工作的深入。陶寺文化则在早期较为成熟的基础上，继续强势发展，新器类的融入和透闪石玉材的增加使等级性在中期更加突出。器类的极大丰富、玉质得到大幅提升、治玉工艺更加成熟，使得陶寺文化的用玉状况达到了高峰，使得晋南地区成为当时用玉体系中的领头羊。由于晚期的巨变，致使陶寺遗址丧失了作为都邑聚落的地位，用玉文化也随之崩散了。而与陶寺玉器消散相反的是，陕北地区石峁文化的用玉状况却突然异军突起，形成另一个高度发达的玉器消费和使用中心。上游的齐家文化则一改此前沉寂无闻的状态，玉器数量之多、器类之丰富、玉材之优质，使这一地区形成一个独具特色的用玉文化圈。

此时在长江流域，中游的后石家河文化也突破原有用玉低谷的状态，集中出土了几批极具特色的玉器。虽然除孙家岗墓地外，玉器多出自瓮棺中，但其依然承载了划分等级的信息。玉器在后石家河文化中心区域的石家河类型中发挥着极为重要的作用，而边缘的季家湖和划城岗类型中，玉器在此方面的作用不仅大为减淡，反而与常态有些背道而驰。与此同时，岭南地区在长江流域良渚玉文化的影响下，不仅出现了较成规模的用玉行为，而且达到了高潮。

目前，据考古资料显示，中国大陆年代最早的玉器见于黑龙江省饶河县的小南山遗址，距今已有9000年。距今8000年左右，东北地区的兴隆洼文化已经发展出较为成熟的玉文化，玉器的神圣化历程已经启动。与此同时，玉器在长江下游的跨湖桥文化中刚刚萌芽并初步发展。之后，玉器也在河姆渡、马家浜文化中继续发展。在经历了3000余年的发展与积累后，大约在距今5500年至5000年之间，同时兴起了几支重要的用玉考古学文化。在东北地区为红山文化、安徽地区为凌家滩文化、环太湖地区为崧泽文化和良渚文化，正是这些考古学文化大名鼎鼎的玉器，使中国史前达到了第一次用玉高峰。进入龙山时代早期，良渚玉器依然独领风骚，显示出无与伦比的气势与恢宏。而这些地区均处于东部沿海的半月形地带，由此可知中国玉器的萌芽、发展及达到高潮，东部半月形地区皆为重镇，是9000年玉文化前半场施展的主要历史舞台。

然而，至龙山时代晚期，良渚文化用玉极为鼎盛的时代已经过去，昨日的辉煌已变为明日黄花。与此相反的是，以陶寺、石峁、齐家等文化为代表的黄河流域玉器全面崛起，不仅数量超越以往，而且出现了较多的新器类，开发了新玉矿，成为龙山时代晚期用玉的核心与中心。至此，在国家起源的前夕，用玉中心已经实现了空间上的转移，从东部的半月形沿海地带转移到了黄河中上游以中原为中心的华夏腹地。

龙山时代的晚期与早期相比，用玉特征的另一个不同之处在于各个用玉考古学文化的发展程度。龙山时代早期，较为显著的几支用玉文化的背后都有高度复杂的文明和社会支撑，如良渚文化、大汶口文化晚期和陶寺早期。良渚玉器堪称中国史前玉器之巅，然而也可看到长江下游地区至良渚文化时期聚落形态已发展到了史前时期的顶峰，近300万平方米的良渚古城、高大的宫殿台基、雄伟的城墙、大型祭坛墓地、成体系的防洪系统和大型的水利工程，都表明良渚社会已经具备完善的社会管理和控制机构，完全可以称得上是早期国家。[1] 虽然大汶口文化晚期玉器与良渚文化相比，仍然相形见绌，但是其使用玉器的数量和普及度仍是同时期黄河中、上游的庙底沟二期文化、马家窑文化晚期所不能比拟的。已有的考古材料表明，大汶口文化晚期的聚落数量和规模急剧膨胀，墓葬内容所体现的等级区分已十分清晰，同时墓葬材料所体现的社会复杂化不输于良渚文化墓葬，只是二者表现的方式与载体不尽相同。晋南的陶寺早期城址和大型贵族墓葬的发现同样体现出了高度的文明因素。

而与此不同的是，长江中游地区虽然在屈家岭文化时期聚落得到极大发展，至石家河早中期聚落发展达到顶峰，[2] 这一时期出现了10余处史前城址，[3] 而规模最大的石家河城虽然面积不如良渚古城，但也算得上是史前屈指可数的大型城址。然而，在这一阶段仅有几处遗址发现有一定规模的玉器，而且像牙璧等还是舶来品。显然，此时玉器的数量和使用程度与其社会文明程度不相匹配。之前的大溪文化拥有相当发达的石、玉器制造工业，[4] 但是这一传统显然并没有被很好地继承下来。

由此可见，在龙山时代早期玉器与玉文化还没有被黄河和长江流域所有的发达文明十分青睐。换句话说，玉器在此时并不具备普世的价值观念。

龙山时代晚期，几支较为显著的用玉文化背后的政治力量和社会并不都那么强盛。黄河中游的陶寺中、晚期和下游的龙山文化分别延续了各自此前的文化发展势头，达到了各自史前文化发展的顶峰。而陶寺中期不仅发现了规模宏大的城址、独特的天文观象台，而且还发掘了大批的贵族墓葬，从陶寺城址的规模和贵族墓葬的奢华程度来看，有学者认

---

[1] 严文明. 严文明论良渚 [M]. 北京：科学出版社，2020：17-19.
[2] 张海，陈建立. 史前青铜冶铸业与中原早期国家形成的关系 [J]. 中原文物，2013（1）：53-54.
[3] 张绪球. 长江中游新石器时代文化概论 [M]. 武汉：湖北科学技术出版社，1992.
[4] 张弛. 大溪、北阴阳营和薛家岗的石、玉器工业 [C] // 北京大学考古学系. 考古学研究（四）. 北京：科学出版社，2000：75.

为陶寺也可称得上是早期国家了。[1] 黄河上游的齐家文化玉器使用的普遍程度和数量之多令人惊异，然而其背后的社会并没有体现出如中原那样的高度复杂。在长江中游，后石家河文化时期城址破落、社会崩溃，[2] 然而却出现了几批颇具特色的玉器，引起了人们的注意。为什么在石家河文化鼎盛时期不见玉器而衰落之后却涌现出来呢？这种拷问自始至终萦绕在笔者心间。虽然一些学者尝试进行了解释，[3] 但是多为揣测，并不能使人完全信服。时间的久远、文化的变迁，至今仍无法找到解读这一现象的真实密码。根据多方面的综合因素，这极有可能是在社会激烈动荡背景下，涌入大规模异域文化因素后，掀起的一次"文化复古"现象。

由此可知，从龙山时代早期至晚期，不仅玉器分布地点空前扩大，而且突破了以往只有拥有高度发达社会和文明的社会群体使用玉器的模式，此时玉器也被文明没落的社会和族群所使用。这种状况表明用玉观念在龙山时代晚期进一步得到普及与加强，玉文化在华夏大陆的大江、大河流域成为了一种具有普世价值的文化与文明因子，并且颇具"中国"特色。

第二节　神权到王权：龙山时代用玉功能的嬗变

古史传说中的五帝时代大致与龙山时代年代相当，[4] 徐旭生先生认为这一时段的史前社会经历了3次巨变。第一次巨变是由炎黄部族与蚩尤的东夷部族的阪泉、涿鹿之战引起的，战争的结果使氏族林立的中国经历了一次大震荡，渐渐地合并起来，形成若干大的部落。第二次巨变为

---

[1] 何驽. 陶寺：中国早期城市化的重要里程碑[N]. 中国文物报, 2004-9-3（7）.

[2] 何驽. 可持续发展定乾坤：石家河酋邦崩溃与中原崛起的根本原因之对比分析[J]. 中原文物, 199（4）: 34-40.

[3] 王劲. 肖家屋脊遗址玉器瓮棺葬者探讨[C]// 陕西省文物局, 陕西省考古研究所, 西安半坡博物馆. 中国史前考古学研究：祝贺石兴邦先生考古半世纪暨八秩华诞文集. 西安：三秦出版社, 2003: 407-416. 刘俊男. 长江中游地区史前宗教文化及所反映的文明进程述论[J]. 世界宗教研究, 2011（3）: 149: 162.

[4] 严文明. 略论中国文明的起源[J]. 文物, 1992（1）: 40-49.

帝颛顼的"宗教改革",这次改革使社会秩序和劳动分工完全确立,对将来的社会有很大的影响。第三次巨变是由治水所引起的,治水使大禹获得大功德,同时使"朝觐""讼狱""讴歌"汇集到他那一方面,致使政治组织一改此前的散漫而渐渐取得固定的形式。从此以后,氏族制度渐渐解体,变成了有定型、有组织的王国。[1] 由此可见,龙山时代是一个巨变的时代,那么作为龙山时代社会中举足轻重的用玉传统及玉器的功能就不可能一成不变。因此,我们将通过以下几个方面,来窥探龙山时代用玉的另一个历史趋势——功能的嬗变。

一、新"瑞"兴起:用玉组合的变化

龙山时代早期,良渚文化中、晚期无疑是用玉的核心区域,而此时琮、璧、钺作为玉礼器的核心,不仅发挥着划分高等级贵族与中、下贵族和平民的绝对标尺作用,而且出土数量超过以后各时期同类器的数目,达到使用的巅峰。虽然此时在黄河流域玉礼器不甚发达、数量较少,但是组合依然为琮、璧、钺这几类玉器。在装饰用玉方面,玉梳背、三叉形器、兽面纹璜、琮形管、玉锥形器等只在这一时段流行,在此之后,随着良渚文化和大汶口文化的结束而基本不见。

龙山时代晚期,随着良渚文化的结束,其所确立的一套用玉制度随之崩逝,并且根据本地社会结构与特征所创造的一套成体系的用玉制度也大多被弃之不用。随着龙山时代晚期用玉的重心转移到华西地区,使得玉器的器类构成发生了重大变化。在下游,龙山文化时期已基本不见大汶口晚期的玉琮、玉璧、玉环、玉璜、玉锥形器,而新出现了多孔玉刀、玉圭、牙璧、牙璋等新型玉礼器群。在中游,陶寺文化及陕北地区虽然仍存在琮、璧、钺等"旧主",但是这些"旧主"不仅数量少,而且玉琮和玉璧的使用方式也发生了很大变化,还有较多的玉琮被毁坏或被

---

[1] 徐旭生. 中国古史的传说时代 [M]. 北京:文物出版社,1985:5-8.

改制为他器。与此同时，也新出现了双孔和多孔玉刀、牙璧、牙璋、玉圭、玉戚等更多脱胎于武器和工具的礼器，而且数量远远超过下游地区。此时，在用玉方面上游经历着与中游同样的"洗心革面"，一改此前用玉较为沉寂的状态，而且较多的实用工具类玉器的出现使得玉器在齐家文化中的神圣性进一步降低。

综上所述，可以看到龙山时代早期至龙山时代晚期玉礼器的器类构成发生了重大变化，玉琮和玉璧在龙山时代晚期及以后基本退出核心礼器范畴。虽然《仪礼·觐礼》和《周礼·春官·大宗伯》《白虎通·瑞贽篇》等篇章中记载的"六玉""六器"和"五瑞"中仍包含璧与琮，而事实上周代玉琮的数量极少，而且形制与功能均发生了根本变化，各种证据表明玉琮在周代逐渐式微。[1] 虽然周代的玉璧为数不少，《周礼》等文献也记载璧为瑞玉，但从考古材料来看，多为丧葬用璧。而且根据孙庆伟的研究，丧葬用璧可分为饰棺用璧和殓尸用璧，饰棺用璧只在战国中晚期的楚地流行，而殓尸用璧虽然在西周至战国晚期均可见到，但是使用多件甚至数十件玉璧来包裹墓主身体的做法却是在战国中期出现而盛行于战国晚期的，丧葬用璧在战国中晚期的流行与道家思想和神仙思想的兴起有关。[2] 而在此之前的夏商时期，琮、璧数量也十分清少，它们已经明显衰微了。[3]

与琮、璧的衰微不同，是新"瑞"的兴起。《尚书·尧典》记载："舜让于德，弗嗣，正月上日，受终于文祖。在璇玑玉衡，以齐七政。肆类于上帝，禋于六宗，望于山川，遍于群神，辑五瑞。既月乃日，觐四岳群牧，班瑞于群后。"几乎同样的记载也出现在《史记·五帝本纪》，也有学者早已指出《史记·五帝本纪》中的这些内容，为太史公取自于《尚书·尧典》。在这两段记载中提到的瑞玉，即"五瑞"。根据《说文解

---

[1] 孙庆伟. 周代用玉制度研究 [M]. 上海：上海古籍出版社，2008：192-195.
[2] 孙庆伟. 周代用玉制度研究 [M]. 上海：上海古籍出版社，2008：265-272.
[3] 郝炎峰. 二里头文化玉器的考古学研究 [D]. 北京：中国社会科学院研究生院，2013：29；魏小花. 殷墟墓葬玉器之研究 [D]. 南京：南京师范大学社会发展学院，2012：34-36.

字》,"瑞,以玉为信也"。《周礼·春官·典瑞》有"掌玉瑞玉器之藏"的记载,注云:"人执以见曰瑞,礼神曰器"。由此可见,瑞玉不仅是符信,而且一般需手执。但是"五瑞"究竟为何物,《尧典》并未说明。因此,后代各家有不同的说法。《白虎通·文质》释此曰:"何谓五瑞?谓珪、璧、琮、璜、璋也。"也有后人以《周礼·春官·典瑞》所记载的"王晋大圭,执镇圭,缫藉五采五就,以朝日。公执桓圭,侯执信圭,伯执躬圭,缫皆三采三就,子执谷璧,男执蒲璧,缫皆二采再就,以朝觐宗遇会同于王",为"五瑞"说法的来源。张守节《史记·正义》认为"言五瑞者,王不在中也",如此,"五瑞"即桓圭、信圭、躬圭、谷璧和蒲璧,这种观点宋儒的著作也多从之[1]。

以上对于"五瑞"的看法,皆为后来之说,而后代的"五瑞"说是与五等爵相依相存的,而关于五等爵在周代是否真实存在,学术界歧见纷呈,因此关于"五瑞"具体为何物,则在文献中更难以征信。但毋庸置疑的是,"五瑞"是玉器,而且应为当时重要的玉质重器。恰好,此时在龙山时代晚期的用玉中心出现了一批新的玉礼器,如牙璋、玉圭、玉戚、长条形玉刀,这些礼玉脱胎于兵器与工具,其使用方式不管装柄与否,均需人执。因此,这些玉器中应当有瑞玉的存在。

其中,牙璋应确定无疑是瑞玉。古史体系中记载的五帝时期另一项印象深刻的、可判断为瑞玉的就是玄圭,玄圭的直接联系人是大禹。大禹虽非五帝中人,但是其治水的壮举却在尧、舜时期,玄圭也为帝尧所赐。《尚书·禹贡》记载:"东渐于海,西被于流沙,朔南暨,声教讫于四海。禹锡玄圭,告厥成功。""锡玄圭"的记载还见于《史记》中的《夏本纪》和《秦本纪》。除了上述文献,"禹锡玄圭"的内容在《汉书》、汉代的多种谶纬古书,以及被认为是伪书的《今本竹书纪年》中都有记载。在《古本竹书纪年·夏纪》中也出现了玄圭的使用,禹的后人——后荒,在即位的元年也"以玄圭宾于河"。

---

[1] 顾颉刚,刘起釪.尚书校释译论[M].北京:中华书局,2005:127.

总体来说，玄圭是禹治水成功的标志，帝赐禹玄圭后，禹在相关仪式中手执玄圭，告成功于天下。何为玄圭？历代也有不同的解释，纵观各家观点，笔者也赞同《禹贡锥指》云："玉色玄，斯谓之玄圭。天功、水德。禹未尝致意于其间也。"况玄字的本义之一也是指颜色，《说文解字》释："玄，幽远也。黑而有赤色者为玄。"孙庆伟根据这一时期考古发现的玉器材料，认为文献中的玄圭就是考古中的牙璋，而且这类玉器"它们的质地通常是不透明且不均匀的灰褐、灰绿色，甚至带有灰蓝色调的某种矿物，若仔细检视，会发现不均匀的颜色常呈不规则的大小团块，有的还分布深深浅浅、波浪般起伏的平行色带。而这种矿物有时深得近乎黑色，但若观察磨薄之处，还是看得出团块或波浪纹理"[1]，这种深灰色系，甚至"深得近乎黑色"的色泽，正合于"玄圭"之"玄"。[2]孙庆伟的观点比较合理，牙璋本身的颜色、流行的时间和范围、蕴含的象征与意义，颇与玄圭符合。退一万步来讲，即使玄圭不是牙璋，那么它也是一种圭属玉器，而根据文献记载和考古发现，玉圭是禹所处的新石器时代末期至周代最重要的瑞玉之一。

二、重在世俗：玉器使用方式的变化

在龙山时代早、晚两个阶段，不仅玉器器类，尤其是玉礼器群的构成发生了变化，而且一些重要的玉器的功能也发生了变化，在器类方面主要体现在玉琮和玉璧上。

玉琮为良渚文化所首创，虽然关于其起源于何种器物还有不同意见，[3]但起源于手镯说得到了更多学者的认同。[4]根据考古材料，良渚早期

---

[1] 邓淑苹. "华西系统玉器"观点形成与研究展望 [J]. 故宫学术季刊，2007，25（2）.
[2] 孙庆伟. 礼失求诸野：试论"牙璋"的源流与名称 [J]. 玉器考古通讯，2013（2）：59.
[3] 周南泉认为玉琮起源于管形器物。
[4] 杨建芳. 玉琮之研究 [J]. 考古与文物，1990（2）：56-67；刘斌. 良渚文化玉琮初探 [J]. 文物，1990（2）：30-37；蒋卫东. 神圣与精致：良渚文化玉器研究 [M]. 杭州：西泠印社出版社，2010：199-207.

的玉琮确实多出于上肢部位及胸腹部，然而经过良渚中期的发展，玉琮在墓中的位置较为多样化，也很少见到直接佩戴于死者腕部的使用方式。良渚玉琮还有一个特别的发展规律，即形制的总体发展趋势是由矮到高、从单节到多节。然而伴随着琮体的复杂化发展趋势，纹饰的发展却恰恰相反，越来越趋于简化，到了最后，原来比较具象的神人兽面纹仅以长横棱或长阴线弦纹代替。这种变化表明琮体的功能和纹饰的功能正逐步分离，祈求"神徽"庇佑的功能越来越淡化，而琮体象征财富、权力的功能则越来越突出和强化。[1]随着良渚文化的结束，玉琮在中华大地更广阔的空间里流传与分布，然而黄河流域所见玉琮多光素无纹，少量的纹饰也基本只是以横棱纹和阴线弦纹为主。而且中游的玉琮多见于佩戴在墓主手腕部或放置在该部位，不难察觉此时玉琮所蕴含的宗教意义更加寡淡，更重于权力和财富等世俗观念的体现。[2]而上游齐家文化的玉琮已不出土于墓葬，目前唯一一件为考古发掘出土的玉琮，与玉璧配组，是祭祀行为的体现。

玉璧作为良渚文化出土数量最多的玉质重器，在良渚文化中具有重要的地位。虽然玉璧起源于何时、何地，取形于何种器物或观念，仍有一定分歧，但是部分学者还是认为良渚文化玉璧是文明时代玉璧的祖型及源头，且与红山文化的"玉璧"并不存在任何关系。[3]而事实确实如此，红山文化"玉璧"多为外缘呈方圆形、内缘呈圆形，内外侧边缘略薄，孔径较大的小型"玉璧"，[4]且红山文化消失之后，这种形制的玉璧确实也不多见。良渚文化早期的玉璧明显具有初创阶段的特征，在功能上尚难与瑗、环明确区分。而在良渚文化中期高等级贵族大型墓中出土了

---

[1] 薛琳.良渚文化出土玉琮研究[D].南京：南京师范大学社会发展学院，2012：56-57.
[2] 高炜.陶寺文化玉器及相关问题[C]//解希恭.襄汾陶寺遗址研究.北京：科学出版社，2007：476.
[3] 杨伯达.史前玉璧名实论：兼论良渚玉璧是古代玉璧的祖型[M]/杨伯达.巫玉之光.上海：上海古籍出版社，2005：131-145.
[4] 郑建明，马翠兰.史前小型玉璧研究[J].北方文物，2008（3）：17；郑建明.史前玉璧源流、功能考[J].华夏考古，2007（1）：80-87.

大量的玉璧，此时虽然多数璧有边缘不规整、厚薄不均、钻孔错位、切割痕迹明显等现象，但是这时璧的边宽已绝对大于孔径，使璧与瑗、环之间有了比较明确的区分。[1] 至良渚晚期，璧的形体有进一步向圆大规整、厚薄均匀演变的趋势。[2] 良渚文化玉璧的具体功能歧见纷呈，但是有一点无可置疑的是，玉璧是良渚文化墓葬中的核心礼器，而且到晚期一些玉璧上还出现了"鸟立高坛"的神秘符号，使玉璧显得更加神圣。另外，良渚文化玉璧尚没有见到直接佩戴于臂、腕部的现象，而是置于死者身上或其周围。综上所述，玉璧在良渚文化中是一种具有抽象化与象征性意义的器物，是良渚文化玉器中又一种与神崇拜有着密切关联的玉礼器。[3] 图 3-2 所示为红山与良渚玉璧对比图。

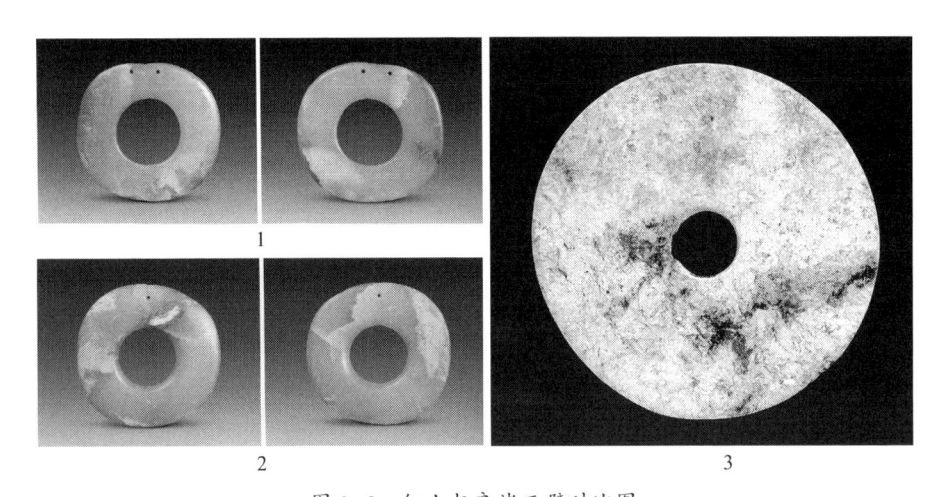

图 3-2　红山与良渚玉璧对比图

1. 牛河梁遗址 N2Z1M21：17　2. 牛河梁遗址 N2Z1M21：19　3. 汇观山墓地 M4 出土玉璧

然而，与良渚文化中晚期同时的大汶口文化晚期，极少有如良渚文化那样玉体宽大而孔径小的玉璧，更多的是孔径较大、能够直接佩戴于臂腕处的璧环，这种形式的璧环遍布于大汶口晚期各个区域中。陶寺文

---

[1] 蒋卫东. 神圣与精致：良渚文化玉器研究 [M]. 杭州：西泠印社出版社，2010：207-213.
[2] 浙江省文物考古研究所，桐乡市文物管理委员会. 新地里 [M]. 北京：文物出版社，2006.
[3] 蒋卫东. 苍璧初成宜礼天 [N]. 广州日报，2013-12-29（B3）.

化早期的玉璧使用方式与大汶口文化晚期相同，甚至是牙璧也被佩戴于墓主臂腕处。自玉璧在陶寺文化一经出现，形制就表现出来中孔较大的特点，孔的直径普遍大于外周的1/3。[1] 至龙山时代晚期，黄河下游的龙山文化中璧环类玉器大幅减少。黄河中游的陶寺文化则在早期的基础上蓬勃发展，璧环类玉器数量更多，且继承了早期的使用方式。不仅如此，陶寺系统还创造性地将完整玉璧环以二等分或三等分或者更多数量等分的形式切割，形成多璜联璧这一新器类。它们也是作为臂腕处的装饰品，并较快地风靡黄河中、上游地区，甚至为了追求这种风尚，有的多璜联璧是由形制相近的多片璜形玉片组合而成。下游的齐家文化此时也出土了大量玉璧，其中一部分为玉环，而且部分材质为石质。从考古材料看，由于齐家文化墓葬等级划分不如中原地区明显，而且一部分随葬器物较多的墓葬并不随葬玉器，似乎暗示了玉石璧在齐家文化墓葬中并不全是财富、权力的体现，而是其中一部分与墓主可能为制玉工匠有关。从几处祭祀遗迹来看，齐家文化用来祭祀的玉璧一般品质较精，尤以静宁后柳沟村的3件玉璧为佳，这种用于祭祀的行为其实反映了更加现实的功利目的。

　　由此可见，经过龙山时代大浪淘沙般的洗礼，玉琮和玉璧这两种原本最重要的核心礼器不仅逐渐退出了核心礼器的范畴，而且由于纹饰的简化与消逝，以及使用方式导致的功能转变，使它们的宗教神秘和神圣性也随之消降，更多地在于世俗权力和财富的体现。多孔玉刀、牙璋、牙璧、玉圭等边刃和端刃器成为玉礼器群中的"新贵"，它们在中原这个军权和王权突出的地区，[2] 延续了该地区此前的文明发展模式中玉器的内

---

[1] 高炜. 陶寺文化玉器及相关问题 [C]// 解希恭. 襄汾陶寺遗址研究. 北京：科学出版社，2007：471.
[2] 李伯谦. 中国古代文明演进的两种模式：红山、良渚、仰韶大墓随葬玉器观察随想 [J]. 文物，2009（3）：54.

涵，而且在吸收了红山文化和良渚文化创造出来的用玉精髓[1]后，使得其象征军权和王权的作用更加突出。至此，可以作出如下判断，即在龙山时代不仅完成了用玉中心的转移，而且实现了玉器功能从整体上由神权向王权的转化。

---

[1] 这里所谓的"用玉精髓"是指经过红山、良渚文化赋予玉器的神圣内涵，使得玉器称为新石器时代晚期礼器的核心，从而可以使玉器为统治者的政治目的服务。

第四章 阐幽明微：龙山玉器的工艺美学

留传至今的龙山时代玉器，不仅以其造型、质地、色泽、纹样令人珍爱，而且以其高超的琢玉技艺和蕴藏有中华传统优秀文化的设计理念与审美情感，而更具历史和工艺美学价值。在前文对造型、质地、色泽、工艺、纹样等形而下层面分析的基础上，在此总结龙山时代工艺美学突出的时代特征及其嬗变，同时也将从器物本体切入到社会观念与精神信仰等形而上层面的探索，以求索龙山时代玉器所表达的艺术与文化意蕴。

第一节 乘风破浪：龙山时代玉材体系的深拓

根据考古、地质的野外工作和研究成果来看，龙山时代的玉材体系不仅在质料与产源上不断开拓范围，而且对玉的质料有了更为深入的认知。由于玉材产源地理范围的扩大和对优质玉材的追逐，龙山时代玉材的来源逐渐摆脱了"就地取材"与"就近取材"为主的模式，开启了玉材大规模的远距离交流与交换体系。

一、新玉矿的开发与优质玉材的奠定

以往认为良渚玉材的来源地可能有本地的天目山区[1]和附近宜溧山区的小梅岭[2]，这均属于"就地取材"和"就近取材"。最新的两篇研究揭示了良渚玉材的来源有他地输入的可能性。张跃峰对良渚文化庄桥坟遗址的4件黄绿－青绿色闪石玉器的玉料来源进行了分析，罗涵等对故宫藏良渚风格的玉器进行了材质检测，他们根据地质结构、岩相成因及微量元素等特征，认为良渚文化一部分玉器的玉料可能来自东北地区的辽宁岫岩。[3]目前为止，良渚文化的玉材来源并未发现开拓了新的玉矿，不管是天目山区、溧阳小梅岭等"就近取材"的矿料，还是辽宁岫岩等远距离矿玉材，均为已知且早前已经开发利用的矿产。大汶口晚期的玉材也是如此，其中一部分玉材可能也来自于辽东产区，一部分来自于本地莱阳，还有一部分透闪石质玉器材质的来源无法确定。其中蛇纹石玉材的来源有了新的发现，山东境内的泰山玉目前可以确定从5500年前的大汶口文化时期被开发利用。大汶口晚期的玉材则延续了中期的使用状况。

龙山时代可能属于新矿产的是中条山区和西北地区的玉石资源。在龙山时代之前，中原地区基本不存在发达的用玉文化，目前仅有的一批成规模的玉石器为仰韶中、晚期之际的灵宝西坡墓地出土的蛇纹石质玉石器，其产源可能来自于南阳地区。[4]伴随着陶寺文化的崛起，中原地区才开启大规模的用玉进程。虽然陶寺文化从一经用玉就表现出"八方来仪"的特征，自然华东地区已开发利用的各类玉矿资源也会进入晋南。

---

[1] 王明达.论良渚遗址群[C]//浙江省文物考古研究所.浙江省文物考古研究所学刊（第九辑）.北京：科学出版社，2009：58-67.

[2] 闻广.中国古玉地质考古学研究的续进展[J].故宫学术季刊，1993，11（1）.

[3] 张跃峰.北山及敦煌造山带古采矿遗址（群）软玉成矿体系：深部地质过程响应及其对丝绸之路华夏早期玉石文明的影响[D].广州：中山大学地球科学与工程学院，2021：138；罗涵，等.故宫博物院藏良渚风格玉器的材质研究[J].故宫博物院刊，2022（10）：138.

[4] 曹芳芳.玉成中国：文明化进程中的玉器与玉文化[D].北京：北京大学考古文博学院，2022：159.

然而，随着陶寺系统用玉观念的确立，也会寻找新的玉石资源。这一时期附近的中条山区的玉石资源就纳入了其视野范围。从清凉寺、下靳和陶寺墓地玉器的材质检测结果来看，晋南先民使用了附近山中的大理石、蛇纹石之类的美石[1]，尤其是清凉寺墓地中除了透闪石玉和绿松石外，其他大部分的似玉美石都来自于中条山区。[2]

更为重要的是，晋南地区在本地缺乏透闪石玉矿的情况下，也会将目光投向本地之外。这一时期晋南地区相当一部分的透闪石质玉器的材质特征与西北地区玉料的地球物理与化学特征数值比较接近。早些时候的检测结果表明，陶寺墓地的透闪石质软玉属于镁质大理岩类型软玉，其同位素数据与这类软玉主要产区的新疆昆仑软玉并不相同，当时检测者建议在山西及其邻境附近寻找。[3] 然而，到目前为止并未在山西及其附近寻找到透闪石玉矿，反而在甘青地区一带探寻到新的透闪石玉矿，如旱峡和马衔山玉矿。这两处玉矿的透闪石质玉材所占比例极高，均可达98%以上，[4] 玉材十分优良，且开采利用的时间可以早至龙山时代。而且，根据化学成分差异和建立的微量元素产地判别模型结果来看，新疆与甘青地区的玉料存在较为明显的区分度。[5] 因此综上所述，应当可以肯定在龙山时代来自于西北地区的优质玉材已经输入到了黄河中游地区。实际上，西北地区优质的玉材在此时输入晋南地区在文献中也可找到证据。《尚书·禹贡》记载地处西北的雍州，贡赋的玉材是"球、琳、琅玕"，这些都是非常优良的玉材，尤其是"球"，在周代是天子专用的玉材。伴随着玉文化的西进，华西系玉器在龙山时代崛起，也促进了甘青一带玉材的开发与利用。而这一时期在甘青地区也出现了海藏玉石器作坊和皇

---

[1] 王晓毅.陶寺考古：技术的实证解析[D].太原：山西大学考古文博学院，2011：93.

[2] 山西省考古研究所，等.清凉寺史前墓地[M].北京：文物出版社，2016：599.

[3] 闻广，荆志淳.陶寺玉器质地考古学研究[M]// 中国社会科学院考古研究所，山西省临汾市文物局.襄汾陶寺：1978—1985年考古发掘报告.北京：文物出版社，2015：1253.

[4] 张钰岩，等.甘肃马衔山软玉成矿及玉料产地来源地质地球化学特征分析[J].中山大学学报（自然科学版），2018（2）：9.

[5] 代路路，等.甘肃马衔山和田玉化学成分分析和产地判别研究[J].光谱学与光谱分析，2022（5）：1458.

娘娘台墓葬出土的加工玉料、玉片与半成品，清晰地展示出了玉料东进的态势。[1] 同时，随着甘青地区优质玉材的输入，在中原地区的用玉体系中确立了其作为最优玉材的地位，至此，在华夏大地的大江、大河流域内普遍地彻底完成了"玉石分野"。由于随后王权国家的中心建立在这一区域，因而其优势地位被一脉相承地延续下来，甚至在周代成为天子地位的一种表征物。

二、远距离玉材交流体系的形成

前面已经分析了良渚玉材除了"就地取材"和"就近取材"外，黄绿—青绿色闪石质玉器的玉料可能来源于东北地区的辽宁岫岩，这说明在良渚时期就存在一定规模的远距离的玉材流通。其实，这并不足为怪，早在凌家滩文化和崧泽文化晚期之时，就与东北地区的红山文化存在密切的交流与联系，在玉器方面表现得尤为明显。甚至现在存在一种较为主流的认识，即从崧泽晚期至良渚文化早期卷曲的玉龙形饰与良渚早中期的龙首纹是红山文化玉龙类玉器及玉器纹样影响的结果。[2] 换句话说，良渚玉文化继承了一部分红山文化因素。既然玉器和纹样可以穿越遥远的距离到达长江下游，那么作为原材料与重要资源的玉材自然也可以披荆斩棘地冲破距离的限制。而大汶口文化所在的海岱地区作为红山文化与良渚文化之间的中间地带，因而在大汶口文化中、晚期的玉器中，一部分玉材来源于辽东地区也就再自然不过。

随着陶寺文化的崛起，中原地区的用玉需求与日俱增，甘青地区的优质玉矿被发现、开发与利用，玉料东进。龙山时代，来自西北地区的优质玉材不仅到达了中原地区，甚至可能进入了黄河下游的海岱地区。

---

[1] 曹芳芳. 甘青地区史前用玉特征与进程 [J]. 四川文物，2022（1）：58.
[2] 李学勤. 良渚文化玉器与饕餮纹的演变 [J]. 东南文化，1995（1）：42-48；秦岭. 权力与信仰：良渚遗址群考古特展 [M]. 北京：文物出版社，2015：38；李新伟. 中国史前社会上层远距离交流网的形成 [J]. 文物，2015（4）：51-58.

虽然海岱地区同样不出产软玉，但龙山文化的玉料材质却以软玉为主，这种情况与学界此前认为的先民利用玉料一般"就近取材"有所不同。[1] 因此，龙山文化的透闪石玉材必然存在外来输入的可能性。而近年对海岱地区龙山文化较多玉器材质检测的结果也表明，龙山文化玉器的原料一部分来自于甘青地区，甚至还发现贝加尔湖玉料（俄料）的线索。[2] 由此可见，龙山时代玉材交流的范围更加宽广，在覆盖此前玉材范围的基础上，向西北至少拓展到靠近新疆一带，向北可能跨越蒙古高原。一系列的考古证据表明，自龙山时代开采伊始，河西走廊地区的透闪石玉料资源便已进入中原及其周边区域，并在多元一体的中华文明形成过程中发挥着独特作用。[3] 在透闪石质玉料大范围流通的同时，由于一些玉矿伴生有蛇纹石质玉材，因而这一交流体系中也存在一定比例的优质蛇纹石玉材。

除了透闪石和蛇纹石质玉，还有一种当时人们眼中的美玉——绿松石，跨越千山万水，在广袤的华夏大地流通着。中国境内的绿松石产区主要集中在秦岭东部及其余脉，即今天的陕西、河南、湖北交界一带。这一区域的绿松石产量尤为巨大，并且近年在这一地带调查发现了较多的绿松石古矿址。近年在新疆若羌、天山东麓的哈密和祁连山西段的甘肃酒泉也发现有绿松石矿源[4]，并且其开采与利用的时间均可早到龙山时代。除此之外，在铜矿丰富的产区内一般也会有绿松石产出，如安徽的铜陵与马鞍山一带。

---

[1] 王强，杨海燕.西玉东传与东工西传：黄河流域龙山时代玉器比较研究[J].东南文化，2018（3）：85.

[2] 王强，杨海燕.西玉东传与东工西传：黄河流域龙山时代玉器比较研究[J].东南文化，2018（3）：85.

[3] 陈国科，杨谊时.河西走廊地区早期透闪石玉开采年代的考古学观察[J].敦煌研究，2021（5）：93.

[4] 李延祥，等.新疆哈密两处古绿松石矿遗址初步考察[J].考古与文物，2019（6）：22-27；李延祥，等.新疆若羌黑山岭古代绿松石矿业遗址调查简报[J].文物，2020（8）：4-13；张登毅，等.甘肃金塔一个地窝南遗址绿松石矿源研究[J].矿物岩石，2022（1）：1-7；李延祥，等.新疆哈密天湖东绿松石采矿遗址调查简报[J].西部考古，2022（1）：45-55.

上海福泉山遗址在良渚晚期开始出现绿松石产品，实际上浙江境内的良渚遗址绿松石的主要使用也在良渚晚期[1]。良渚文化范围内不产绿松石，良渚晚期绿松石应当采自于异域。在龙山时代，陶寺文化是使用绿松石的重镇。李延祥等对襄汾陶寺遗址和临汾下靳墓地出土的绿松石样品进行物相及铅、锶同位素组成的检测结果表明，这两处遗址的绿松石一部分来自于竹山喇嘛洞、洛南辣子洞和白河白龙洞等绿松石矿点，同时陶寺遗址的绿松石来源除了上述地区，还具有更多元的来源。[2]

绿松石制品在齐家文化时期的西北地区也曾被大量使用，目前对甘肃齐家坪遗址和磨沟遗址出土绿松石铅、锶同位素的科技检测表明，齐家坪遗址的绿松石产源应为陕西洛南绿松石矿区，磨沟遗址的绿松石（包括磷铝石）产源应为新疆哈密绿松石矿区。[3]虽然龙山文化中出土的绿松石数量不如陶寺和齐家文化丰富，但仍在西朱封和两城镇等中心性聚落内发现有重要的绿松石制品。海岱地区无绿松石矿源，所需原料需从外地输入。根据对焦家遗址大汶口文化中晚期出土绿松石制品的成分检测发现，焦家的绿松石来源于湖北竹山县的秦古矿区。[4]早在北辛文化时期，海岱地区出现的绿松石制品就是经由中原地区输入，大汶口文化和龙山文化的绿松石材料无疑也是这种传统的延续。由此可见，龙山时代绿松石产源以鄂豫陕交界一带为中心，向东到达东部沿海地带，北上至黄河中游地区，西进至甘青地区。同时，新疆东部的绿松石也沿着河西走廊逐渐东进，融入了黄河流域的玉材体系之中。

以上玉石分化的概念与玉材交流体系在文献中也有相关记载，这点在《尚书·禹贡》表现得尤其明显——青州贡赋"怪石"；徐州贡赋"泗

---

[1] 方向明. 良渚文化的绿松石和镶嵌工艺 [EB/OL]. 刘佳林. "二里头绿松石综合研究"研讨会纪要, 2021[2023-11-25].http://kaogu.cssn.cn/zwb/xsdt/xsdt_3347/xsdt_3348/202103/t20210322_5320725.shtml.

[2] 李延祥, 等. 山西三处先秦遗址出土绿松石制品产源特征探索 [J]. 文物, 2018（2）：91.

[3] 李延祥, 等. 甘肃齐家坪遗址和磨沟遗址出土绿松石产源探索 [J]. 广西民族大学学报：自然科学版, 2021（3）：3.

[4] 戴敬一. 海岱地区出土史前绿松石分析 [D]. 济南：山东大学, 2022：85.

滨浮磬"；扬州贡赋"瑶、琨"；荆州贡赋"砺、砥、砮"；豫州贡赋"磬错"；梁州贡赋"砮、磬"；雍州贡赋"球、琳、琅玕"。上述所列7个州贡赋的玉石材，很明确地指出不同地方的玉石材品种不同，甚至指出哪些玉石材用于制作哪种玉石器。青州"怪石"，伪《孔传》云："怪，异。好石似玉者。"《汉志》颜《注》："怪石，石之次玉美好者也。"徐州"泗滨浮磬"，伪《孔传》释云："泗水涯，水中见石可以为磬。"《孔疏》："泗水旁山而过，石为泗水之涯。石在水旁，水中见石，似若水中浮然。此石可以为磬，故谓之浮石也。贡石而言磬者，此石宜为磬，犹如砥砺然也。"孔颖达的解释甚以为意。根据白居易《华原磬》一诗序文可知，泗滨的磬石一直沿用到唐代，天宝年间始改用华原磬石，到宋代又恢复了泗滨磬石。[1] 扬州"瑶、琨"，《史记集解》载"孔安国曰：'瑶、琨，皆美玉也'"，而《说文》则曰："瑶，玉之美者；琨，石之美者。"不管这是两种美玉，还是美玉和美石，能有不同的名字就代表当时的人们对这两种物质有不同的认识。荆州"砺、砥、砮"，《孔疏》引郑玄注云："砺，磨刀刃石也。精者曰砥"；"砮"，即做矢镞的石头。豫州"磬错"，伪《孔传》云："治玉石曰错，治磬错"，即是可以治玉石器的"他山之石"。梁州"砮、磬"，分别为制作箭镞和磬的石材。雍州贡"球、琳、琅玕"，《说文》载："球，玉也。"根据上文的分析，"球"是一种高品质美玉。又《说文》："琳，美玉也"，司马相如《上林赋》云："玫瑰碧琳"，班固《西都赋》云："琳珉青荧"，故而"琳"应是一种青碧色的玉。[2]《说文》："琅玕，似珠者"，伪《孔传》云："石而似珠"，《山海经》中也有"槐江之山上多琅玕金玉"之说，曹植《美人篇》有"腰佩翠琅玕"，因而"琅玕"应是一种似珠形的玉石。

通过对上述不同地区贡赋的玉石器品类的分析，可知龙山时代的人们已经掌握了丰富的矿产知识，对不同地方的玉石材特性也有较为深入

---

[1] 顾颉刚，刘起釪. 尚书校释译论 [M]. 北京：中华书局，2005：617.
[2] 顾颉刚，刘起釪. 尚书校释译论 [M]. 北京：中华书局，2005：754.

的了解与认知，因而可以明确指出每个区域贡赋的特定玉、石材，进而可以因材施用、因材施工。玉材在更广泛的范围内流传与交换，大规模、长距离的玉材交流体系在这一时期逐步形成，并将不同地区通过玉材和玉器联系起来。玉材开采和玉器制作的难度本身就很大，这一过程必然不会是一帆风顺，伴随着艰辛的血水、泪水与汗水。

第二节　革故鼎新：龙山时代制玉技术的流变

龙山时代随着生产力水平的进步，制玉技术也取得了较大进步，不仅在玉料和玉器的切割技术体系发生了变革，同时也在前期积累的基础上，产生了新的制玉工艺。

一、切割技术体系的嬗变

玉器的制作工艺流程中的关键首步就是原料的切割与成形，然后根据所制玉器的形状进行下一步的切割与打磨，之后表面磨光、钻孔与雕琢纹饰。从史前时期至今，玉器的制作尤其是成形后的工艺程序与技术，基本都是如此。然而，只是不同时期制玉的工具与纹饰雕琢的技术有所变化，并且这种变化的时间尺度较长。就史前时代而言，切割是制作玉器的前提，也是关乎玉器制作最重要的一种技术。玉器的切割技术在史前中国主要是线切割和片切割，如图 4-1 和图 4-2 所示。[1] 从出现时间早晚看，线切割技术在距今 9000 年的小南山玉器上已经出现，而片切割技术出现的时间则晚得多。龙山时代早期，良渚晚期玉器的开料既有线切割技术，也有片切割技术的存在。[2] 但总体而言，从良渚时期玉器表面遗留的切割痕迹来看，以线性工具辅助解玉砂切割的痕迹更为多见。同

---

[1]　牟永抗. 良渚玉器三题 [J]. 文物, 1989（5）: 65-66.
[2]　杨晶. 工艺探索 科技先行：良渚文化琢玉工艺研究的新进展 [J]. 南方文物, 2019（1）: 23-24.

样，在同时期的焦家遗址中，玉器的切割技术也以线切割为主，而且线切割比片切割的用途更广，还可以用来减薄和打造独特的图形或图案。[1] 因此，龙山时代早期在玉器的切割技术体系中，线切割仍然占据了重要位置。

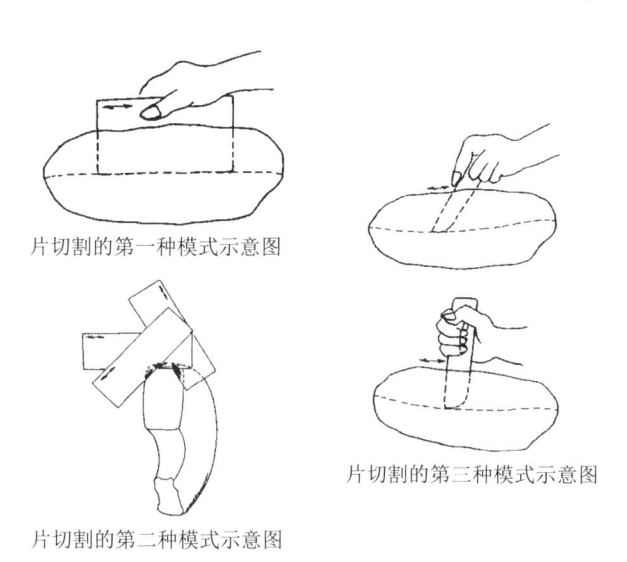

片切割的第一种模式示意图

片切割的第二种模式示意图

片切割的第三种模式示意图

图 4-1　牟永抗先生提出的片切割的 3 种模式

1

2

3

4

图 4-2　良渚玉器上的线切割与片切割痕迹

1. 横山遗址出土玉璧　2. 瑶山墓地出土龙首纹玉圆牌　3. 横山遗址出土玉钺　4. 瑶山墓地出土玉钺

---

[1]　彭涛. 山东章丘焦家遗址出土玉器加工工艺初探[D]. 济南：山东大学，2021：91-95.

281

龙山时代晚期，不管是黄河下游的龙山文化，还是中上游的陶寺文化、石峁文化、齐家文化的玉器，表面遗留的切割痕迹均以片切割痕迹为主，如图4-3所示。少量玉器表面也有线切割痕迹的存在，其中一些是早于此时期玉器的切割痕迹，只是在此时被改制重新利用。这一时期，不仅片切割技术被广泛应用，而且达到了极为高超的水平。尤其是牙璋、长条形多孔玉刀等大型玉器，有些动辄达三四十厘米之大，而厚度仅有几毫米。也正是有了片切割技术的普遍运用和提高，才造就了龙山时代晚期这些体量硕大的新型玉器群。秦岭认为海岱地区是这项技术和玉器成熟的关键区域，并在龙山时代扩散至整个黄河流域。[1]这对于龙山时代玉礼器"新贵"的崛起影响重大，促进了龙山时代玉器的主体功能从表达神权向王权的转变。

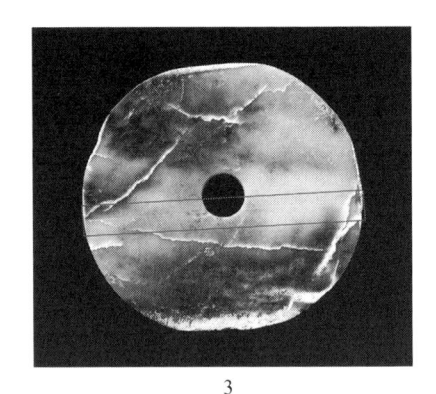

图4-3 龙山时代晚期留有片切割痕迹的玉器
1、2. 石峁遗址采集牙璋 3. 静宁后柳沟村玉璧

二、制玉工艺的创新

龙山时代制玉技术还出现了较多的创新，主要体现在以下3方面。

第一，减地起阳技术的出现，这代表了史前制玉技术的最高水平。

---

[1] 秦岭. 龙山文化玉器与龙山时代 [C]// 北京大学考古文博学院, 北京大学中国考古学研究中心. 考古学研究（十五）. 北京：文物出版社，2022: 527.

减地起阳也就是阳线雕，这项技术需要在玉器表面大规模减去一层质料，仅剩一条窄窄并凸起的阳线去雕琢纹样。由于玉器硬度较高，在史前没有金属工具的前提下，本身制作难度就很大，在成形的玉器上再减地用阳线雕琢纹样则难上加难。目前，有明确考古出土、使用减地起阳工艺的玉器，均出土于后石家河文化（见图4-4）。在一些没有明确出土背景的馆藏玉圭、玉刀上也有运用此种工艺雕琢的纹样。总体而言，这项技术代表的制玉水平很高，但应用的纹样、器类、地区并不广泛。虽然减地起阳技术具有一定的局限性，但确实是龙山时代制玉技术的一大发明创造，为之后三代高水平玉器的制作积淀了工艺基础。

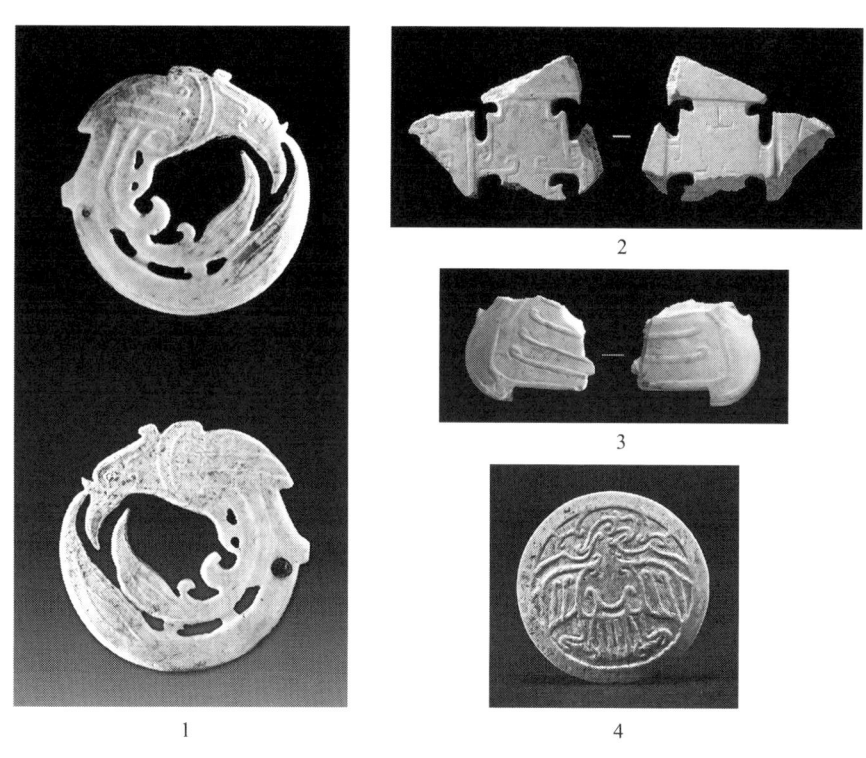

图4-4 后石家河文化玉器上的减地起阳纹样
1.罗家柏岭出土 2、3.孙家岗出土 4.谭家岭出土

第二，晋南地区创造的多璜联璧环。多璜联璧环与普通玉璧环的不同之处在于，玉璧环制成后又多了一道切割的工序，将完整的玉璧环切

割成两等分、三等分或更多数量的等分。新工序的增加塑造了一种新器类，并迅速成为一种时尚。这一工艺也启发了多璜联璧环的另一种制作方式，即将一块成形的或大致成形的玉料切割成多片，再通过打孔技术连接成一个玉璧环。在一些次一级的聚落中，可以较多地看到使用这种方式制作的多璜联璧环。虽然多璜联璧环在制玉技术上没有革新，但在制玉工序上却是创新。

第三，镂空透雕技术更为广泛地运用。这项技术虽然并非龙山时代的创新，早在红山和崧泽文化晚期就出现了，良渚时期在反山和瑶山墓地的玉器上也有运用，但是使用这项技术的玉器数量并不多。至龙山时期，这项技术突破了长江下游地区，在海岱的龙山文化与长江中游的后石家河文化中都有使用，而且在单体玉器上运用得更为频繁，结构也更加复杂（见图4-5）。在多件玉器上，还可以看到这项技术的工序，先用浅细阴刻线在玉器表面打稿，然后运用桯钻打孔定位，再用线具镂空。同时，运用这项技术的玉器产品还流通到了中原、晋南、陕北等区域，扩大了这项技术的传播范围。目前，在这两地的玉器中也有一些运用了

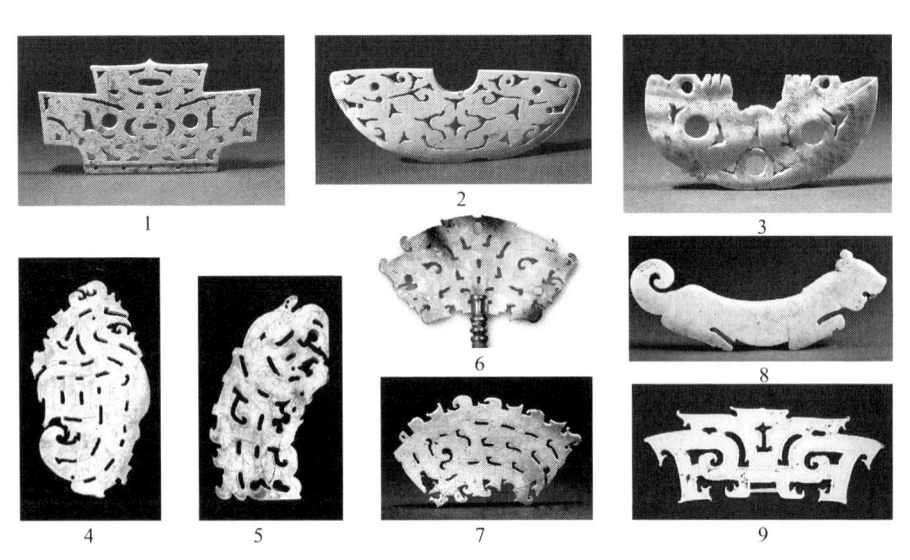

图4-5 良渚时期与龙山时代晚期部分运用镂空透雕技术的玉器
1.反山玉梳背 2、3.反山、瑶山玉璜 4.孙家岗玉凤 5.孙家岗玉龙 6.西朱封玉冠饰
7.谭家岭冠饰 8.谭家岭玉虎 9.谭家岭玉兽面

镂空透雕技术，增添了新的纹样或造型，如牙璋两侧的扉牙。同时，在后石家河文化中，这项技术还与减地起阳工艺结合，同时运用于一些玉器之上，这是龙山时代的创新。

第三节　二元对立：龙山玉器的图案演化与审美观念

龙山时代玉器上的图案和纹样种类较多，包括神人兽面纹、兽面纹、神祖面纹、鹰纹、鸟纹、虎纹、蝉纹、蛙纹、龙纹、凤纹、羊纹、鹿纹、阴线纹、瓦棱纹、龙首纹等。其中鸟纹、蛙纹、龙纹、凤纹、羊纹、鹿纹、阴线纹、瓦棱纹、龙首纹等纹样出现的频率较低，而虎纹、蝉纹仅在一定区域内出现频率较高，玉琮上的阴线纹和瓦棱纹与神人兽面纹关系密切。因而，本书主要对玉琮上的神人兽面纹、兽面纹、神面纹、鹰纹、阴线纹、瓦棱纹等进行谱系演化归纳与审美分析。

龙山时代早期，玉器上的图案与纹样主要集中在良渚和大汶口文化晚期，石家河文化与陶寺早期虽然也有一定规模的用玉，但表面都以素面为主，极少雕琢图案与纹样。良渚晚期的图案以简化的神人兽面纹为主，同时在玉琮和玉璧上出现了"鸟立高坛"及少量的其他刻符图案。虽然良渚晚期的神人兽面纹有3种形式，但是具有高度的几何化、线条化的神人兽面纹是最常见的神徽形象。大汶口晚期的玉器或光素无纹，或与良渚玉器的纹样为同一风格，仅有岗上采集的一件人面纹玉饰具有特点。龙山时代晚期，黄河流域玉器以素面为主，仅有少量玉器表面有阴线纹、瓦棱纹、神祖面纹、兽面纹等。上述所列的纹样与图案基本上是良渚文化玉器图案不断演化与分化的艺术产物。以上状况凸显出龙山时代在玉器审美上的二元对立。

在龙山时代早期，是东部地带与华夏腹地的东、西二元对立。东部地带的玉器因本身为良渚文化，或受良渚文化影响较大，依然崇尚良渚式纹样与突出神秘感的审美理念；而华夏腹地的玉器则注重玉材本身的质美与珍贵，多素面无纹，倾向于质朴庄重的审美。

龙山时代晚期玉器的审美观念则转向了黄河与长江流域之间的南、北二元对立。黄河流域崇尚几何化、线条化的造型与纹样，审美形态继承了前期；而长江中游则偏爱仿生型的玉器和纹样，塑造了一次审美形态上的"复古"。

随着良渚玉文化的对外传播，神人兽面纹也伴随着玉琮的扩散而进入黄河流域，沿着黄河从下游一直上溯至上游地区。目前，山东仅有五莲丹土遗址出土一件玉琮，呈扁方体，外方内圆，射面低于筒状口沿。琮体四面各有一个竖槽，4个边近角部阴刻有3条规则直线和2个圆圈，组成兽面纹。虽然该琮依然保留着良渚玉琮的基本形制，但是中孔巨大、射壁较薄，纹饰更是简化成抽象的图案。当玉琮到达晋南，一部分玉琮的纹样在丹土玉琮纹样的基础上进一步简化为直阴刻线纹。如陶寺遗址出土的一件玉琮单节，外方内圆，四面微显弧形外凸，矮射，四面中部有竖向带状浅槽，其两侧有对应的横向线状槽三道。器表内外经打磨，但纹饰制作略显粗糙。该琮相比丹土玉琮，纹饰更加简化，表现兽面纹的眼睛已经不复存在。还有一部分玉琮表面已经完全没有纹饰。当玉琮进入甘青地区后，目前仅有后柳沟村的两件玉琮有纹样，分别为瓦棱纹和直线纹。其他齐家文化玉琮的表面都已经无任何装饰，琮面的竖向凹槽和纹饰已经消失。后柳沟村的青玉琮是这类玉琮的典型代表，为规整的长方体，两端作环形口，中心有一个两端对钻的圆孔，器体打磨精致，光素无纹。由此可以看出，玉琮在向内陆传播的过程中，从沿海到中原再到西北地区，形制和纹饰逐渐简化，甚至纹样最终消失（见图4-6）。

与黄河流域玉琮上神人兽面纹的不断简化乃至消失不同，岭南地区玉琮上的神人兽面纹保留了较多的良渚风格。从石峡文化早期开始，造型与纹样原汁原味的良渚式玉琮就出现在粤北大地之上。由于良渚晚期

图 4-6 龙山时代不同区域玉琮对比图
1. 吴县（现已撤销）草鞋山出土玉琮　2. 五莲丹土出土玉琮　3. 襄汾陶寺出土玉琮
4、5、6. 静宁后柳沟村出土玉琮

玉琮纹样已经简化，因而石峡玉琮上的神人兽面纹也多为简化的形式。之后也开始在玉琮上仿刻良渚式神徽纹样，并加刻了脸庞轮廓。石峡遗址毕竟不是处于原有良渚文化分布范围内，而是南下千里之远，随着时代的推移，当地先民开始更多地仿制良渚玉琮纹样。但不管如何变迁，是否对原有纹饰系统有足够的认知，岭南先民都在孜孜不倦地试图重现和留住不断逝去的文化传统与审美记忆。但是由于记忆的模糊和技艺的粗疏，使得仿制玉琮的纹饰貌合而神离。整个龙山时代，玉琮虽然传播和辐射的范围十分广泛，但是在大部分地区其功能都发生了变化，纹饰系统或简化或剔除，相较之下只有广东地区仍坚守着传统与信仰，而这一地区出土的玉琮无疑是最佳的代表与例证（见图 4-7）。

图 4-7　广东域内出土的部分玉琮
1、5.石峡遗址出土　2、4.海丰出土　3.封开禄美村出土

同时，在龙山时代的"新贵"和"新瑞"玉礼器上也出现了十分具象的带"介"字形冠的兽面纹。前文已分析过这类纹样构图模式也来源于良渚文化。虽然母体纹样与构图理念来自于良渚，但是在龙山时代对其进行了新的改造。简化神人形象仅以"介"字形冠表示，突出兽面，尤其是突出对眼睛的刻画。两城镇玉圭两面的兽面眼睛为大大的旋目，西朱封玉冠饰的兽面眼睛旁还镶嵌有两颗绿松石，更加醒目。当这类纹样随着黄河流域玉文化的对外扩张与传播到长江中游地区时，眼睛的表达出现了分化，有两种表达形式。在镂空透雕的兽面玉饰上，依然为旋目形式（见图4-8，2）；在非透雕的片状兽面上，眼睛为重圈圆眼（见图4-8，3）。

与戴"介"字形冠的兽面纹一样，神祖面纹也主要见于龙山文化和后石家河文化，尤以后石家河文化为多。神祖面纹有两种表达方式，其一是纹样与造型结合，为单体且立体的圆雕或片雕；其二是雕琢于玉圭、玉刀之上的图案化的独立纹样。圆雕与片雕的神祖面纹有两种表达形

图 4-8 不同眼睛的兽面纹玉器
1. 两城镇玉圭及其两面纹饰拓片　2、3. 谭家岭兽面纹玉器

式，第一种是正面像，十分具体地雕琢出人面的各个器官、佩饰、帽子等。但正面像又可分为两亚型，一是戴"介"字形冠、嘴部有獠牙的形象（见图 4-9，1~3）；二是戴平顶帽或船形帽、没有獠牙的正常人面形象（见图 4-9，4~7）。第二种是侧面像，以人面中间为轴对称，分布于器体的两面（见图 4-9，8~10）。后石家河文化中出土的侧面玉人像均没有獠牙。带有獠牙的神祖面纹可能刻画的是神灵的形象，而没有獠牙者刻画的则可能是祖先的形象。除了山东和江汉两地，考古所得的神祖面纹玉器还有山西黎城出土的玉戚。与山东和江汉的神祖面纹线条均为流线形或弧形线条相比，黎城玉戚上的神祖面纹以方折线条为主，虽然较为具象，但有几何感的写意韵味。

龙山时代的鹰纹也是一个特别有意思的图案，具有多种表达形式。第一个维度是圆雕或立体造型的玉鹰或玉鹰首。圆雕或立体的鹰纹主要集中在后石家河文化之中，有3种表达形式。第一种是鹰笄首，由于雕琢鹰体的笄首为圆柱形，因而鹰的形象既可以看成是侧面像，也可以看

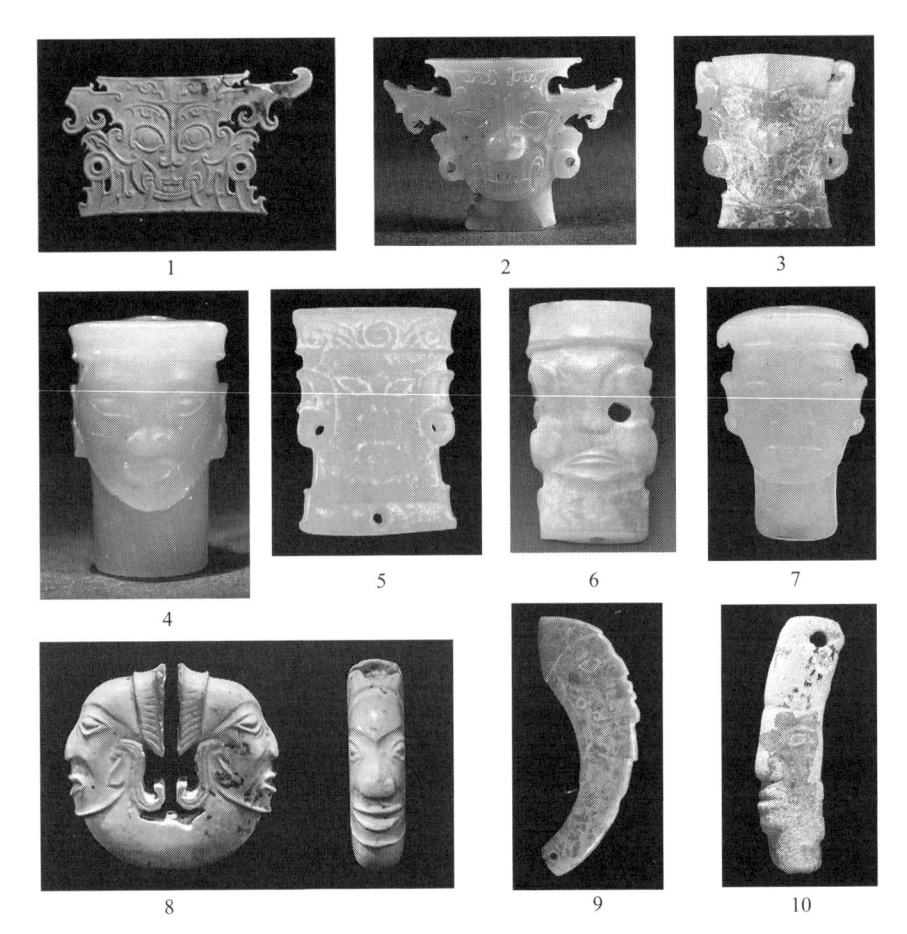

图 4-9 龙山时代不同的神祖面纹玉器
1.孙家岗出土 2、4、8.谭家岭出土 3、5、6、9.肖家屋脊出土 7.枣林岗出土
10.罗家柏岭出土

成是正面像（见图4-10，1）。第二种是立体雕的侧面像玉鹰，这种侧面像造型的玉鹰又可分为两种亚型，一是用厚片玉雕琢，立于器体顶端，为全身造型（见图4-10，2）；二是位于玉璜两端，仅雕琢头部，勾喙的特征十分明显（见图4-10，3）。前两者鹰翅均收拢于背后，第三种则是正面展翅飞翔的玉鹰。目前在龙山时代，正面展翅的玉鹰仅有肖家屋脊和谭家岭遗址各出土了一件（见图4-10，4、5）。第二个维度是平面图案化的鹰纹，图案化的鹰纹也有两种表达形式，一是侧面形象（见图4-10，6）；二是正面与侧面像的结合，鹰首均为侧面造型，以下部位为展翅的

正面形象（见图4-10，7）。上海博物馆藏的一件玉鹰造型具有特殊性，鹰首为侧面，鹰首以下部位既非正面也非侧面，而是处于正、侧之间扭转约45°的斜侧面视角（见图4-10，8）。鹰纹是龙山时代新出现的纹样与图案，关于其起源地主要有两种说法，分别是海岱地区的龙山文化与长江中游的后石家河文化。从目前的考古资料看，难以确定到底最先是由哪个地区的先民创作的杰作。

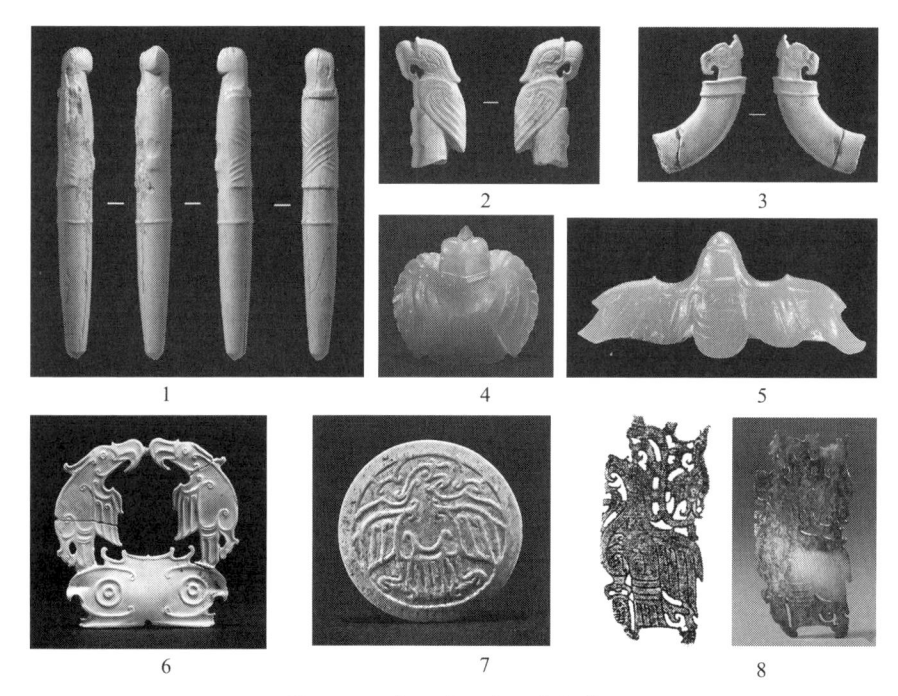

图4-10 龙山时代的玉鹰和鹰纹
1～3.孙家岗出土 4、6、7.谭家岭出土 5.肖家屋脊出土 8.上海博物馆藏

除了上述单体的纹样外，龙山时代独具特色的是以上单体纹样和玉虎、玉高冠饰的组合，如鹰+兽面纹、鹰+神祖面纹、神祖面纹+高冠、玉虎头+高冠等。这些纹样与图案主要分布于后石家河文化和龙山文化之中，尤其是"后石家河文化和山东龙山文化有着共同的人、鹰图像系统，但两处表现图像的方式不同。山东龙山文化重视平面表现力，以玉圭、戚、刀等大型礼器为载体呈现阴刻图像；后石家河文化重视立

体空间的表现力，以浮雕、透雕形式呈现图像，制成服饰缀玉。"[1] 由此可见，虽然龙山文化与后石家河文化拥有一些共同的图像系统，但是二者的使用理念并不相同。黄河流域的这种图像雕琢于"新贵"玉礼器之上，在动态的礼仪场合中使用时，人的视觉首先注意到的是形体较大的玉礼器，由于构成的线条往往较细，远观并不能看清纹样。因而，在黄河流域的礼仪场合中，突出的是"新贵"玉礼器。长江中游的人、鹰图像玉器，多是与人和鹰的造型结合，人的视觉首先看到的便是人和鹰，意在突出人、鹰图像及其所蕴含的独特观念。由此可以看到，黄河流域的先民更注重玉器本身的质感与意涵，而长江中游的先民则偏重玉器所表达的造型及其所承载的信仰。

综上所述，龙山时代神人、兽面一类的纹样与图案的母题或祖型，直接的主要源头是良渚文化。在旧有的器类上，此类纹饰不断简化、变形，甚至消失；在新器类上，却演化出十分具象、具有复杂系统的纹样。同时，龙山时代又创造出了一些新纹样与图案，如玉鹰、鹰纹、正面像的玉虎头等。在龙山时代，主要是这两类纹样与图案在黄河、长江流域流转、演绎，不仅在当时传递着信仰、价值观与人文内涵，而且也传承至三代，彰显着对逝去往昔的追忆。

---

[1] 蔡青. 后石家河文化玉器艺术的特征与源流考 [D]. 西安：西安美术学院，2019：151.

第五章 龙山玉器与九州初定

五帝时代大致与龙山时代年代重合，而古史传说中的族群征战、宗教改革、治理洪水、划定九州等重大事件预示着龙山时代不仅是一个变革的时代，同时也是交流、碰撞与融合的时代。社会变革时期，不仅是人群迁徙和重组的频繁时期，也是文化创造与再创造的时期。[1] 然而，龙山时代处于中国进入王权国家的前夕，距今已经超过了4000年，许多人、事、物、思想都已湮灭于历史长河中，能够遗留至今已实属幸运，能够再被考古发现、重新面世则更加充满了万幸。对于无成熟文字的遥远往昔，我们似乎只能借助物质遗存去窥探吉光片羽。

玉器作为一种独特的物质，在龙山时代已具有多重属性，它既是"神物"，也是瑞信，还是财富的代表，也参与了礼乐教化，同时玉器艺术具有丰富的象征意义和固有内涵，能够反映出古代中国的文化特征和思想信仰。在这些社会生活领域的意义外，由于跨区域互动网络的拓宽是龙山时代的一个重要标志[2]，玉器在跨区域的互动网络体系中也是一个

---

[1] 郭大顺. 追寻五帝：揭幕中国历史纪元的开篇 [M]. 沈阳：辽宁人民出版社，2010：32.
[2] 李旻. 天下之九州：龙山社会与龙山世界 [C]// 北京大学考古文博学院，北京大学中国考古学研究中心. 考古学研究（十五）. 北京：文物出版社，2022：330.

活跃的因子,是维系不同区域之间的纽带,推动了九州的形成。

第一节　九州攸同:文献中的玉石朝贡体系

根据古史体系记载,在尧、舜时期已经构建了较为完善的贡赋体系,玉石材和玉石器是其中重要的内容之一。比较系统地记载这一时期朝贡和贡赋用玉的是《尚书·禹贡》,青州贡赋的是"怪石",徐州贡赋的是"泗滨浮磬",扬州贡赋的是"瑶、琨",荆州贡赋的是"砺、砥、砮",豫州贡赋的是"磬错",梁州贡赋的是"砮、磬",雍州贡赋的是"球、琳、琅玕"。除了冀州和兖州没有提到所贡赋的玉石外,其他 7 个州皆有玉石贡赋。上述所列 7 个州贡赋的玉石材,很明确地指出不同地方的玉石材品种不同,甚至指出哪些玉石材用于制作哪种玉石器。根据这些玉石材的特性,大致可以分为 4 类,一是美玉,二是似玉美石,三是专门制作磬的玉石材,四是制作其他石器的石材。由此可以看到,至少在尧舜时期,各地的优质玉石材和玉石器已作为贡品,被贡赋到尧与舜所在的中心都邑。因此,也可以想象尧舜都邑玉石材和玉石器的多元性和丰富性。

除了《尚书·禹贡》提到的玉石资源,在《管子》里面还数次记载了尧舜时期所利用的另一种玉石资源——"禺氏之玉"。兹举几例:

"玉起于禺氏,金起于汝汉,珠起于赤野,东西南北,距周七千八百里。水绝壤断,舟车不能通,先王为其途之远,其至之难,故托用于其重,以珠玉为上币,以黄金为中币,以刀布为下币。"

——《管子·国蓄》

"癸度曰:'金出于汝汉之右衢,珠出于赤野之末光,玉出于禺氏之旁山,此皆距周七千八百余里,其涂远,其至厄,故先王度用于其重,因以珠玉为上币,黄金为中币,刀布为下币,故先王善高中下币,制上下之用，而天下足矣。'"

——《管子·轻重》

"齐桓公问于管子曰：'自燧人以来，其大会可得而闻乎？'管子对曰：'燧人以来未有不以轻重为天下也。……至于尧舜之王，所以化海内者，北用禺氏之玉，南贵江汉之珠，其胜禽兽之仇，以大夫随之。'"

——《管子·揆度》

尹知章对《管子》的注解认为："禺氏，西北戎名，玉之所出。"《逸周书·王会》是一篇记载周成王时成周之会盛况的文献，文中还旁列了各方诸侯或地方首领贡献的财物，其中就有禺氏。孔晁在为《逸周书》作注时指出，"禺氏，西北戎夷"。《管子》中禺氏共出现7次，皆与玉材或玉器相关。从上述相关记载可知，"禺氏之玉"在尧舜时期已被开发利用，之后也一直延绵不断沿用至东周时期。禺氏为古代何种人群呢？王国维曾指出禺氏为大月氏，他怀疑《管子·轻重》诸篇皆汉文、景间作，其时月氏已去敦煌、祁连间，而西居且末、于阗间，故云"玉起于禺氏"也[1]。因此，后人多据此认为"禺氏之玉"为新疆和田玉[2]，其实不然。王氏之时，新疆和田玉是早已著名的软玉产出地不假，其实甘青地区，尤其是甘肃的河西走廊、敦煌一带也有优质的软玉矿。根据马鬃山、马衔山和旱峡玉矿的最新考古发现可知，其最早开采时间是在齐家时期，玉材优良。同时，这一时期也出现了武威海藏玉石器作坊和皇娘娘台墓葬出土的加工玉料、玉片与半成品，可以清晰地展示出玉料东进的态势。[3]而齐家文化早期就处于龙山时代，与尧舜所处的年代相近。因此"禺氏之玉"更有可能指甘青玉，也符合《禹贡》中雍州贡赋"球、琳、琅玕"的记载。因此，无论"禺氏之玉"作何解，总之可以确定的是来自于西北地区的玉材，五帝时期已不仅充分开发利用了玉石资源，也利用了来

---

[1] 王国维. 王国维全集（第十四卷）[M]. 杭州：浙江教育出版社，2010：283-284.
[2] 殷晴. 和田采玉与古代经济文化交流 [J]. 故宫博物院院刊，1995（1）：14-15.
[3] 曹芳芳. 甘青地区史前用玉特征与进程 [J]. 四川文物，2022（1）：55.

自于遥远西北地区的优质玉材,这与考古发现和研究成果是相符合的。

除了玉石材和玉石器通过贡赋体系到达尧、舜所在的中心外,另一种维系"中心"与"边缘"的通道是朝贡用玉。这种情况在《世本》中有零星记载。《世本八种·陈其荣增订本》载:"舜时,西王母献白环及佩。"虞舜之时,西王母朝贡的玉器是白玉环和玉佩。同样的内容在《大戴礼记·少闲》和《尚书大传》中都有记载,这两条记载都指出西王母朝贡的玉器是白琯。根据《说文解字》对"琯"字的释义,"白琯"即白色的玉管。这两条记载西王母贡献的玉器种类与《世本》记载的有所不同。西王母向虞舜朝贡玉器这一事件,亦在《今本竹书纪年·帝舜有虞氏》中有载:"(舜)九年,西王母来朝。西王母之来朝,献白环、玉玦。"王国维在《今本竹书纪年疏证》中指出,此条记载概本自于《大戴礼记·少闲》:"昔舜以天德嗣尧,西王母来献其白琯"。但是这条记载则是西王母献的玉器为白玉环和玉玦,玉玦属于佩玉的一种,这与《世本》所载贡玉基本相同。总之,不管西王母朝贡的玉器具体为何物,但都指明其献玉器为白玉,属于上等精良之玉。

另外,在《今本竹书纪年·帝舜有虞氏》中还记载有:"(舜)四十二年,玄都氏来朝,贡宝玉。"在《逸周书·史记解》中有玄都氏的记载,为古诸侯国。可见玄都氏可以追溯到虞舜时期,但其贡赋的宝玉不知为何种玉器。从古史文献记载来看,五帝时期已存在较为成体系的贡赋制度,其中玉石材、玉石器是重要的贡品之一。除了贡赋,当时可能还存在朝贡,玉器也是重要的朝献之物。

概而言之,基于当时人们已有较为明确的玉石分化概念和掌握的矿产知识,不同地方向"中心"贡赋不同的玉石材,地方首领通过朝贡的方式,玉器也会被朝献给"中心"。最终,形成从"边缘"到"中心"较为稳定的玉石材和玉石器贡赋体系和网络,成为维系地方与"中心"的纽带。再次,来到"中心"的玉石材会被制作成各式玉石器,其中一部分被用来敬天礼地,通过仪式和宗教来凝聚社会上层的共识,另一部分最重要的美好玉器通过"班瑞于群后",到达"群后"之手,成为当时最为重要的瑞信,从而形成较为稳固的政治认同和从"中心"到"边缘"的上层交流网络体系。最终,通过双向的玉器资源为纽带,借助玉文化这一具有普世价值的文化与观念,达到"九州攸同""四海会同"的目的[1]。

第二节 以中原为中心:龙山玉器构建的交流体系

玉器不仅具备神物、瑞信、财富、教化、艺术属性等多重属性,而且由于其自然质地致密、性韧,能够历经万年而不朽,幸运地被保存下来。这种具备多重属性于一体的美玉自然也被人们所钟爱、追逐,以此为载体,以此为驱动,当玉器具有普世价值时,自然具有无可比拟的"信使"功能。那么,在用玉方面是如何体现这一特点的呢?这就需通过主要玉器器类的起源与流传进行分析。这些器类主要包括玉琮、玉璧、多孔玉刀、玉钺、牙璋、牙璧或其他特殊器类。

一、龙山时代早期

龙山时代早期主要的用玉考古学文化为良渚文化晚期、大汶口文化晚期、陶寺文化早期和石峡文化早期。考察龙山时代早期玉器所反映的区域交流与互动,主要是在这几支考古学文化之间。为了细化交流与互动的步骤,又将龙山时代早期分为偏早和偏晚两个阶段。

偏早阶段之时,陶寺文化尚未出现。通过此前的分析,可以知道大汶口文化用玉的发展与形成规模主要受良渚文化的刺激和影响,而新沂花厅墓地无疑是最直接的证据。该墓地分为南区和北区,南区墓葬规模较小,几乎完全为大汶口文化因素,而北区有十多座用玉的大型墓,虽

---

[1] 首见于《尚书·禹贡》,也见于《史记·夏本纪》。

然陶器多为大汶口文化因素，但墓中所见玉器基本为良渚文化风格。即使其性质归属仍存异议，但玉器来自良渚文化无疑，而更是有学者据此描绘出了良渚文化北上的路线图。[1] 不仅如此，从环太湖地区至海岱地区的中间地带也有多处玉器传递的中转"驿站"，江北的蒋庄遗址[2]、苏中的龙虬庄遗址[3]、靠近苏北的阜宁县陆庄遗址[4] 都发现了典型的良渚式玉器。

另外，在莒县陵阳河墓地出土了一组玉片，其中4件形状为高坛状（见图5-1），这种形象亦见于大汶口文化晚期的大口尊和良渚文化晚期的玉器之上（见图5-2）。大汶口文化晚期大口尊上的这种刻画符号一般被称为陶文，目前共发现大汶口文化陶文30余例，均属大汶口文化晚期（见图5-3）。更详细的研究资料表明，除了采集物外，凡是有层位关系和具体遗迹单位的大口尊，都出自于大汶口晚期的后一阶段。[5] 而良渚文化玉器上的这种刻画符号正好出现于良渚文化晚期，因此，大汶口晚期的陶文与良渚文化玉器上的这种神秘符号年代是大体相当的。除此之外，良渚文化玉器的刻画符号（见图5-4）与大汶口文化的陶器刻画符号相同或相近的约有半数。[6] 这样一种符号在华东如此辽阔的地域内广泛流通，而这些符号的载体大口

图 5-1 莒县陵阳河 79M25 出土的玉片

---

[1] 高广仁. 花厅墓地"文化两合现象"的分析 [M]// 高广仁. 海岱区先秦考古论集. 北京：科学出版社，2000：144-152.

[2] 南京博物馆."江苏省兴化、东台市蒋庄遗址考古成果专家论证会"会议纪要 [J]. 东南文化，2016（5）：121-126.

[3] 张敏，韩明芳. 江淮东部地区古文化的初步认识 [C]// 中国考古学会. 中国考古学会第九次年会论文集. 北京：文物出版社，1998：108-124.

[4] 南京博物院考古研究所. 江苏阜宁陆庄遗址 [C]// 徐湖平. 东方文明之光：良渚文化发现60周年纪念文集. 海口：海南国际新闻出版中心，1996：130-146.

[5] 康瀚予. 文明史视野中的大汶口文化陶文研究：兼与良渚文化刻符比较 [D]. 烟台：烟台大学中国学术研究所，2013：4.

[6] 李学勤. 比较考古学随笔 [M]. 桂林：广西师范大学出版社，1997：160.

尊和玉琮、玉璧又分别是大汶口文化和良渚文化的神圣礼器，因此，这些迹象表明在龙山时代早期两者存在相当密切的文化交流。

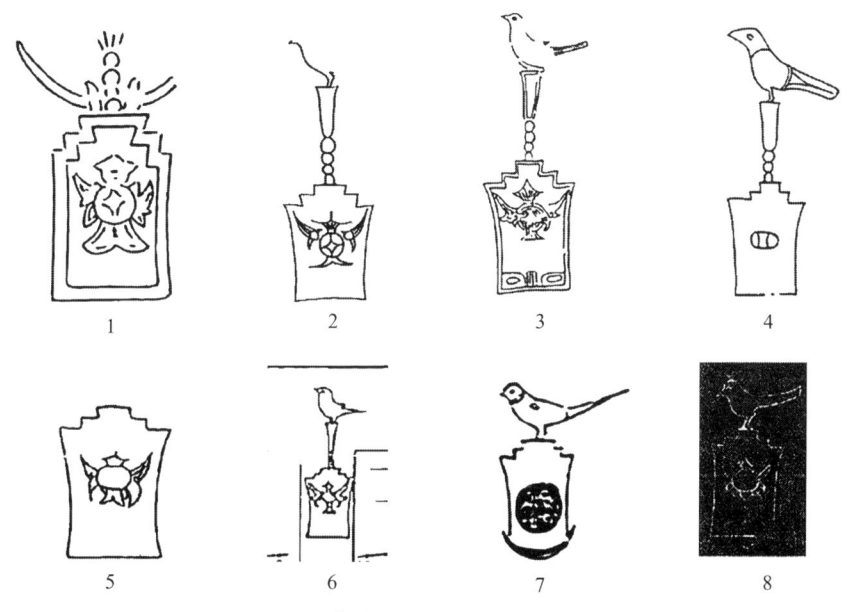

图 5-2　良渚文化玉器上的刻画符号

1. 吉拉斯玉琮　2. 中国台北故宫博物院藏玉璧　3、4、7. 弗利尔美术馆藏玉璧
5. 余杭安溪百亩山出土玉璧　6. 首都博物馆藏玉琮　8. 良渚博物院征集玉璧

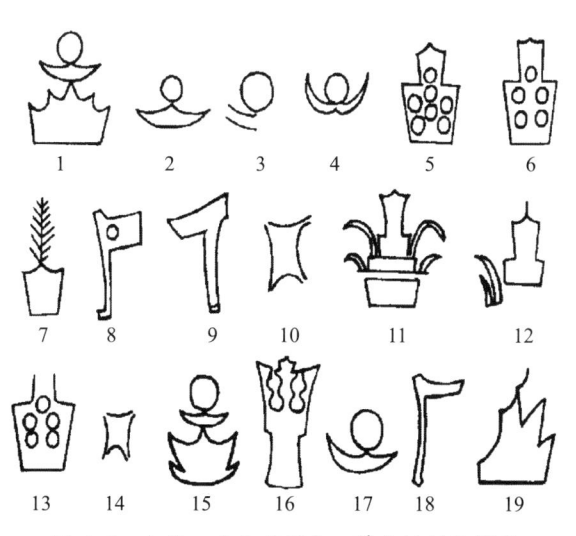

图 5-3　大汶口文化晚期大口尊上的刻画符号

图5-4　良渚文化玉器上的刻画符号

1. 弗利尔美术馆藏玉镯　2. 国家博物馆藏玉琮　3. 上海博物馆藏玉琮　4. 良渚文化玉璧
5. 中国台北故宫博物院藏玉琮

对于二者来说，这种交流是相互影响的，通过良渚文化的北渐，用玉观念被大汶口中、晚期的贵族所接受，被用来加强自身的威信、富有和精致感；而大汶口文化的陶鬶、大口尊等用于宴饮的陶礼器也见于良渚晚期的遗址中，说明良渚族群模仿了大汶口文化的宴饮风俗[1]，为其神圣的宗教社会氛围增添了一抹生活气息。甚至有学者认为，这些相同或相近的信仰符号反映了大汶口文化和良渚文化有着相同的宗教意识观念。[2] 至于这样具有强烈意识形态的符号是双方谁先发明创造的，是谁影响了谁，目前还难以盖棺定论。但目前从考古材料来看，良渚文化的这种符号延续的时间更长，位于浙南的好川墓地第三期开始出现和陵阳河墓地形状相同的"祭坛"形玉片（见图5-5），而好川墓地的年代为良渚晚期后段至肩头弄二期，[3]因此，好川遗址第三期的年代大体要晚于良渚文化。由此看到，良渚文化在环太湖地区消亡后，在其南部的异域继续被传承着，而大汶口文化之后的龙山文化时期尚未见到此种符号的延续。

---

[1]　张弛. 大汶口文化对良渚文化及屈家岭——石家河文化的影响[C]// 浙江省文物考古研究所. 浙江省文物考古研究所学刊（第八辑）. 北京：科学出版社，2006：14-22.
[2]　杜金鹏. 关于大汶口文化与良渚文化的几个问题[J]. 考古，1992（10）：915-923.
[3]　浙江省文物考古研究所，遂昌县文物管理委员会. 好川墓地[M]. 北京：文物出版社，2001：109.

图 5-5　好川 M60 出土的玉片

龙山时代早期偏晚阶段，黄河中游的陶寺文化兴起，除了大汶口文化与良渚文化继续互动外，大汶口晚期与陶寺早期的互动也是这一时期的主旋律。虽然红山文化此时已经"销声"，但其玉器尚无"匿迹"。

在玉器方面，陶寺早期的玉质重器主要有玉钺和玉璧环。其中，关于玉钺同海岱系同类器物的联系与比较，高炜先生已经作了较为细致的探讨，笔者也对其研究深表赞同。"从钺来说，陶寺玉钺以平面呈侧置梯形和长方形两种为主，有平刃、斜刃和弧刃，罕见圆刃，主孔直径多在 1 厘米上下，未见两侧边缘呈内凹曲线、作弧刃的'风'字形钺和大孔钺。"因此，从基本造型来看，陶寺早期玉钺与长江下游及江淮地区史前玉石钺系有较明显的区别，而同黄河下游大汶口文化晚期玉钺形制较为一致。[1] 主孔外又钻出散孔，并在其中镶嵌绿松石或玉片的做法，表现出了同海岱系玉钺的用一个一致性（见图 5-6）。然而这方面又与海岱地区稍有不同，大汶口晚期玉钺上的散孔一般只有一个，且小于主孔，其位置常与主孔同在中轴线上或在主孔旁，而陶寺玉钺的散孔可多到 3～4 个，孔径大小不一，个别比主孔大，位置多近两侧边缘。[2]

---

[1] 高炜. 龙山时代中原玉器上看到的二种文化现象 [C]// 解希恭. 襄汾陶寺遗址研究. 北京：科学出版社，2007：691-694.

[2] 高炜. 陶寺文化玉器及相关问题 [C]// 解希恭. 襄汾陶寺遗址研究. 北京：科学出版社，2007：474-475.

图 5-6　陶寺与龙山文化玉钺对比图
1. 陶寺 M3168 出土玉钺　2. 陶寺 M3073 出土玉钺　3. 丹土出土玉钺

　　陶寺文化玉璧的最显著特点就是中孔普遍较大，与良渚文化中孔小、边宽大的玉璧明显不同。而且其使用方式平置于手臂上的约占半数，其余大部分套于死者臂腕部，少数放置于胸腹部。而把璧环套在或放置于手臂上或附近的方式，普遍见于大汶口文化晚期之中，称为臂环，而大汶口文化晚期同样甚少见到良渚式玉璧。由此可见，陶寺玉璧的形制和使用方式与大汶口文化晚期同类器物一致。除此之外，陶寺早期具有王墓规格的大型墓葬随葬的陶礼器群，有相当一部分是具有大汶口文化特征的陶礼器，有的可能就是直接来自于大汶口文化。[1] 如此，则陶寺上层社会中充当礼制的器物群中相当一部分与大汶口文化有关。

　　陶寺文化同时还存在着器体呈窄条形、内缘弧状、外缘刃状或内、外缘均作弧刃状的红山文化风格的"玉璧"。尤其是经常作为头饰的小环，更具红山文化玉器特征，有的小玉璧环内侧还切割出一个近三角形小缺口，以致被有的学者称为"红山文化遗留品"[2]。而与陶寺文化接受红山文化单孔玉璧环不同，大汶口文化更多接受的是联璧。在野店 M22 出土双联璧和四联璧各 1 件，大汶口墓地出土有双联璧和三联璧各 1 件，尉迟寺遗址亦出土 1 件双联璧，新发掘的岗上遗址也有多件联璧出土。

---

[1] 郭大顺.追寻五帝：揭幕中国历史纪元的开篇[M].沈阳：辽宁人民出版社，2010：50.
[2] 高炜.陶寺文化玉器及相关问题[C]//解希恭.襄汾陶寺遗址研究.北京：科学出版社，2007：475.

通过对比大汶口文化和红山文化的联璧，可以发现大汶口文化的一些联璧只是借鉴了红山文化联璧的外形，而制作特征却不相同。红山文化的联璧中的每一个小璧不规整，连接处呈三角形小缺口，而大汶口晚期的一些联璧外缘规整，联接处圆滑，甚至只是在近梯形或长方形的玉片上钻呈直线排列的圆形穿孔（见图5-7，2）。

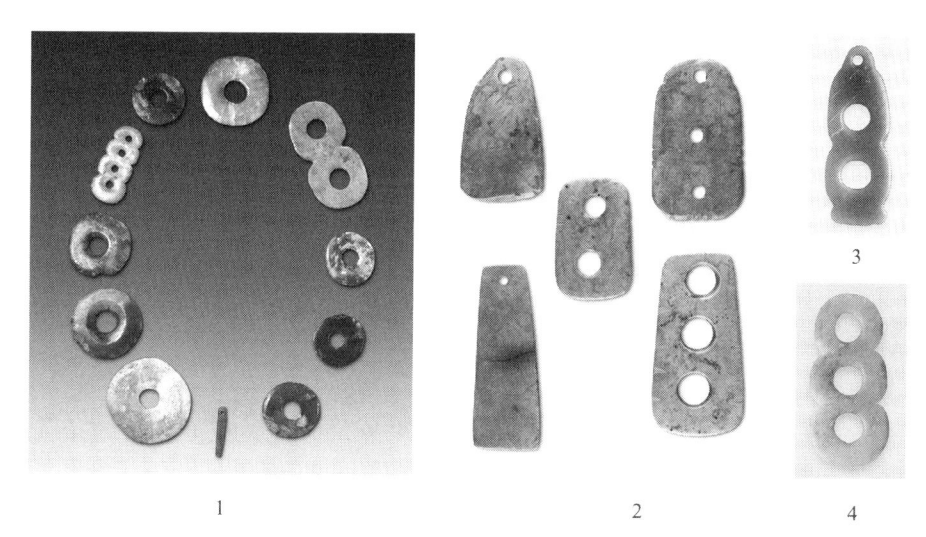

图5-7 大汶口与红山文化出土联璧对比图
1.野店M22出土串饰中的联璧 2.大汶口墓地中出土的联璧与坠饰 3、4.半拉山墓地出土联璧

在陶寺早期还出土有一种石刀，在早期大墓中这种刀与俎同出，故又称之为厨刀。之后，这种石刀也在芦山峁遗址中见到。而这种形制的石刀最早出现于良渚文化，杨美莉系统梳理了良渚文化的这种石刀，[1] 出土地点和数量都比陶寺时期多。她将这类石刀分为四型，其中第Ⅲ型与陶寺文化所见此类石刀最为接近（见图5-8），她认为陶寺所出的几件此型石刀为陶寺文化在其盛期曾经兵临太湖的良渚文化范围，造成了西北、东南文化的互动交流。[2] 虽然这种说法仍待于证实，但是相同形制的器物出现于不同地区，已经表明了它们之间存在着交流与互动，至于这种关

---

[1] 杨美莉.良渚文化石质工具之研究：三角形石质工具的形制、性质之分析[J].农业考古，1999（3）：132.
[2] 杨美莉.多孔石、玉刀的研究[J].故宫学术季刊，1998，15（3）.

系是直接还是间接，目前就无从考证了。

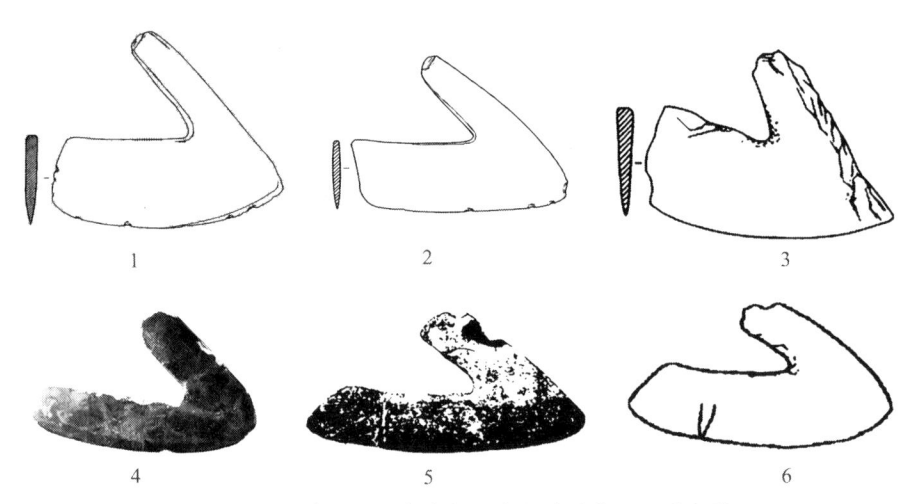

图 5-8 陶寺文化与良渚文化出土的同类石刀对比图
1、2.陶寺墓地出土 3.下靳墓地出土 4.芦山峁出土 5、6.浙江余杭出土Ⅲ型石刀

陶寺文化早期玉石器所展现出来的风貌，外来因素中以大汶口文化晚期玉器因素为主，兼有红山文化和良渚文化玉石器的延续，此时其他考古学文化的玉器因素尚未进入此地。但本地创造出来了新器类，如组合璧环、复合型头饰，早期新创造的器类皆为装饰品，显示出陶寺族群不仅具有丰富的创造力，而且具有较高的审美情趣和追求。

但是也必须看到这种现象背后的实质。陶寺文化之前的庙底沟二期文化，罕见用玉现象，即使再往前追溯至仰韶文化时期，虽然灵宝西坡的发现改变了人们以往对仰韶文化墓葬用玉状况的认识，但必须看到灵宝西坡仰韶文化墓地形制最大的两座墓葬（M27和M29）是没有玉器随葬的，而伴有玉器者，其墓葬规模较之略小，属于中型或中型偏大墓葬。[1] 但即使是随葬玉器者，主要器类也通常为玉钺，个别墓有玉环，器类极其单一。而且玉钺的形制为长舌状（见图5-9），与陶寺玉钺形制区别较大。由此可见，陶寺文化中的玉钺并没有继承中原地区的传统。如

---

[1] 曹芳芳.中原地区史前用玉特征与进程[J].中原文物，2021（3）：47.

若陶寺文化没有继承中原用玉的传统，又在晋南此前缺乏用玉文化的情况下而突然爆发，那么外来因素应当对陶寺玉文化的发展产生了重要影响，另外，玉器本身所蕴含的人文色彩和礼制内涵应当是其被接受的另一个非常重要的因素。

图 5-9 灵宝西坡墓地出土的部分玉钺

此前，已经有许多学者通过对考古学遗存的研究（主要是陶器），认为在龙山时代早期，大汶口文化对中原龙山时代早期的文化产生了重要影响，在双方文化交流的格局中占主导地位。[1] 这主要体现为 3 个层次[2]，第一层次是直接的占据和影响，这一时期大汶口文化居民开始大举西迁，进入鲁西南、皖西北和豫东等地，驱除和同化了当地的土著文化，从而在这一区域形成了一个新的地方类型，或称为"尉迟寺类型"[3]，或称为"段寨类型"[4]。第二层次既有典型的大汶口文化墓葬，又包含大量大汶口文化因素的遗存，主要包括豫中、豫东南一带，向西可达洛阳盆地，而有学者通过对这些大汶口文化遗存的辨析和研究，进而提出了大汶口文化"颍水类型"[5]。第三层次是间接的影响，主要地域包括晋南、陕东、豫

---

[1] 靳松安. 河洛与海岱地区考古学文化的交流与融合 [M]. 北京：科学出版社，2006：162-164.
[2] 即栾丰实所谓的 3 个地带，见其《试论仰韶时代东方与中原的关系》一文。
[3] 栾丰实. 试论仰韶时代东方与中原的关系 [J]. 考古，1996（4）：57.
[4] 段宏振，张翠莲. 豫东地区考古学文化初论 [J]. 中原文物，1991（2）：43-46.
[5] 杜金鹏. 试论大汶口文化颍水类型 [J]. 考古，1992（2）：168.

西南和鄂北地区，这一区域的同时期文化遗存中或多或少发现有大汶口文化的因素，属于一般意义上的文化交流和影响。由此可见，陶寺出现大汶口晚期风格的玉器不是偶然的，它们是伴随着大汶口文化的西进而进军到了晋南。

良渚玉器与玉文化在不断北上的同时，也在向南扩散。最显著的表现就是石峡文化玉器的出现。不仅大部分玉器器类可在良渚文化中找到相同或相似的同类，而且在陶器、石器方面也有一定的良渚文化因素。与大汶口文化对良渚玉琮纹样的扬弃不同，石峡早期的玉琮则具有原汁原味的良渚风格。同时，此地还有其他黄河流域未见的龙首纹玉环，这一器类与纹样是典型的良渚文化因素。而且，综合考察石峡文化与本地前后时期的考古学文化、中国南部其他地区考古学文化面貌的对比，部分石峡玉器可能是直接从浙江地区辗转而来，存在人群之间直接的交流。江美英曾指出良渚文化因素达到岭南地区存在海路与陆路两条通道[1]。笔者经过初步梳理与分析，甚至可能存在包括1条海路、3条陆路在内的4条通道。[2]

二、龙山时代晚期

龙山时代晚期，大汶口文化和良渚文化消逝，新的用玉格局发生变化。陶寺文化在早期的基础上继续发展，黄河上游的齐家文化也蓬勃发展，掀起了华西系玉器发展的高潮。虽然龙山文化取代了大汶口文化在山东大地兴起，但用玉情况已不如昨日景象。用玉格局的变化也反映了它们之间的相互交流与影响。这一时期也可以将其划分为偏早和偏晚两个阶段。

在龙山时代晚期偏早阶段，陶寺早期玉文化在以大汶口文化为主的

---

[1] 江美英.广东出土良渚式雕纹玉石器研究[J].故宫学术季刊，2012，30（2）.
[2] 为笔者在2022年第四届古代玉器青年学术论坛上的报告内容。

外来文化的影响下而产生，但在此之后陶寺文化以迅猛势头反而赶超了大汶口文化的后继者龙山文化，此时陶寺用玉文化表现出集大成者的面貌。除了早期红山、良渚和大汶口文化遗留的影响外，此时陶寺用玉中又出现了其他异域的玉器。陶寺中期之时，玉琮加入了陶寺用玉组合的行列，而玉琮不是黄河中游地区玉器的传统，这种接受玉琮的思想观念应当是受异域文化观念的影响。但是其直接来自良渚族群，还是通过其他渠道辗转而来，似乎两条途径都有可能。因为在黄河中游，存在两种风格的玉琮，一种是与龙山文化风格接近，纹样极其简化的矮扁或方形玉琮；另一种是具有原汁原味良渚风格的玉琮，目前多见于石峁文化中，但是这类玉琮几乎都被改制成了他器。

在陶寺中期大墓内还出土了一件兽面像和一对边饰镂空的玉璜，而这些因素属于典型的后石家河文化因素（见图5-10）。在后石家河文化出土了多件玉兽面像，也出土有边饰镂空的玉器。与此同时，在后石家河文化的地域范围内出土有牙璋、齿刃钺、直线纹玉琮等黄河流域传播而去的"社会上层交流网"中的特殊物品。

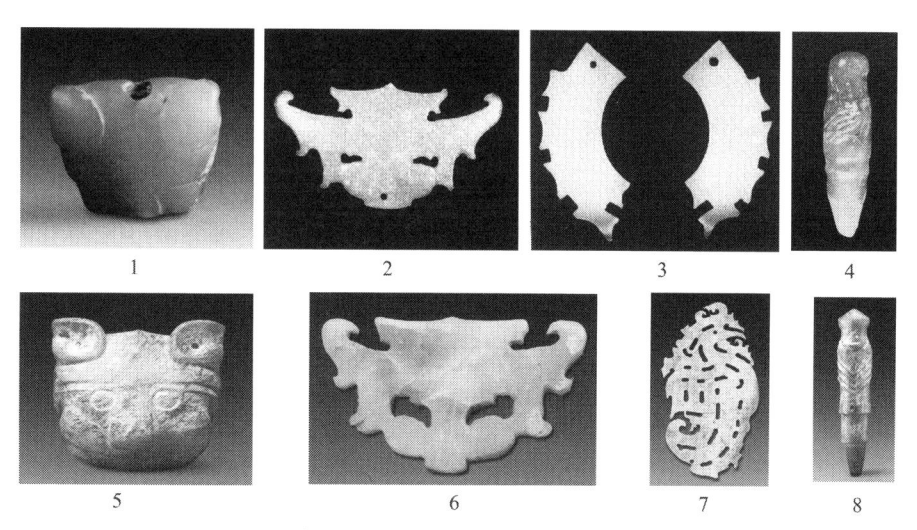

图 5-10　中原地区与肖家屋脊文化出土的玉器对比
1. 清凉寺 M87 : 5　2、3. 陶寺Ⅱ M22 出土　4. 瓦店Ⅳ T4W10 : 4　5. 肖家屋脊 W6 : 53
6. 六合 W9 : 1　7. 孙家岗 M14 : 4　8. 枣林岗 WM1 : 2

这一阶段陶寺玉文化因素成分较为复杂，周边各个用玉考古学文化的典型器类都可以在此找到相应的同类器物。这种现象表明陶寺遗址应当是一个物品与文化汇集的中心。另外，中期大城、宫殿、贵族墓葬、观象台等一系列重要遗存也显示着陶寺遗址又是龙山时代晚期一个强盛的政治中心。关于这一时期的文化面貌，高炜先生进行了高度概括：

"从陶寺文化谱系来讲，它是本地的仰韶文化经庙底沟二期文化发展来的，但它的礼器，特别是彩绘陶器和绘在陶器、漆器上的花纹以及大部分玉石礼器并不是仰韶文化原有的，也没有在庙底沟二期文化发现过，却能在东方、东南方、东北方找到根源。陶寺文化的礼器群及陶寺文化高层次的遗存中，包含有海岱、良渚的因素，甚至还包含红山文化的因素，表现出当时中原与各周邻区域文化的交流和交汇。红山文化、大汶口—龙山文化、良渚文化都曾经一度极其繁盛，在中国文明史上写下浓墨重彩的一页，并对包括中原在内的广大地区产生过影响，但都盛极而衰，唯独中原地区其后形成文明中心，其中原因还没有得到圆满解释。近年不少学者做过这方面的研究。我们从陶寺遗址已可看到一种集多源于一体的趋势。"[1]

然而，这种集多源于一体的趋势只存在于陶寺早、中期。自陶寺开始有规模、有体系的用玉以来，就表现出比较明显的吸收外来用玉文化的特征。至中期，继续了这种特征与发展势头。而且在陶器方面，陶寺文化海纳百川的特点也多有体现。至龙山时代晚期偏晚阶段，陶寺晚期凸显暴力行为，伴随扒城墙、毁宫殿、捣王陵，政治报复行为特征明显，种种迹象表明陶寺遗址在晚期衰落了，甚至于中期偏晚阶段之时，陶寺文化的中心聚落开始转移至曲沃方城

---

[1] 高炜. 晋西南与中国古代文明的形成 [C]// 中国考古学会，山西省考古学会，山西省考古研究所. 汾河湾：丁村文化与晋文化考古学术研讨会论文集. 太原：山西高校联合出版社，1996：116-117.

遗址。[1]而在玉器方面的表现亦是如此，由于玉器更多的是出自于大、中型墓葬，而晚期已基本不见，小型墓出土玉器又少。因此，在玉器面貌上陶寺晚期已不再现早、中期那种"八方来仪"的景象，此时陕北的石峁文化强势地取代了这一地位。

陕北地区这一时期的用玉状况主要以石峁、碧村、新华、寨山等遗址为主，这几个遗址用玉兴起的年代正好与陶寺遗址是一兴一废的关系。而此前此地也基本不见用玉现象，因此，其玉器的大量出现必然是外来文化影响所致，从其玉器文化因素构成上也可看出这一点。这一地区的玉器文化因素可分为6组，分别来自于陶寺文化、良渚文化、后石家河文化、齐家文化、红山文化和夏文化。石峁文化玉器的文化因素来源甚为广泛，而且通过对神木当地私人收藏的石峁玉器的材质检测，发现石峁玉器的材质来源也不尽一致。[2]由此可见，陕北地区玉器构成的多源性与复杂性，同时也反映了当时文化交流的密切性。这种文化交流的手段可能有多种，如战争、联姻、政治上的赏赐或贡纳。然而由于陕北地区局限于北方地区，而远离"天下之中"的中原，加之这种强势状态存在时间较短，其用玉文化表现出强烈的"拿来主义"，缺乏创造性，因此，并未在之后的历史进程中继承和持续下去。

前文指出，黄河上游齐家文化大规模用玉的发生应该是受外来的影响和刺激，而这种影响只能来自于东方。杨建芳先生曾具体论述过齐家玉文化出现的原因及来源，他认为这是帝舜"窜三苗于三危"的结果[3]，三苗是指融入了良渚文化因素的石家河文化族群，因此齐家之地才会出现良渚文化的因素。原来笔者曾认为齐家玉文化的发生是受其东方的中原影响所致，如今看来这种影响不是一元的。具体来说，可表现为以下

---

[1] 何驽. 最初"中国"的考古探索简析[C]// 北京联合大学考古学研究中心. 早期中国研究（第1辑）. 北京：文物出版社，2013：36-43；高江涛. 陶寺遗址聚落形态的初步考察[J]. 中原文物，2007（3）：13.

[2] 崔剑锋，孙庆伟，曹芳芳. 石峁玉器初步分析报告. 2013-11，未刊.

[3] 杨建芳. "窜三苗于三危"的考古学研究[J]. 东南文化，1998（2）：71-77.

几个方面。

齐家文化与陶寺、客省庄二期文化的关系，这主要体现在素面琮上。众所周知，齐家文化的玉琮以素面为特征，这种素面琮最早见于陶寺文化，而沿着晋南到关中都可以找到素面玉琮西进的踪影。在关中东部的华县梓里村出土1件素面琮，继而在关中中部的长安上泉村也出土1件素面琮，其文化区域中，陕甘宁交界处一带是齐家文化玉琮的分布中心。同时，玉琮与玉璧配组使用也是如此。[1] 目前有更多的考古证据呈现出来，如2013年在关中西部的双庵遗址新出土了明确的一琮一璧组合，而著名的"静宁八宝"便是四琮与四璧的组合。

齐家文化与陕北地区用玉文化的关系，这主要体现在多孔玉刀、多璜联璧环、工具类玉器的交流及玉器使用方式之一——祭祀用玉的类似上。在芦山峁和石峁共出土了将近20件多孔玉刀，这一数量远多于齐家文化。齐家文化的玉刀并不是分布于靠近陕西的齐家文化东区，而是大多分布于西区。而西区与内蒙古地区此时期文化联系密切，甚至内蒙古阿拉善盟也有齐家文化的分布，[2] 这样沿着河套地区可以很快到达陕北地区。内蒙古中南部、鄂尔多斯高原、陕北地区没有一个明确的地理界限，关系密切，文化内涵非常一致，[3] 而石峁是这个文化圈中龙山时代晚期偏晚阶段规模最大的聚落，应为当时的聚落中心。因此，陕北的玉文化因素影响至甘青的齐家文化并不奇怪。

从考古材料来看，多璜联璧环最早见于龙山时代早期偏晚阶段的下靳墓地（是否最早见于陶寺遗址，根据目前发表的材料还无法得知），自此之后，多璜联璧环以不可阻挡之势风靡整个西北地区。因此，目前来看，晋南为其向外流传的策源地。多璜联璧环传入齐家文化的通道可能有两条，一是通过陕北地区的石峁，经河套地区南下；二是晋南进入甘

---

[1] 首先提出琮璧配组的是邓淑苹。
[2] 陈玭. 齐家文化的分期与源流：以齐家坪遗址为中心 [D]. 北京：北京大学考古文博学院，2013：150.
[3] 曹建恩. 神木石峁遗址座谈会纪要 [J]. 考古与文物，2013（3）：107–112.

青地区的南线通道——关中地区。齐家文化与石峁遗存关系密切，关于这点不少学者已经指出，[1] 两地这种密切的联系不是始于这一阶段，在仰韶文化晚期至庙底沟二期阶段之时就存在着极其密切的关系。[2] 因此，根据考古资料的现状可知，多璜联璧环可以通过陕北和内蒙古中南部一带流传至甘青宁地区的齐家文化。南部通道的中间地带——关中地区也发现有这类独特的玉器，在长武县亭口乡樊罗村遗址就出土过3件多璜联璧，分别为双璜、三璜和五璜联璧[3]，同时关中地区还发现了为数不少的完整玉石璧环。而且，2021年在关中中部新发掘的太平遗址规模宏大、内涵丰富，更重要的是有较多玉器发掘出土，包括有玉璜、玉璧、玉刀及玉璧芯和玉料等（见图5-11），反映出一套完整的玉石器加工操作链，表明太平遗址已经拥有了一定专业化程度的玉石器加工生产体系。因而，南线也具备生产、流通多璜联璧环与普通璧环的现实条件。

图 5-11 太平遗址出土的玉器

工具类玉器在其他用玉文化中比例极低，而在陕北和齐家文化中却非常显眼，这类玉器数量多，但多数为假玉。而陕北、内蒙古中南部和

---

[1] 孙周勇.石峁遗存试析[J].考古与文物，2002（1）：56-61；马明志.河套地区齐家文化遗存的界定及其意义兼论西部文化东进与北方边地文化的聚合历程[J].文博，2009（5）：16-24；阎宏东.神木石峁遗址陶器分析[J].文博，2010（6）：3-9.

[2] 张忠培，孙祖初.陕西史前文化的谱系研究与周文明的形成[C]//陕西省考古研究所.远望集：陕西省考古研究所华诞四十周年纪念文集.西安：陕西人民美术出版社，1998：145-163.

[3] 权敏.陕西龙山时代至夏时期玉器的初步研究[D].西安：西北大学文化遗产学院，2010：7.

甘青地区同处于农牧交错地带，[1]可能较为相同的经济生业方式，决定了他们同样较多使用玉石质工具。

在祭祀坑用玉方面，陕北与齐家也有相似之处。目前，陕北发现的祭祀坑中最有名的莫过于新华遗址99K1，该坑位于墓地中，其内插有32件玉器。然而新华遗址发掘了91座墓葬，其中瓮棺葬13座、竖穴土坑墓78座，只有2座竖穴土坑墓共发现了3件随葬器物，分别为石铲、绿松石坠和玉柄形器。[2]由此可见，当时的新华人并不热衷于将玉器放入个人的墓葬中，而是更倾向于通过集体行为的祭祀发挥玉器独特的功能。在石峁遗址中也有祭祀坑存在的线索，2013年11月，笔者同孙庆伟、崔剑锋二位学者一同赴陕西神木对当地私人收藏的玉器进行检测，据该县文物收藏协会会长胡文高透露，据老乡回忆石峁以前发现过成坑的玉器。孙庆伟一直怀疑石峁数量如此之多的玉器应当有像新华99K1那样的祭祀坑存在。[3]齐家文化只有皇娘娘台一处墓地出土玉石璧较多，而其他墓地出土玉器较少。在宗日遗址的墓地中有专门的祭祀坑，墓地中出土的几件玉质重器均出土于此坑。师赵村遗址的玉琮和玉璧也是此种情况。虽然静宁后柳沟村没有经过正式发掘，但是可以确定的是"静宁八宝"同出自于一个祭祀坑中（见图5-12）。另外，闫亚林还指出固原张易张毛洼北山梁上采集的3琮、10璧、2璧芯和海原山门采集的1琮、1璧可能也是出自祭祀坑。与此同时，也可以看到齐家文化多处居址和墓地存在祭祀行为，因此，综上可以推断齐家文化用玉祭祀的观念较强。由于两地具有相似的生态和生业环境，笔者推测这个因素应该使得两者的生业模式相似，进而导致其宗教和思想观念有相通之处。加之密切的文化和人群的交流，故而在玉石器器类构成和使用方式等方面具有相似性。

---

[1] 韩茂莉. 中国北方农牧交错带的形成与气候变迁[J]. 考古, 2005（10）: 56-67.
[2] 陕西省考古研究所, 榆林市文物保护研究所. 神木新华[M]. 北京: 科学出版社, 2005: 254.
[3] 与孙庆伟老师私下交流时被告之。

图 5-12　静宁后柳沟村出土的玉琮和玉璧

　　齐家文化与良渚文化的关系，主要体现在形制周整、肉大孔小的玉璧上。虽然在黄河中上游地区玉器中有大量的玉石璧出土，但是晋南和陕北地区的璧绝大部分中孔较大，而且多平置于手臂或套在臂腕处，作为装饰品的意味明显。而齐家文化中不仅出土有如黄河中游地区形制的玉璧，而且出土有肉大孔小的"良渚式"玉璧，如静宁后柳村的三璧，外形硕大、玉质精美、中孔较小。不仅如此，目前还没有发现一例齐家文化玉石璧套在死者臂腕部的使用方式，在皇娘娘台墓地所见的玉石璧基本多置于墓主身上或附近，与良渚文化大多数玉璧的使用方式相似。关于这点杨建芳也曾指出，甚至认为齐家文化玉器的兴起与良渚关系密切。[1] 然而，甘青地区距离长江下游地区遥远，中间有较多的族群与势力范围，而且齐家文化的兴起与良渚文化的消亡之间存在时间差，这些也是需要考虑的因素。因而，可以认为齐家玉璧可能与良渚玉璧存在某种关联，但却难以确定两地之间存在直接联系。

---

[1]　杨建芳."窜三苗于三危"的考古学研究[J]. 东南文化，1998（2）: 72-75.

从以上分析，可以较为清晰地看到，龙山时代用玉中心与重心转移到了黄河流域，尤其是玉文化进入中原地区之后，不断加强与深入，经历了一个逐渐发展的过程。虽然中原地区并非玉文化的原生地，从仰韶文化中晚期开始，异域的玉文化因素就参与到了中原玉文化的发展，更多的是接受外来影响而继发出用玉文化，并具有后发优势而迅速发展起来。而且，也正是这种后发优势和以中原为中心的历史趋势的形成，使史前玉文化在中原地区汇集、融合、普及。不仅由此为中转站，继续向北、向西传播与扩散，更进一步奠定了玉器成为早期礼制文明中不可或缺的因子地位，而后一脉相承地在历史时期被继承和继续向前发展。因此，黄河流域不仅是外来玉文化因素的接受者，在形成了以中原为中心之后，该地区也是文化的输出者。

然而，由于这一阶段的绝对年代在公元前2300年—前1800年之间，这个年代与古史纪年中的夏代纪年有相当一部分重合，因此，讨论这一时期的文化交流必然绕不开早期夏文化。众所周知，根据夏商周断代工程所推算的夏代纪年为公元前2070年—前1600年，[1]那么必然有一部分夏代纪年与龙山时代晚期重合，而早期夏文化也必然要在龙山时代晚期中去寻找。事实上，单从玉器角度来说，把早期夏文化置于龙山时代晚期偏晚阶段也是合适的。这主要体现在龙山时代晚期中原地区玉文化的大规模输出正是始于该阶段偏晚时期，输出的玉文化"使者"主要是牙璋。已经有多位学者指出牙璋为华西系玉器，[2]虽然有学者认为牙璋起源于山东地区，[3]但是根据笔者对山东龙山文化玉器的梳理，认为山东

---

[1] 夏商周断代工程专家组.夏商周断代工程1996—2000年阶段成果报告[M].北京：世界图书出版公司，2000：86.

[2] 邓淑苹.也谈华西系统的玉器（二）[J].故宫文物月刊，1993（126）；孙庆伟.礼失求诸野：试论"牙璋"的源流与名称[J].玉器考古通讯，2013（2）：59；朱乃诚.时代巅峰 冰山一角：夏时期玉器一瞥[M]//中华玉文化中心.玉魂国魄：玉器·玉文化·夏代中国文明展.杭州：浙江古籍出版社，2013：58-64.

[3] 王永波.耜形端刃器的分类与分期[J].考古学报，1996（1）：1-61；张学海.牙璋杂谈[C]//香港中文大学中国考古艺术研究中心.南中国及邻近地区古文化研究.香港：香港中文大学出版社，1994：19-26.

不具备牙璋起源的条件。[1] 因此，在目前的情形下，考虑到牙璋可能就是"玄圭"，笔者更倾向于牙璋起源于中原地区。目前可知，在龙山时代晚期偏晚阶段全国多个地点都出土有牙璋，主要集中在黄河流域。在之后的二里头文化阶段牙璋更是突破黄河流域，到达长江中游、成都平原、闽南、岭南，在中国南部广泛传播（见图5-13），甚至到达越南北部（见图5-14）。牙璋这种强势而又广泛的传播，其背后必然有强大的文明作为支撑，具体到这一历史阶段，具备此种力量的文明只能是中原地区由大禹缔造的夏文明。[2]

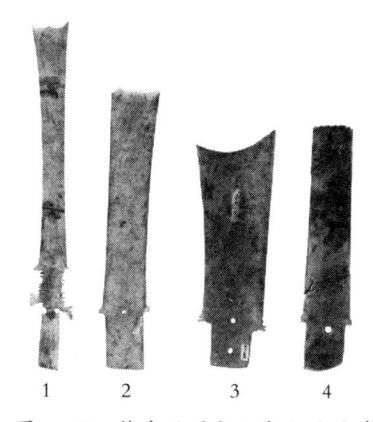

图 5-13 越南冯源文化出土的牙璋
1、2. 雄仁（Xom Ren）遗址牙璋　3、4. 冯源（Phung Nguyen）遗址牙璋

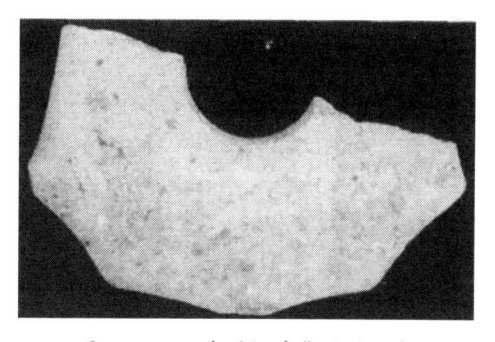

图 5-14 汪家屋场采集的璧形戚

---

[1] 曹芳芳. 山东龙山文化用玉制度的考古学观察 [J]. 玉器考古通讯, 2013（2）: 85.
[2] 孙庆伟. 礼失求诸野：试论"牙璋"的源流与名称 [J]. 玉器考古通讯, 2013（2）: 52.

其实，伴随着牙璋的广泛传播，另外一些比较重要的玉器器类也突破中原地区出现在他地，主要有璧形戚、柄形器和玉戈。在后石家河文化地域范围内的荆州汪家屋场采集有2件牙璋和1件璧形戚。已知牙璋为中原夏王朝的产物，其实璧形戚也不是本地传统玉器。有学者对璧形戚进行过相关的梳理，认为真正的璧形钺仅从新砦期（至多可追溯到龙山文化晚期）才发现，并且可以较为肯定地说，到了二里头文化二期晚段或三期之时，才开始出现真正的侧有扉牙的所谓璧形戚。[1]由于汪家屋场采集的这件璧形戚为残器（见图5-15），只剩下半部，无法得知原来两侧是否有扉牙。但无论是何种情况，由于这种器物的上限为新砦期，而且发轫于中原地区，因此，汪家屋场的璧形戚亦应为中原影响下的产物。在陕北的新华遗址墓地中有一座竖穴土坑墓中出土1件造型简洁、光素无纹的玉柄形器（见图5-15，10），而且这件柄形器具有明显的夏代玉器特征。[2]众所周知，这种造型的柄形器最早见于偃师二里头遗址，[3]经统计是目前为止二里头遗址数量最多的玉器种类。[4]虽然后石家河文化的肖家屋脊W6出土5件与三代柄形器器形较为相似的玉器，另外地层中也发现2件，发掘者称为柄形饰（见图5-15，1~6）。仔细观察这7件玉器，与二里头造型简洁的柄形器还是有一定的差异的（见图5-15，7~9）。另外，在石峁遗址中发现了3件玉戈，而有证据表明玉戈是二里头文化新出现的器形，并且它们可能已经在二里头文化中发挥了重要作用，[5]因此，玉戈伴随着牙璋一起来到了陕北地区。

---

[1] 顾问，张松林. 二里头遗址所出玉器"扉牙"内涵研究：并新论圭、璋之别问题[J]. 殷都学刊，2003（3）：22-23.

[2] 陕西省考古研究所，榆林市文物保护研究所. 神木新华[M]. 北京：科学出版社，2005.

[3] 曹楠. 三代时期出土柄形玉器研究[J]. 考古学报，2008（2）：141-174.

[4] 郝炎峰. 二里头文化玉器的考古学研究[D]. 北京：中国社会科学院研究生院，2005：28.

[5] 郝炎峰. 二里头文化玉器的考古学研究[D]. 北京：中国社会科学院研究生院，2005：29.

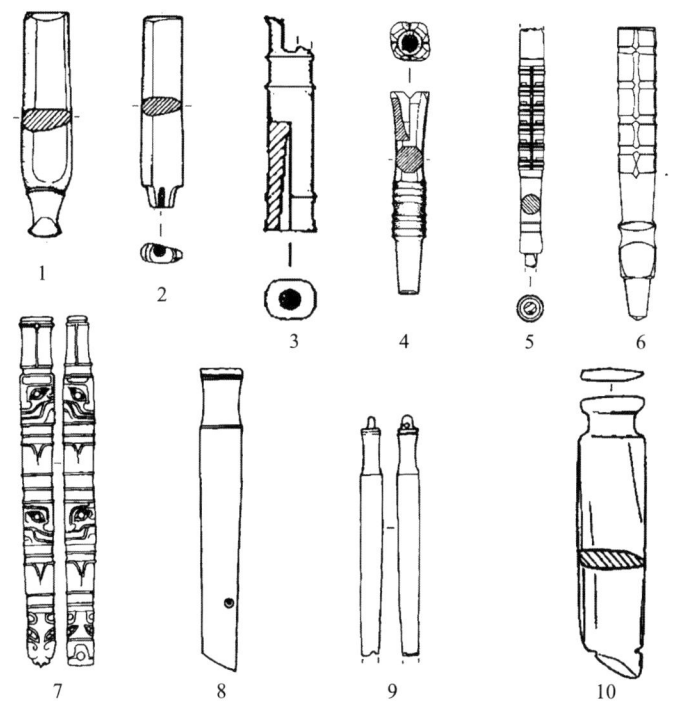

图 5-15　后石家河文化的玉柄形饰与新华、二里头遗址的玉柄形器的比较
1～6.肖家屋脊遗址出土　7～9.二里头遗址出土　10.新华遗址出土

综上所述，在龙山时代，玉器是构建社会上层交流网络体系的重要参与者。首先，当时任何一种物质都没有如此被看重和信赖。作为祭品和瑞信的玉器，是当时上层社会宗教认知与政治认同的思想凝聚物，统一了九州范围内玉作为最重要的祭品和最重要的瑞信的认同，对于这两方面的认同，其实就是对玉所代表的宗教与政治秩序的认同。在礼乐教化领域，也最贵玉声。基于这些认同，当时社会上层对于玉器、玉材充满了热烈的追求，这也促进了新玉矿和玉石资源的开发与利用。其次，基于当时人们已有的较为明确的玉石分化概念和掌握的矿产知识，不同地方向"中心"贡赋不同的玉石材，形成较为稳定的玉石材贡赋体系和网络。另外，地方首领通过朝贡的方式，玉器也会被朝献给"中心"，也可以成为维系地方与"中心"的一个重要纽带。再次，来到"中心"的玉石材会被制作成各式玉石器，其中最重要的美好玉器通过"班瑞于群

后"，到达"群后"之手，成为当时最为重要的瑞信，从而巩固的政治认同，并形成从"中心"到"边缘"的上层交流网络体系。总而言之，玉器是龙山时代统一思想与观念的利器，也是当时唯一一种在九州范围内统一上层共识的物质，更是首种统领了天下的贵重物质，有力并有机地将当时大江、大河流域的不同区域联系起来，这也便是九州之形成的现实基础与重要内容。

第六章 结语

本书通过对龙山时代玉器资料的梳理，对黄河上、中、下游和长江中、下游地区不同考古学文化的用玉传统进行了分析，归纳出若干结论与认识。在此基础上，进而探讨了玉器所反映的龙山时代社会与审美实践的变化和区域间的交流互动。在此，有必要再次对相关研究进行概括和归纳。

一

龙山时代早期用玉主要集中于华东地区的大汶口文化晚期和良渚文化晚期，至这一阶段的偏晚时期，黄河中游的陶寺文化用玉才开始兴起。

在大汶口文化晚期，玉器在参与墓葬等级划分和标志身份方面所发挥的作用不甚突出，它们不仅不是墓葬中随葬品的主体，而且一部分高等级墓葬中并不用玉。宽大的墓坑、多重棺椁、众多的陶器是大汶口文化晚期墓葬区分等级的主要因素，而玉器只是起到一种锦上添花的作用；

男女两性墓葬用玉差别较为明显，女性墓葬的礼仪、丧葬和工具用玉与男性墓葬相比甘拜下风，只有装饰用玉比男性墓葬稍显风骚，也正如此，装饰用玉中精美的成组头饰可作为男女两性墓葬的"性别代码"；从地域分布来看，泰—沂山脉以南地区是大汶口文化晚期玉器分布的中心区域，以大汶口、陵阳河两个类型和花厅晚期墓葬为代表，这一广大区域不仅出土玉器数量众多，而且种类包含了整个大汶口文化时期玉器的类别，尤其是大汶口类型玉器贯穿了整个大汶口文化玉器发展的始终。而泰—沂山脉以北地区则不然，虽然章丘焦家采集的玉器达48件，近年也发掘出土了一批新玉器，但不仅玉器出土数量和种类不如南部地区丰富，而且大规模使用玉器的年代也晚于南部地区。从大汶口文化早期至晚期玉器出土地点的分布来看，体现出了"南重北轻"的格局，这种局面一方面与大汶口文化发展的趋势有关，另一方面与大汶口文化玉器主要是受到良渚文化的影响和刺激而产生的发展进程有关。因此，这一时期海岱地区的制玉工艺和玉器图案或为次生型或为直接的"舶来品"，其审美倾向明显受南、北方玉器美学的影响。

龙山时代早期，黄河中游地区众多的庙底沟二期文化遗址虽然多处出土有玉器，但是数量既少而又残破，无亮点可言。在晋南地区，当其他遗址仍然处于庙底沟二期文化的窠臼中缓慢演变时，陶寺遗址则在庙底沟二期文化的基础上突然崛起，发展成为具有高度文明因素的陶寺文化。与此同时，用玉状况也突然兴盛起来，成为一种潮流和黄河中游耀眼夺目的用玉中心。但同时从陶寺大型墓中可以看到，玉器并不是唯一指征身份与等级的因子，它们与精美的彩绘陶器和木器、石质特磬、鼍鼓等一起构筑了高等级贵族至高无上的尊贵地位。中型墓的墓主们则效仿了大型墓墓主的用玉风尚，玉石器成为他们墓中最主要的随葬品。从少数小型墓出土的随葬品基本皆为玉石器来看，他们也同大、中型墓主一样追随使用玉器的潮流，只是囿于财力和能力的限制，无法获得更多的玉石器资源，因此墓中的随葬品甚少。同时从使用特征与工艺美学来看，这一地区陶寺系统早期的玉器追求在世俗社会中的实用与象征功能，因而基本扬弃了复杂的造型与费时的装饰，以庄重质朴的审美为主。

黄河上游地区此时玉器发现少，且多为实用工具，总体表现出用玉仍较为沉寂的状况。因而玉器的造型特征也不突出，也无从谈起用玉制度与工艺美学。

虽然从总体上看这一时期的良渚文化已进入衰落期，但是它仍是整个龙山时代早期无可争议的用玉魁首。从玉器的分布地域上看，良渚晚期太湖北部和东北部地区众多玉器的出土使这里光彩熠熠，而原来的核心区——以良渚遗址群为中心的南区已经失去了原有的光芒。从等级上看，良渚晚期玉器依然是墓葬等级划分中区分显贵者阶层与平民阶层的具有绝对意义的标尺，同时也是标志身份的绝对指示物。而这种礼制的核心是琮、璧、钺这3种典型的玉礼器。玉琮在该时期多为高节琮，其上有简化的兽面纹，使用方式较为多样，但无佩戴方式；玉璧器形较大、制作规整、孔径较小，亦无佩戴方式；玉钺基本只出土于高等级墓葬，每座墓多为一件，而石钺更具使用的普遍性。装饰品是良渚晚期玉器中的主体，种类丰富、数量众多。具有标志身份和功能的装饰品此时期数量大幅度较少，三叉形器具有地域和等级标志作用。一般装饰品的主体是锥形器和管、珠、坠等，环、镯等数量较少。良渚晚期的玉料透闪石软玉大幅减少，蛇纹石玉增加。玉料的转变一方面造成了玉器主色调的变化，同时也对纹样系统的变化产生了一定影响。

长江中游地区在这一时期出土玉器的地点较少，数量和种类也较少。由于这一时期出土玉器较少，似无使用制度可言。用玉状况与观念暂时又陷入了小低谷，表现墓主等级与财富的仍是墓室大小与陶器多寡，祭祀遗存中也不见玉器的使用。不过，这种状况也有可能与考古工作的局限性有关。

龙山时代晚期黄河流域上、中、下游的用玉呈现全面开花的态势，此时长江中游的用玉也达到了该地区史前用玉的顶峰。

至龙山文化时期，黄河下游的用玉中心进一步向鲁东南沿海地区转移，丹土—两城镇不仅是当时最大的中心性聚落遗址，而且也是当时最重要的用玉中心。虽然泰—沂山脉以北此时也出现了西朱封—袁家庄这一用玉中心，但与丹土—两城镇相比仍稍逊风骚。玉器在墓葬中发挥的作用延续了大汶口文化晚期的状况。采集和发掘玉器遗址的规模和等级并不低，与墓葬中玉器并不是全部集中出现于高等级墓葬中的现象有些截然相反。从山东龙山文化玉器的分布来看，越往西玉器越少，到边缘地带不见玉器，玉器主要集中在海岱东部和东南部地区。姚官庄和两城镇类型被认为是处于海岱龙山文化的腹心地带，文化内涵单纯而典型，而此两区墓葬用玉也发展得较早、较为典型。研究表明，龙山文化时期，玉器已经成为独立的手工业部门，出现了专业化生产，进而创造出了发达的玉器文化。然而在玉器的图案方面，依然主要"移植"良渚纹样且有所选择，并加以新的创作，具有较高的审美情趣。

龙山时代晚期的晋南和陕北，是黄河中游前后相继的两个玉文化的核心和中心区域。在早于庙底沟二期之前，中原地区经历了漫长的用玉不发达时期，然而在龙山时代早期的晚段晋南自出现有规模的用玉现象以来，一开始即表现出较为成熟和发达的体系，至龙山时代晚期，这种状况更加高涨，新器类的融入和等级性的更加规范，使得晋南地区不仅一跃成为中原地区用玉文化的领头羊，而且与龙山文化和后石家河文化时期相比毫不逊色，甚至更加稍胜一筹。其他遗址，如瓦店、平粮台、王城岗、古城寨等也都开始出现具有异域特色的玉器器类。绿松石的使用传统从裴李岗时期到龙山时期一直绵延不断，是中原地区用玉的一大特色，并且在龙山时代创造性地发展出新的醒目器类——绿松石镶嵌的腕饰、绿松石与玉石组合头饰等。这种悠久的使用传统也延续到了三代，二里头文化的绿松石镶嵌牌饰、绿松石龙的制作技术与观念向前可溯源至此。同时，透闪石质玉材涌入本地区，成为玉器材质的主流，彻底完成了"玉石分野"。此时在制玉方面，新出现了将一个完整的玉璧环切割成多个璜片，再连缀成多璜联璧环的做法。这种做法一经出现，就快速在黄河中上游地区风靡，这是晋南先民在制玉技术与艺术上的双重创新。同时，黄河中游地区的社会上层集团和精英更倾向于以玉器来表达世俗中的王权与财富，纹样的运用只不过是加强这些权力的手段。然而，使这些源自于东方的旧母体纹样在龙山晚期这个新时代经过再次设计与组合，也充分体现出当时制作者与使用者的创造力与新的审美意向。

  伴随着齐家文化的兴起，玉器在黄河上游地区经历了短暂的辉煌。齐家文化第一阶段，用玉就表现出了较为发达和成熟的状态，甚至有专门的玉石器作坊，这一阶段河湟地区的用玉显示出超越其他两个地区的强势。第二阶段，中部的洮河流域崛起，齐家文化用玉呈现遍地开花、全局繁盛的状况。至第三阶段时，由于齐家文化的分化，其用玉传统和文化也随之烟消云散。在用玉观念方面，齐家人不像其他用玉族群那样热衷于将美玉放入墓中，而是可能更多地拿来用于祭祀，更注重其通神的功能，巫玉色彩浓重，采集或征集的玉器中应该有为数不少被用来祭祀。但在用玉类别的选择上，中东部和西部存在差异。在材质玉工艺方面，齐家文化玉器既具有同时代的一致性，也有自身的一些独特特征。齐家文化玉材种类较少，透闪石软玉占据了主流地位，绿松石的使用也较为盛行。玉璧的制作还采用了较为原始的琢磨成形和打击法，致使相当一部分玉璧并非圆形。同时，玉石作坊与可能的工匠墓地出土的玉石器互为补充，可以复原当时大致的制玉流程，并获知一部分边角玉料的用途。在图案和审美方面，齐家人更注重玉这种材质本体，以及其在历史长河中所积累的神圣性、权威性与财富性，因而极少在玉器上雕琢图案与纹样，具有一种原始朴素的审美倾向。

  此时的长江流域下游地区自良渚文化建立起来的用玉制度与传统已崩溃与消逝，与之前的良渚晚期相比，用玉情况可谓一落千丈。长江中游的后石家河文化的玉器颇具特色，本地缺乏真正能够发挥礼制作用的玉礼器，象生性玉器较为发达，也可称之为信仰类玉器，这类玉器确实非常独特，在新石器时代末期非常具有文化辨识性。工具类玉器较多也是本地的一个特点。另外，数量较多的残破和改制玉器、玉料的存在，说明后石家河文化有相当多的玉器原料为舶来品，其中一部分玉器也是如此。另一方面，改制器及玉石器作坊的存在，说明本地具有生产和制作玉石器的能力，一部分玉器应是本地生产、再加工或再创作的结果。由于后石家河文化玉器制作技艺的水平之高、设计之精巧，对比长江中游地区此前并无这样的用玉现象与用玉传统，这些新特点出现得太过于突然和瞩目。同时，如此丰富的模仿人与动物造型的玉器在江汉地区突然乍现，使人无法不联想到这可能是在特殊社会背景下的一次"文化复古"现象。

在龙山时代早期良渚玉器达到了史前用玉的巅峰之后，虽然进入了式微期，然而由于历史的惯性，其用玉状况依然不容忽视。与东部地带相比，中原地区玉器此时仍处于爆发前的酝酿时期。然而至龙山时代晚期，东部半月形地带用玉极鼎盛的时代已经过去，昨日的辉煌已变为明日黄花。与此相反的是，黄河流域玉器的全面云涌，尤其是中原地区的崛起，不仅数量大大丰富、超越以往，而且出现了较多的新器类，如多孔刀、牙璋、玉圭、玉戈等，成为龙山时代晚期用玉的核心。至此，在王权国家形成的前夕，玉器中心已经实现了空间上的转移，从东部的半月形沿海地带转移到了黄河中上游的华夏腹地。

龙山时代早期至龙山时代晚期玉礼器的器类构成发生了重大变化。玉琮和玉璧在龙山时代晚期及以后基本退出核心礼器范畴，而且由于纹饰的简化与消逝和功能的转变，使得它们的宗教神秘和神圣性也随之消降。龙山时代晚期多孔玉刀、牙璋、牙璧、玉圭等边刃和端刃器成为玉礼器群中的"新贵"，它们在中原这个军权和王权突出的地区，延续了该地区此前的文明发展模式中玉器的内涵，而且在吸收了红山文化和良渚文化创造出来的用玉精髓后，使得其象征军权和王权的作用更加突出，并具有符瑞的功能，所蕴含的礼制更具世俗和功利色彩。因此，在龙山时代不仅完成了用玉中心的转移，而且玉器实现了由神权向王权功能的转换。

龙山时代玉器的交流与传播也反映了不同考古学文化之间的区域互动。大汶口用玉文化的壮大主要受到了良渚文化的刺激和影响，在龙山时代早期双方从对方文化中各取所需。而陶寺文化早期的诞生和玉文化的出现，大汶口文化功不可没，但同时也受到一定良渚文化和红山文化子遗的影响。龙山时代晚期，用玉文化中心转移到黄河中、上游地区，这一时期的互动主要在黄河上、中、下游和长江中游地区展开。除了黄河流域内部密切的交流与互动外，这一阶段长江中游地区玉文化的辉煌也可能主要是受到了黄河流域中、下游地区的影响。总体来看，龙山时代晚期主要使用玉器的地区，其玉文化的发展都充满了开放性和包容性，受外来影响较大，但同时也具有融合性和创新性，它们并非实行照抄照搬的"拿来主义"，而是玉器的使用均经过选择和文化的再创造，以适应本地区社会和文化的发展。尤其是中原地区，是各方玉文化因素的汇聚之地，以其熔炉般的熔铸能力，将不同区域的玉文化因素融为一体，创造出新的玉器器类、新的用玉规范和新的审美情趣。

另外，从龙山时代早期至龙山时代晚期，中原地区也实现了玉器由"接受者"到"输出者"的转变。而这种转变应当与以中原为中心的历史趋势的形成[1]和夏王朝的诞生有关，因此，从玉器角度而言，也把探索早期夏文化置于龙山时代晚期是比较恰当的。同时，也可以清晰地看到，文明的重心在龙山时代实现了转移，中原地区用玉的崛起上演了三代文明在此建立的前奏，为三代文明在中原地区的相继展开奠定了坚实基础。

---

[1] 赵辉. 以中原为中心的历史趋势的形成 [J]. 文物，2000（1）：41-47；赵辉. 中国的史前基础：再论以中原为中心的历史趋势 [J]. 文物，2006（8）：50-54.

二

通过以上种种对龙山时代用玉的梳理，结合古史文献体系的记载，可知在当时玉器已广泛地被运用在了宗教祭祀、政治礼仪、军事活动、朝聘朝贡、礼乐教化等多个领域，深入到当时上层社会的各个方面。玉器是宗教祭祀活动中重要的参与者，它们不仅是献给神灵最重要的祭品，而且在祭祀中也是重要的降神工具。玉器还是构建政治和等级秩序的重要标志物和载体。帝舜"既月乃日，觐四岳群牧，班瑞于群后"，虽然现在已无法明晰"五瑞"具体为何物，但5种不同的美好玉器应当对应不同的等级或不同的族群，这些玉器各有归属。同时，玉石磬是参与礼乐教化的重器。在古史文献体系中，玉石磬是五帝时期出现频率最高的乐器，考古发现也证实了玉石磬在龙山时代出现过，而且其使用均在天下共主所在的中心。通过"戛击鸣球"和其他乐器的配合，朝堂君臣有序和谐；通过"击石拊石"，引导"百兽率舞"，实现歌舞升平。这种君臣和谐、上下有序的状态，是后代君主十分崇尚的理想政治氛围。直到清朝，乾隆皇帝依然对帝舜时期的这种政治秩序和氛围十分崇尚，通过诗词予以抒发[1]：

> 黎绿呈环宝，神魖写异形。
> 五城难论价，九德早扬馨。
> 庇谷征多稔，葆光出太宁。
> 徒观戛击物，喜起企虞廷。

无独有偶，乾隆皇帝的这首诗词雕琢在一件齐家文化的大玉璧上[2]，而齐家文化的早期正好处于龙山时代晚期，也是五帝中尧、舜所处的时期。

---

[1] 这首诗的诗名为《夔磬》，出自《乾隆御制诗文全集》卷四十六。
[2] 曹芳芳. 南京博物院藏乾隆御题龙凤纹玉璧研究，待刊.

更为重要的是，玉器作为史前神圣、高贵、珍贵的物品，不是当时交流网络中的一般物品，而是标志世俗和宗教权力及地位的特殊用品，还包括宇宙观、礼仪和巫术等各种当时最先进也最神秘、只有社会上层才能掌握的知识。[1]而随着龙山时代用玉中心的转移，蕴含于玉器的宇宙观、礼仪和巫术等也被带入广袤的华夏腹地。但是由于中原独有的社会环境，即中原地区的社会矛盾主要体现在集体与集体之间，而非集体内部的社会不同阶层之间，这就要求每个集团要有强有力的首领，同时也决定了他们的权力是军事性和世俗性的。中原社会的分化层级不甚丰富，而浙江、山东地区的墓葬可以清楚地划分出不同的等级。韩建业在论及这一时期的北方社会分层情况时也注意到这一点，即社会分层不太明显。[2]因此，中原人并没有完全采纳它们，而是有选择的、并加以改造的吸收。用赵辉先生的话来讲就是，"中原人并不接受良渚人的祖先神，但是可能会接受'黄琮礼地，苍璧礼天'的观念来加强统治，这完全是从实用主义的角度去接受周围的先进成果。这样就造成中原地区的宗教色彩不及周围地区浓重"[3]。因而，最终使得玉器的功能由神权转向王权。另外，由于此前中原腹地始终缺乏能够彰显贵族身份和地位的象征物，玉器的输入使他们获得了加强自身身份和地位的标志物，使得等级的划分逐渐得以构建。

同时，玉器和玉文化经过中原地区的内化，成为了中原族群自身文化中不可分割的一部分，形成了一种稳定的文化心理结构，并上升为一种文化基因，不仅使得玉器和玉文化能够在华夏大陆普及，而且能够继续向下复制和传承，成为中华文化中举足轻重的一部分。因此，龙山时代是中国玉器和玉文化发展历史中的关键时期，具有承上启下的作用。由此，这使我们也看到了玉器在文明发展和国家起源中所具有的特殊作

---

[1] 李新伟．重建中国的史前史 [C]// 早期中国研究（第 1 辑）．北京：文物出版社，2013：13．
[2] 韩建业．中国北方地区新石器时代文化研究 [M]．北京：文物出版社，2003：250．
[3] 赵辉．"文化上'早期中国'的形成和发展学术研讨会"总结发言 [C]// 早期中国研究（第 1 辑）．北京：文物出版社，2013：ⅶ - ⅸ．

用。而到了龙山时代晚期，中原地区的玉文化由此前的以接受为主转为以输出为主，同样，在输出玉器的同时，也输出了当时社会上层的礼仪与玉器所蕴含的思想观念。而这些社会上层交流网中特殊物品的传播，也是异域不断被"文明化"和"华夏化"的过程，对之后的早期国家的发展起到了不言而喻的重要作用。

图片来源

因本书篇幅所限,各章图片来源详见二维码,请扫码阅览。

后记

岁月如梭，韶光易逝，人生天地间，若白驹过隙，忽然而已，不胜唏嘘。再回首，往事如梦，勾人涟漪。

十年磨一剑。本书是以我的硕士论文为基础，修改、补充和完善而成。12年前，研一即将结束的时候，我就和导师敲定了毕业论文的题目——《龙山玉器与龙山时代》。这个题目是我在孙庆伟老师的题目列表中选定的，孙老师也觉得比较值得去做。之所以选这个题目，不是因为玉器本身，而是因为龙山时代这样一个在中国文明进程中极为特殊而又重要的阶段。当初选这个题目时所抱的想法是：要通过玉器窥探中国早期国家诞生前夕不同地区的用玉传统如何，在国家诞生过程中玉器又发挥了怎样的作用？这样就不会是单纯的器物研究，而是上升到了社会层面，达到了透物观史之目的。这种想法与孙老师的设想不谋而合，也正是如此这篇论文才有其价值所在，因为单纯的器物研究是我们不想做的。在具体的写作过程中，论文大纲和题目几易其稿，内容也由原来的全国范围到最后确定为以黄河流域为中心。不然的话，一则硕士论文内容过于宏大，二则也是由于自己懈怠，未能及时将良渚中晚期的材料补充完整，因此只好忍痛割爱，未将长江流域的内容放进论文之中，只有待将来再补充完善了。虽然答辩时的论文与原来的设想并不完全相符，然而由于研究较为扎实，获得了答辩委员会的一致好评，并被授予"北京大学优秀硕士学位论文"。同年7月，该论文也获得了"孔子与山东文化强省战略协同创新中心优秀研究生毕业论文"。

硕士毕业后踏入长江以南的岭南，进入广东省博物馆工作。在繁忙的工作中，由于心中有未竟之事，我并没有放弃学术研究和写作，而是一边参加新课题、新研究，一边继续收集长江流域乃至岭南地区龙山时代玉器的资料，以参加学术会议为契机，督促自己完善学术论文。于是在2016年和2019年初，我分别在"中国石家河文化玉器主题研讨会""夏商玉器及玉文化学术研讨会""玉礼中国——五帝时代玉器及其文化传统学术研讨会"上宣讲了长江中游的石家河系统玉器与用玉传统、岭南地区新石器时代末期至青铜时代早期用玉传统和环太湖地区龙山时代用玉传统，将原来构想的硕士论文算是补充完整了。在这10年之中，各地不仅考古发现了许多新材料，而且我的研究视阈与所思所得也更加多元与深入。

2022年7月，北京大学考古文博学院博士毕业后，在孙庆伟老师的建议和祝帅老师的邀请下，跳出原有的舒适圈，先是到北大新闻与传播学院接触到了传播学、广告学的理论与方法，4个月后随着合作导师祝帅调至北大艺术学院，我也转到艺术学院继续从事博士后研究与教学工作。多次在与祝帅老师的交流中和在孙庆伟老师的意见下，我于2023年年初逐渐重新确定了博士后期间的研究主题——工艺美术史。工艺美术是以手工艺技巧制成的与实用相结合并有审美价值的工艺品，因此包含技术、材料、审美等3个基本元素。而中国从新石器时代就存在大量工艺美术品，如仰韶的彩陶、玉器、雕塑、白陶、蛋壳陶等，之后历史时期的各朝各代继续创造了种类繁多的工艺美术品。古代工艺美术品的发现与研究的一种重要或关键手段就是考古学，在当今的艺术学科门类中，工美术又是设计学的重要组成部分，因而这个主题就可以完美地将我的考古学背景与艺术设计结合起来。同时，还构思了一部新中国工艺美术史学史的写作计划。

2023年3月，我以"新中国工艺美术史学史（1949—2023）"为题申请了国家社科基金艺术学重点项目。十分幸运的是，我的申请被立项。这样，我就有充裕的资金和动力去完成这一目标。而我的硕士论文主题是龙山时代的玉器，也恰好属于工艺美术研究的视阈。但是之前的研究是以考古学范式为主，博士后期间我正好在进行跨学科的实践与研究，因而正好可以尝试一下考古学范式与艺术学范式的结合。在此之前，进行这样的"实验"的中文学术著作还不多见。因而，在补充新材料、完善研究结论的同时，我在研究中增加了工艺美学的部分。早在20世纪80年代后期，田自秉先生就提出了基于工艺美术专业特点的工艺美学概念。简单来说，工艺美术是对材料进行审美加工的一种美，是众多艺术种类中的一种，工艺美学就是要寻求对材料加工过程中的美的规律、观念和意义。

实际上，工艺美术与工艺美学相当部分的研究内容与考古学研究的内容有所重合，如造型、材质、工艺、纹样的变化等。但对于考古学来讲，首先关注的是组合、年代、地域、类型和使用。材质和工艺一般多归属于科技考古的范畴，纯粹的造型和纹样则多被认为是美术考古，二者在考古学范式的研究中并不如首要主题多，但是考古学界也逐渐认识到对于玉器的材质、工艺和艺术角度的解读与研究也是需要的，而且是全面的玉器研究中的重要组成部分。然而，在传统的考古学界，这样的研究一是缺乏相关的知识背景，二是不占主流而被忽略。同样，在艺术学界，考古材料与方法也对艺术学研究视阈和理论发起了较大的挑战，并引起了以审美和风格分析为主的"本体论"研究和除此之外的"外围论"研究之间的激烈争论。然而，对于工艺美术而言，这一切争论似乎都不存在了。工艺美术与美学既要求关注本体，也要求关注与此相关的技术、艺术、流通，乃至社会与精神信仰的层面。因而，本书在一定程度上是一本工艺美术与工艺美学的研究专著，同时也是一次考古学范式与艺术学范式融合的尝试。

囿于个人能力与时间所限，可能有些问题并没有分析得十分透彻，需要在以后的学习和研究中继续深入。事实上，在这次大规模的修改、补充和完善的过程中，笔者也寻找到一些新的研究点，也启发了一些新想法。这些都需要在未来持续着力，并再次系统化。但也正如吾师所教诲——学无止境，因此吾将上下而求索。

此书的出版，需要感谢很多人。首先，是我的硕博导师孙庆伟教授。作为业师，自我踏入燕园伊始，孙老师就对我学习和生活的方方面面提出了很多有益的指导和建议。由于我是孙老师的开山弟子，读研的前两年孙老师只有我一个学生，他把所有心力都倾注在我身上，基本不会让我给他办理烦琐小事，而是专心让我治学。如此，我在孙老师身上慢慢学习到了严谨的治学态度、创新的治学理念、宏大的学术视野与严密的写作逻辑。我也曾在硕士论文的后记中写道："在209与老师们朝夕相处的一年，李伯谦先生老当益壮的精神状态，刘绪老师严谨勤奋的治学态度，雷兴山老师认真无悔的考古追求，时常令我感动。他们时常询问我论文的进展和工作的事情，老师们对我的关怀和鼓励我会一直铭记于心。与张海老师的交流，最终确定了论文的时间框架，使我了却了心中关于史前年代框架的疑问。对赵辉、张弛、徐天进、孙华、赵化成、罗泰、朱凤瀚、董珊等老师课程的学习，使我不论在考古技术、理论层面，还是具体考古知识方面，都有很大的提升。与杜金鹏、袁广阔、徐琳、王金霞、叶晓红、王维盛、孟奭、袁濛茜等师友的山东寻玉之旅，开启了我探究玉器的第一步。蒋卫东老师及时寄来的书籍，救急了相关资料的缺乏。3034几位室友（贾宁、苏舒、王斯宇）的真诚相待，铸就了我们无比纯真的友谊。与和奇同学时常的学术探讨和交流，往往能迸发出新的思路和想法，可谓学术上的志同道合者。与张敏、张天宇两位在 209 共同学习的日子里，有许多的欢乐和欢笑。还有商周组其他众位师兄弟姐妹（近藤晴香、侯卫东、王玮、路国权、罗汝鹏、李宏飞、黎海超、卢一、王冬冬、冉宏林、陈燕茹、黄雪霁、胡文怡），周公庙考古实习中结成的四人小团体中我之外的三人（卢亚辉、周杨、谢绮媚）、一起田野发掘的考古领队班中的一些同志（张子晓、裴静蓉、杨星宇、周伟、马涛、刘志远、富霞），在我三年的硕士生涯中都曾给予我帮助和鼓励，带给我温暖和关怀。最后，最最重要的是我的家人，他们对我的爱无比厚重和丰满，需要我用一生的时间回馈和感恩。"这十年中，这些师友和我的家人继续在我的生活、学习和研究中一如既往地给予了我关爱、关怀和指导。

这十年中，在我的学习和研究生涯中也出现了一些新的师友与伙伴。祝帅老师作为我博士后的合作导师，倾注了大量的关怀和支持，尤其是在工艺美术与艺术设计史论方面，可以说是手把手地教导与传授，此书的顺利出版也离不开他的鼓励与指导。同课题组的景德镇陶瓷大学教授徐志华、北京服装学院副教授宋炀、南京艺术学院副教授蔡淑娟、北京大学访问学者何莎、中国美术学院博士后刘震、北京大学博雅博士后陈耕、北京大学博士生张萌秋和贡雨婕，在写作过程中也多有交流，并给予了很多鼓励和支持。清华大学出版社的孙墨青、王琳老师为本书的出版付出了巨大的努力。最后的最后，感谢徐天进教授为本书题写书名。

日月既往，不可复追。蓦然回首，往事依旧。翘首瞻望，再接再厉。谨以此书来回馈这十余年间所有给予我指导、帮助和鼓励的人。

曹芳芳

2023 年 12 月 22 日

于燕园未名湖畔